Musik und Gesellschaft

Herausgegeben von
A. Smudits, Wien, Österreich

Die traditionsreiche Reihe „Musik und Gesellschaft" wurde 1967 von Kurt Blaukopf begründet und widmet sich den Zusammenhängen von Musik und Gesellschaft.

Weitere Bände in der Reihe http://www.springer.com/series/15551

Michael Huber

Musikhören im Zeitalter Web 2.0

Theoretische Grundlagen
und empirische Befunde

Michael Huber
Institut für Musiksoziologie
Universität für Musik und
darstellende Kunst Wien
Wien, Österreich

Das Buch wurde 2017 produziert.

Musik und Gesellschaft
ISBN 978-3-658-19199-3   ISBN 978-3-658-19200-6 (eBook)
https://doi.org/10.1007/978-3-658-19200-6

Die Deutsche Nationalbibliothek verzeichnet diese Publikation in der Deutschen Nationalbibliografie; detaillierte bibliografische Daten sind im Internet über http://dnb.d-nb.de abrufbar.

Springer VS
© Springer Fachmedien Wiesbaden GmbH 2018
Das Werk einschließlich aller seiner Teile ist urheberrechtlich geschützt. Jede Verwertung, die nicht ausdrücklich vom Urheberrechtsgesetz zugelassen ist, bedarf der vorherigen Zustimmung des Verlags. Das gilt insbesondere für Vervielfältigungen, Bearbeitungen, Übersetzungen, Mikroverfilmungen und die Einspeicherung und Verarbeitung in elektronischen Systemen.
Die Wiedergabe von Gebrauchsnamen, Handelsnamen, Warenbezeichnungen usw. in diesem Werk berechtigt auch ohne besondere Kennzeichnung nicht zu der Annahme, dass solche Namen im Sinne der Warenzeichen- und Markenschutz-Gesetzgebung als frei zu betrachten wären und daher von jedermann benutzt werden dürften.
Der Verlag, die Autoren und die Herausgeber gehen davon aus, dass die Angaben und Informationen in diesem Werk zum Zeitpunkt der Veröffentlichung vollständig und korrekt sind. Weder der Verlag noch die Autoren oder die Herausgeber übernehmen, ausdrücklich oder implizit, Gewähr für den Inhalt des Werkes, etwaige Fehler oder Äußerungen. Der Verlag bleibt im Hinblick auf geografische Zuordnungen und Gebietsbezeichnungen in veröffentlichten Karten und Institutionsadressen neutral.

Gedruckt auf säurefreiem und chlorfrei gebleichtem Papier

Springer VS ist Teil von Springer Nature
Die eingetragene Gesellschaft ist Springer Fachmedien Wiesbaden GmbH
Die Anschrift der Gesellschaft ist: Abraham-Lincoln-Str. 46, 65189 Wiesbaden, Germany

Inhaltsverzeichnis

1 Einleitung... 1
2 Zur sozialen Ungleichheit des Musikhörens..................... 7
   2.1 Ungleichheitsbedingungen der Musikrezeption 7
   2.2 Klassenhabitus und Distinktion 11
   2.3 Nach Bourdieu 15
   2.4 Omnivores 22
   2.5 Sozialer Wandel, Individualisierung und Szenen.............. 24
3 Neue Rahmenbedingungen im Web 2.0 31
   3.1 Was ist und wie kam es zu Web 2.0?....................... 31
   3.2 Das Ende der Gatekeeper?................................ 41
   3.3 Von der Knappheit zum Überangebot 65
   3.4 Von der Rezeption zur Interaktion......................... 77
   3.5 Vom Besitz zur Nutzung 85
   3.6 Konsequenzen und Gegenbewegungen 97
4 Aktuelle empirische Befunde zum Musikhören in Österreich 115
   4.1 Zur Operationalisierung musikalischer Verhaltensweises........ 115
      4.1.1 Rahmenbedingungen und Forschungsinstrumente 115
      4.1.2 Mögliche und unmögliche Fragestellungen............. 122
   4.2 Die musikalische Praxis der österreichischen Bevölkerung 131
      4.2.1 Wie mit Musik umgegangen wird 132
      4.2.2 Welche Musik (nicht) gehört wird.................... 139
      4.2.3 Warum Musik gehört wird.......................... 146
   4.3 Auffällige Entwicklungen seit 2010 148

4.4	Alter, Schulbildung und andere Einflussfaktoren		155
	4.4.1	Geschlecht	155
	4.4.2	Alter	156
	4.4.3	Haushaltsstruktur	161
	4.4.4	Bildung/kulturelles Kapital	162
	4.4.5	Berufsposition	167
	4.4.6	Haushaltseinkommen	168
	4.4.7	Migrationshintergrund	169
	4.4.8	Ortsgröße/Urbanität	170
4.5	Neue musikalische Verhaltensweisen der Generation Web 2.0		172
4.6	Musikalische Omnivores und Univores in Österreich		180
4.7	HabitushörerInnen und Selbstsozialisierte		190
4.8	Musikbegeisterte, Passive und Andere		197
	4.8.1	Einstellungs- und Verhaltenstypen	198
	4.8.2	Medienverwendungstypen	203

5 Wozu Musik? Zentrale Tendenzen und mögliche Konsequenzen 209

Literatur 223

Einleitung 1

Die neuen Möglichkeiten der Informationsübermittlung durch Internet und Mobiltelefonie haben keinen Einfluss auf die musikalische Praxis – einer bestimmten Bevölkerungsgruppe, die in Österreich gar nicht so klein ist. In klarem Gegensatz dazu stehen die Verhaltensweisen jener, die mit digitalen Medien aufgewachsen und kommunikativ verwachsen sind. Seriös betrachtet gibt es keine Pauschalantworten auf die Fragen, welche Rolle das Musikhören im Leben der Menschen spielt und welchen Einfluss darauf das Internet hat. Ein verlässliches Bild des Musiklebens jenseits von Vorurteilen und Alltagsempirie kann man nur zeichnen, wenn man genau hinsieht und differenziert. So vielfältig sich das Musikangebot im Zeitalter Web 2.0 darstellt, so unterschiedlich sind die individuellen Zugänge. Laut einer aktuellen BBC-Umfrage kauft jede/r vierzehnte EngländerIn Vinyl-Schallplatten, ohne einen Schallplattenspieler zu besitzen (Savage 2016). Gleichzeitig versuchen Popstars wie Alicia Keys neuerdings die ungeteilte Aufmerksamkeit des Publikums zu gewinnen, indem sie Smartphones bei ihren Konzerten verbieten (Peitz 2016). Der Zugang zum Musikhören ist außer durch Irrationalität immer wieder von Veränderungen geprägt, die sich aus Entwicklungen der technischen Kommunikationsmittel ergeben. Der „Versammlungszwang von Musizierenden und Rezipienten" (Blaukopf 1993, S. 175), um Musik hören zu können, wurde im Laufe der Jahrhunderte immer schwächer. Während von der Ausstattung bürgerlicher Haushalte mit dem Pianoforte vorerst nur Privilegierte profitierten, wurde mit der Erfindung und Marktdurchdringung von Tonträgern, Radio, Fernsehen und schließlich dem Internet der Kreis eines potenziellen Musikpublikums immer größer. Und mit zunehmender Mobilität der Abspielgeräte wurde auch eine soziale Kontrolle des Musikhörens (zum Beispiel seitens der Eltern) immer schwieriger. Heute verfügt in den Industriestaaten beinahe jede/r Jugendliche über ein Smartphone und damit über uneingeschränkten Zugang zu einem unermesslich großen und stetig wachsenden Angebot an Musik.

In diesem Buch wird behandelt, wie es dazu gekommen ist und wie sich dadurch der Zugang und die Haltung der HörerInnen zur Musik geändert haben. Der Einfluss der Medienentwicklung auf die musikalische Praxis wurde von der Wiener Schule der Musiksoziologie in ihrer Mediamorphosen-Theorie gewinnbringend beleuchtet, vor allem hinsichtlich des Entstehungszusammenhangs von Musik (Blaukopf 1989; Smudits 2002). Nun erfolgt die Erweiterung zum Aneignungszusammenhang, in einer Gegenüberstellung von theoretischen Grundlegungen zur sozialen Ungleichheit des Musikhörens und aktuellen empirischen Befunden aus repräsentativen Erhebungen. In Anschluss an neue Erkenntnisse musiksoziologischer und sozialpsychologischer Musikrezeptionsforschung wird erläutert, welche Rolle das Musikhören im Zeitalter Web 2.0 spielt, welche Funktionen es erfüllt und wie sich diese Tatsachen vor dem Hintergrund des heutigen Überangebots an Übertragungsmusik darstellen. Unter Berücksichtigung einer großen Bandbreite musikalischer Einstellungen und Verhaltensweisen werden distinkte Musikhörtypen vorgestellt, die jeweils anders mit den aktuellen Möglichkeiten und Herausforderungen des Musiklebens umgehen. Vor allem Alter und kulturelles Kapital der HörerInnen sind von entscheidendem Einfluss darauf, in welcher Weise Musikhören ihr Leben prägt.

Aufgrund technischer, wirtschaftlicher und gesellschaftlicher Entwicklungen haben sich die Rahmenbedingungen des Musikhörens seit den 1990er Jahren radikal geändert. Was bedeutet das für eine Musiksoziologie, die an sozialem Wandel und sozialer Ungleichheit interessiert ist? Bei Max Weber und Emile Durkheim anschließend hat Kurt Blaukopf die Ziele der musiksoziologischen Forschung wie folgt definiert: „Musiksoziologie ist Sammlung der für die Veränderungen der musikalischen Praxis relevanten gesellschaftlichen Tatbestände und Ordnung dieser Tatbestände nach ihrem Bedeutungsgrad für die zu untersuchenden Veränderungen" (Blaukopf 1969, S. 1). Was also getan werden kann, ja getan werden muss, um (vorläufige) Klarheit zum Musikhören im Zeitalter Web 2.0 zu erlangen, ist das Sammeln von Information mit hinreichender Aussagekraft zur veränderten musikalischen Praxis. Musikalische Praxis geht bei Blaukopf über das selbsttätige Musizieren weit hinaus, wird umfassend gedacht als jegliche Form von musikalischen Verhaltensweisen, musikalischen Verhaltensmustern und musikalischen Verhaltenserwartungen (Blaukopf 1982, S. 20). Was musiksoziologische Forschung immer auch leisten muss, ist das Beobachten und Dokumentieren von sozialem Wandel. Bereits in den frühen 1970er Jahren ließen sich in Folge technologischer Innovation der Kommunikationsmittel „New Patterns of Musical Behaviour of the Young Generation in Industrial Societies" (Blaukopf 1974a) beschreiben. Zentrales Ergebnis dieser internationalen Forschungsinitiative war damals eine zuvor nie gesehene Intensität musikalischer Eigenaktivität junger Menschen nach dem Vorbild populärer Beat- und Rockbands. In diesem Buch wird nun präsentiert, wie die neuen Rahmenbedingungen nach der digitalen Mediamorphose sich in veränderten musikalischen Verhaltensweisen der österreichischen Gesamtbevölkerung niederschlagen. Ein Land mit etwa acht Millionen EinwohnerInnen kann freilich nicht den globalen Trend in der Musikrezeption repräsentieren, umso weniger, als es diesen globalen Trend gar nicht (mehr) gibt. Der nationale Musikstreamingmarkt zum Beispiel ist in Vorreiterländern wie Schweden oder Südkorea mit einem mehr als neunzigprozentigen Anteil am digitalen Markt hoch entwickelt, während Japan, Österreich, Deutschland und das Vereinigte Königreich mit unter dreißig Prozent weit abgeschlagen liegen (Tschmuck 2016). In den vier letztgenannten Ländern kann zumindest hinsichtlich des möglichen Zukunftsmarktes Musikstreaming von einer vergleichbaren Ausgangssituation gesprochen werden, sodass die Erkenntnisse zu musikalischen Einstellungen und Verhaltensweisen der ÖsterreicherInnen zumindest auch für den weltweit zweit-, dritt- und viertgrößten Tonträgermarkt von Interesse sind. Mit der Herausbildung globaler musikbezogener Jugendkulturen nach dem Zweiten Weltkrieg wurden deutliche Unterschiede zwischen musikalischen Verhaltensweisen junger und älterer MusikhörerInnen augenfällig. Die zentrale Jugendkultur des beginnenden 21. Jahrhunderts ist jedoch keine Musik bloß konsumierende, sondern eine (auch) über Musik kommunizierende Massenbewegung. Mit den Möglichkeiten des Sehens und Gesehenwerdens, des Kommentierens und Kommentiertwerdens über „soziale Medien" wie *Facebook* oder *WhatsApp* scheint Musik bei den „Digital Natives" (Prensky 2001) eine Neubewertung erfahren zu haben: weg vom Kerninteresse, hin zu einem willkommenen Anlass der Kommunikation und Präsentation. Inwiefern sich diese Alltagsbeobachtungen durch Ergebnisse repräsentativer Befragungen bestätigen oder widerlegen lassen, wird in diesem Buch ebenso behandelt wie die Frage, inwiefern das auch für die im Analogzeitalter musikalisch sozialisierten „Digital Immigrants" gilt.

In Kap. 2 erfolgt die theoretische Fundierung der Auseinandersetzung mit (neuen) sozialen Ungleichheiten des Musikhörens im Zeitalter Web 2.0. Hier werden zentrale musiksoziologische Befunde zur Musikrezeption überblicksartig vorgestellt und einer kritischen Bewertung unterzogen. In Kap. 3 erfolgt dann eine Auseinandersetzung mit den zentralen gesellschaftlichen Tatbeständen, die als Folge der digitalen Mediamorphose der Musikrezeption sichtbar werden. Das Herzstück der Arbeit wird im Kap. 4 präsentiert: die Ergebnisse der repräsentativen Erhebungen zu musikalischen Einstellungen und Verhaltensweisen der österreichischen Bevölkerung, auf Basis von Häufigkeitsauszählungen, Korrelationsprüfungen, Korrespondenz- und Clusteranalysen. Es sind dies vor allem Befunde aus einer Befragung im Sommer 2015, bisweilen ergänzt um Erkenntnisse aus einer Pionierstudie aus dem Jahr 2010. Nach einer eingehenden Diskussion des empirischen Zugangs zur Erforschung des Musikhörens (Abschn. 4.1) werden in einem ersten Schritt die Ergebnisse der deskriptiven Statistik dargestellt, wird beschrieben, wie sich der/die DurchschnittsösterreicherIn musikalisch verhält (Abschn. 4.2). Dies ist zwar mit beschränktem Erkenntnisgewinn verbunden, aber es liefert einen ersten Überblick zur musikalischen Praxis im Lande, auf den in der Folge aufgebaut werden kann. In Abschn. 4.3 wird dargestellt, wie sich die Verhaltensweisen in den fünf Jahren zwischen den beiden Erhebungen verändert haben, wo auffällige Entwicklungen zu beobachten sind. Hiervon ausgehend wird erläutert, welche Befunde die Fragen nach der sozialen Ungleichheit des Musikhörens erbracht haben. Im Abschn. 4.4 wird dargestellt, wie sich die musikalischen Einstellungen und Verhaltensweisen unterscheiden, wenn man Gruppenbildungen nach sozialstrukturellen Merkmalen wie Geschlecht, Alter, Haushaltsstruktur, Schulbildung, Berufsposition, Migrationshintergrund oder Größe des Wohnorts vornimmt. In Abschn. 4.5 wird auf die besonderen Einstellungen und Verhaltensweisen der unter 26-Jährigen, also der *Generation Web 2.0*, eingegangen. In Abschn. 4.6 wird die von Richard Peterson ausgelöste Diskussion um musikalische „AllesfresserInnen" aufgenommen und auf Basis höherer statistischer Verfahren die Existenz dieser umfassend musikalisch Interessierten in Österreich nachgewiesen. Abschn. 4.7 schließt an das Habitus-Konzept nach Pierre Bourdieu an und stellt dar, welchen Einfluss die Eltern und das Internet als Sozialisationsinstanzen auf die musikalischen Einstellungen und Verhaltensweisen der ÖsterreicherInnen haben. Und schließlich werden in Abschn. 4.8 neue MusikhörerInnen-Typologien für Österreich vorgestellt, die auf Basis expressiver und evaluativer Komponenten (nach WM10) bzw. unter schwerpunktmäßiger Betrachtung des Mediengebrauchs (nach WM15) entwickelt wurden. In Kap. 5 wird schließlich zusammengefasst, welche zentralen Tendenzen des Musikhörens im Zeitalter Web 2.0 auf Basis der empirischen Befunde sichtbar wurden. Im Sinne der für die Wiener Schule der Musiksoziologie typischen Orientierung an Praxisrelevanz der Forschung werden abschließend Fragen aufgeworfen, die mögliche Konsequenzen dieser Entwicklung für Musikpädagogik und Kulturpolitik ansprechen.

Ein derartig aufwendiges Forschungsprojekt wäre ohne ausreichende strukturelle Ressourcen nicht zu bewältigen gewesen. Alfred Smudits, der Vorstand des Instituts für Musiksoziologie, hat in Vertrauen auf das Erkenntnispotenzial dieser Studie eine Schwerpunktsetzung der Institutsarbeit auf Rezeptionsforschung ermöglicht, die über Jahre hinweg beträchtliche Kapazitäten gebunden hat. Die dafür nötigen Geldmittel hat Werner Hasitschka, langjähriger Rektor der Universität für Musik und darstellende Kunst Wien, rasch, unbürokratisch und mit dem Ausdruck großer Wertschätzung gegenüber dem Institut für Musiksoziologie zur

1 Einleitung

Verfügung gestellt. Die aufwendige Feldarbeit der Face-to-Face-Interviews mit repräsentativen Samples von 1042 bzw. 1199 Personen in ganz Österreich wurde mithilfe der Sozialwissenschaftlichen Studiengesellschaft (SWS) abgewickelt, die über das nötige methodologische Know-how und entsprechend geschulte InterviewerInnen verfügt. In produktiver Zusammenarbeit mit Marc Bittner wurde das Projekt perfekt auf den schmalen Grat zwischen tendenziell Gewünschtem und forschungspraktisch Möglichem gebracht. Raphaela Casata hat sich große Verdienste beim Umwandeln der in offener Fragestellung erhobenen Musikpräferenzen in eine auswertbare Datenmatrix erworben. Der Codierungsaufwand war erheblich, machte jedoch eine Auswertung mit geringstem Informationsverlust möglich. Dass das Potenzial der statistischen Auswertung der umfangreichen Datensätze, vor allem mit höheren Verfahren, vollständig ausgereizt wurde, ist Isabella Hager (2010) und Markus Böhnisch (2015) zu verdanken. David Binder hat mit seiner Untersuchung des Omnivorespotentials aus dem Datensatz von 2010 erheblich zum Einschlagen eines Weges beigetragen, der es ermöglichte, nach 2015 neue, verlässliche Erkenntnisse zu generieren. Und schließlich haben Roman Horak, Harald Huber und Peter Tschmuck mit effizienter Unterstützung in schwierigen Situationen Wesentliches zur Realisierung dieses Projektes beigetragen. Allen genannten Personen sei hiermit herzlich gedankt.

Zur sozialen Ungleichheit des Musikhörens

2.1 Ungleichheitsbedingungen der Musikrezeption

Die Thematisierung von sozialer Ungleichheit beinhaltet definitionsgemäß immer auch eine Auseinandersetzung mit ungerechter Verteilung von Ressourcen, Positionen und Rängen (Schäfers 1986, S. 345), also eine politische Komponente. Inwiefern deshalb bei einem vermeintlich harmlosen Privatvergnügen wie dem Musikhören von sozialer Ungleichheit gesprochen werden kann, das soll hier einleitend erläutert werden. Unterschiedliche Möglichkeiten der Teilhabe am Kulturleben stehen in hierarchisch organisierten Gesellschaften üblicherweise in direktem Zusammenhang mit ungleich verteilten Machtpositionen und ungleicher Kapitalverteilung. In Gesellschaften mit ausgeprägter sozialer Differenzierung, mit Wahlfreiheit aus einem breiten Kulturangebot kann Musikrezeption als ein Indikator für Machtverhältnisse dienen, der Erklärungskraft über die Einkommensunterschiede hinaus hat. Voraussetzung dafür ist die grundsätzliche Zugänglichkeit unterschiedlicher Musikwelten bei tatsächlicher Beschränkung derselben durch bestimmte soziale Hürden. Je niederschwelliger der Zugang zu Musik generell ist, desto stärker verlagert sich die Ungleichheit der Rezeption auf bestimmte Erscheinungsformen sowie auf bestimmte Rezeptionsweisen. Im Zeitalter der Übertragungsmusik lässt sich über Radio und Internet jeder Musikwunsch erfüllen. Der für das Musikhören im 19. Jahrhundert noch unumgängliche generelle „Versammlungszwang von Musizierenden und Rezipienten" (Blaukopf 1993, S. 175) hat sich heute in jene Bereiche verlagert, in denen man ein ausreichendes Maß an ökonomischem und/oder sozialem Kapital benötigt, um das Rezeptionsangebot wahrnehmen zu können bzw. um überhaupt Kenntnis davon zu erlangen. Beispiele dafür wären Salonkonzerte, in denen Kammermusik für ein ausgewähltes Publikum geboten wird, oder die inoffiziellen Raves der frühen Techno-Jahre oder die Geheimkonzerte von Rockstars, wie sie etwa

Die Toten Hosen regelmäßig abhalten. Auch Diskotheken oder Klubs treffen bisweilen eine strenge Selektion und lassen BesucherInnen aus der ganzen Welt vor ihrer Tür um Einlass bangen. Ein aktuell wiederbelebtes Phänomen sind Schallplattenabende, an denen VinylfreundInnen im kleinen Kreis ausgewählte Musik hören, und sich dann darüber unterhalten. Je einmaliger, je unnachahmlicher und je bekannter ein Musikangebot, desto stärker übersteigt die Nachfrage die Kapazität des Veranstaltungsraumes, selbst wenn dieser großzügig bemessen ist. Um am Neujahrskonzert oder an den Abonnementkonzerten der Wiener Philharmoniker im goldenen Saal des Wiener Musikvereins direkt teilnehmen zu können, bedarf es über Jahrzehnte hinweg immer wieder schriftlicher Anträge. Bei zeitlicher und/oder räumlicher Beschränkung des Angebots spielen ungleich verteilte Ressourcen an Geld, aber vor allem an Beziehungen und an Wissen eine bedeutende Rolle. Und um diese Darbietungen dann auch genießen zu können, bzw. um überhaupt ein Bedürfnis danach zu empfinden, bedarf es der Ausstattung mit entsprechendem Know-how und Know-why. All dies gilt vor dem Hintergrund des Musikhörens als Folge eines Rezeptionswillens unter Voraussetzung eines Musikhörens, das losgelöst vom Ritual und von stammestraditionellen Funktionen ist, wie sie Alan P. Merriam als anthropologische Konstanten beschrieben hat.[1] Mit der Lösung vom Ritual verlagert sich musikalische Praxis von einer gemeinschaftlichen auf eine individuelle und auf eine gesellschaftliche Ebene. Aus alleinigem Musikhören, ungestört und unbeobachtet von Mitmenschen, vielleicht in der Abgeschlossenheit von Privaträumen, mag sich die Illusion einer freien Entscheidung des Wie, Wann und Was der Rezeption ergeben. Tatsächlich jedoch ist auch das eine Folge musikalischer Sozialisation, wiewohl hier noch am ehesten alle der von Max Weber (1980) beschriebenen Formen des rationalen Handelns zu ihrem Recht kommen. Zweckrational wäre etwa Musikhören zur Stimmungsregulierung, ein Aspekt, der heute für sehr viele Menschen von großer Wichtigkeit ist (Schramm 2005). Affektuelles Musikhören erleben wir etwa dann, wenn wir mitgerissen werden, wenn wir Gänsehaut bekommen, oder im Zuge eines Musikerlebnisses, „bei dem sich jedes Mitglied einer kollektiven Hörerschaft plötzlich allein, in Gegenwart seines Schmerzes, seiner Hoffnung, seines Glaubens oder seines Zornes finden kann" (Silbermann 1957, S. 203).

---

[1]Merriam behandelt folgende Funktionen von Musik: emotional expression, aesthetic enjoyment, entertainment, communication, symbolic representation, physical response, enforcing conformity to social norms, validitation of social institutions and religious rituals, contribution to the continuity and stability of culture, contribution to the integration of society (Merriam 1992, S. 219–227).

2.1 Ungleichheitsbedingungen der Musikrezeption

Musikhören als Pflege von Traditionen und Brauchtum findet zumeist in gemeinschaftlichem Rahmen statt, ist oft stark ritualisiert und als Ausdruck von Verbundenheit konzipiert. Am deutlichsten zeigt sich der gesellschaftliche Aspekt und somit das Ergebnis von sozialer Ungleichheit in musikalischer Praxis als wertrationalem Handeln. Es ist gekennzeichnet „durch bewußten Glauben an den – ethischen, ästhetischen, religiösen oder wie immer sonst zu deutenden – unbedingten Eigenwert eines bestimmten Sichverhaltens rein als solchen und unabhängig vom Erfolg" (Weber 1980, S. 12).

Max Weber hat auch beschrieben, wie sich in beobachtbaren (und somit beschreibbaren) Handlungsmustern Werthaltungen und Grundprinzipien ausdrücken, die das Wesen dessen bestimmen, was er als „Lebensführung" bezeichnet hat (a. a. O., S. 535–540). In Folge der Individualisierungsthese nach Ulrich Beck (1983) wurde diese Idee unter dem Begriff „Lebensstil" neu belebt. Als entscheidendes Merkmal von Lebensstilen wurde gesehen, dass sie alle Aspekte der Lebensgestaltung umfassen, was neuen sozialen Ungleichheiten zu mehr Sichtbarkeit verhelfe. Der wohl deutlichste Ausdruck eines Lebensstils erfolgt im deutschen Sprachraum durch die Art des Wohnens. Das bringt jedoch nur in jenen seltenen Fällen aufschlussreiche Ergebnisse, wo die Möglichkeit entsprechender Einblicke in das Privatleben gegeben ist (Silbermann 1991). Üblicherweise müssen wir uns in der Beobachtung auf jene Aspekte der Alltagsgestaltung beschränken, die sich auch außerhalb der Privatsphäre zeigen, wie Sprache, Kleidung, Essgewohnheiten und vor allem die Freizeitgestaltung. Für welche Sportarten man sich interessiert, wohin man auf Urlaub fährt, welche Kulturangebote man wahrnimmt, das sind Aspekte, aus denen sich Rückschlüsse auf grundlegende Werthaltungen ziehen lassen. Am aussagekräftigsten sind dabei die Orte, an denen entsprechende Angebote wahrgenommen werden. Bestimmte Lokalitäten sind nur beschränkt zugänglich, und das betrifft Angehörige aller sozialen Schichten. Der Befund, HSV-AnhängerIn zu sein, lässt nur bedingt auf einen Lebensstil schließen, und ein Dauerkartenbesitzer aus dem VIP-Bereich des Fußballstadions wird sich kaum einmal in den Stehplatzsektor der fanatischen AnhängerInnen wagen, selbst wenn es hier eine thematische Verbundenheit gibt. Zu einer Annäherung von Menschen, die sich ansonsten nicht begegnen würden, können gemeinsame Interessen auch im Bereich des Kulturkonsums führen. Kunstmuseen etwa sind beliebte Anlaufpunkte von Angehörigen verschiedener Ethnien und sozialer Schichten, was sicher auch eine Folge kulturpolitischer und bildungspolitischer Bestrebungen ist. Herbert J. Gans (1966) hat vorübergehende Vergemeinschaftungen auf Basis geteilter Rezeptionsinteressen als „Geschmackskulturen" bezeichnet und die sozialpsychologischen Grundlagen ihres Entstehens untersucht. Ein mögliches Motiv ist demnach der Wunsch, in einer Interessensgemeinschaft Aufnahme zu finden, in der man ungeachtet der sozialen Herkunft Anerkennung für Fachkompetenz erhält. Auch Strategien wie Ausdruck der eigenen Persönlichkeit, Abgrenzung gegen Andere, Steigerung der eigenen Attraktivität bei der Partnersuche, Untertauchen in der Masse sowie Einsatz für berufliche Interessen wurden mit Musikpräferenzen in Verbindung gebracht (Gans 1966; Lizardo 2006). Ein rein zweckrationaler Zugang zur Kulturrezeption dürfte jedoch die Ausnahme sein. Sofern sie nicht ohnehin den eigenen Bedürfnissen entspricht, ist die Wahl einer musikalischen Praxis zum Zwecke des „impression management" wohl nur als kurzfristige Präferenzbekundung durchzuhalten, die sich kaum zu einem stabilen Verhaltensmuster entwickelt. Ein längerfristiger, ohne Anstrengung und Hintergedanken kultivierter Musikgeschmack entwickelt sich über Jahre in der primären und sekundären Sozialisation. Grundlegenden Erkenntnissen der experimentellen Ästhetik, gewonnen in einem von Daniel Berlyne geleiteten Forschungsprogramm, verdanken wir die Einsicht, dass jene ästhetischen Objekte am besten gefallen, die als moderat komplex empfunden werden (Berlyne 1974). Die Auseinandersetzung mit kulturellen Praktiken und Objekten wird nur dann befriedigend sein, wenn sie einen fordert, ohne zu überfordern. Was zu vertraut ist, wird langweilig. Was zu komplex ist, strengt zu sehr an. Mit wiederholter Rezeption steigen die Vertrautheit und der Wunsch nach höherer Komplexität. Ein Streichquartett, ein Popsong oder ein Jazz-Standard kann auf mehreren Ebenen rezipiert werden. Je feiner die Rezeptoren, die durch (langjährige) musikalische Hörpraxis ausgebildet wurden, desto differenzierter stellt sich das ästhetische Objekt dar, desto tiefere Sinnschichten kann man ergründen. Eine professionell ausgebildete Cellistin mit tausenden Übestunden hört ein Stück aus ihrer Musikwelt anders als der Gelegenheitshörer. Und gleichzeitig stehen beide vielleicht ratlos vor einem Dance-Track, der den SzenegängerInnen ein Universum an Querbezügen und Erinnerungen zu öffnen vermag. Die Grundlagen sozialer Ungleichheit des Musikhörens liegen also in der Frage, wie früh wir mit welchen kulturellen Objekten und Praktiken vertraut gemacht wurden. Alle bisherigen Hörerlebnisse wirken wie Filter und Referenzen, vor deren Hintergrund jeder neue Eindruck bewertet wird (Mannheim 1928/1929). So erklärt sich auch der schleichende Verlust der Offenohrigkeit von Kindern, die durch die Ubiquität gleichförmiger Übertragungsmusik immer weniger empfänglich für neue Klänge werden (Hargreaves 1982). Der Musikkonsum von Kindern orientiert sich zuerst an der musikalischen Praxis der Eltern und Geschwister, einfach weil sie nach sozialer Anerkennung dieser relevanten Bezugspersonen streben. Wohl verlagert sich später die Orientierung auf die Peergroup, aber bis dahin sind bereits entscheidende Weichenstellungen erfolgt (Shuter-Dyson 1993; Troué und Bruhn 2000). Einiges spricht dafür, dass sich Musikgeschmack als Produkt und Produzent sozialer Ungleichheit über primäre Sozialisation reproduziert und dass spätere Einflussfaktoren nur mehr bedingt wirksam werden. Inwiefern dies auch vor dem Hintergrund der Internetrevolution gilt, die im beginnenden 21. Jahrhundert eine von der Elternschaft sich stark unterscheidende Jugend hervorgebracht hat, das ist eine der zentralen Fragestellungen zur Musikrezeption im Zeitalter Web 2.0. Die Geschichte populärer Musik der letzten hundert Jahre zeigt anschaulich, wie sich aus entwicklungsbedingter Identitätssuche und Abgrenzungsbemühung von Jugendlichen immer wieder Innovation ergeben hat (Baake 1993; Hurrelmann 1995; Zimmermann und Iwanski 2014). Im Rahmen der großen musikbezogenen Jugendkulturen des 20. Jahrhunderts konnten in „Geschmackskulturen" geteilte Musikerfahrungen gesellschaftliche Relevanz über temporäre Präferenzvergemeinschaftung hinaus erlangen. Dass Jugendliche sich in der Musikrezeption deutlich von Erwachsenen unterscheiden, hat sich in der zweiten Hälfte des 20. Jahrhunderts zu einer unbestrittenen Tatsache entwickelt. Wie sich nun diese Differenzen unter den neuen Rahmenbedingungen im Web 2.0 entwickeln, das wird zu beobachten sein.

2.2 Klassenhabitus und Distinktion

Die eigentliche Stoßrichtung der Frage nach sozialer Ungleichheit des Musikhörens gilt aber nicht den Altersgruppen, sondern den sozialen Schichten. Max Webers Unterscheidung von Klasse und Stand war auch darin begründet, die Zusammenhänge zwischen ökonomischen Verhältnissen und einer unter Umständen sich daraus ergebenden Lebensführung zu untersuchen. „‚Klassen' gliedern sich nach den Beziehungen zur Produktion und zum Erwerb der Güter, ‚Stände' nach den Prinzipien ihres Güter*konsums* in Gestalt spezifischer Arten von ‚Lebensführung'" (Weber 1980, S. 538). Die sozialstrukturellen Merkmale Einkommen, Schulbildung und Berufsprestige standen lange Zeit im Zentrum der Erklärung sozialer Ungleichheit von Teilnahme am Kulturleben. Als nach dem Zweiten Weltkrieg regelmäßige kulturstatistische Erhebungen zur guten Praxis kulturpolitischer Institutionen wurden, spielte die Musikrezeption als Indikator von Beginn an eine zentrale Rolle. Die in der Einstufungspraxis der Verwertungsgesellschaften abgebildete Dichotomie von „Ernster Musik" und „Unterhaltungsmusik" findet sich dabei üblicherweise in Fragen nach der Besuchshäufigkeit von Konzerten aus den Bereichen Klassik/Oper bzw. Pop/Rock wieder, und jahrzehntelang konnte man sich auf einen starken Zusammenhang zwischen Hochkulturaffinität und hohen Bildungsabschlüssen der Befragten verlassen. So ist es vielleicht kein Zufall, dass das Frankreich der 1970er Jahre mit seinem stark hierarchisch aufgebauten Bildungssystem als Folie für eine bahnbrechende Studie diente, die einen beinahe zwingenden Zusammenhang zwischen Klassenlage und Musikgeschmack offenbarte. *La distinction* von Pierre Bourdieu, diese umfassende empirische und theoretische Darstellung der musikalischen Praxis als Mittel gesellschaftlicher Positionierung, prägt bis heute den kultursoziologischen Diskurs. Bourdieu beschrieb darin feine Unterschiede anhand einer Vielzahl kultureller Praktiken und Präferenzen, und er identifizierte dabei den Umgang mit Musik als für gesellschaftliche Abgrenzung besonders geeignet. So stellte er fest, dass „nichts eindrucksvoller die eigene ‚Klasse' in Geltung zu setzen hilft, nichts unfehlbarer auch die eigene ‚Klassenzugehörigkeit' dokumentiert als der musikalische Geschmack" (Bourdieu 1993b, S. 41). Er beschrieb eine Homologie zwischen Lebensstilen „und dem Raum der objektiv gegensätzlichen Soziallagen" (a. a. O., S. 286). Wie sehr er dabei (stillschweigend) von der Hochkultur als Maß aller Dinge ausging, zeigt sich darin, dass er die Klassifikationswirksamkeit von Konzertbesuchen oder des Spielens vornehmer Musikinstrumente herausstellte, „aufgrund der nur selten gegebenen Voraussetzungen zum Erwerb der entsprechenden Dispositionen" (a. a. O., S. 41). Eine dominante Klasse sah er durch ihre Nähe zur „legitimen" Kultur – der gesellschaftlich anerkannten Hochkultur – gekennzeichnet. Die von Max Weber vorgenommene konzeptionelle Trennung von Stand und Klasse wurde hier wieder aufgehoben und eine zwingende Gebundenheit kultureller Praktiken an die ökonomischen Grenzen und Möglichkeiten postuliert. Musikalische Praxis ist nach Bourdieu Ausdruck eines symbolischen Klassenkampfes; ihre erste Aufgabe bestehe darin, die soziale Position zu verteidigen und Ungleichheiten zu (re)produzieren. Er definierte in diesem Zusammenhang drei Kapitalformen und beschrieb, wie das Anhäufen und Umwandeln derselben zur Reproduktion gesellschaftlicher Hierarchien beiträgt. Eine gesellschaftliche Position ergibt sich demnach daraus, wie reich man an ökonomischem, sozialem und kulturellem Kapital ist. Ein Lebensstil bilde das persönliche Werteschema ab, das mit diesem individuellen Kapitalbestand zusammenhängt. Die in Klassen und Klassenfraktionen abgebildete soziale Ungleichheit ergebe sich einerseits aus der Kapitalverfügbarkeit insgesamt, andererseits aus den unterschiedlichen Verteilungen der Kapitalsorten. Besondere Bedeutung komme dabei dem kulturellen Kapital zu, von dem drei Erscheinungsformen zu unterscheiden sind und dessen Besitz am stärksten die soziale Position determiniere. Objektiviertes kulturelles Kapital bezeichnet nach Bourdieu den Besitz von Kulturgütern und die Erfahrung im Umgang mit ihnen. Institutionalisiertes kulturelles Kapital wird über Bildungsanstalten vermittelt, die zugleich für die Kanonisierung der

2.2 Klassenhabitus und Distinktion

„legitimen" Kultur sorgen. Inkorporiertes kulturelles Kapital schließlich ist das Ergebnis von Sozialisation und zeigt sich (in Kombination mit ökonomischem Kapital) im *Habitus*. Mit diesem zentralen Begriff wird die Art bezeichnet, nach ungeschriebenen Gesetzen und Werthaltungen der Herkunftskultur zu agieren und diese zu verkörpern. Das durch Beeinflussung und Vorbild der ersten Bezugspersonen maßgeblich bestimmte inkorporierte kulturelle Kapital bildet die Grundlage dessen, was einem gefällt und was man versteht. Geschmack, von Bourdieu (1993c, S. 155) als „die Gesamtheit der von einer bestimmten Person getroffenen Wahlentscheidungen" definiert, und Lebensstil sind Ausprägungen des Habitus, der somit das (ästhetische) Wollen und dessen praktische Umsetzung im Alltag realisiert. Auch wenn Lebensstile oft unreflektiert bleiben und als selbstverständlich empfunden werden, wirken sie doch wie eine Abgrenzungsstrategie zur Verteidigung sozialer Positionen. Individuelles Handeln ist nach Bourdieu immer Reaktion auf die Gegebenheiten eines sozialen Umfelds, in dem bestimmte (unausgesprochene) Regeln gelten, nach denen wiederum die verfügbaren Kapitalsorten eingesetzt werden. Ein Kapital kann allerdings nur dann sozial wirksam werden, wenn es symbolischen Charakter hat, also von den Bezugspersonen erkannt und anerkannt wird. Nach Bourdieu ist die Hochkultur der allgemeine gesellschaftliche Bezugspunkt, die „legitime Kultur", wofür vor allem die Bildungsanstalten verantwortlich sind, durch die auch Angehörigen der beherrschten Klassen entsprechendes Grundlagenwissen (und Ehrfurcht) vermittelt wird. Je höher die Wahrnehmungskompetenzen der Interaktionspartner ausgebildet sind, desto feinere symbolische Signale können zur Distinktion eingesetzt werden. In seiner Soziologie der symbolischen Formen beschrieb Bourdieu die Grundlagen der Ungleichheit ästhetischer Rezeption als einen Decodierungsvorgang, der nur selten als solcher bewusst wird. „Es gibt keine Wahrnehmung, die nicht einen unbewussten Code einschlösse" (Bourdieu 1983, S. 162). Die individuelle Decodierungsfähigkeit sei dabei maßgeblich durch die primäre Sozialisation geprägt, durch Qualität und Quantität alltäglicher Begegnungen mit ästhetischen Objekten und Ereignissen. „Die wiederholte Beschäftigung mit Werken eines bestimmten Stils begünstigt eine unbewusste Verinnerlichung der Regeln, nach denen sich die Produktion dieser Werke vollzieht. Den Regeln der Grammatik gleich werden diese nicht als Regeln aufgefaßt und sind noch weniger ausdrücklich formuliert und formulierbar als jene" (a. a. O., S. 182). Nach dieser Vorstellung lernt man Musik – wie gesprochene Sprache – am besten zu verstehen, indem man sie immer wieder hört. Man entwickelt dabei ein Verständnis für die inneren Regeln dieser musikalischen Muttersprache, ohne sie bewusst gelernt zu haben. Man versteht sie mit Leichtigkeit, ohne erklären zu können warum. Aus der wiederholten

Konfrontation mit kulturellen Objekten und Ereignissen, aus der selbstverständlichen musikalischen Praxis entwickelt sich also der Habitus als „Produkt und Produzent von Praktiken zugleich" (Fröhlich 1994, S. 38). Ein nachträgliches Lernen der musikalischen Vokabeln und Grammatikregeln könne das inkorporierte unbewusste Wissen nicht ersetzen, denn die situationsbedingten Zwischentöne und der feine Witz einer musikalischen Sprache würden sich nicht aus starren Regeln erschließen, sondern aus der Referenz auf gelebte Erfahrung. Im Zuge der Schullaufbahn könnten zwar gröbere Mängel im Sprachverständnis behoben werden. Die Bemühungen der Musikpädagogik fallen jedoch nach Bourdieu vor allem bei jenen Schülern auf fruchtbaren Boden, deren Aufnahmefähigkeit schon zuvor trainiert worden ist. „Da der Eingliederungsprozeß bis zur vollen Interaktion in die Bildungsschichten sich über einen sehr langen Zeitraum hin vollzieht, bleiben Individuen, die hinsichtlich ihres sozialen und sogar Schulerfolges auf einer Stufe stehen, weiterhin durch subtile Unterschiede voneinander getrennt, die sich danach bemessen, seit wann jene Individuen Zutritt zur Bildungssphäre haben" (Bourdieu 1983, S. 191 f.). Da das Erlernen einer kulturellen Sprache unbewusst und mühelos erfolge, würden die Eliten ihre Kultiviertheit für natürlich halten, obwohl sie vor allem Konsequenz jahrelanger Übung einer kulturellen Praxis sei, deren Legitimität auf Willkür basiere. Bourdieu war als sozialer Aufsteiger besonders sensibilisiert für die Abgrenzungsstrategien der Bildungseliten. Er wählte den Begriff „Klassenethnozentrismus" (a. a. O., S. 163) für die Anschauung einer klassenspezifischen Wahrnehmungsweise als natürlich und richtig, wo sie doch nur eine unter anderen möglichen ist. Seine Offenlegung wirkt auf den ersten Blick fatalistisch, enthält jedoch den Schlüssel zu einer Gegenstrategie und kann somit auch konstruktiv gelesen werden: Kulturkompetenz ist erlernbar, sie ist auch bei den „Kultivierten" nichts als die Folge eines (langen) Aneignungsprozesses. Wenn es gelänge, „die Sakralisierung von Kultur und Kunst" (a. a. O., S. 197) zu beenden, ließen sich auch soziale Ungleichheiten nivellieren. Erschwert werden derartige Bestrebungen nicht nur dadurch, dass die Schule in ihrer derzeitigen Organisationsform die soziale Ordnung reproduziert. Auch objektiviertes kulturelles Kapital ist oft so gestaltet, dass es Ehrfurcht und Respekt abringt. Bourdieu beschreibt das Museum als bürgerlichen Tempel, dessen wahre Funktion darin bestünde, „bei den einen das Gefühl der Zugehörigkeit, bei den anderen das Gefühl der Ausgeschlossenheit zu verstärken" (a. a. O., S. 198). Selbiges lässt sich über Opern- und Konzerthäuser sagen, die allein in ihrer Architektur oft wie Tempel der Hochkultur anmuten.

Bourdieus eigentümliche und am stärksten kritisierte Beobachtung, mit der er auch die Reproduktion sozialer Ungleichheitsverhältnisse erklärt, ist die Distinktion der Oberschichtangehörigen, die durch den – als natürlich empfundenen – Habitus besondere Wirksamkeit entfalte. Aus den verschiedenen Lebensstilen ergeben sich bereits offensichtliche Unterschiede zwischen den einzelnen Klassen und Fraktionen, ohne dass dem ein Distinktionsstreben zugrunde liegen müsste. Bourdieu jedoch sieht die negative Abgrenzung gegen den Geschmack der unteren Klassen als zentrale Strategie der Eliten zur Verteidigung ihrer kulturellen (und somit gesellschaftlichen) Vormachtstellung. „Eine jede soziale Lage ist mithin bestimmt durch die Gesamtheit dessen, was sie nicht ist, insbesondere jedoch durch das Gegensätzliche: soziale Identität gewinnt Kontur und bestätigt sich in der Differenz" (Bourdieu 1993b, S. 279). Über demonstratives Wertschätzen und vor allem Ablehnen bestimmter kultureller Güter und Praktiken erfolge hier die Abgrenzung. Sie wird von Bourdieu alleine als eine von oben nach unten thematisiert. Grundlage von Distinktion über Musikrezeption ist eine Hierarchie von Musikstilen, die Bourdieu aus Immanuel Kants Unterscheidung des Schönen vom Erhabenen, von Körper und Geist, abgeleitet hat (Kant 1995, S. 57 ff.). Die herrschende Klasse verfüge demnach über den legitimen Geschmack, da er im Wesentlichen jenes kulturelle Kapital abbilde, das aus den Praktiken und Ressourcen der gesellschaftlichen Oberschicht besteht. Bourdieu setzt voraus, dass der legitime Geschmack allgemein anerkannt wird und dass er auch als der gesellschaftlichen Oberschicht eigentümlich angesehen wird. Den Mittelschichten blieben minder bewertete Varianten der legitimen Kultur, während sich die Unterschicht auf Praktisches, Notwendiges und leicht zu Rezipierendes beschränke. Während Bourdieu in diesem Gefüge Ober- und Unterschicht konservativ zeichnet, sei die Mittelschicht mit Dynamiken konfrontiert, die aus Abstiegsvermeidung und Aufstiegsstreben entsprängen und die zu einer kulturellen Praxis im Spannungsfeld zwischen tatsächlich Gefallendem und sozialdynamisch Erforderlichem führten. Aus der ungleichen Ausstattung verschiedener Klassenfraktionen mit den einzelnen Kapitalsorten ergebe sich ein Aufstiegs- und Abstiegspotenzial, was wiederum Distinktion der in ihrer Exklusivität Bedrohten provoziere. Erobern sich aufstrebende Mittelschichtangehörige (etwa mit Hilfe von Massenmedien) einzelne Bereiche der legitimen Kultur (wie z. B. klassische Musik), müssten die Angehörigen der herrschenden Klasse auf neue distinktive Güter und Praktiken ausweichen. Möglichkeiten, die eigene Besonderheit zu erhalten, ergäben sich über das Meiden populärer Produkte, über das Konsumieren seltener Güter und schließlich über die Art des Konsums.

2.3 Nach Bourdieu

Bourdieus eingehende Auseinandersetzung mit den Ungleichheitsmechanismen von Kulturkonsum hat die kultursoziologische Forschungspraxis der darauffolgenden Jahrzehnte stark geprägt. Neben vielen lokalen Projekten, die eine Übertragbarkeit seiner Befunde auf nichtfranzösische Kulturkreise überprüften, wurden wiederholt kritische Stellungnahmen zu Bourdieus Voraussetzungen und Schlussfolgerungen publiziert. Auf den grundsätzlichen Einwand, dass die dabei vernachlässigten sozialstrukturellen Merkmale Alter, Geschlecht und Ethnie wesentliche Indikatoren sozialer Ungleichheit seien, wird später noch im Detail eingegangen.[2] Ein häufiger Widerspruch richtet sich auch gegen die Dichotomie legitimer vs. populärer Geschmack bzw. gegen eine gesellschaftlich anerkannte Hierarchie von Musikstilen als Grundlage einer Distinktion ausschließlich von oben nach unten. Bourdieu hat eine Erweiterung dieses Gedankens hin zu musikalischen Feldern jenseits der Hochkultur nicht vorgenommen. Er beschrieb die legitimen Künste als besonders gut geeignet, eine soziale Höherstellung zu signalisieren, da sie mit alltäglichem kulturellem Kapital nicht genussbringend zu decodieren seien. Aber ist das nicht Klassenethnozentrismus? Viele Musikwerke auch aus dem Popmusikbereich sind vielschichtig. Aus der Kompetenz, sie analytisch oder historisch informiert zu hören, muss nicht zwingend eine soziale Überlegenheit entspringen. Zudem ist gerade im Bereich der Hochkultur (angemessener) Kunstgenuss nur eines von vielen möglichen Motiven eines Konzertbesuchs (Neuhoff 2004, 2007; Rösing und Barber-Kersovan 1993). Italienische Opern lassen sich auch genießen, ohne der italienischen Sprache mächtig zu sein. Das Kunsterlebnis ist vielleicht ein anderes, aber muss es deshalb inadäquat sein? „Das Kunstwerk (wie jedes kulturelle Gebilde) vermag Bedeutungen unterschiedlicher Niveaus zu liefern, je nach dem Interpretationsschlüssel, den man auf das Werk anwendet" (Bourdieu 1983, S. 165). *Jedes* musikalische Stilfeld bietet unterschiedliche Ebenen, auf denen ein kulturelles Produkt erlebt werden kann. So wie der Technics SL-1210 für historisch informierte MusikhörerInnen mehr als nur ein Schallplattenspieler ist, beinhaltet auch die darauf gespielte Musik für jede/n RezipientIn unterschiedliches Erkenntnis- und Identifikationspotenzial. „Das Kunstwerk auf spezifisch ästhetische Weise zu betrachten […] heißt, […] dessen distinktive stilistische Züge zu ermitteln, indem man es in Beziehung zu allen Werken (und nur zu diesen Werken) setzt, die insgesamt die Klasse bilden, der es angehört" (a. a. O, S. 171). Hier zeigt sich auch, warum das Sprechen, Schreiben, Lesen über Kunst so wichtig ist. Musikschaffende beleben mit ihrer Interpretation einen Diskurs, an dem jene nicht teilnehmen, für die sich die 27. Einspielung eines Streichquartetts nicht wesentlich von den zuvor (nicht) gehörten unterscheidet. Aber auch jene, für die globalisierte Popmusik „Ausdruck eines imperialistischen, auf Konsum, ‚Fun' und Oberfläche ausgerichteten substanzlosen Müll-Sounds [ist], der die Ohren verstopft und das Denken einnebelt" (Wagner 2006). Die von Bourdieu unbeachteten Distinktionsbestrebungen von

---

[2]Siehe Abschn. 2.5.

2.3 Nach Bourdieu

unten nach oben sowie jene innerhalb ausdifferenzierter Popmusikfelder wurden in den letzten Jahren wiederholt anschaulich beschrieben (Parzer 2011; Berli 2014).

Widerspruch hat vor allem die Behauptung einer Homologie von legitimer Kultur und herrschender Klasse hervorgerufen und dass sich die Bewertung von kulturellen Produkten und Praktiken immer an einem legitimen Geschmack orientiere. Dagegen wandte etwa Stephan Moebius ein: „Für die spezifische Wirksamkeit der symbolischen Herrschaft müssen sowohl Herrschende als auch Beherrschte über die gleichen Beurteilungs-, Denk-, und Deutungsschemata verfügen. Nur so kann die symbolische Gewalt eine unanzweifelbare Geltung in der Wahrnehmung der Menschen bekommen" (Moebius 2006, S. 54). Davon sei jedoch nicht auszugehen. Er verweist auch auf die potenzielle Instabilität des Habitus, der mit jeder neuen Handlung bestätigt oder aber infrage gestellt werden könne. Von Cultural Studies und VertreterInnen des Poststrukturalismus wiederum wurde eingehend thematisiert, dass die Bedeutung von Kulturgütern sich oft erst mit der Rezeption ergibt. So haben auch die dominierten Klassen ihre eigenen Normen und Werte, die ihnen mehr gelten als die Kultur der dominanten Klasse. Ein Hochkulturphänomene abwertendes „Das ist mir zu hoch" wird dabei keineswegs als defizitär verstanden. Das *eine* Kulturleben als zentralen Bezugspunkt gibt es nicht (mehr) und damit weder einen Teilhabewunsch von Ausgeschlossenen, noch Bestrebungen diesen Zugang zu erschweren. Obwohl Hochkulturkonsum über die Massenmedien einfach möglich wäre, kümmern sich viele einfach nicht darum, da es ihnen nicht erstrebenswert erscheint. Distinktionsrituale, die oft nur mithilfe des passenden kulturellen Kapitals erkennbar sind, lassen sich nicht nur in der herrschenden Klasse finden. Bourdieus Entscheidung, den Donauwalzer exemplarisch für populäre Musik anzuführen, verweist zudem auf das generelle Problem empirischer Forschung, in milieufremden Feldern Codes zu erkennen und richtig einzuordnen.

Auch für die Tendenz der herrschenden Klasse zu demonstrativem Kulturkonsum dürfte es heute schwierig sein, empirische Belege zu finden. Dieses Verhalten ist schon seit längerem höchst unüblich und wohl eher bei gesellschaftlichen Aufsteigern oder Neureichen zu beobachten, während sich Angehörige der Eliten eher in Understatement üben (Lamont 1992). Die Reduktion von Kulturrezeption auf Machtdemonstration und Klassenkampf wird der Realität nicht gerecht. „The division between ‚highbrow' and ‚lowbrow' is a reductive notion of aesthetic judgement which interprets music's value solely through it's social function" (De Boise 2016, S. 181). Von den vielen möglichen Gründen, Musik zu hören, ist der am häufigsten genannte die Entspannung (Schramm 2005), und es lässt sich schwer argumentieren, warum das nicht für alle sozialen Klassen gelten soll. Nach Bourdieu müssten die Eliten, sobald eine Tradition popularisiert ist, sich von ihr abwenden und auf die Rezeption immer modernerer oder ungewöhnlicher interpretierter oder in Vergessenheit geratener Musik ausweichen, deren Decodierung ein schwer zu erlangendes kulturelles Kapital erfordert.[3] Das offensichtliche Festhalten der Oberschicht an klassischer Kunstmusik trotz ihrer Popularisierung verweist jedoch auf eine Wertschätzung unabhängig von ihrer Distinktionstauglichkeit. Generell sind Offenheit und Bereitschaft zur ästhetischen Avantgarde nicht eben typische Merkmale einer herrschenden Klasse, würde sie doch mit einem Abweichen von ihrem Kanon jenen Kompetenzvorsprung preisgeben, der sich in jahrzehntelanger Rezeptionspraxis habitualisiert hat. Machterhaltungsstrategien scheinen heute weniger über Ausschluss als vielmehr über gezielte Auswahl zu erfolgen. Nach Befunden der Elitenforschung ist für die Aufnahme in den Kreis der Wirtschaftsspitze ein Habitus ausschlaggebend, der die KandidatInnen als passend auszeichnet. Neben Fachkompetenz und Bildungsabschlüssen gehören dazu die Kenntnisse der entsprechenden Codes, eine möglichst breite bildungsbürgerliche Ausbildung, Risikofreude (was auf ein familiäres Sicherheitsnetzwerk verweist) und Souveränität im Umgang mit diesen Anforderungen (was wiederum voraussetzt, dass man von Kindheit an damit vertraut ist) (Hartmann und Kopp 2011).

Trotzdem hat es immer wieder Einspruch gegen die Fokussierung auf das geerbte und in primärer Sozialisation erworbene kulturelle Kapital gegeben. Bourdieu hat seine Absage an ein nachträgliches Aufholen von Bildungsrückständen mit der entscheidenden Prägung des musikalischen Habitus in der primären Sozialisation begründet. In seinem Aufsatz „Über Ursprung und Entwicklung der Arten der Musikliebhaber" unterscheidet er zwei Wege des Erwerbs musikalischer Bildung als Folge verschiedener Arten des Musikkonsums: „Auf der einen Seite eine Art Urvertrautheit mit der Musik; auf der anderen der passiv-akademische Geschmack des Musikliebhabers mit der Schallplattensammlung" (Bourdieu 1993a, S. 151). Musikerfahrungen, die „in der allerfrühesten Körpererfahrung" (a. a. O., S. 148) wurzeln, hätten eine Kraft, mit der ein später erworbenes kulturelles Kapital nicht vergleichbar sei. Diese weitgehende Reduktion des Bildungseinflusses auf das familiäre Umfeld lässt unberücksichtigt, dass im Lebensverlauf die relevanten Bezugspersonen wechseln und dass zu den entscheidenden Aufgaben in der Adoleszenz die Entwicklung einer eigenen, vom Elternhaus abgelösten Identität gehört (Zimmermann und Iwanski 2014). Das Sprechen über Musik und das Signalisieren eines bestimmten Musikgeschmacks sind von großer Bedeutung im Sozialgefüge von Peergroups (Rössler und Scharfenberg 2004). Auch bleibt bei Bourdieu unbeachtet, dass die Entwicklung der populären Musik

---

[3]Er erwähnt hier u. a. „Barockmusik, gespielt von Harnoncourt" (Bourdieu 1993c, S. 164).

im 20. Jahrhundert eng mit der Geschichte der Jugendkulturen verbunden war. In Phasen der Identitätsentwicklung, die von Unsicherheit geprägt sind, kann die integrative Kraft von Jugendszenen zu tragen kommen (Schulze 1992; Hitzler et al. 2001). In diesen Rahmen haben viele Jugendliche eine musikalische Praxis und Identität entwickelt, die weit jenseits ihres kulturellen Erbes liegt (Bontinck 1974). Bestätigung erfährt Bourdieus Perspektive allerdings im frühen Lebensalter durch die soziale Ungleichheit musikalischer Früherziehung in Kindergärten und Institutionen wie *Jeunesse musicale*. So sehr diese dazu beitragen, die Wahrnehmungskompetenz von Kindern frühzeitig zu fördern, so beschränkt ist das entsprechende Angebot. Den Zugang dazu finden oft erst recht wieder jene Kinder, deren Eltern mit entsprechenden Sozialbeziehungen und Informationen ausgestattet sind, um einen der begehrten Plätze zu ergattern (Fuchs 2016). Und entscheidend für die Nachhaltigkeit dieser Fördermaßnahmen ist auch, inwiefern die vermittelte kulturelle Praxis auch in der Familie gelebt wird. Verfügen die relevanten Bezugspersonen über kulturelles Kapital in ausreichender Qualität und Quantität, um aus dem (vorübergehenden) Haben ein (beständiges) Sein werden zu lassen? Bourdieu schreibt ja: „Von Bedeutung und Interesse ist Kunst einzig für den, der die kulturelle Kompetenz, d. h. den angemessenen Code besitzt. […] Wem der entsprechende Code fehlt, der fühlt sich angesichts dieses scheinbaren Chaos an Tönen und Rhythmen, Farben und Zeilen ohne Vers und Verstand nur mehr überwältigt und ‚verschlungen'" (Bourdieu 1993b, S. 19). Von welcher Musik war man als Kind umgeben, welche Musik hat man erfahren dürfen, in welchen Zusammenhängen? Hat man erlebt, wie die Eltern in die Opern gehen, wie der Großvater in der Blasmusikkapelle spielt, wie die Tante im Kirchenchor singt, wie der große Bruder in einer Rockband spielt? All das schafft nicht nur Vertrautheit mit, es verkleinert auch die sozialen Barrieren zu bestimmten Klangwelten.

Oft ist die Kritik an Bourdieus Befunden und Voraussetzungen im Grundsätzlichen verharrt. Wesentlich seltener wurde der Aufwand betrieben, Gegenargumente in empirischen Untersuchungen zu verifizieren. Dazu kommt, dass manche Studien bei guten Ansätzen nur bedingt verlässliche Ergebnisse liefern, da es sich um Sekundäranalysen von Befragungen mit anderem Fokus handelt oder die Auswahl der Befragten nicht repräsentativ erfolgt ist. Relativ breiten Raum haben Bestrebungen eingenommen, Bourdieus Konzeption in anderen oder erweiterten kulturellen Kontexten zu reproduzieren. Für die Situation in Europa hat zum Beispiel Jürgen Gerhards die Eurobarometer-Untersuchung 2007 hinsichtlich Ausstattung mit verschiedenen Kapitalsorten in den EU-Ländern sekundäranalysiert. Sein Befund lautet: „Das institutionalisierte und inkorporierte kulturelle Kapital des Befragten und seine Berufsposition können einen hochkulturellen Lebensstil gut erklären. Alle aus der Bourdieu'schen Theorie abgeleiteten Hypothesen werden empirisch bestätigt" (Gerhards 2008, S. 743). Im Vereinigten Königreich hat Tony Bennet (2009) mit KollegInnen knapp zweihundert Personen (einzeln oder in Fokusgruppen) befragt, um Bourdieus Homologie-Befund von Kulturgeschmack und Klassenposition zu überprüfen. Sie konnten zeigen, dass auch dort und heute soziale Unterschiede über ungleiche kulturelle Praxis geschaffen und gefestigt werden, dass jedoch der Klassenhabitus in der Realität eine viel geringere Rolle spielt, als von Bourdieu behauptet. Auch konnten sie keine demonstrative Ablehnung nichtlegitimer kultureller Praxis bzw. Orientierung an legitimer Kultur zur Reproduktion von Ungleichheiten entdecken. In Ergänzung zu Bourdieus Kapitalsorten identifizierten sie neben inkorporiertem, objektiviertem und institutionalisiertem kulturellen Kapital noch technisches (Geschick), emotionales (Sympathie), nationales (Traditionen) und subkulturelles (Expertise) kulturelles Kapital. Ineke Nagel wiederum hat in einer Reihe von Untersuchungen mit niederländischen Jugendlichen versucht herauszufinden, inwiefern das kulturelle Kapital der Eltern die Kulturaffinität ihrer Kinder vorbestimmt und welche Interventionskraft dabei die Schule hat (Nagel et al. 1997; Nagel und Ganzeboom 2002; Nagel 2010). Sein Befund lautet, dass die Schule wohl von wesentlicher Bedeutung für die Kulturnähe von Jugendlichen aus kulturfernen und kulturaffinen Elternhäusern ist, dass die kulturnahe sozialisierten Schüler allerdings mit Vorsprung starten und diesen während der gesamten Schulkarriere beibehalten. Er konnte nachweisen, dass das kulturelle Erbe doppelt so stark wirkt wie der schulische Einfluss und dass dieses Verhältnis vom 14. bis zum 24. Lebensjahr stabil bleibt. Also eine eindrucksvolle Bestätigung der Bourdieu'schen Bewertung primärer Sozialisation. Besonders große Aufmerksamkeit erregten Bourdieus Befunde bei KultursoziologInnen in den (sich als egalitär verstehenden) USA. Im Wesentlichen zeigen die auf *La distinction* bezogenen Vergleichsstudien, dass eine Dichotomie legitimer/populärer Musikgeschmack in den USA zu wenig stark ausgeprägt ist, um als Grundlage für Distinktion dienen zu können (DiMaggio und Useem 1978; Lamont 1992; Peterson 1992; Bryson 1996; Holt 1997; Kane 2003). Offenbar spiegelt sich die gesellschaftliche Heterogenität dieses (ehemaligen) Einwanderungslandes in einer großen Geschmacksvielfalt wieder, was wiederum die Herausbildung eines legitimen Geschmacks erschwert. Distinktion erfolgt hier nicht über das Meiden, sondern über den *bewussten* Umgang mit Massengütern, deren egalisierende Wirkung von höher Gebildeten stärker wahrgenommen wird. „Personal style is expressed through consumption practice even if the object itself is widely consumed" (Holt 1997, S. 114). Im Bemühen, ihre Individualität zu wahren, suchen sie gezielt nach Authentizität, nach dem Speziellen, nach Exotischem. Dies erkläre auch das Interesse von weißen Mittelschichtangehörigen an Hip-Hop, denn „for whites who live outside of urban areas, the most distant and exotic group in their cultural imagination are African American inner city poor people" (a. a. O., S. 112). In urbanen Gebieten hingegen lässt sich mit Wertschätzung für Rap nicht Weltoffenheit signalisieren, dort ist das Alltag. In heterogenen Gesellschaften ist es also wichtig, besondere Aufmerksamkeit dem direkten sozialen Umfeld der Befragten zu widmen, um den Einsatz von Codes besser zu verstehen. Auch bei der Bewertung von Country Music lohnt sich eine genauere Betrachtung. Während etwa Bethany Bryson (1996) hier eine ablehnende Haltung der Hochgebildeten identifiziert hat, sieht Douglas Holt dies lediglich auf den sehr populären zeitgenössischen Country bezogen (Garth Brooks u. Ä.). Daneben gibt es aber auch den nichtkommerziellen, traditionellen Country, der eine sehr authentische amerikanische Musik repräsentiert und von vielen Hochgebildeten geschätzt wird.[4] Generell wird darauf verwiesen, dass in den USA gesellschaftliche Höherstellung weniger über Kulturkonsum als vielmehr über Essen, Wohnen, Mode, Urlaub oder Hobbys signalisiert werde. „The fields of consumption that are most consequential in social reproduction are typically those in which the vast majority participate" (Holt 1997, S. 97). Michele Lamont (1992) wiederum hat festgestellt, dass in den USA Kultiviertheit als „boundary marker" von den Qualitäten Ehrlichkeit und Verlässlichkeit in den Schatten gestellt wird. Danielle Kane (2003) hat diesen Befund an einem internationalen Sample von mehr als vierhundert Studierenden einer Eliteuniversität überprüft und dabei herausgefunden, dass sich in den USA und in Europa die Oberschicht wesentlich stärker durch einen besonderen Habitus auszeichnet als im Rest der Welt. Während in Europa Distinktion über Kulturaktivitäten eine hervorragende Rolle spielt, sind es in den USA bestimmte Sportaktivitäten (Tab. 2.1).

Tab. 2.1 Anzahl der exklusiven Oberschichtaktivitäten nach Kategorien. (Eigene Darstellung nach Kane 2003)

	USA	Europa	Asien	Andere
Sport	**34**	18	21	12
Kultur	15	**43**	24	31
Lifestyle	6	2	4	8
Networking	11	3	5	4
keine	26	28	**43**	42

---

[4]Hier lassen sich Parallelen zu den feinen Unterschieden zwischen traditioneller österreichischer Volksmusik und volkstümlichem Schlager ziehen. Zu den Gemeinsamkeiten und Unterschieden in der jeweiligen Publikumsstruktur siehe Huber (2014c).

Sie schlussfolgert, dass in den USA die Bereiche Hochkultur, Status und Kulturrezeption „may each have their own logic and may fit together in a less straightforward way than has been imagined" (Kane 2003, S. 420).

2.4 Omnivores

Anfang der 1990er Jahre hat Richard Peterson mit der Entdeckung der kulturellen Allesfresserei als neue Distinktionsstrategie der Bildungsoberschicht eine neue Dynamik in die Frage sozialer Ungleichheit der Kulturrezeption gebracht. In Sekundäranalysen der Surveys of Public Participation in the Arts konnte er zeigen, dass die von Bourdieu behauptete Distinktionsstrategie über Ablehnung populärer Musikformen in den USA kaum anzutreffen war (Peterson 1992; Peterson und Kern 1996) sowie dass innerhalb von zehn Jahren (1982–1992) die Popmusikakzeptanz in der Kulturoberschicht noch einmal beträchtlich gestiegen war, vor allem bei jüngeren Befragten. Jene hochgebildeten GutverdienerInnen, die Klassik und Oper mochten sowie eines von beiden als Lieblingsmusik nannten, waren auffällig oft Allesfresser („omnivores") mit Gefallensbekundungen auch von minder bewerteter „lowbrow"-Musik. „Five music genres are considered lowbrow: country music, bluegrass, gospel, rock, and blues. Each of these genres is rooted in a specific ‚marginal' ethnic, regional, age, or religious experience" (Peterson und Kern 1996, S. 901). Ausreichend für die Zuordnung zu den Omnivores war hier die Gefallensbekundung von nur einem Mainstream- oder Popmusikstil, was als Anzeichen für generelle Offenheit gesehen wurde. Eine Akzeptanz von tatsächlich allen angebotenen Stilen, also Allesfresserei im strengen Sinne, wurde sehr selten festgestellt (1982 bei acht von 17.254 Personen, 1992 bei sieben von 12.736 Personen). Diese neue Offenheit der Kultureliten für populäre Musikstile hat Peterson ursprünglich als besondere Distinktionsstrategie gelesen, mit der sich noch (moralische) Überlegenheit ausdrücken lässt, wenn insgesamt Snobismus verpönt und zugleich der Glaube an die westliche Kunstmusik als Maßstab schwächer geworden ist: „status is gained by knowing about, and participating in (that is to say, by consuming) many if not all forms" (Peterson 1992, S. 252). Angehörige niedriger Statusgruppen hingegen erschienen zumeist als „univores", die in einer eindimensionalen Geschmackswelt verharren. Petersons Befund wurde in der Folge intensiv diskutiert, was auch zu Einschränkungen und Verwässerungen des Omnivores-Begriffs geführt hat. Bethany Bryson hat entdeckt, dass die Toleranz dort ihr Ende hat, wo ein Musikgenre mit HörerInnen assoziiert wird, deren Lebenswelt einem suspekt ist, wie etwa im Country

2.4 Omnivores

oder Heavy Metal. „Individuals use cultural taste to reinforce symbolic boundaries between themselves and categories of people they dislike" (Bryson 1996, S. 885). Michael Emmison (2003) wiederum hat angemerkt, dass es hinsichtlich strategischer Nutzung nicht auf Präferenzbreite, sondern auf ein breites musikalisches Wissen ankomme, um informiert Konversation führen zu können. Er bezeichnet das als die „kulturelle Mobilität" der Hochqualifizierten, die zwar nach wie vor bevorzugt Hochkultur rezipieren, aber auch zur Popkultur über ein gewisses Grundwissen verfügen. So können sie an vielen Kommunikationsknoten andocken und ihr soziales Netzwerk vergrößern. „Cultural mobility is the capacity to navigate between or across cultural realms, a freedom to choose or select one's position in the cultural landscape" (Emmison 2003, S. 213). Besonders in den USA, so Emmison, wo die von Bourdieu beschriebene legitime Kultur kaum vorhanden sei, profitiere eine neue Mittelschicht von Flexibilität im Vereinbaren von Hochkultur und Popkultur. In Europa wiederum zog Hans Neuhoff aus einer umfangreichen Befragung von KonzertbesucherInnen in Köln den Schluss, dass Musikrezeption als Ausprägung kultureller Identität länderübergreifend nur sehr schwierig zu vergleichen sei. Tatsächlich lassen sich kaum zwei Rezeptionsstudien mit derselben Auflistung abgefragter Musikstile finden. Zudem warf Neuhoff die Frage auf, „ob Allesfresserei nicht als Indikator einer relativen Unwichtigkeit des gewählten Zeichensystems für die Konstituierung von Identität und den Vollzug symbolischer Abgrenzung zu betrachten wäre" (Neuhoff 2001, S. 770 f.). Vielleicht ist tatsächlich denen, die alle Stile akzeptieren können, Musik nicht wichtig genug, um damit Identität zu generieren und Distinktion zu betreiben. Im deutschen Sprachraum brachte insgesamt die Suche nach musikalischen Allesfressern widersprüchliche Ergebnisse, da es in den ersten Jahren an verlässlichen Indikatoren fehlte und die Auseinandersetzung vorwiegend theoretisch orientiert war. Während mithilfe qualitativer Methoden anschauliche Beschreibungen von grenzüberschreitendem Geschmack und dessen Distinktionskraft gelangen (Parzer 2011; Berli 2014), mangelte es den teilweise ambitionierten quantitativen Studien an Repräsentativität. Mit der klaren Omnivores-Konzeption von Binder (2012, S. 34) kann nun auf Basis repräsentativer Stichproben seriös untersucht werden, welche Rolle die Omnivores und Univores im Musikleben tatsächlich spielen.[5]

---

[5]Siehe Abschn. 4.1 und 4.6.

In der Zusammenschau lässt sich also feststellen, dass Bourdieus Befunde im Wesentlichen für das Paris der 1970er Jahre Geltung beanspruchen können, vor allem hinsichtlich der Bewertung von Distinktion über ungleiche Kulturrezeption. Die von ihm als besonders klassifikationswirksam bezeichneten Praktiken Konzertbesuch und Musizieren weisen heute kaum noch Zugangsbarrieren auf. Die Distinktionskraft der Kulturrezeption hat sich inzwischen weitgehend vom Was zum Wie verlagert, wobei der Habitus sehr wohl eine bedeutende Rolle spielt. Valerie Steele, Direktorin und Chefkuratorin des Fashion Institute of Technology in New York, hat dies in einem anderen Zusammenhang wie folgt beschrieben: „Auf der Straße tragen sehr viele Frauen Louis-Vuitton-Taschen, als Statussymbol. Sehr viele davon sind Fake. Ob sie echt sind oder nicht, erkennt man allerdings weniger an der Tasche als an dem Menschen, der sie trägt" (Feldhaus 2011, S. 60). Kulturelle Praktiken per se sind oft weniger distinkt als ihre Kontextualisierung. Die feinen Unterschiede zeigen sich im Wann, im Wo und im Warum des Umgangs mit Kulturgütern. Die Konzeptionen von kulturellem Kapital und Habitus haben nach wie vor und auch im internationalen Vergleich Bestand, wodurch sich Bourdieus anhaltende Rezeption erklärt. „Bourdieu's is not the only game in town when it comes to the analysis of art and culture, but it is clearly the most developed, sophisticated and, most importantly, sociological" (Prior 2011, S. 135).

2.5 Sozialer Wandel, Individualisierung und Szenen

Vor dem Hintergrund der Internetrevolution sind die Praktiken des Kulturkonsums und ihre Ungleichheit in besonderem Maße dem sozialem Wandel unterworfen. Seit den 1990er Jahren haben sich die Rahmenbedingungen für Kommunikation und Information so radikal geändert, dass dies nicht ohne Auswirkungen auf das Musikleben bleiben konnte. Bezogen auf die Übertragungsmusik beschrieb Kurt Blaukopf in seiner Mediamorphosen-Theorie auf drei Ebenen zentrale Auswirkungen des technologischen Wandels auf die musikalische Praxis:

1. „Die Anpassung der musikalischen Darbietung an die technischen Bedingungen der Aufzeichnung und Wiedergabe […].
2. Die qualitative Veränderung der musikalischen Mitteilung durch den spezifischen Mechanismus von Aufnahme und Wiedergabe.
3. Die dadurch bedingte Veränderung der Rezeption der musikalischen Botschaft" Blaukopf (1982, S. 245).

2.5 Sozialer Wandel, Individualisierung und Szenen

War eine zentrale neue Qualität mit dem Aufkommen der Übertragungsmusik „die Einzigartigkeit des Verwandelns von musikalischem Handeln in ein reales Objekt" (a. a. O., S. 248), ist es nach der digitalen Mediamorphose die potenzielle Entobjektivierung von Musik hin zur (jederzeit abrufbaren) Information. Alfred Smudits (2002, S. 196) hat als Folge davon eine „technik- und kompetenzintensive Kultur" beschrieben, in der das Publikum zur aktiven Teilnahme ermächtigt wird. Mit der Entwicklung des Web 2.0 hat sich diese Voraussicht eindrucksvoll bestätigt.[6] Der Kompetenzzuwachs der RezipientInnen, die jetzt nicht mehr auf die KonsumentInnenrolle reduziert sind, hat in Verbindung mit der Offenheit des Kommunikationssystems Internet zu einer enormen Ausweitung der Handlungsspielräume geführt. Es liegt auf der Hand, dass damit auch ein größeres Potenzial an Emanzipation von kulturellem Erbe verbunden ist. Je vielfältiger das über Massenmedien verbreitete Musikangebot, desto heterogener sind die Eindrücke, die zu einer musikalischen Identität beitragen können. Während Darbietungsmusik und vor allem Umgangsmusik durch die Internetrevolution nur geringe Veränderungen erfahren haben, ist die Übertragungsmusik hier aufs Stärkste betroffen. Noch gegen Ende des 20. Jahrhunderts schien das globale Musikangebot immer homogener zu werden, bedingt durch die Repertoireverknappung der marktbeherrschenden Tonträgerkonzerne und durch die Sendepolitik der erfolgreichen Formatradios. Heute bietet sich im Internet eine Angebotsfülle, die selbst obskurste Besonderheiten der Musikwelt in ihren versteckten Nischen ausleuchtet. Eine ästhetische Emanzipation vom Vorbild relevanter Bezugspersonen und die Ausbildung einer Musikidentität fallen leichter, wenn Alternativen übersichtlich und leicht zugänglich angeboten werden und wenn gleichzeitig die Kommunikationsstrukturen das Eintauchen in diese Geschmackskulturen erleichtern. Wer den Musikmainstream als schnelllebig, unverbindlich oder beliebig empfindet, erhält vielleicht aus einem Spezialinteresse jene soziale Kraft, die aus geteilten Erfahrungen und Werthaltungen erwachsen kann. Dieses Potenzial erfreut sich mit dem Web 2.0 besonders günstiger Rahmenbedingungen, ist jedoch in seiner grundlegenden Qualität nichts Neues. Bereits vor der Internetrevolution hat Ulrich Beck mit seiner Individualisierungsthese einen grundsätzlichen Gegenentwurf zu Bourdieus Homologiethese vorgelegt. Aus der Beobachtung eines kollektiven „Mehr an Einkommen, Bildung, Mobilität, Recht, Wissenschaft, Massenkonsum" (Beck 1986, S. 122) leitete er einen Wertewandel hin zu Freiheit und Selbstverwirklichung ab. Mit der Erweiterung der Handlungsspielräume verlören

---

[6]Ausführliches zum Web 2.0 findet sich im Abschn. 3.1.

traditionelle Orientierungen und klassenspezifische Verhaltensmuster an Bedeutung, zugleich schwinde die Notwendigkeit symbolischer Klassenkämpfe und das Bedürfnis nach Distinktion. Hand in Hand mit diesem Zuwachs an Freiheit gehe jedoch ein Verlust an Sicherheit, da die alten Institutionen Familie, Schule, Kirche und Partei viel von ihrer Kraft als alltagsgestaltende Rahmen eingebüßt hätten. Das befreite Individuum sei nun aufgefordert, über Lebensstilentscheidungen jenseits von Klasse und Stand Orientierung zu finden. Auf dieser Grundlage entwickelte Gerhard Schulze (1992) seine Theorie der Erlebnisgesellschaft, in der er musikalische Vorlieben und Abneigungen als Ergebnis freier Wahl jener alltagsästhetischen und sozialen Symbole beschrieb, die zu der je persönlichen Grundorientierung an Erlebnisgewinn, Sicherheit oder Selbstverwirklichung passen. Nach Schulze zeigt sich die soziale Ungleichheit der Musikrezeption nicht (mehr) in einem Kampf um knappe Ressourcen, sondern als individuelle Wahlentscheidung von Mitgliedern einer Gesellschaft, „die (im historischen und interkulturellen Vergleich) relativ stark durch innenorientierte Lebensauffassungen geprägt ist" (Schulze 1992, S. 54). Auf der empirischen Grundlage einer repräsentativen Befragung in Nürnberg aus dem Jahr 1985 identifizierte er eine neue Ungleichheitsstruktur, die er anhand von fünf Milieus mit jeweiliger Hauptorientierung an Ansehen, Harmonie, Konformität, Selbstverwirklichung oder Unterhaltung beschrieb. An einem alltagsästhetischen Stil, der über Codes signalisiert werde, erkenne man, wer sich im (musikalischen) Handeln an welchen der entsprechenden Milieuregeln orientiert. Hinsichtlich der Sympathie für eines und der Zugehörigkeit zu einem der unterschiedlichen Milieus spiele das Alter der Handelnden eine große Rolle, was als strukturierende Größe die von Bourdieu beschriebene vertikale Ordnung durch Bildung konterkariert. So unterscheidet Schulze etwa bei den Hochgebildeten zwischen dem älteren „Niveaumilieu" und dem jüngeren „Selbstverwirklichungsmilieu" (a. a. O., S. 279). Der zentrale Gegensatz zu Bourdieus Befunden liegt in der hierarchiefreien Milieusegmentierung. In der Erlebnisgesellschaft gibt es ausdrücklich keine „verhaltensrelevante und sozial wahrgenommene hierarchische Anordnung" (a. a. O., S. 410). In der Bewertung der Sozialisationsinstanzen bestätigt Schulze jedoch den entscheidenden Einfluss der Eltern und damit die begrenzten Möglichkeiten der schulischen Musikerziehung.

> Höhere Bildung sozialisiert in Deutschland seit Jahrhunderten ästhetisch auf das Hochkulturschema hin. […] Schulische Sozialisation allein bringt diese Zergliederung der kulturellen Landschaft jedoch sicherlich nicht zustande. Vielmehr war und ist sie eingebettet in einen ästhetisch homogenen Lebenszusammenhang, der schon vor der Schule im Elternhaus einsetzt, neben der Schule durch die Gleichaltrigen verstärkt wird, und sich nach der Schule fortsetzt (Schulze 1990, S. 417).

2.5 Sozialer Wandel, Individualisierung und Szenen

Trotzdem liege die Ungleichheit der Musikrezeption nicht (mehr) in einem Klassenhabitus begründet, sondern im Bestreben, die eigene Persönlichkeit kreativ zu gestalten, was über Präferenzfragen ausgehandelt werde. Widerspruch gegen die Theorie der Erlebnisgesellschaft drängt sich in drei Richtungen auf. Bedingt durch die empirische Basis ist (ähnlich wie bei Bourdieu) die Validität der Erkenntnisse jenseits urbaner Regionen europäischer Industrieländer der 1980er Jahre fraglich. Ein Nachweis für Erlebnisorientierung auch in älteren Milieus wird schwer zu erbringen sein, zumal damit auch die Wahl der relevanten Bezugspersonen verbunden ist. Und schließlich hat sich der Befund einer Entkoppelung von Ungleichheit und ihrer hierarchischen Wahrnehmung als voreilig erwiesen, wenn er denn jemals mehr als Wunschdenken war. Vor dem Hintergrund der derzeitigen sozialen Lagen wäre es geradezu zynisch zu behaupten, „[i]m dimensionalen Raum alltagsästhetischer Schemata kann sich jeder die Position suchen, die ihm zusagt, weitgehend unabhängig von Beruf, Einkommensverhältnissen, Herkunftsfamilie" (Schulze 1992, S. 207).

Trotzdem wurde vor allem die im Rahmen der Erlebnisgesellschaft vorgestellte Theorie der Szene von der Musikrezeptionsforschung aufgenommen und weiterentwickelt. Schulze definierte Szene als „ein Netzwerk von Publika, das aus drei Arten von Ähnlichkeit entsteht: partielle Identität von Personen, von Orten und von Inhalten" (Schulze 1990, S. 463). Es sei dies oft „eine indirekte Form der Gemeinsamkeit, die lediglich durch gleichgerichtete Aufmerksamkeit auf ein simultan konsumiertes Angebot begründet wird" (a. a. O., S. 459) und die in Zeiten von raschem Wandel und Beliebigkeit Sicherheit, Struktur und Eindeutigkeit vermittle. Für Gemeinschaftsbildung werden Szenen relevant, sobald sie sichtbar sind, denn der Impuls zum Beitritt erfolgt nach Schulze aus der Wahrnehmung ihrer Anziehungskraft auf (relevante) Bezugspersonen. Distinktion ist über Szenezugehörigkeit nicht möglich, eventuelle Aversion gegen die Alltagsästhetik von Szenefremden bleibt auf der individuellen Ebene. Schulze spricht hier von einer „Kultur vielfacher Einpoligkeit" (a. a. O., S. 474) anstelle der Entweder-oder-Kultur früherer Zeiten. Zu einem diesbezüglich anderen Ergebnis kam Sarah Thornton (1996) nach ihrer Beobachtung der britischen Klubkultur, wo sie ein Status- und Distinktionspotenzial von szenespezifischen Kenntnissen, Kompetenzen und Objektausstattungen entdeckt hat. Dabei konnte sie Hip/Mainstream und Authentizität/Mitläufertum als bedeutende Dichotomien identifizieren. Gunnar Otte hat das für Leipzig überprüft, und so wie Thornton kommt er zu dem Ergebnis, dass Szenen stark männlich geprägt sind. Schulbildung sei hier kaum von Einfluss, sehr wohl jedoch der Beruf des Vaters: „Jugendliche aus bildungsprivilegierten Elternhäusern verfügen über höheres Szenekapital" (Otte 2006, S. 41). Von großer Bedeutung sind Bildung und Klassenlage im Szene-Kontext bei der Wahl der Rezeptionskontexte: Besucht man lieber die Großraumdisco oder den kleinen Klub? Strebt man eher nach Unterhaltung oder nach Selbstverwirklichung? Sowohl der Jugendforscher Dieter Baake (1993, S. 146 ff.) als auch die Soziologen Richard Peterson und Andy Bennett bezogen sich in ihren Szenenbeschreibungen stark auf den lokalen Charakter von Jugendkulturen. So unterscheiden Peterson und Bennett (2004) hinsichtlich der Ausprägungen von Kopräsenz von Szenemitgliedern zwischen lokalen, translokalen und virtuellen Szenen. Hitzler, Bucher und Niederbacher (2001, S. 20) hingegen definieren Szenen ähnlich wie Schulze als „Gesinnungsgemeinschaften", in deren Rahmen verbindende Kraft in einem gemeinsamen Ziel oder Thema gefunden wird, über das man durch Codes und Rituale kommuniziert. Indem Zugehörigkeit nach außen signalisiert werde, seien die Szenen gut wahrnehmbar und erführen Selbstbestätigung in von Szene-Eliten an typischen Treffpunkten organisierten Ereignissen. Nach Hitzler zeigen Szenen in sich durchaus Heterogenität, beherbergen verschiedene Gruppen, haben Mitlieder mit unterschiedlich stark ausgeprägtem Szenewissen und Know-how. Und schließlich verfüge jede Szene über ein interessiertes Publikum, das nur temporär an Szeneaktivitäten teilnimmt und nicht am Austausch von szenetypischem kulturellem und sozialem Kapital beteiligt ist. Auch aus dieser Perspektive sind nicht soziale Herkunft oder Schichtzugehörigkeit bedeutende Einflussfaktoren für die Zugehörigkeit, sondern diese erfolgt auf Basis von „ästhetisch-stilistischen Gemeinsamkeiten in Hinblick auf einen bestimmten thematischen Fokus" (a. a. O., S. 31). Hinsichtlich der Grundmotivation von Szenezugehörigkeit manifestiere sich das in drei verschiedenen Typen: Selbstverwirklichungs-Szenen, in denen die eigene Individualität und Kreativität ausgelebt werden kann; Aufklärungs-Szenen, aus denen heraus man Bewusstseinsbildung betreiben kann; hedonistische Szenen, in denen Ausgleich, Spaß und Entspannung gesucht wird (a. a. O., S. 224 f.). In einer weiteren Facette von Individualisierungsthese und Szenentheorien haben Renate Müller und MitarbeiterInnen auf die Bedeutung von musikalischer Selbstsozialisation hingewiesen. Sie haben das als Versuch beschrieben, mit Hilfe von Musik und Medien Identität zu konstruieren und sich in einer individualisierten Gesellschaft zu verorten. „Musikalische Selbstsozialisation ist das Mitgliedwerden in selbst gewählten Musikkulturen, wobei die gewählte audiovisuelle Symbolwelt angeeignet, der entsprechende Lebensstil übernommen und gestaltet sowie rezeptive und produktive musikkulturelle Kompetenzen selbst organisiert erworben werden" (Müller et al. 2007, S. 15). Mit anderen Worten: Um in einer unübersichtlich gewordenen Gesellschaft seine Identität zu finden, definiert man Zugehörigkeiten und Abgrenzungen nun eigenständig und flexibel mit Hilfe von Musik und Medien. Den Vorwurf unzulässiger Geringschätzung milieubedingter

2.5 Sozialer Wandel, Individualisierung und Szenen

Voraussetzungen des Umgangs mit Musik und Medien konnten die AutorInnen jedoch nicht entkräften, und auch ein empirischer Nachweis der Individualität dieser speziellen Sozialisationsleistung ist bis dato nicht erfolgt. Insgesamt hat in der Beschäftigung mit sozialer Ungleichheit der Musikrezeption das Thema Jugendkulturen seit den 1990er Jahren stark an Bedeutung verloren. Von den Cultural Studies zuerst als „Subkulturen" thematisiert, war Jugendkultur als Antagonie zur Erwachsenenwelt angelegt (Hall und Jefferson 1976; Hebdige 1979). Diese Sicht hat sich ebenso erledigt wie der Befund eines klassenspezifischen Charakters, der sich in Unterdrückung bzw. im Kampf gegen kulturelle Hegemonie äußere. In der Auseinandersetzung mit auffälligen Protestkulturen ist oft aus dem Blick geraten, dass sich ein Großteil der Jugendlichen weitgehend konform zur Normalität der Erwachsenenwelt verhält. Heute ist dann auch die Rede nicht mehr von Jugendkultur, Subkultur oder gar Gegenkultur, sondern von Szenen, aber auch hier ist das integrative Potenzial der Musik eben nicht mehr als ein Potenzial: „Die Teilhabe an der Jugendkultur kann sich reduzieren auf rein symbolisches Partizipieren an den Medien-Kulturen" (Baake 1998, S. 18). Axel Schmidt und Klaus Neumann-Braun (2003, S. 249) haben jene Mehrheit der jungen MusikrezipientInnen, „die weder traditionell orientiert noch den Fankulturen [...] zuzurechnen, noch in jugendkulturellen Szenen weitergehend involviert sind", als „Allgemein Jugendkulturell Orientierte" bezeichnet und eingehend untersucht. Diese „AJOs" nützen Popmusik primär vermittelt über kommerzielle Angebote bzw. „Jugendmedien". Vor allem jedoch möchten sie nicht „Teil einer Jugendkultur" sein und sehen jene eher als Opfer der Kulturindustrie, als defizitär, als wenig individuell. „Gerade extremes Stilgebaren [...], das gemeinhin als besonders authentisch oder subversiv gewertet wird, verstehen diese Jugendlichen als Anpassung, als unreflektierte Übernahme von Angeboten der Medien- und Konsumgüterindustrie" (a. a. O., S. 268). Eine politische Kraft von Jugendkulturen werde negiert, und Szenen sehen die AJOs als halböffentliche Vergemeinschaftungsformen mit der Möglichkeit zur gelegentlichen Teilnahme. Wiewohl diese und andere Befunde die Distinktionskraft von Jugendkulturen oder Szenen infrage stellen, darf die ungebrochene Attraktivität von Peergroups nicht übersehen werden. Bei der Untersuchung zur Shell Jugendstudie 2006 gaben mehr als zwei Drittel der befragten Jugendlichen an, Mitglied einer „Clique" zu sein. Vor allem in der Altersgruppe der 18- bis 21-Jährigen hat diese Sozialisationsinstanz eine große Bedeutung. „Freundschaften zu Gleichaltrigen bilden einen Möglichkeitsraum für die Jugendlichen, soziale Bezüge jenseits des Elternhauses aufzubauen" (Hurrelmann 2006, S. 81).

Bei allen Unterschieden der Segmentierungsmodelle, sei es nun Bourdieus Klassenstruktur oder seien es die integrativen Milieus oder Szenen nach

Schulze bzw. Hitzler, Bucher und Niederbacher, lässt sich der gemeinsame Anspruch erkennen, mit einem Vergemeinschaftungsmodell soziale Ungleichheiten besser darzustellen, als dies allein über sozialstrukturelle Merkmale wie Alter, Geschlecht, Bildung oder ethnische Zugehörigkeit möglich ist. Zur Kritik an Bourdieu wurde schon einiges gesagt. Gegen das Konzept der Erlebnisgesellschaft lässt sich einwenden, dass Milieuzugehörigkeit keineswegs (allein) das Ergebnis erlebnisorientierten Sympathieempfindens sein kann, sondern eben auch von individuellen Ressourcen und ihren Einsatzmöglichkeiten abhängt. Die Szenenkonzepte wiederum müssen mit der Fokussierung auf gesellschaftliche Minderheiten in ihrer Aussagekraft beschränkt bleiben. Wiederholt wurde nachgewiesen, dass sich soziale Ungleichheit musikalischer Praxis über die vergleichsweise einfach zu erhebenden Merkmale Alter und Schulbildung mindestens ebenso gut darstellen lässt wie über Lebensstil, Milieuzugehörigkeit oder alltagsästhetische Schemata (Hartmann 1999; Meyer 2001; Hermann 2004; Otte 2005; Pape et al. 2008). Vor allem Gunnar Otte hat sich mit dieser Frage eingehend auseinandergesetzt, und er ist zu dem Schluss gekommen, dass von einer Autonomie des Lebensstils nicht gesprochen werden könne (Otte 2005, S. 27). Nicht zuletzt deshalb war in der vorliegenden Untersuchung der Fokus hinsichtlich Überprüfung sozialer Ungleichheit des Musikhörens ganz klar auf die sozialstrukturellen Merkmale gerichtet. Dank einer repräsentativen Auswahl der Befragten hinsichtlich Alter, Geschlecht, Bildung, Einkommen, Wohnortsgröße und Migrationshintergrund konnten die entscheidenden Einflussgrößen klar herausgearbeitet werden (Abschn. 4.4). Darüber hinaus war eine differenzierte Darstellung von Musikrezeptionstypen mit ihren jeweiligen Persönlichkeitsmerkmalen möglich (Abschn. 4.8). Und nicht zuletzt wurde besonderer Bedacht auf den Einfluss der primären Sozialisation gelegt und das kulturelle Erbe der Befragten aus verschiedenen Perspektiven in die Analyse einbezogen (Abschn. 4.7).

Neue Rahmenbedingungen im Web 2.0

3.1 Was ist und wie kam es zu Web 2.0?

Mit dem seit den 1990er Jahren immer größer und dichter werdenden Internet hat sich die Art des Informationsaustausches radikal geändert. „Online zu sein hat in den letzten Jahren […] auch im Rahmen der Freizeitgestaltung immer mehr an Bedeutung gewonnen. In nicht einmal zwei Dekaden hat sich damit eine neue Technik durchgesetzt, die immer mehr die alltäglichen Gewohnheiten und Verrichtungen in der modernen, nicht nur westlichen Welt neu gestaltet" (Leven und Schneekloth 2015, S. 111). Mit ausreichend hoher Transportkapazität der Datenbahnen, mit der Verwandlung von Musik in digitale Information als MP3-File und mit *Napster* als Koordinationsknotenpunkt für Suche und Austausch dieser Files haben sich um das Jahr 2000 die Grenzen und Möglichkeiten des Musikhörens unumkehrbar verschoben. In den ersten Jahren war das attraktivste Musikangebot im Internet jenes der (illegalen) Downloadplattformen. Diese Alternative zum Tonträger hat die phonographische Industrie in großem Maße herausgefordert, jahrelang sogar überfordert. Der Qualitätssprung vom „normalen" Internet zum Web 2.0 hat den Handlungsspielraum der zuvor marktbeherrschenden Konzerne stark reduziert, da im Zuge dieser Entwicklung alternative Distributionsstrukturen entstanden, die heute ein zeit- und ortsunabhängiges Musikhören möglich machen. Obwohl die damit verbundenen neuen Freiheiten zu intensiver Nutzung vor allem durch junge HörerInnen führen, verläuft in Österreich und Deutschland die Entwicklung der Online-Musikrezeption vergleichsweise langsam, was durch eine konservative Grundhaltung der Gesamtbevölkerung bedingt ist. Die jetzt schon spürbaren Auswirkungen der digitalen Mediamorphose auf Produktion, Distribution und Rezeption von Musik werden jedoch mit der sich ankündigenden Marktdurchdringung des Musikstreamings an Dramatik noch deutlich zunehmen.

„In einigen Jahren werden die jungen Leute Informationssysteme als ihre normalen Instrumente benutzen, ebenso wie sie sich heute der Schreibmaschine oder des Telefons bedienen" prophezeite Peter Drucker im Jahr 1969 (Drucker 1969, S. 72). Eindrucksvoll wird diese Prognose durch die aktuelle Warnung bestätigt, dass Internet für Jugendliche mittlerweile stärkeres Suchtpotenzial besitze als Nikotin (Mortler 2016). Wie konnte es dazu kommen? Durch seine interaktive und benutzerfreundliche Darstellung in einem Webbrowser wurde 1993 das Internet zu einer alltagstauglichen Recherche- und Kommunikationsplattform. Es hat innerhalb von zwei Jahrzehnten den Umgang mit Information sowie die Lebenssituation aller mit Information Umgehenden verändert, obwohl es de facto nicht mehr ist als die Summe sehr vieler miteinander verbundener Computer. Je mehr Knotenpunkte es in diesem Netzwerk gibt – und mittlerweile sind das vor allem Mobiltelefone – desto breiter und tiefer ist die insgesamt enthaltene Information, desto vielfältiger ist die Kommunikation darüber. Je leistungsfähiger die Transportwege dieser Kommunikation und Information, desto höher ist die Geschwindigkeit, mit der die Informationsmenge wachsen kann. Dem Mooreschen Gesetz zufolge verdoppelt sich die Leistungsfähigkeit digitaler Kommunikationstechnologien alle 18 Monate (Moore 1965). Für den Download eines dreiminütigen Musikstücks in CD-Qualität brauchte man 1995 mit durchschnittlicher Hardware-Ausstattung mehrere Stunden, im Jahr 2000 waren es 72 min. (Föllmer 2009, S. 30), im Jahr 2010 nur mehr wenige Sekunden. Und beim Erscheinen dieses Buches wird in Echtzeit gestreamt. Seinen Anfang nahm der alltagstaugliche Transport von Musik über das Internet mit der Entwicklung eines Datenkompressionsverfahrens. Das als *MP3* bekannt gewordene Dateiformat eliminiert alle vermeintlich unnötige akustische Information, wie zum Beispiel jene Frequenzbereiche, die über und unter dem bewussten Hörvermögen liegen, oder leise Töne, die zeitgleich mit lauten Tönen erklingen. Mit der dadurch möglichen Reduktion der Datenmenge auf etwa ein Zehntel wurde Mitte der 1990er Jahre das Problem der langen Datentransportzeiten nachhaltig gelöst. Als dann im Jahr 1999 der Informatikstudent Shawn Fanning mit *Napster* eine Vermittlungsplattform für das Internet entwickelte, die es ermöglichte, in jedem Computer eines beliebig großen Netzwerkes nach bestimmten Dateien zu suchen und diese dann auf die eigene Festplatte zu kopieren, war für das Erwerben von Musik plötzlich kein Tonträgerkauf mehr nötig. Wenig überraschend erlangte dieser Peer-to-Peer-Datenaustausch innerhalb kürzester Zeit große Popularität bei jungen Menschen rund um den Globus, sodass *Napster,* ausgehend von einigen Universitäten in den USA, innerhalb weniger Monate eine Netzwerkstärke von 25 Mio. Mitgliedern erreichte, und mit zunehmender Anzahl von TeilnehmerInnen stieg der Gesamtnutzen überproportional an. Das Angebot an verfügbarer Musik wurde immer breiter und tiefer und übertraf bald jenes des offiziellen Marktes. Die etablierte Tonträgerindustrie bewertete diese neue Möglichkeit der Gratis-Vervielfältigung von Musiksammlungen als massiv geschäftsschädigend und versuchte, die dahinter stehende Infrastruktur zu bekämpfen. Im Jahr 2001 schien dies mit Erwirkung eines Gerichtsbeschlusses gegen *Napster* gelungen zu sein, was sich jedoch als Pyrrhussieg entpuppte. Die Tauschwilligen wechselten zu inzwischen weiter entwickelten Downloadsystemen, die keinen zentralen Server als Vermittlungsinstanz einsetzten und somit wesentlich schwieriger zu kontrollieren waren. Die weitere Entwicklung der Filesharingnetzwerke brachte noch undurchsichtigere Verschlüsselungen, indirekte Verbindungen und Speisung der Downloads aus vielen Quellen. Dazu kamen Programme, die es erlaubten, den gesamten Internet-Datenverkehr – also auch genehmigte Sendungen – auf der Suche nach spezieller Musik „abzugrasen", die Musik automatisiert aufzunehmen und zu speichern. Das Dateiformat MP3 hatte trotz inzwischen höher entwickelter Konkurrenzformate noch lange Zeit einen hohen Gebrauchswert, da es die Nutzungsmöglichkeiten am wenigsten einschränkte. Das Ziel der EntwicklerInnen war nicht, Einkommen zu generieren, sondern die Technologie möglichst weit zu verbreiten, wofür man sich das Potenzial des Netzwerks zunutze machte: Veröffentlichung des Quellcodes, kostenfreie Zurverfügungstellung und damit rasche Verbreitung und Etablierung. Als Konsequenz all dieser Entwicklungen ist eine effiziente Unterbindung nicht genehmigten Datenaustausches im Internet bis heute nicht möglich. Digitalisierung, Breitband-Internet, hohe Übertragungsraten sowie einfache, bequeme und billige Plattformen haben die Verfügungsmacht über Musik weg von der Tonträgerindustrie hin zu den KonsumentInnen verlagert. Der damit verbundene Konflikt hat in den letzten Jahren an Brisanz verloren, was vor allem den neuen Möglichkeiten im Web 2.0 geschuldet ist, die heute den Musikdownload als historisches Übergangsphänomen erscheinen lassen.

Die Nutzung auditiver Speichermedien stieg bis 2005 bedingt durch die Verbreitung der MP3-Dateien rasant an. [...] Wie auch in den Jahrzenten davor waren es vor allem die 14- bis 29-jährigen, die diese Entwicklung vorantrieben, auch wenn es sich hier je nach Dekade um Tonbänder und LPs, Cassetten oder Walkmen handelte. Allerdings hatte noch nie ein Speichermedium eine ganze Generation so stark geprägt wie der MP3-Player in den Jahren 2000 bis 2010. Der Höhepunkt war im Jahr 2005 erreicht [...]. Seitdem verzeichnen die Speichermedien sowohl in der Gesamtbevölkerung als auch in der jungen Generation einen kontinuierlichen Rückgang (Breunig und Eimeren 2015, S. 514).

Im ersten Jahrzehnt des Internet – also unter Web 1.0, wenn man so will – bestimmten die Dienste *Netscape, Napster, Ebay* und *AOL* das Geschehen.

Später galten dann *MySpace* und *Second Life* als Next Big Thing. Heute haben all diese Services ihre dominante Stellung verloren, wurden abgelöst durch *Apple, Google* (mit *YouTube*), *Amazon, Facebook* und *WhatsApp*. Der Begriff „Web 2.0" wurde 2003 von Eric Knorr erstmals erwähnt und verweist auf eine in der Softwareproduktion übliche Praxis, wesentliche Qualitätssprünge in einer Nachfolgegeneration numerisch anzuzeigen. Im Internet realisiert sich diese neue 2.0-Qualität mit dem offensiven und intensiven Einbeziehen der NutzerInnen zur Weiterentwicklung der Inhalte. Das Web 2.0 macht die NetzwerkteilnehmerInnen zu „Prosumers" (Toffler 1987), indem es vielfältige Möglichkeiten bietet, durch Wort-, Bild- oder Tonbeiträge gestaltend auf die Erscheinungsweise des Internets einzuwirken. In aktiver und bewusster Weise wurde dies etwa bei der Entwicklung der Kommunikationsplattform *Facebook,* der Tonträgerdatenbank *Discogs,* des Videoportals *YouTube* oder der Musikdemoplattform *SoundCloud* umgesetzt. Von niederschwelligen Spontanäußerungen bis zu hochprofessionellen audiovisuellen Beiträgen ist da alles möglich, was bisweilen auch zu bedenklichen Auswüchsen führt. Großer Beliebtheit vor allem bei jungen NetzteilnehmerInnen erfreuen sich die Möglichkeiten des Bewertens, Kommentierens und Teilens von Inhalten (bzw. von Bewertungen, Kommentaren und geteilten Inhalten). Nicht so offensichtlich, weil in passiver und unbewusster Form, verändert jede/r TeilnehmerIn das Internet durch seine Bewegungen im World Wide Web. Jeder Klick hinterlässt eine Spur, wird im Hintergrund registriert und führt dazu, dass das Userprofil erweitert und verdichtet wird. So erklärt sich vielleicht ein unverlangt zugesandter Hinweis auf ein Konzert in der Region u. a. aus dem „Like" eines auf *Facebook* geteilten und kommentierten Musikvideos vor vielen Wochen.

Bildlich gesprochen kann man sich das Web 2.0 wie einen riesigen Ameisenstaat vorstellen, in dem alle Beteiligten durch routinemäßiges Zusammentragen kleiner Teile emsig an einem gemeinsamen Projekt arbeiten. Ein immenser Arbeitsaufwand, der von einer zentralen Stelle nicht zu bewältigen wäre, erledigt sich hier durch Aufteilung in Kleinstprojekte problemlos und unhinterfragt. Gleichzeitig werden Potenziale gebündelt, da automatisch jene Aufgaben übernommen werden, die den Einzelnen am meisten liegen. Welche Konsequenzen so ein Netzwerkeffekt haben kann, zeigt sich etwa an Wikipedia, deren Etablierung immerhin dazu geführt hat, dass die Produktion der *Encyclopaedia Britannica* und der *Brockhaus Enzyklopädie* eingestellt wurde. Ein für das Thema Musikhören im Internet höchst bedeutungsvoller Dienst ist *BitTorrent,* er steht geradezu paradigmatisch für dieses Netzwerkprinzip. Nachdem die Musiktauschbörse *Napster* mit ihrem zentralen Server als Datenverteilstelle leicht angreifbar und auch erfolgreich bekämpft worden war, entwickelte *BitTorrent* (neben anderen) ein Kommunikationssystem, bei dem jede/r TeilnehmerIn zum Server wird und

3.1 Was ist und wie kam es zu Web 2.0?

mit der Lieferung von kleinen Datenmengen zum Gesamterfolg beiträgt. Sehr verkürzt dargestellt wird dafür eine benötigte Datei in so viele Teile dividiert, wie NetzwerkteilnehmerInnen mit der entsprechenden Datei zur Verfügung stehen. Jede/r der AnbieterIn muss dann nur mehr einen Bruchteil der Datei versenden, die zum Schluss wieder zusammengesetzt wird. Während es früher ein Eins-zu-eins-Kopiervorgang war, sind jetzt an jeder Übertragung viele „Clients" mit je einem Bruchteil der Datenmenge und ihrer vollen Datenübertragungs-Bandbreite beteiligt. Und je mehr TeilnehmerInnen potenzielle AnbieterInnen sind, desto schneller geht es. Eine nachhaltigere und durch ihren immensen Erfolg ungleich bedeutendere Web 2.0-Anwendung im Musikbereich ist die Videoplattform *YouTube*, über die die Bedürfnisse der Generation Web 2.0 umfassend bedient werden. Abgesehen von dem konkurrenzlos großen Angebot an offiziellen und inoffiziellen Musikvideoclips findet man hier seltene Live-Mitschnitte und Vorschläge für ähnliche Musikstücke wie jenes, das man gerade hört. Zudem sieht man, wie oft etwas bereits abgerufen wurde, also wie interessant es offenbar ist. Man kann ein Video außerdem bewerten (Daumen rauf vs. Daumen runter) und kommentieren, und nicht zuletzt ist es ohne viel Aufwand möglich, via Upload der Welt die eigene Kreativität zu zeigen, sei es durch persönliche Visualisierung von Musikstücken, durch gefilmte Interpretationen oder durch Kommentare. Schon längst ist dies nicht mehr auf Popmusik beschränkt. Daniel Barenboim etwa betreibt sehr erfolgreich einen *YouTube*-Kanal, über den er jeweils in wenigen Minuten seine Gedanken zu ausgewählten Aspekten der klassischen Kunstmusik vermittelt. *YouTube* ist nicht nur für sehr viele Menschen die erste Anlaufstelle bei Musikrecherchen geworden; es konnte sich erfolgreich als Unterhaltungskanal etablieren, weil es auch als offene Plattform für alle audiovisuellen Ausdrucksweisen dient und somit immer interessant bleibt.

Ein wesentliches Merkmal von Web 2.0 ist also die Möglichkeit zur Erweiterung, Ergänzung, Bearbeitung, Adaptierung für individuelle (oft von zentralen EntwicklerInnen gar nicht bedachte) Bedürfnisse, was durch Offenlegung der Programmstruktur geschieht. Die Erfolgsgeschichte von *Google Maps* etwa ist auch darin begründet, dass das Einbinden dieses Dienstes in individuelle Programme vergleichsweise einfach ist. Durch diese Offenheit der Systeme können zwar die AnbieterInnen keine Einnahmen aus Lizenzierung oder Verkauf ihrer Services erzielen, aber sie bekommen NutzerInnendaten, die sie an die Werbewirtschaft verkaufen können. Für *Google* sind die NutzerInnen von *YouTube* kein anonymer und unberechenbarer Faktor, sie werden in das Service eingebunden und liefern durch ihr Verhalten wertvolle Information über Beliebtheit und Erfolgswahrscheinlichkeit bestimmter Angebote. Und seitdem der Heimcomputer nicht mehr zentrales (geschweige denn alleiniges) Vehikel der Reisen durch das

World Wide Web ist, werden auch die Bewegungsprofile erfasst. So kann etwa *Spotify* herausfinden, wann wo von wem welche Musik bevorzugt gehört wird, und dann bei nächster Gelegenheit individuelle Angebote (wie „music on the beach") liefern.

Der Erfolg von Web 2.0 ist eng mit der Entwicklung von mobilem Internet verbunden. Viele Kommunikations- und Unterhaltungsangebote auf *Facebook, YouTube* oder *WhatsApp* werden zwischendurch wahrgenommen, während man auf einen Termin, auf den Bus oder einen Motivationsschub zum Arbeiten wartet. In vielen dieser Situationen sitzt man nicht vor dem Computer, aber man hat sein Smartphone griffbereit und „geht kurz ins Internet". Da es im Laufe eines Tages mehrmals solche Gelegenheiten gibt, ist die Gesamtaufenthaltszeit im Web 2.0 beträchtlich. „Der rapide Anstieg der Nutzungsdauer des Internets wäre nicht ohne die steigende Verfügbarkeit neuer mobiler bzw. portabler Endgeräte möglich gewesen. Sie erlauben nicht nur die Unterwegsnutzung, sondern auch die Unabhängigkeit innerhalb der eigenen vier Wände" (Breunig und Eimeren 2015, S. 517). Hier wird ein neuer Aspekt angesprochen, der dramatische Auswirkung auf das Verhältnis zwischen Jugendlichen und ihren Erziehungsberechtigten hat. Der standort- und zeitunabhängige Zugang zum Unterhaltungs- und Kommunikationsnetzwerk bedeutet Unabhängigkeit von äußeren Einflüssen, von Einmischungen und von Kontrollmaßnahmen. Endgültig vorbei sind nun die Zeiten, als gehört und gesehen werden musste, was der Haushaltsvorstand bestimmt hat. Aber nicht nur für Jugendliche hat die individuelle Freiheit des Musikhörens zugenommen. Der Zwang, sich (gemeinsam) vor einer menschlichen oder technischen Schallquelle einzufinden, um Musik hören zu können, ist viel schwächer geworden. Auf der anderen Seite nimmt damit aber auch die Chance auf geteilte Musikerlebnisse ab, seien sie nun gewollt oder ungewollt.

Laut *Austrian Internet Monitor* hat sich der Anteil der ÖsterreicherInnen, die mehrmals pro Woche das Internet nutzen, von vier Prozent im Jahr 1996 auf 76 % im Jahr 2015 dramatisch erhöht (Integral 2015). Detailliertere Daten zur Internetnutzung in Österreich liefert das Marktforschungsinstitut Spectra. Für den *Internet-Monitor 2016* wurden 1058 Personen zu ihrem Nutzungsverhalten befragt, die Ergebnisse sind repräsentativ für die österreichische Bevölkerung ab 15 Jahre (Spectra Marktforschung 2016). Demnach nutzten im Jahr 2016 mehr als drei Viertel (77 %) der österreichischen Bevölkerung zumindest gelegentlich das Internet, aus der Gruppe der 15- bis 29-Jährigen waren es fast alle (97 %) (Tab. 3.1).

Obwohl die Nutzung auch bei den über 50-Jährigen in den letzten Jahren deutlich gestiegen war, lag hier der Anteil nach wie vor nur bei 54 %. Für knapp die Hälfte der über 50-Jährigen hatte also das Internet im Jahr 2016 keine direkte

Tab. 3.1 Internetnutzung in Österreich 2016. (Quelle: Spectra Marktforschung 2016)

	Sehr häufig	Häufig	Gelegentlich	Selten	Nie
15–29	58	24	11	4	3
30–49	37	27	20	5	11
50+	13	19	16	6	46

Tab. 3.2 Internetnutzung über mobile Endgeräte. (Quelle: Spectra Marktforschung 2016)

	2013	2014	2016
15–29	82	82	92
30–49	62	72	77
50+	26	31	43

Tab. 3.3 Verschiedene Endgeräte der Internetnutzung. (Quelle: Spectra Marktforschung 2016)

	Desktop PC	Laptop	Tablet	Smartphone
15–29	21	60	31	84
30–49	34	58	26	59
50+	21	30	11	23

Alltagsrelevanz, während es für deutlich mehr als die Hälfte der Jungen das wichtigste Kommunikationsmedium war. Hier geht eine Kluft durch die Bevölkerung, die schon seit geraumer Zeit als „Digital Divide" diskutiert wird (Norris 2001). Offenbar hat sich an der Dramatik dieser Ungleichheit in den letzten 15 Jahren nichts geändert. Je mehr Musikangebote ins Internet verlagert werden, desto stärker wirkt sich diese Trennung auf das Musikleben aus. Beschleunigt wird das Auseinanderdriften der Rezeptionstypen durch den Umstand, dass bei den Jüngeren immer mehr die mobile Internetnutzung in den Vordergrund rückt, was mit der Verfügbarkeit erschwinglicher Smartphones möglich wurde (Tab. 3.2).

In der Generation Web 2.0 ist im Jahr 2016 das Smartphone jenes Gerät, über das man zumeist ins Internet kommt. Mit zunehmendem Alter hat auch der Laptop noch größere Bedeutung (Tab. 3.3).

Stärkstes Motiv, sich im Internet zu bewegen, ist die Informationssuche. Für ein gutes Drittel (38 %) ist der Aufenthalt in sozialen Netzwerken wie *Facebook* ein Grund, sich mit dem Internet zu verbinden, und fast ebenso viele (36 %) verwenden das Internet zum Musikhören. Spectra hat unterschiedliche Nutzertypen identifiziert, und in der Gruppe der „Young Professionals" sind es fünf von sechs

(84 %), die im Internet Musik hören. Die tägliche Internet-Nutzungsdauer liegt in Österreich im Schnitt bei fast zwei Stunden, bei den Jungen sind es 131 min. Der Anteil jener, die Social Media nutzen, hat sich seit 2010 von 25 % auf 54 % mehr als verdoppelt, was sich hauptsächlich der Beliebtheit von *Facebook* (46 %) und *YouTube* (23 %) verdankt. Wenig überraschend spielt auch hier das Alter der Befragten eine große Rolle (Tab. 3.4).

Wesentlich detailreichere und weiter zurückreichende Daten zur Internetnutzung sind für Deutschland verfügbar, wo der öffentlich-rechtliche Rundfunk eine exzellente Mediennutzungsforschung betreibt. Die entsprechenden Daten sind wohl nicht eins zu eins übertragbar. Aus Peter Tschmucks Untersuchung der weltweiten Musikstreaming-Situation lässt sich jedoch ableiten, dass sich die deutsche und die österreichische Situation am Musikmarkt sehr ähneln (Tschmuck 2016). Unter Berücksichtigung der Parameter a) Einnahmenanteil des Musikstreamings am digitalen Musikmarkt und b) Werbe- vs. Abofinanzierung des Streamings zeigt sich deutlich eine große Nähe der beiden Länder in der Gemeinschaft der wenig entwickelten Streamingmärkte. Obwohl Österreich als Testmarkt der globalen Telekommunikationsbranche gilt und damit relativ früh mit technischen Innovationen wie Breitband-Internet versorgt ist, verläuft hierzulande die Entwicklung des digitalen Musikvertriebs langsam. Das liegt stark an den Hörgewohnheiten der Bevölkerung und den damit verbundenen Beharrungskräften. In Österreich haben traditionell die Genres Klassik und Schlager/Volksmusik eine große Bedeutung, und das entsprechende Publikum bevorzugt nach wie vor physische Tonträger (ifpi Austria 2016, S. 9). Sehr ähnlich ist die Situation in Deutschland (Bundesverband Musikindustrie 2016, S. 13), und so können wir aus österreichischer Perspektive vorsichtig, aber doch auf die Ergebnisse der deutschen Mediennutzungsforschung zurückgreifen, um die Dimensionen der digitalen Mediamorphose zu veranschaulichen. Da wäre zum einen die Bedeutung des Smartphone als Internet-Schnittstelle. Auch wenn es pro Haushalt mehrere internetfähige Geräte gibt, die Jungen nutzen mit Abstand am öftesten ihr Smartphone, nämlich 82 min. pro Tag (Breunig und Eimeren 2015, S. 517). Die 14- bis 29-Jährigen verfügen zu 81 % über mobiles Internet, bei den 30- bis 49-Jährigen sind es 63 %, bei den über 49-Jährigen

Tab. 3.4 Entwicklung der Social-Media-Nutzung in Österreich. (Quelle: Spectra Marktforschung 2016)

	2010	2012	2014	2016
15–29	30	36	62	71
30–49	13	13	31	40
50+	1	3	6	16

3.1 Was ist und wie kam es zu Web 2.0?

nur 13 % (a. a. O., S. 519). Auch hinsichtlich des Bedeutungsverlustes der alten Medien zugunsten von Internet zeigen sich große Unterschiede zwischen den Jungen und den älteren Generationen. Während zwei Drittel (65 %) der 14- bis 29-Jährigen bei Verlust das Internet sehr stark oder stark vermissen würden, sagt dies nur etwas mehr als ein Drittel von ihnen (36 %) über Radio oder Fernsehen. In der Gesamtbevölkerung hingegen ist mit 50 % die Bindung an das Radio am stärksten, vor dem Fernsehen (45 %) und dem Internet (40 %) (a. a. O., S. 520 f.). Was machen nun die jungen Leute die ganze Zeit im Internet? „Der größte Teil der im Internet verbrachten Zeit (74 %) entfällt laut ARD/ZDF-Studie Massenkommunikation 2015 auch bei jungen Menschen auf Tätigkeiten, die im Vor-Internetzeitalter noch ‚offline' erledigt wurden: auf Kommunikation, vor allem über den Austausch in sozialen Netzwerken, auf Gaming, Onlineshopping, Suche nach bestimmten Informationen und vieles andere mehr" (a. a. O., S. 515). So gesehen relativiert sich die Bedeutung von Musikdiensten im Internet, was sich auch bei der Frage zeigt, welche Nutzungsmöglichkeiten bei einem Internetausfall am stärksten vermisst würden (Abb. 3.1).

Was in Vor-Internet-Zeiten zu beobachten war, gilt heute umso mehr: Technische Entwicklungen beeinflussen die Gewohnheiten besonders stark, wenn damit mehr Entscheidungsfreiheit und Bequemlichkeit verbunden ist. Musik

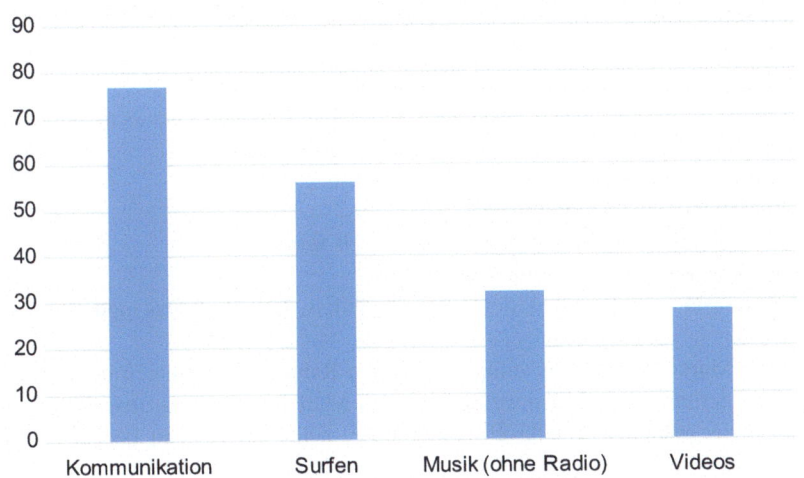

Abb. 3.1 Welches Angebot bei Internetverlust „sehr stark" vermisst würde. (Quelle: Breunig und Eimeren 2015, S. 522)

hatte immer schon das Potenzial, zielgerichtet für gemeinschaftliche und individuelle Zwecke eingesetzt zu werden. Durch die digitale Mediamorphose ist der zweckrationale Umgang mit Musik noch einfacher und bequemer geworden. In der Geschichte jugendlichen Musikrezeptionsverhaltens war der Zugang zu leistbarem Internet und Smartphone der dritte große Emanzipationsschritt nach dem Aufkommen von Rockmusik in den 1950er Jahren und dem Musikfernsehen in den 1980er Jahren (1981 MTV USA, 1987 MTV Europe, 1993 VIVA). Während früher die Übertragungsmedien einfach Kommunikationsmittel waren, die eine potenziell gemeinschaftsstiftende Wirkung der Musikkulturen befördert haben, scheint heute der Schwerpunkt jugendlicher Interessen bei den Medien selbst zu liegen, bzw. bei ihrem Kommunikations- und Informationspotenzial, das eine nachhaltige Emanzipation von den Interessenslagen der Erwachsenenwelt ermöglicht. Während Selbstermächtigung im 20. Jahrhundert über aktive Rezeption erfolgte, geschieht dies heute über die kreative Nutzung der Interaktions- und Gestaltungsmöglichkeiten im Web 2.0. „Heute verbindet nicht Popmusik die Menschen, sondern Snapchat, heute tritt im Zweifel eher Twitter eine Revolution los und nicht ein Song" (Oehmke 2015, S. 110). Was macht nun die neue Qualität jener erfolgreichen Web-2.0-Angebote aus, die vom neuen Gestaltungs- und Selbstdarstellungshunger der jungen Generation profitieren? Tim O'Reilly (2007, S. 36 f.) hat die Kernkompetenzen und Angebote dieser neuen Gatekeeper wie folgt beschrieben:

- services, not packaged software, with cost-effective scalability;
- control over unique, hard-to-recreate data sources that get richer as more people use them;
- trusting users as co-developers;
- tarnessing collective intelligence;
- leveraging the long tail through customer self-service;
- software above the level of a single device;
- lightweight user interfaces, development models, AND business models.

Die neue Marktsituation mit völlig veränderten Rahmenbedingungen im Web 2.0 hat dazu geführt, dass Musikweltmächte des alten Internet *(Napster, MySpace)* oder gar der analogen Musikwelt *(EMI, MTV)* heute weitgehend bedeutungslos oder völlig verschwunden sind. Warum haben sich manche Anbieter durchgesetzt, warum sind andere spektakulär gescheitert? In einem Gespräch mit der *ORF Futurezone* anlässlich zwanzig Jahre Internet in Österreich ging der Internet-Pionier Peter Rastl auch auf die Unvorhersehbarkeit der Ereignisse ein:

Das Internet lässt sich für mich auch dadurch charakterisieren, dass es immer wieder Entwicklungen gegeben hat, die für die Masse der Beobachter völlig unerwartet gekommen sind. Es war eben nicht absehbar, dass so etwas wie das World Wide Web entstehen würde. Das ist mehr oder weniger zufällig dem Tim Berners-Lee untergekommen, und er hat sicher auch nicht gewusst, was das für eine Entwicklung auslösen würde. Heute kann man sich das nicht wegdenken. Und es hat wieder und wieder solche Entwicklungen gegeben. Eine andere Entwicklung, die vollkommen unerwartet gekommen ist, war das Peer-to-Peer-Filesharing. Das ist so eine Bottom-up-Entwicklung von einigen Leuten, die gut programmieren konnten, und es hat sich verbreitet (Rastl 2010).

Für die MusikhörerInnen hat sich mit dem Web 2.0 ein neues Universum an Möglichkeiten eröffnet. Die alten Hierarchien gelten nicht mehr, TüröffnerInnen und ZugangsverweigerInnen der Vergangenheit haben einen Großteil ihrer Macht eingebüßt. Aus relativer Knappheit und Eingeschränktheit des Musikangebotes wurde innerhalb kürzester Zeit ein kaum mehr zu bewältigendes Überangebot. Das alleinige, aufmerksame und konzentrierte Musikhören wurde (quantitativ) durch Nebenbeihören und starke Einbindung der Musik in Kommunikation und Alltag in den Schatten gestellt. Das Bedürfnis, Musik zu besitzen, mutet heute wie das Merkmal einer zu Ende gehenden historischen Phase an. Hörerlebnisse erfolgen nun für viele Menschen fast ausschließlich per Abruf aus dem Internet, als Folge eines impulsiven Bedürfnisses. All dies bringt schwerwiegende Konsequenzen für die Musik, die Musikschaffenden, die MusikvermittlerInnen und die MusikhörerInnen mit sich. Für die Musiksoziologie wenig überraschend ist auch, dass darauf bisweilen mit Widerstand und Gegenbewegungen reagiert wird. Auf diese Aspekte wird in der Folge eingegangen.

3.2 Das Ende der Gatekeeper?

Die phonographische Industrie hat im 20. Jahrhundert Steuerungsinstanzen für koordinierte Auswahl- und Ausschlussprozesse entwickelt, die in einem Ablauf von Ja/Nein-Entscheidungen dafür Sorge trugen, dass nur jene musikalischen Ideen einen professionellen Produktionsprozess durchlaufen konnten, für die eine ausreichend große Publikumsnachfrage zu erwarten war. Teil der Strategie war, die Aufmerksamkeit und die Kaufbereitschaft des Publikums auf eine überschaubare Anzahl von Musikprojekten zu lenken. Mit der Transportierbarkeit von Musik über das Internet ging diese Möglichkeit verloren, den Zugang der Musikschaffenden zum Absatzmarkt zu beschränken und die Konkurrenz zu kontrollieren. Massive Umsatzeinbrüche ab der Jahrtausendwende spiegeln die entsprechende Schwächung der bis dahin sehr mächtigen Tonträgerindustrie wider. Ihr Erfolgsmodell war hochriskant und beruhte auf maximaler Gewinnabschöpfung jener vergleichsweise wenigen Veröffentlichungen, die dann tatsächlich Bestseller wurden. Dieses zuvor stabile und gut eingeführte Geschäftsmodell wurde mit den Möglichkeiten, Musik als digitalen Code über das Internet zu transportieren und über koordinierte Suchmaschinen von ausgesuchten InternetteilnehmerInnen zu beziehen, in seinen Grundfesten erschüttert. Schlechtes Krisenmanagement in Kombination mit einer Goldgräberstimmung junger MusikkonsumentInnen ließ den ehemals so mächtigen Industriezweig schwer angeschlagen zurück und begünstigte neue MarktteilnehmerInnen in der Entwicklung alternativer Distributionsstrukturen. Aus der Perspektive der RezipientInnen brachte die Befreiung von Zugangsbeschränkungen zum Musikmarkt eine große Unübersichtlichkeit desselben mit sich, was nun bisweilen zu Überforderung und verstärkter Orientierung an Bewährtem führt. Die zuvor von top down organisierten Gatekeepern gelenkte Aufmerksamkeit auf ein beschränktes Angebot wird nun durch eine Vielfalt an Orientierungshilfen abgelöst, die es MusikhörerInnen ermöglichen soll, das individuell Beste aus dem Überangebot zu beziehen.

So wie im 19. Jahrhundert mit der Möglichkeit technischer Speicherung von Musik der „Versammlungszwang von Musizierenden und Rezipienten" (Blaukopf 1993, S. 175) aufgehoben wurde, so entfiel mit der Entwicklung digitaler Datendistribution die Notwendigkeit, Musik auf Tonträger zu bannen, um sie in Warenform vertreiben zu können. Viele BranchenexpertInnen haben sich lange der Einsicht verweigert, dass dies eine massive Gefährdung des Geschäftsmodells der Tonträgerindustrie mit sich bringen musste. „Das eigentliche Potenzial der Digitalisierung, nämlich die Datenübertragung ohne physischen Tonträger, wurde von den Tonträgerunternehmen nicht rechtzeitig erkannt. Sie reagierten daher nach dem bekannten Schema: Ignoranz, Herunterspielen, Bekämpfung des Neuen" (Tschmuck 2003, S. 292). War man ab Mitte der 1980er Jahre durch den nochmaligen Verkauf schon ausfinanzierter Musikproduktionen über das neue Medium CD in nie gesehene wirtschaftliche Höhen vorgestoßen, ließen schwindende Umsatzzahlen ab der Jahrtausendwende keinen Zweifel daran, dass sich hier eine neue, von KonsumentInnen getragene Entwicklung anbahnte, der die bisherigen Großmächte der Musikindustrie nichts Wirksames entgegenzusetzen hatten. Im Jahr 1999 war der absolute Höhepunkt erreicht, danach ging die Umsatzkurve ebenso rasch nach unten, wie sie seit 1982 mit der Markteinführung der CD gestiegen war (Tschmuck 2008, S. 143). In Ermangelung besserer Erklärungsmodelle wurde vonseiten der phonographischen Industrie die „Musikpiraterie" für diese

3.2 Das Ende der Gatekeeper?

Entwicklung verantwortlich gemacht.[1] Dave Laing hat 2004 die Situation differenzierter betrachtet und nach einer eingehenden Analyse folgende Gründe für den Einbruch der Tonträgerumsätze aufgelistet:

- das Kopieren von bespielten CDs auf Rohlinge;
- das Peer-to-peer-Filesharing im Internet;
- die Konkurrenz durch andere Angebote der Unterhaltungsindustrie wie Computerspiele, Pay-TV, Mobiltelefone, DVDs;
- die allgemeine Wirtschaftslage;
- die künstliche Nachfragesteigerung in den späten 1980er und frühen 1990er Jahren, die das Bild verzerrt habe: „new adopters of Compact Disc technology generally bought far more discs than their annual purchases of music, notably in order to replace the LP versions of their favorite albums" (Laing 2004, S. 89).

Da noch dazu in den Anfangsjahren Musik auf CDs ziemlich teuer verkauft wurde, generierte das unnatürlich hohe Umsätze, die naturgemäß einbrachen, als dann alle den Umstieg vollzogen hatten. Ohne diesen Effekt hätte es wohl schon vor der Internet-Revolution eine stark gesunkene Nachfrage nach Tonträgermusik gegeben.[2] In Reaktion auf diese Entwicklung hat sich die phonographische Industrie vor allem auf die Bekämpfung von Peer-to-Peer-Filesharing konzentriert und dabei in den Augen der KonsumentInnen viel Kredit verspielt. Welchen Anteil an den Umsatzeinbrüchen die neue Praxis des Musikdatentauschens über das Internet tatsächlich hatte, das war von Anfang an umstritten und wird wohl nie objektiv zu klären sein.[3] Da der Besitz von Tonträgern keine Lebensnotwendigkeit ist, lässt sich nicht feststellen, wie viel Musik kostenpflichtig erworben würde, gäbe es kein Gratis-Angebot. Wie dem auch sei, die Umsatzeinbußen aus dem Tonträgerverkauf waren dramatisch und können bis heute durch digitale Verkäufe nicht annähernd kompensiert werden (Abb. 3.2).

---

[1]Mehr zum Thema Musikpiraterie, siehe: Huber 2014a.
[2]„Die Jahre 1980–1983 waren ganz, ganz schlimme Jahre [...]. Dann kam 1983 die Erfindung und Markteinführung der CD. Sie konnte schon 1984 dazu verhelfen, daß es der Branche fühlbar besser ging, und auch die Jahre 1985 und 1986 geben keinen Grund zur Klage" bekundete 1986 Norbert Thurow vom deutschen Bundesverband der phonographischen Wirtschaft in einer Roundtable-Diskussion (Rösing 1987, S. 14).
[3]Geradezu physisch spürbar wurde die Unversöhnlichkeit der diesbezüglich gegensätzlichen Sichtweisen bei den Vienna Music Business Research Days 2011. Die Literatur zum Thema Filesharing ist vielfältig, einen exzellenten Überblick bietet Peter Tschmuck in seinem Weblog musikwirtschaftsforschung.wordpress.com.

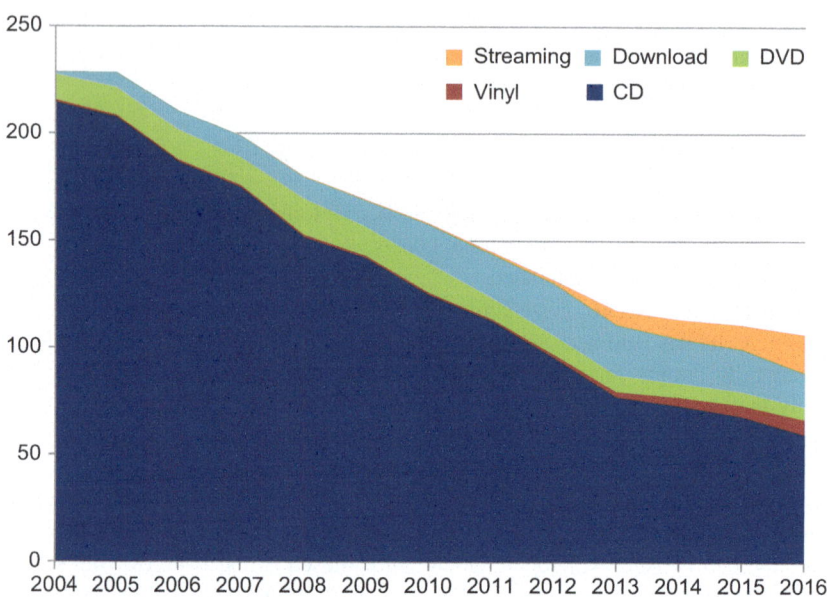

Abb. 3.2 Entwicklung des österreichischen Tonträgermarktes seit dem Launch des *iTunes Music Store* (in Mio. €, eigene Darstellung nach ifpi Austria 2005 bis 2017). (Die einzigen verfügbaren Zahlen sind jene des Industrieverbandes, der freilich alle fakturierten Einheiten berücksichtigt. Wie viele Tonträger sich in den Lagerbeständen des Handels befinden, ist unbekannt.)

Infolge der neuen technischen Rahmenbedingungen und des Umgangs der etablierten Gatekeeper damit verloren die gewohnten Entscheidungsabläufe der analogen Ära an Verbindlichkeit. Hierarchien wurden durch Netzwerke abgelöst, Top-down-Verordnungen durch Bottom-up-Bewegungen unterlaufen. Die analoge Ära war durch die Bindung von Musik an einen physischen Tonträger geprägt, wodurch sich ihre Verbreitung kontrollieren und wenn nötig beschränken ließ. Mit ihrer digitalen Form jedoch bekam Musik die Eigenschaften öffentlicher Güter. Von nun an war es nicht mehr (oder nur mit unverhältnismäßig großem Aufwand) möglich, jemanden, der nicht dafür bezahlt, an der Nutzung zu hindern. Und gleichzeitig konnten nun beliebig viele die Musik hören, ohne durch die gleichzeitige Nutzung der anderen in ihrem Konsum eingeschränkt zu sein. Das Kopieren von LP oder CD auf Kassette war bereits zuvor beliebte Praxis gewesen, aber es war aufwendig und mit Qualitätsverlust verbunden. Ein digitales Musikfile hingegen erfährt durch den Kopiervorgang keinerlei Qualitätsverlust.

3.2 Das Ende der Gatekeeper?

Die Kopie von der Kopie von der Kopie (usw.) hat exakt die gleiche Qualität wie das Original, und der Kopiervorgang erfordert ungleich weniger Zeit- und Materialaufwand.

Der US-amerikanische Soziologe Paul Hirsch hat in den 1970er Jahren die Kernaufgabe der Tonträgerindustrie als Herausfiltern jener Inputs aus dem kreativen Sektor beschrieben, die dann höchstwahrscheinlich den Geschmack des Publikums treffen werden. Die dabei eingesetzten Filter wirken wie „Gatekeeper", sie lassen nur durch, was mit der Veröffentlichungspolitik des Hauses konform geht. In der arbeitsteilig organisierten Tonträgerindustrie wurde diese Aufgabe Schritt für Schritt mit immer feinerem Ergebnis von folgenden Instanzen erfüllt: „Recording Artist, Record Producer, Record Company Policymakers, Regional Promoter, Inter-Industry Trade Papers, Top 40 Radio Station Programm Directors, the Public" (Hirsch 1973, S. 20 f.). Mithilfe dieser einzelnen Instanzen, die in einem symbiotischen Verhältnis zusammenwirken, sollten Fehlinvestitionen weitgehend ausgeschlossen werden. Das Geschäftsmodell bestand darin, Risikokapital in aufwendige Unternehmungen (Tonträger-Produktionen) zu investieren und aus den (wenigen) Erfolgen möglichst viel Gewinn zu generieren. Unglücklicherweise gab es dabei viele Unabwägbarkeiten. Würden die Musikschaffenden jenes Produkt abliefern, das man sich erhoffte? Und würden die RezipientInnen in dem Ausmaß daran Geschmack finden, wie man es sich erhoffte? Mit einer Reihe von etablierten Kontrollmechanismen, wie gezielter Auswahl aus dem Überangebot, eigenen ProduzentInnen, zielgruppenorientiertem Marketing, Bemusterung von Musikkritik und vielem mehr, versuchte man nun, sowohl im Entstehungs- als auch im Verbreitungszusammenhang die Risiken zu minimieren. Diese Strategie wurde über Jahrzehnte hinweg mit hohen Gewinnen perfektioniert (Negus 1992), bis plötzlich mit dem Aufkommen des Internets die Spielregeln auf den Kopf gestellt waren. Eine Vielzahl neuer Zugänge zum Markt tat sich auf. Kontrolle über den Auswahlprozess, um das Risiko überschaubar zu halten, war nun nicht mehr möglich. Schon zuvor musste die überwiegende Mehrheit der Musikprojekte trotz durchlaufener Filterprozesse als Misserfolg gelten, da nicht genügend Kopien verkauft wurden, um die Produktionskosten einzuspielen. Viele MusikerInnen wiederum waren gerade deshalb erfolgreich gewesen, weil sie eben nicht die etablierten Spielregeln eingehalten hatten. Es gab also trotz strenger Kontrolle und Risikominimierung kein halbwegs sicheres Erfolgsrezept.[4] Erfolge sind in

---

[4] Als Ausnahmen dieser Regel gelten die Hits *That's the way I like it* und *Bring me Edelweiss*, die nach einem Handbuch (Drummond und Cauty 1988) konzipiert wurden. Dazu ist jedoch zu sagen, dass wir nicht wissen, wie viele Versuche gescheitert sind, nach diesem Handbuch einen Hit zu produzieren.

der Musikindustrie multifaktoriell. „Warum genau sich eine Musik oder ein Stil zu einer bestimmten Zeit oder an einem bestimmten Ort durchsetzen konnte, lässt sich erst beurteilen, wenn auch die Vermittlungsprozesse, wie sie bei der Produktion, Selektion und Vermarktung von Musik zu durchlaufen waren, und die dort üblichen Geschäftspraktiken mit berücksichtigt werden" (Martin 2007, S. 306). Und diese Prozesse sind auffällig oft von Zufällen und Regelverstößen geprägt. Üblicherweise hatte ein Tonträger eine Lebenszeit von vier Monaten, in der er fünf Stadien durchlief: Pre-release (Auswahl je nach prognostiziertem Markterfolg); buzz-creation (Promotion in Radio und TV); pre-threshold (Medienecho); commercial life (üblicherweise elf Wochen in den Charts; Auftauchen im TV, sobald die Top 20 erreicht werden); final decline (relativ rasch) (North und Hargreaves 1997a). Das wirtschaftliche Ziel bestand nun darin, in dieser relativ kurzen Zeit möglichst viel Ertrag aus einem erfolgreichen Projekt zu generieren. Mit dem Prinzip der flexiblen Spezialisierung hatte man ein gutes Erfolgsrezept gefunden, und mit immensem Werbeaufwand versuchte man die Nachfrage zu steuern. Trotzdem lag die Erfolgsquote bei Neuveröffentlichungen nur bei zehn bis zwanzig Prozent (Frith 1987a, S. 68; Rösing 1987, S. 22). Das Problem dabei war der unberechenbare Faktor des „menschlichen Versagens", der die Kulturindustrie bis heute nicht so funktionieren lässt, wie es etwa Horkheimer und Adorno (1993) vorausgesagt haben. Nicht nur die KonsumentInnen, auch die ProduzentInnen und gar nicht so selten sogar die eigenen VermittlerInnen in den Plattenfirmen verweigern bisweilen den Gehorsam und zeigen ästhetischen Eigensinn (Negus 1992). Sobald sich jedoch trotz aller Schwierigkeiten ein bestimmtes Produkt als gewinnbringend erwiesen hatte, beschritt man den entsprechenden Erfolgsweg so lange wie möglich. Erfolgreiche MusikerInnen wurden mit hohen Vorschüssen versorgt, und man versuchte sie davon zu überzeugen, ihrem Erfolgsrezept treu zu bleiben. Die Ökonomie der großen Absatzzahlen verspricht nach Erreichen des Break Even überdimensional viel Gewinn, je weiter man darüber hinauskommt. Das ist aber nur so lange möglich, wie es mittels Repertoirelimitierung, Publikumssegmentierung, eigenen Vertriebssystemen und gezielter Promotion gelingt, Entstehungs-, Verbreitungs- und Aneignungszusammenhang zu kontrollieren. Sozialer Wandel und technologischer Fortschritt erschweren regelmäßig diese Versuche, da sie neue Bedürfnisse und Möglichkeiten eröffnen. Mit Internet und Web 2.0 wurde die Situation am Musikmarkt hoch dynamisch, geprägt von Kommunikation und Innovation, was Kontrollverlust der Musikindustrie und Ermächtigung der RezipientInnen zur Folge hatte. Der kreative Output geriet außer Kontrolle, unzählige Laien produzierten mit nun leistbarem Equipment in den eigenen vier Wänden Musik und stellten sie online.[5] Der technologische Fortschritt zog zwar auch eine erhöhte Nachfrage nach sich, da er die Rezeptionsmöglichkeiten erweiterte, aber eine Monetarisierung der erhöhten Nachfrage erfolgte – wenn überhaupt – weitgehend außerhalb der etablierten Strukturen. Die phonographische Industrie investierte viel Energie in die Bekämpfung der sich bottom-up etablierenden Distributionskanäle. Aus einem naturgemäß konservativen Bestreben, und wohl auch um die Shareholder zu beruhigen, versuchte man, die körperlose Verteilung von Musik über Internet zu unterbinden. Allein, der Geist war aus der Flasche, die KonsumentInnen hatten an jederzeitigem, unbeschränktem, unkontrolliertem Zugang zu Musik Gefallen gefunden. Und da die alten AnbieterInnen dies nicht liefern wollten und konnten, erreichten alternative MarktteilnehmerInnen rasch eine dominante Position. Für die Musikschaffenden war ein Nachteil dieser Entwicklung, dass es den neuen AnbieterInnen nicht um die Musik selbst ging. Der ersten Generation (*Napster* u. a.) ging es um Freiheit von den Zwängen, welche die Industrie auf die RezipientInnen auszuüben pflegte. Der zweiten Generation ging es darum, (möglichst billigen) Content für ihre Hardware anzubieten *(Apple)*[6] oder möglichst viele Daten über die NutzerInnen zu sammeln *(Google/YouTube)*. Nun hatte jedoch nicht nur die Zahlungsmoral vieler (vor allem junger) KonsumentInnen schwer gelitten. Mit dem Preisverfall und der Entbündelung von Musik wurde auch für jene, die noch zu zahlen bereit waren, der Erwerb wesentlich billiger. Denn Filesharing hat nicht nur die Musik gratis gemacht, es hat die musikalischen Gesamtpakete zerlegt. Von nun an war es schwierig, ein Paket von zehn Musikstücken zu einem entsprechenden Preis zu verkaufen, wenn lediglich ein Hit daraus nachgefragt wurde.

Trotz ökonomischer Verschlechterungen meldeten sich prominente Musikschaffende mit Sympathiebekundungen für die neue Distributionsmöglichkeit. Oft waren ihre Erfahrungen mit den marktbeherrschenden Tonträgerkonzernen nicht die besten gewesen, hatten sie diese weniger als TüröffnerInnen denn als AusbeuterInnen und „institutional regulators of innovation" (Hirsch 1972, S. 649) erlebt.

---

[5] Wie aufwendig und langwierig es dagegen früher war, Musik auf Tonträger zu bringen zeigt der Film *How shellac records were produced and manufactured* (1942 im Rahmen der Sendereihe „command Performance" produziert von William J. Ganz), einzusehen in den Prelinger Archives. http://www.archive.org/details/CommandP1942. Abgerufen: 07.01.2017.

[6] Die Absatzzahlen der verschiedenen iPod-Generationen zeigten deutlich, dass dies gelungen ist.

Nicht umsonst hat sich für Vereinbarungen zwischen (Major-)Plattenfirmen und Musikschaffenden der Begriff „Knebelverträge" eingebürgert (Weiss 2015). Der Popstar *Prince* etwa hat in den 1990er Jahren für Aufsehen gesorgt, als er mit einem auf die Wange geschriebenen „Slave" auf die Entmündigung der Musikschaffenden aufmerksam machte.

> Die Tatsache, dass fast alle UrheberInnen sämtliche Werknutzungsrechte den ProduzentInnen übertragen, ist ein klares Indiz dafür, dass die ProduzentInnen die Vertragsbedingungen einseitig festsetzen und dass die KünstlerInnen keine andere Möglichkeit haben, als den vorgelegten Vertrag zu unterschreiben. [...] Entscheidend dabei ist, dass die ProduzentInnen (Musiklabels, Verlage u. a.) ein *Monopol* für die gesamte Dauer des urheberrechtlichen Schutzes erwerben. Die UrheberInnen werden faktisch enteignet (Zembylas 2007, S. 272).

Möglich war dies nur aus einer Position der Stärke, die wiederum in der Kontrolle des Vertriebs begründet lag. Jahrzehntelang war die Tonträgerindustrie „one of the most successful and idiosyncratic modern industries, a history based on the highest possible degree of control over the production, manufacture and distribution of its primary product, recorded music" (Hardy 2013, S. 12). Das galt bis zum Ende des zwanzigsten Jahrhunderts, bis mit der Vertriebsmöglichkeit über das Internet eine Emanzipation der KonsumentInnen möglich wurde, der die Emanzipation der Verlage von ihrer Rolle als Zulieferbetriebe von Musikrechten folgte.[7] Zugleich kam mit dem Internet als Informationskanal die Emanzipation des Musikgeschmacks vom Marketing der Musikindustrie. Heute sind noch drei Major Companies verblieben, die den internationalen Tonträgermarkt beherrschen: *Universal Music Group* (inkl. EMI), *Sony Music Entertainment* und *Warner Music Group*. Mit zunehmendem Bedeutungsverlust der Tonträger büßen sie ihre Großmachtstellung immer mehr ein, diese liegt nun bei *Google* mit seiner Videoplattform *YouTube,* bei Konzertveranstaltern wie *Live Nation Entertainment,* bei Downloadanbietern wie *Apple* und immer mehr auch bei Streamingplattformen wie *Spotify*.

Das Internet alleine für die Krise der etablierten Gatekeeper verantwortlich zu machen, wäre zu kurz gegriffen. Seitens der *Recording Industry Association of America* wurde viel Energie darauf verwendet, jene Verbreitung von Musik, die für viele Menschen die überzeugendste, weil unkomplizierteste und am wenigsten restriktive war, juristisch und finanziell zu bekämpfen (Tschmuck 2015). Dabei wurde in Kauf genommen, die Kernzielgruppe nachhaltig zu verärgern.

---

[7]Hier waren Konflikte unausweichlich, da ein Verlag naturgemäß möglichst breit lizensieren möchte, während Tonträgerfirmen exklusive Rechte anstreben.

3.2 Das Ende der Gatekeeper?

Noch nach sieben erfolgreichen Jahren des *iTunes Music Store* stellte Bart Cammaerts von der London School of Economics and Political Science fest: „it is becoming ever clearer that the music industry will never be able to fully exploit the advantages of the networked participatory culture while it is at the same time engaged in high profile efforts to contain, curtail and/or destroy that very same culture" (Cammaerts 2011, S. 499). Schon relativ früh, noch bevor *Apple* mithilfe digitaler Musik seinen Aktienwert vervielfachen konnte, war bei manchen Brancheninsidern das Bewusstsein vorhanden, dass in dieser Entwicklung eine große Chance für ProduzentInnen und RezipientInnen liegt (Röttgers 2003; Renner 2004; Kusek und Leonhard 2006). Die VerfechterInnen des Tonträger-Paradigmas sahen jedoch vor allem die Gefährdung ihres Geschäftsmodells. Und so konzentrierte man sich auf destruktive Maßnahmen, anstatt funktionierende und gewinnbringende Lösungen vor dem Hintergrund dieser neuen Rahmenbedingungen zu entwickeln. Neue MarktteilnehmerInnen von außerhalb des Systems dagegen hatten nichts zu verlieren und reüssierten schließlich mit konstruktiven Konzepten. „Die Entscheidung, ein altes Paradigma abzulehnen, ist immer gleichzeitig auch die Entscheidung, ein anderes anzunehmen" (Kuhn 1976, S. 90). Je erfolgreicher jemand in einem alten Paradigma ist, desto weniger attraktiv ist es, dieses aufzugeben. Eine durchaus menschliche Reaktion auf diese Herausforderung wäre der Versuch eines sanften Übergangs, wie er in der Markteinführung der CD gesehen werden kann. Bei einem echten Paradigmenwechsel jedoch ist so eine Verzögerungstaktik nur kurzfristig von Erfolg gekrönt. William Ogburn hat das Phänomen der verzögerten Anpassung bereits in den 1950er Jahren beschrieben. Demnach kommt es vorübergehend zu einem „cultural lag", wenn sich von zwei miteinander in Beziehung stehenden Kulturelementen das eine stärker als das andere verändert (Ogburn 1957). Im Prozess der digitalen Mediamorphose materialisierte sich so eine kulturelle Verspätung in der CD. Mit ihrer Einführung erfolgte nichts anderes als das Bannen digitalisierter Musik auf Tonträgern, was als Nichteinlösen neuer Möglichkeiten durch Beharren auf alte Strukturen gesehen werden kann. Seitens der Industrie wurde dies natürlich nicht so verstanden, die CD war hier die Heilsbringerin. Mit der Entwicklung von technischen Innovationen wie *Super Audio CD* oder *Dolby 5.1* investierte man in die Perfektionierung dieser Übergangslösung, musste jedoch dann feststellen, dass nur sehr wenige RezipientInnen bereit waren, viel Geld für perfekt klingende Musik auszugeben. Die durch Bindung an Tonträger unzureichende Realisierung der Darstellbarkeit aufgenommener Musik in einem binären Code blieb unentdeckt, bis der Transport über Datenleitungen nicht nur möglich, sondern auch alltagstauglich wurde. Danach waren alle Bestrebungen vergebens, mit Qualitätsversprechungen dem Wunsch des Massenpublikums nach möglichst einfachem und billigem Zugang zu begegnen.

Die Alltagstauglichkeit rein digitaler Musikverbreitung kam mit MP3 und *Napster*. Diese Geschichte ist gut dokumentiert (Haring 2000; Menn 2003; Jennings 2007), soll trotzdem in aller Kürze noch einmal zusammengefasst werden, war sie doch gleichsam die Initialzündung dafür, dass Musik heute für alle mit Internetzugang frei verfügbar ist. Ab den späten 1980er Jahren arbeitete eine europäische Initiative zur Schaffung einheitlicher Standards für Video- und Audio-Daten im Internet, die „Moving Picture Expert Group" an der Entwicklung einer Methode zur Komprimierung von digitalen Videodaten. Ab 1992 lagen mit Layer 1, Layer 2 und Layer 3 verschiedene Codierungsvarianten vor, je nach Fokus auf Klangqualität, rasche Übertragungszeiten oder geringen Speicherverbrauch. Layer 3 versucht, die Eigenschaften des menschlichen Ohrs möglichst effizient zu nutzen, indem es außerhalb des Hörbereichs liegende Frequenzen oder leise Töne, die von lauten Tönen überlagert werden, eliminiert. Unter dem Dateikürzel „MP3" war die Software bald kostenlos oder sehr billig über das Internet verfügbar und setzte sich schließlich als Standard für die Komprimierung von Musik (im Verhältnis 1:12) durch. Da der Quellcode offengelegt worden war, gab es stetig Weiterentwicklungen wie AAC/MPEG-4 (ab 1999 von *Apple* verwendet) oder Ogg Vorbis (ab 2000). Die rasche Verfügbarkeit von Encoding-Software und die dadurch beförderte rasante Verbreitung von MP3-Dateien im Internet ließen dieses Format gegen qualitativ höherwertige Codierungen bestehen. *Napster* wiederum war de facto ein Computerprogramm, das es ermöglichte, populäre Musikstücke rasch im Internet zu finden und auf die Festplatte des eigenen Computers zu kopieren. Entwickelt wurde es von dem Informatik-Studenten Shawn Fanning (und Freunden) Ende der 1990er Jahre im Büro seines Onkels. *Napster* war nicht die erste Plattform, die MP3-Musik zum Download anbot, aber es war besser als alle Vorgängerprogramme.[8] Fanning kombinierte darin eine Chat-Funktion, einen Music Player und eine Suchfunktion für Dateien auf den Festplatten der Netzwerk-TeilnehmerInnen. Das System war benutzerfreundlich und einfach zu bedienen, das Verfahren funktionierte sehr gut, und so wurde die Anwendung innerhalb kürzester Zeit sehr populär. Wer einen bestimmten Song suchte, gab einfach den entsprechenden Suchbefehl ein. Dann wurden Nachfrage und Angebot über den *Napster*-Server zusammengeführt, und wenn auch nur *ein* anderes Mitglied des ständig wachsenden *Napster*-Netzwerks diesen Song auf seiner Festplatte hatte (und auch gerade online war), konnte Sekunden später die

---

[8]Der Antrieb für die Entwicklung des Programms war laut Fanning die Erfahrung, dass bei anderen Suchdiensten (wie z. B. MP3.com) die Suchanfragen oft ins Leere führten, weil die verlinkten Websites inzwischen nicht mehr aktuell waren (Ugwu 2013).

3.2 Das Ende der Gatekeeper?

Duplizierung der Datei von Peer zu Peer beginnen. Als das Netzwerk der TeilnehmerInnen exponentiell zu wachsen begann, verlor Fanning zunehmend die Kontrolle über das Projekt. Bei offizieller Firmengründung im Mai 1999 übernahm dann sein Onkel als Haupteigentümer das Kommando und brachte InvestorInnen mit Risikokapital ins Spiel. Von diesen Geschäftsleuten wurde der Betrieb gewinnorientiert aufgezogen, mit offiziellem Sitz in Kalifornien und kompetent besetzten Geschäftsbereichen. In einem Interview für das Billboard Magazine im März 2013 beschrieben die *Napster*-Betreiber Shawn Fanning und Sean Parker die einstige Geschäftsidee als Generierung von Provisionen aus der Übernahme des digitalen Vertriebs für die großen Plattenfirmen (Ugwu 2013). Doch die Tonträgerindustrie sah hier kein funktionierendes Geschäftsmodell sondern vor allem massive Urheberrechtsverletzungen. Die Betreiber von *Napster* wussten offenbar von Beginn an, dass sie sich auf dünnem Eis bewegten, beriefen sich jedoch auf den *Audio Home Recording Act* aus dem US-amerikanischen Urheberrecht, der das Kopieren einer CD für den eigenen Bedarf ausdrücklich erlaubte. Zusätzlich informierte man nun auf der Website die NetzwerkteilnehmerInnen darüber, dass *Napster* nur als Vermittlungsplattform von Netzwerkverbindungen fungiere und die individuellen NutzerInnen autonom entscheiden müssten, welche Inhalte ihrer Festplatten sie zugänglich machen. Zudem kündigte man mit Verweis auf den *Digital Millenium Copyright Act* an, bei Klagen wegen Urheberrechtsverletzung den Zugang zum entsprechenden Material zu unterbinden. Man verließ sich also darauf, nicht verantwortlich gemacht zu werden, da man wie ein Provider agiere und selbst keine Inhalte anbot. Als die Aktivitäten von *Napster* immer größere Dimensionen annahmen und die FirmenvertreterInnen einem klärenden Meeting mit der *Recording Industry Association of America* immer wieder auswichen, brachte diese im Dezember 1999 Klage wegen Beihilfe zur Urheberrechtsverletzung ein und drohte mit exorbitanten Schadenersatzforderungen. Die Rockgruppe *Metallica* und der Hip-Hop-Produzent *Dr. Dre* schlossen sich der Klage an und traten medienwirksam als Sprecher der Kampagne auf. Internationale Medien machten daraufhin den Prozess zur großen Geschichte und versorgten damit auch alle noch Unbedarften mit Know-how zum Thema Filesharing. *Napster* agierte in dieser Phase nicht ungeschickt, gewann ebenfalls die Unterstützung prominenter MusikerInnen wie Courtney Love oder die *Beasty Boys* und signalisierte guten Willen, indem es die Konten jener mehr als 300.000 NutzerInnen sperrte, die Musik von *Metallica* zum Download angeboten hatten. Gleichzeitig setzte man inzwischen alle Energie in die Verbesserung des Programms und in die Bereitstellung von Serverkapazität, um die explosionsartig wachsenden Suchanfragen bewältigen zu können. Allein, es half nichts. Trotz hoch kompetenter Rechtsvertretung wurde *Napster* im Frühjahr 2000 vom Gericht der Status eines

Internet Service Providers abgesprochen und im Sommer 2000 dem Antrag auf einstweilige Verfügung stattgegeben. Während des zwei Jahre dauernden Berufungsprozesses war überraschend – und gegen den Willen ihrer Musiksparte – die deutsche *Bertelsmann AG* bei *Napster* eingestiegen. Das ökonomische Potenzial, das hier offenbar gesehen wurde, kam jedoch nie zur Entfaltung. Da es *Napster* nicht gelang, einen verlässlichen Filter für urheberrechtlich geschützte Werke zu installieren, musste am 1. Juli 2001 der Betrieb eingestellt werden. Die folgenden Verhandlungen scheiterten, Schadenersatzforderungen konnten nicht beglichen werden, und so ging *Napster* im November 2002 in Konkurs. Der Name und die Internetdomain wurden versteigert und werden noch heute von einem Musikstreaming-Service verwendet. Mit der legendären Marke *Napster* hat das jedoch nichts mehr zu tun.

Wenn heute das illegale Up- und Downloaden von Musik nicht mehr eine zentrale Rolle spielt, dann liegt das weniger am erfolgreichen Agieren der phonographischen Industrie als vielmehr daran, dass das Runterladen und Speichern von Musik zum unnötigen Aufwand wird, wenn jederzeit alles gestreamt werden kann. Wie Phil Hardy (2013) überzeugend dargelegt hat, ist selbst in Ländern mit restriktiven Urhebergesetzen wie Frankreich oder Großbritannien das Unterbinden von Filesharing und Filehosting ineffizient und teuer, von den Verhältnissen in Märkten wie China oder Russland ganz zu schweigen. Man muss aber gar nicht über die Grenzen blicken, auch in Österreich werden illegale Angebote als attraktiv empfunden. Zwei Beispiele seien genannt: Die Wochenzeitung profil zitierte in ihrer Ausgabe vom 7. Mai 2011 aus einer Marktstudie, dass ein Drittel (32 %) der ÖsterreicherInnen „Musik/Filme aus dem Internet downloaden" als Kavaliersdelikt betrachten. Diesbezüglich gibt es weniger Unrechtsbewusstsein als für „Sonntagszeitung nicht bezahlen" oder „Falsche Angaben bei der Versicherung" (marketagent.com, zit. n. profil 19/2011, S. 126). Und als die österreichische Tageszeitung Der Standard am 22. April 2012 über eine Diskussion zum Thema Urheberrecht berichtete, wurde in der Onlineversion (neben mehr als achthundert anderen) folgende Reaktion gepostet: „Legale Musik gibt es oft nur in 256kbps mp3s oder so. Das kommt für mich nicht infrage. Wenn ich FLAC will, geht das oft nur illegal. Und weit einfacher. Ohne die Angabe meiner privaten Daten und das zugemüllt werden mit Werbung" (Schurian 2012).[9] Das Urheberrecht, vor der Internet-Revolution wenig umstritten und gut administriert, ist mit der digitalen Mediamorphose unter Druck geraten und de facto im heutigen Musikleben nur schwer exekutierbar. „Aus soziologischer Perspektive ist das Urheberrecht eine

---

[9]Das ist der Informationsstand aus dem Jahr 2012. Inzwischen bieten auch legale Digitalvertriebe ihre Downloads in FLAC an.

3.2 Das Ende der Gatekeeper?

‚Institution', d. h. ein dauerhaftes und relativ stabiles Muster menschlicher Beziehungen. Solche institutionellen Beziehungsmuster werden entweder erzwungen – etwa durch Polizeigewalt – oder sie werden durch die in einer Gesellschaft als legitim geltenden Orientierungsvorstellungen getragen" (Kawohl 2007, S. 277). Beides geschieht heute nicht mehr durchgängig, und es zeigt sich hier eine Ähnlichkeit zu anderen nicht institutionalisierten Urheberrechtsbestimmungen wie etwa dem Kopierverbot für Musiknoten. Als Gründe für die Glaubwürdigkeitskrise bzw. Unbeliebtheit des Musikurheberrechts führt Kawohl neben der Tantiemen-Benachteiligung von „U-Musik" gegenüber „E-Musik" das „Auseinanderklaffen der Interessen von Verwertern und den eigentlichen Urhebern" (a. a. O., S. 298) an. Auch dass die Rechte der InterpretInnen sehr schwach im Vergleich zu denen der Musikverlage, der Schallplattenindustrie und der KomponistInnen sind, trage zur Unzufriedenheit bei. Und nicht zuletzt die „durch die Musikindustrie betriebene Stigmatisierung der meist jugendlichen Nutzer als ‚Piraten' hat die Gruppenidentität der zu Höchstzeiten bis zu 57 Mio. Nutzer nur noch verstärkt" (a. a. O., S. 297). Plötzlich gehörte Filesharing bei internetaffinen Jugendlichen zum guten Ton, das Top-Down-Verbot hatte eine rebellische Antihaltung provoziert. Verbote und restriktive Normen sind üblicherweise schwächer wirksam als Werte. Letztere wirken attraktiv, eröffnen Handlungsmöglichkeiten, sind emotional stark besetzte Vorstellungen über das Gute. Meinungs- und Verhaltensänderungen erzielt man am einfachsten, wenn man das Bedürfnis weckt, anders zu werden. Das wird in der Regel über Vorbilder vermittelt, funktioniert jedoch nicht, wenn die Vorbilder unglaubwürdig werden (Joas 2005). Obwohl ihre Argumentation unerklärliche Widersprüche[10] enthielt, beharrten die VertreterInnen der Tonträgerindustrie auf Filesharing als wesentlichem Grund für die Umsatzeinbrüche, erklärten viele Mitglieder ihrer ohnehin schon unzufriedenen Kernzielgruppe pauschal zu Gegnern, belegten sie mit Einschränkungen und bedrohten sie mit Strafen.[11] Schließlich kam 2003 mit dem *iTunes Music Store* ein funktionierender Digitalvertrieb auf den Markt und damit jene für den Paradigmenwechsel notwendige „systemfremde Kreativität im

---

[10] Zum Beispiel zeigten sich zweistellige Absatzeinbrüche auch in der Altersgruppe 50+, in der lediglich zwei Prozent „Filesharer" identifiziert wurden (GfK Panel Services 2010, S. 11).

[11] Dass Verbote vor allem dazu angetan sind, umgangen zu werden und oft geradezu wie eine Herausforderung wirken, das musste schon Habsburgerkaiserin Maria Theresia erkennen. Ihr Verbot politischer Schriften hat zu einer derart großen Nachfrage nach entsprechenden Flugzetteln geführt, dass man sich genötigt sah, den Katalog der verbotenen Schriften selbst zu verbieten (Friedell 2007, S. 713).

Sinn von kollektiven Handlungsprozessen, in denen Neuheit erkannt und anerkannt wird" (Tschmuck 2003, S. 287). Wie so oft kam von *Apple* nicht die Idee, sondern ihre perfekte Umsetzung, auch weil sie als Computerfirma mit ihrem Geschäftsmodell nicht im alten Musikparadigma verwurzelt war. Zuvor in der Musikbranche vor allem als kleiner, aber feiner Lieferant von verlässlicher Produktionshardware anerkannt, wurde *Apple* nun zu einer der wichtigsten Marktteilnehmerinnen und konnte bald Distributionsbedingungen diktieren, die vor allem den eigenen Interessen dienten. Erleichtert wurde dies dadurch, dass die schwer angeschlagenen Tonträgerkonzerne alle Hoffnungen auf *iTunes* setzten, nachdem sie selbst mit den (benutzerfeindlichen) Downloadplattformen Musicnet und Pressplay keine Akzeptanz gefunden hatten. Für Musikschaffende wiederum, die oft keinerlei Erträge aus Tonträgerverkäufen erzielt hatten, war dies zumindest eine funktionierende Einkommensquelle, trotz des Dumpingpreises von 99 Cent pro Musikstück.[12] Für die KonsumentInnen wiederum war das anfänglich installierte *Digital Rights Management*[13] ein Wermutstropfen. Aber anders als alle mobilen Abspielgeräte zuvor akzeptierte der schicke iPod auch Musikfiles, die nicht von *iTunes* stammten. So war es nun möglich, all die zuvor illegal erworbene Musik in ein legales Abspielgerät zu importieren. *Apple*-CEO Steve Jobs gab später als Ergebnis interner Marktstudien bekannt, dass bis zum Jahresende 2006 rund 90 Mio. iPods und zwei Milliarden Songs im *iTunes* Music Store gekauft worden waren; und gleichzeitig, dass nur etwa drei Prozent der Musik, die auf iPods lagerte, auf diesem Weg erworben und somit DRM-geschützt war. Er schloss daraus: „DRMs haven't worked, and may never work, to halt music piracy. [...] Even if one uses the most sophisticated cryptographic locks to protect the actual music, one must still ‚hide' the keys which unlock the music on the user's computer or portable music player. [...] The problem, of course, is that there are many smart people in the world, some with a lot time on their hands, who love to discover such secrets and publish a way for everyone to get free (and stolen) music" (Jobs 2007). Bei den Tonträgerkonzernen kamen diese Überlegungen natürlich nicht gut an, hatten sie doch schon zuvor eine Reduktion ihrer Gewinnspannen von 36 auf zwölf Prozent akzeptieren müssen (Hardy 2013, S. 138). Aber *Apple* war für den digitalen Musikverkauf zu wichtig geworden, zähneknirschend musste man von nun an auf DRM verzichten, wollte man seine Musik über *iTunes* vertreiben. *Apple* wiederum hatte nicht primär auf Einkünfte aus dem Musikverkauf gesetzt. Der Businessplan bestand offenbar

---

[12]Je nach Vertrag kommt davon nach allen Abzügen bei den MusikerInnen etwa die Hälfte an.
[13]DRM: in der Regel ein in die Musikdatei einprogrammiertes „Wasserzeichen", das bestimmte Arten von Nutzung (z. B. Kopieren) verhindert.

3.2 Das Ende der Gatekeeper?

darin, Hardware zu designen und hochpreisig zu verkaufen. Und je günstiger es für KonsumentInnen ist, die digitalen Inhalte zu beziehen, desto eher sind sie bereit, die schicken Endgeräte zu kaufen. *Apple*s Gewinnentwicklung zeigt eindrucksvoll, wie sehr diese Strategie aufgegangen ist. Seit dem Launch des *iTunes* Music Store hat sich der Jahresgewinn fast vertausendfacht (Abb. 3.3).

Allerdings muss betont werden, dass der von *Apple* auf die Spitze getriebene Preisverfall für aufgenommene Musik seinen Anfang schon früher genommen hatte. In den 1990er Jahren begannen Elektro-Großhandelsketten Tonträger als Frequenzbringer einzusetzen, was fatale Folgen auf mehreren Ebenen hatte. Zum einen hat sich damit eine eigentümliche Verhältnislosigkeit von Prominenz der MusikerInnen und Preis der Tonträger etabliert. Im CD-Regal standen oft die stark nachgefragten Meisterwerke der Megastars zu Dumpingpreisen neben vergleichsweise teuren Machwerken fragwürdiger Qualität. Oft wurde aktuelle Musik unter dem Einkaufspreis angeboten und die entsprechenden Verluste durch Mehrerträge aus Unterhaltungselektronik und Weißware mehr als ausgeglichen.[14] Die veränderten Preiserwartungen der KonsumentInnen trieben daraufhin

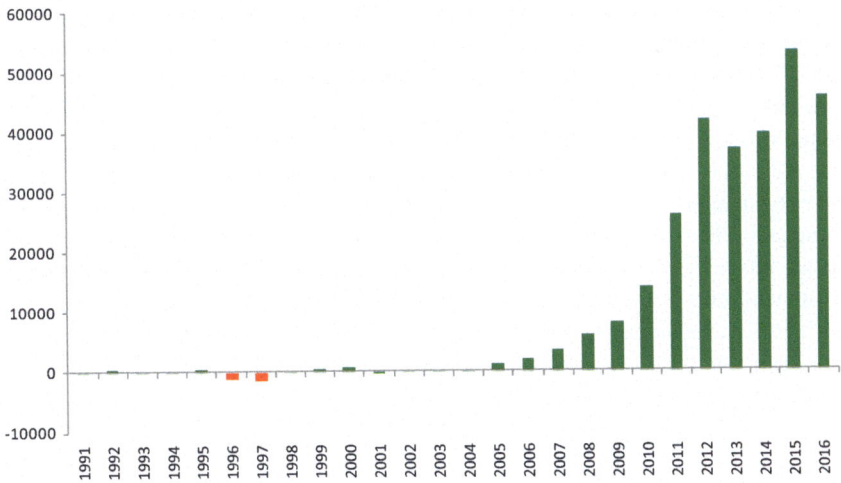

Abb. 3.3 Apple Inc. Netto-Jahresgewinn in Mio. US-Dollar. (Quelle: Apple Annual Reports 1991–2016)

---

[14]Zur besonderen Situation in den USA siehe Hardy 2013.

viele spezialisierte EinzelhändlerInnen in urbanen Regionen in den Ruin.[15] Dazu kam, dass die großen Tonträgerketten mit Österreichs EU-Beitritt das internationale Repertoire nicht mehr über die nationalen Plattenfirmen, sondern wesentlich billiger über den Großhandel in England oder Holland einkauften. Damit schrumpften die Umsätze der heimischen Plattenfirmen und somit deren Budgets für eigene Projekte. Ein weiterer Kollateralschaden lag darin, dass der internationale Großhandel keine Retouren akzeptierte, sodass nochmals verbilligte Altbestände das Bild in den Regalen der Elektroketten zu dominieren begannen. Tonträgermusik erweckte plötzlich den Eindruck, nichts mehr wert zu sein. Das schon vorhandene Überangebot wurde dann noch einmal gesteigert, als durch geringere CD-Produktionskosten bei gleichem Budget der Markt mit zehnmal so vielen Produktionen überschwemmt wurde. Aufstrebende MuskerInnen stellte nicht nur der Preisverfall der Tonträger vor Probleme, die Plattenfirmen operierten nun zusehends in Kurzzeitstrategien und hatten kaum noch Geduld zum Aufbau von Karrieren. Schon damals begannen österreichische Tonträgerfirmen ihre Gatekeeperfunktion nur mehr sehr eingeschränkt wahrzunehmen, hatten immer weniger eigenes Repertoire und fungierten hauptsächlich als Vertriebsabteilungen der internationalen Mutterfirmen.[16] All diese Unzulänglichkeiten in der Tonträgerdistribution, kombiniert mit den von Zeit, Ort und Lagerraum unabhängigen Möglichkeiten durch *iTunes*, *Amazon* und *Rebeat Media* machten es für MusikerInnen immer attraktiver, auf digitalen Vertrieb umzusteigen. Dabei hat sich jedoch gezeigt, dass KonsumentInnen, die noch bereit sind, für aufgenommene Musik Geld auszugeben, nach wie vor gerne auf Tonträger zurückgreifen. Vor allem die schon totgeglaubte Vinylschallplatte erfährt in den letzten Jahren eine Renaissance und mit ihr der spezialisierte Plattenladen. Neben allen notwendigen Einschränkungen und Zwängen bieten lokale Schallplattengeschäfte etwas, das vielen von ihnen bis heute die Existenz gesichert hat: persönliche Ansprache und Beratung. Ein guter Tipp, was der Kundin gefallen könnte, ist bei unüberschaubarem Angebot mitunter Gold wert. Mögen diese Empfehlungen auch durch den Geschmack der LadenbesitzerInnen gefärbt sein, sie sind

---

[15]Allein in Wien verschwanden innerhalb weniger Jahre legendäre Schallplattenläden wie *Black Market* und *Why Not* sowie etablierte Vertriebe wie Extraplatte, *Ixthulu* oder *Soul Seduction*.

[16]Für entsprechende Hinweise danke ich Herwig Ursin (CEO der *Hey-U Media Group*) und Harald Büchel (Direktor der *ifpi Austria* und Geschäftsführer der *BMG Ariola* in den 1990er Jahren).

3.2 Das Ende der Gatekeeper?

unter Umständen verlässlicher als all die etablierten und neu entwickelten Orientierungssysteme. Deren wichtigstes waren jahrzehntelang die „Charts". Eine Platzierung in den Top 40 der Hitparade galt lange Zeit als Indiz einer gewissen Qualität, auch wenn die Rezensionen in der Fachpresse oft ein völlig anderes Bild zeichneten. Der Unterschied zwischen den am besten bewerteten und den meistverkauften Popmusik-Alben verwies immer schon auf eine gewisse Ferne zwischen den wenigen, die an der Kanonbildung populärer Musik arbeiten, und den vielen, die diese Musik dann auch hören. Während auf der einen Seite die Jahreshitparaden von Musikzeitschriften immer willkürlicher anmuten und die Bewertungen einzelner Werke immer weiter auseinanderklaffen, erscheinen fast monatlich Sonderausgaben zum Thema „Die 500 besten Alben aller Zeiten" und ähnlichem. Ursprünglich auf Rockmusik beschränkt, gibt es das mittlerweile für jedes Genre, Jahrzehnt und Format. Auffällig ist dabei, dass sich dieser Kanon seit Jahrzehnten kaum verändert und dass darin afroamerikanische InterpretInnen und Frauen unterrepräsentiert sind.[17] Ralf von Appen, André Doehring und Helmut Rösing haben sich mit diesem Phänomen eingehend auseinandergesetzt und bewerten es „als Ergebnis des Handelns höher gebildeter weißer Männer des zweiten Lebensdrittels [...], die sich aufgrund ihrer Disposition und ihres Geschmacks zu einem Milieu um gewisse Zeitschriften oder Radiosender gruppiert haben" (Appen et al. 2008, S. 37). Sie identifizierten als Hauptgrund für den offensichtlichen Bedarf an Bestenlisten, dass durch den Medienwechsel von CD auf MP3 bei vielen KonsumentInnen die Frage aufgekommen war, was man sich auf den iPod laden solle.[18] Ein Kanon dient in so einer Situation als „ästhetisches Geleit" (a. a. O., S. 43), befriedigt Orientierungsbedürfnisse angesichts der immer größer werdenden Vielfalt des Musikangebots. Auch Pop- und Rockmusik haben hinsichtlich Identität und Distinktion eine orientierende Funktion erlangt, die sich inzwischen in einem relativ stabilen Kanon abbildet. Problematisch dabei ist nur, dass bestimmte Aspekte ausgeklammert bleiben und eine Authentizitätsideologie der 1960er Jahre hochgehalten wird, die über *Wikipedia* auch ins gegenwärtige Bewusstsein einfließt. Da nun mehrere Alterskohorten mit Popmusik sozialisiert wurden, liegt die Definitionsmacht des Relevanten nicht mehr nur bei der Jugend. Was dem Vater die Schallplattensammlung als Bildungsnachweis, das ist

---

[17]Das liegt auch an der generellen Marginalisierung von Frauen in der Pop/Rock-Musik, aber im Kanon ist dieses Missverhältnis noch extremer.
[18]Heute ist das kaum noch vorstellbar, aber die ersten MP3-Player hatten eine Speicherkapazität von 32 Megabyte, das waren weniger als zehn Songs.

der Tochter die Playlist auf *iPod* oder Smartphone (Wippel 2014).[19] Der Tonträgerindustrie kommt eine Kanonisierung natürlich entgegen, macht sie doch mit jedem der alten Alben Gewinn, nachdem die Produktionskosten längst eingespielt sind. Als Begründung für hohe Bewertungen bestimmter Alben wurden folgende Qualitäten identifiziert: „Originalität, Innovation, persönlicher emotionaler Ausdruck, Vielfalt, Homogenität, Komplexität und Einfachheit, Authentizität und Qualitäten des Songwritings […]. Gerade dies sind die zentralen ästhetischen Kriterien der Rockmusik der Jahre 1965–1969 (die wiederum nicht gering vom romantischen Kunstverständnis des 19. Jahrhunderts beeinflusst sind)" (Appen, Doehring und Rösing 2008, S. 38).[20] Dass trotz dieser interessanten Parallele die klassische Kunstmusik nicht annähernd so stark in ein Korsett aus Rangreihen gezwängt wird, das liegt wohl daran, dass sie aus Sicht der Tonträgerindustrie nicht mehr ist als „a niche market that has developed outside the mainstream of popular culture", wie es David Jennings (2007, S. 74) pointiert formuliert hat. Hier gab es nie aussagekräftige Hitparaden, das Bewertungssystem beruht stark auf dem Urteil professioneller KritikerInnen mit großem Fachwissen. Und vor allem haben wir es in diesem Genre schon seit rund hundert Jahren mit einem weitgehend abgeschlossenen Repertoire zu tun, sodass das Hauptaugenmerk auf der situationsgebundenen Interpretation liegt.

Aus Sicht der Musikrezeption liegt eine der Kernqualitäten des Web 2.0 auch in der Emanzipation von etablierten GatekeeperInnen der Musikkritik. Jede/r KäuferIn bei *Amazon*, jede/r HörerIn auf *YouTube* kann ein persönliches Urteil zum Besten geben, sei es in ausführlichen Kommentaren, sei es im Vergeben von Sternen oder Punkten, sei es im altrömischen Daumen rauf/Daumen runter. Auf dem Videoportal *YouTube* ist vor allem die Information interessant, wie oft ein angebotener Videoclip bereits abgespielt wurde. Diese nackte, wertfreie Zahl dient der Orientierung, ob man etwas gesehen haben muss, unabhängig davon, ob es einem gefällt oder nicht. Das Internet hält aber auch Empfehlungen bereit,

---

[19]Die britische Popzeitschrift Q thematisierte das jahrelang in ihrer Kolumne „What's on your iPod?" mit Ergebnissen entsprechender PassantInnen-Befragungen.

[20]Zu sehr ähnlichen Ergebnissen kommt eine Langzeitstudie der Universität Mainz. In Tonträgerbesprechungen dreier deutscher Popmusikzeitschriften dominierten die klassischen Qualitätsmerkmale Vielfalt, Ideenreichtum, Komplexität sowie Authentizität. Nur zwölf Prozent der besprochenen Alben tauchten später in den Top 100 auf, und es zeigte sich kein Zusammenhang zwischen Kritikerurteil und Publikumserfolg. (Präsentation bei der Tagung *Top Ten* am 21.02.2014 an der Universität zu Köln; https://sozialstruktur.soziologie.uni-mainz.de/forschung/).

die sich rein aus großen Datenmengen ergeben, ohne dass dafür jemand eine Bewertung hätte abgeben müssen. Kollaboratives Filtern ermöglicht Hinweise nach dem Motto: „Kunden, die A gekauft haben, haben sich auch für B interessiert". Hörempfehlungen werden hier nicht mehr von menschlichen ExpertInnen vorgenommen, sondern ergeben sich aus automatisierten Aktivitätsprofilen. Dies ist tückisch, denn mit der Verfügbarkeit eines sehr breiten, stark differenzierten Angebots spiegeln sich regionale bzw. kulturelle Besonderheiten in der Nachfrage besonders stark wider. Da es seit den 1990er Jahren kaum noch globale Must-haves gibt, wäre nun umso mehr ein persönlicher Rechercheeinsatz der KonsumentInnen notwendig, damit sie auch wirklich Musik nach ihrem Geschmack finden. Aber die elektronischen Hilfssysteme machen bequem, und nur mehr wenige sind bereit, weite Wege zu gehen. Kritische Blicke auf Tonträgersammlungen und Bekenntnisse in Fachzeitschriften zeigen immer wieder, wie anfällig wir für Fehlkäufe sind, die aus Unsicherheit, falschen Empfehlungen oder Orientierung an zweifelhaften Bewertungssystemen resultieren.[21] Dieser Effekt ist bekannt und hat jahrzehntelang zu (legaler) Hitparadenmanipulation geführt. Was hoch bewertet ist (durch Stellung in einer Rangreihe) bekommt viel Aufmerksamkeit und wird öfter erworben, wodurch wiederum die Position in der Rangreihe verbessert wird. „Humans are deeply social animals, and we can't help but be influenced in the direction our paths of discovery take by what other people think. Charts provide us with clues to tell us what others consider valuable or interesting" (Jennings 2007, S. 60). Matthew Salganik hat das mit KollegInnen in einer eindrucksvollen Versuchsanordnung unter den Rahmenbedingungen der Internet-Distribution überprüft. Mit mehr als vierzehntausend BesucherInnen wurde auf einer „teen interest World Wide Web site" (Salganik, Dodds und Watts 2006, S. 854) ein künstlicher Musikmarkt inszeniert. Die TeilnehmerInnen hörten online 48 unbekannte Songs von unbekannten Musikgruppen und nahmen während des Hörens eine Bewertung (von eins bis fünf) vor. Danach konnten sie den Song gratis downloaden, wenn sie wollten. Ein Teil der MarktteilnehmerInnen konnte von Beginn an sehen, wie oft der Song bereits runtergeladen worden war, bekam also einen Hinweis auf dessen Beliebtheit. In einem weiteren Schritt wurden dann einem anderen Teil der MarktteilnehmerInnen die Songs ranggereiht nach der Downloadhäufigkeit präsentiert und erst dann um Bewertung gebeten. Die Bewertungen dieser informierten Gruppen wurden

---

[21] Einzelne Lifestylemagazine betreiben sogar Kolumnen, in denen mehr oder weniger Prominente ihre phonographischen Jugendsünden beichten.

dann mit den Bewertungen der jeweils uninformierten Gruppe verglichen, und es zeigte sich, dass diese Art der Darstellung einen deutlichen Einfluss auf den Markterfolg der einzelnen Musikstücke hatte. Gleichzeitig ging damit jegliche Voraussagbarkeit von Markterfolg aufgrund von Qualitätskriterien verloren, die vor der Bewertung festgestellt worden waren. „Experts fail to predict success not because they are incompetent judges or misinformed about the preferences of others, but because when individual decisions are subject to social influence, markets do not simply aggregate pre-existing individual preferences" (a. a. O., S. 856). In einer Nachfolgestudie (Salganik und Watts 2008) wurde getestet, ob man durch gezielte Falschinformation aus einem erfolglosen einen erfolgreichen Song machen kann. Wieder wurde ein künstlicher Musikmarkt geschaffen, in dem mehr als zwölftausend TeilnehmerInnen (zwischen 18 und 34 Jahren) gebeten wurden, 48 unbekannte Musikstücke anzuhören und zu bewerten. Eine der HörerInnengruppen bekam nach einer gewissen Zeit Information über Popularität und Downloads, die genau dem Gegenteil der Tatsachen entsprach, und tatsächlich änderten sich sofort die Popularitäten. Aber: mittelfristig pendelte sich das wieder zum ursprünglichen Bild ein. Sobald das vermeintliche Qualitätsmerkmal als unverlässlich erkannt ward, hatte es kaum mehr Einfluss auf die Bewertungen. Die ursprünglich beliebtesten Songs blieben es dann auch nach der Falschinformation, obwohl diese sie am stärksten betroffen hat. Und die TeilnehmerInnen der zweiten Versuchsanordnung reagierten verdrossen: „subjects in the inverted worlds left the experiment after listening to fewer songs and were less likely to download the songs to which they did listen" (Salganik und Watts 2008, S. 350). Im Zeitalter Web 2.0 verlieren Hitparaden und ähnliche Bewertungsmaßstäbe an Bedeutung. Mit zunehmender Erfahrung, dass man Rankings im Internet nur bedingt vertrauen darf, spielen persönliche Empfehlungen eine größere Rolle, steuern nicht mehr scheinbar objektive Kennzahlen das Verhalten, sondern die Orientierung an signifikanten Bezugspersonen in den sozialen Netzwerken. Persönliche Empfehlungen, Hinweise, Verlinkungen sind stärker subjektiv und drücken Werthaltungen aus, die sich aus individueller Sozialisation ergeben. Gleichzeitig jedoch entsteht Wissen im Internet oft auf Basis von Hörensagen und wird von zweifelhaften Quellen übernommen. Was von *Facebook*-FreundInnen kommt und plausibel klingt, wird bisweilen unkritisch übernommen. Musikzeitschriften und andere Rezensionsmedien haben schon vor Jahren erkannt, dass die Einschätzungen ihrer LeserInnen nicht immer verlässlich sind. Sie führen neben den LeserInnen-Charts auch Redaktions-Charts bzw. neben dem „average user rating" ein „expert rating" (allmusic.com). Das Web 2.0 ist noch jung, und es fehlt ihm das Korrektiv von AutorInnenschaft und HerausgeberInnenschaft, was die Anfälligkeit für unseriöse Information erhöht. Neben den Charts haben auch

3.2 Das Ende der Gatekeeper?

Radio und Fernsehen viel von ihrem Gatekeeperpotenzial eingebüßt. Das liegt nicht nur an der Internetrevolution, sondern auch daran, dass in den Rundfunkanstalten eine defensive Politik des Umschaltimpuls-Vermeidens Einzug gehalten hat. Musikprogramme werden nur mehr selten von kompetenten (und unberechenbaren) RedakteurInnen zusammengestellt, wodurch auch die Möglichkeiten für Lernerfahrungen der HörerInnenschaft abnehmen, welche sich durch Vermittlung von Musik abseits des Mainstreams ergeben könnten.[22]

Eine positive Sichtweise brachte David Jennings ein, indem er die neue Situation im Web 2.0 als große Freiheit beschrieb, als Emanzipation der KonsumentInnen. „Consumers are no longer sheep who can easily be herded towards some Next Big Thing that has been hatched up in the studios and marketing departments [...]. The producers will seek to shepherd us toward their offerings, but when it comes down to it, all of us are free-range explorers" (Jennings 2007, S. 4). Tatsächlich finden sich im Web 2.0 seriöse Angebote wie *SoundCloud* oder *Jamendo*, die Entdeckungen jenseits der musikindustriellen Kommunikationskanäle ermöglichen. Musik- oder Jugendzeitschriften, die in früheren Zeiten so etwas wie ein Fenster in die internationale Pop-Welt waren, sind heute bei weitem nicht die einzige Möglichkeit, Information zu bekommen. Eine Situation des Informationsmangels, als von Gatekeepern ausgewählte Nachrichten auf den Markt kamen, hat einer Realität Platz gemacht, in der die RezipientInnen entscheiden, welche Informationen sie aus dem Überangebot wahrnehmen. Musikschaffende, die früher keine Chance auf eine Geschichte in meinungsführenden Medien wie *Rolling Stone, Down Beat* oder *Bravo* gehabt hätten, können nun via *Facebook* oder *Twitter* direkt mit ihren Fans und „Freunden" kommunizieren. Sie informieren, wann und wie sie wollen, über Konzertpläne, den Stand der Dinge im Tonstudio oder ihre Emotionen direkt nach einem Liveauftritt. Als EmpfängerIn oder gar AbonnentIn solcher Information aus erster Hand lässt sich unter Umständen popkulturelles Kapital generieren, das dann Anerkennung im Freundeskreis oder der Szene bringt (Thornton 1997; Müller et al. 2007). „Das Sich-Auskennen in Musik-Themen beeinflusst das Kommunikationsverhalten der Jugendlichen erheblich" resümieren Patrick Rössler und Nadeschda Scharfenberg (2004, S. 512) aus ihrer Studie zu Meinungsführerschaft bei Jugendlichen. Demnach holen sich die MeinungsführerInnen ihre Fachkompetenz über Fachmedien und persönliche Gespräche. Solche Fachmedien finden sich vor allem im Internet. Und es geht dabei

---

[22]Als legendär in dieser Hinsicht galten die Sendungen des britischen Radio-DJs John Peel sowie die österreichische Sendereihe *Ö3-Musicbox*.

keineswegs nur um das zeitgenössische Musikgeschehen. Mit jedem Tag wachsen die virtuellen Archive, Dokumentationen und Lexika zur Musikgeschichte, gespeist aus Millionen von Quellen, ergänzt um obskure Details. Jede Nische der Nische wird ausgeleuchtet. Während VertreterInnen älterer Generationen fast wehmütig berichten, auf welch abenteuerlichen Wegen und unter welchen Entbehrungen sie zu Informationen oder Tonträgern ihrer Idole gelangt sind, genügt heute ein Griff zum omnipräsenten Smartphone. Ein Symptom dieser neuen Möglichkeiten ist die kulturelle Bewegung der „Hipster", exzessiver Fans und NachahmerInnen, ausgehend von Japan, wo die perfekte Imitation als originell gilt. Der Song „Losing my edge" von *LCD Soundsystem* thematisiert auf fast verzweifelte Weise den Autoritätsverlust von ZeitzeugInnen angesichts der Informations-Demokratisierung im Internet:

> I'm losing my edge.
> The kids are coming up from behind.
> I'm losing my edge.
> I'm losing my edge to the kids from France and from London.
> But I was there.
> I was there in 1968.
> I was there at the first Can show in Cologne.
> I'm losing my edge.
> I'm losing my edge to the kids whose footsteps I hear when they get on the decks.
> I'm losing my edge to the Internet seekers who can tell me every member of every good group from 1962 to 1978.
> I'm losing my edge.
> To all the kids in Tokyo and Berlin.
> I'm losing my edge to the art-school Brooklynites in little jackets and borrowed nostalgia for the unremembered eighties.
> But I'm losing my edge.
> I'm losing my edge, but I was there.
> I was there.
> But I was there.

Simon Reynolds beschrieb (2011) überzeugend, wie die Popmusikgeschichte des 21. Jahrhunderts von diesen neuen Möglichkeiten des Nacherlebens geprägt ist. Er konstatierte ein Verschwinden des künstlerischen Imperativs, originell zu sein. „Old is the new new" lautet das Motto, und eine Retro-Bewegung folgt auf die nächste, sei es in der Mode oder in der Musik. Tatsächlich war Techno die letzte große originelle musikbezogene Jugendbewegung, seither liefert das Musikschaffen vor allem Interpretationen des Vergangenen und macht damit erst recht wieder die Originale zum Thema. Die Headliner der großen Konzertfestivals lesen

3.2 Das Ende der Gatekeeper?

sich wie Stationen einer Zeitreise in die 1960er und 1970er Jahre. Die *Rolling Stones* haben erst kürzlich wieder ein Album veröffentlicht, ein neuer Film thematisiert die *Beatles* als Live-Band, und im Oktober 2016 gaben sich bei einem Konzert in Kalifornien Bob Dylan, Neil Young und noch lebende Mitglieder der *Beatles, Rolling Stones, The Who* und *Pink Floyd* die Mikrofone in die Hand. Dagegen sind selbst moderne Retro-Ikonen wie Jack White, Bruno Mars und Adele chancenlos. Wer heute richtig hip sein will, kauft/trägt/hört nicht Retro, sondern Vintage. Die Demokratisierung des Zugangs betrifft nicht nur Information über Musik, sie betrifft vor allem auch die Musik selbst. Auf *YouTube* findet sich zu beinahe allen Aspekten der Musikgeschichte sehenswertes audiovisuelles Material oder zumindest Originaltonaufnahmen mit einer individuell gestalteten Bildebene. Kulturpessimistisch lässt sich das als Ende der Musikschaffenden als MachthaberInnen ihrer Werke lesen. Längst vorbei sind die Zeiten, als ein passives Publikum die Musik nur in klar definierter Form und Umgebung hören konnte. Auch die Tonträgerindustrie hat viel zur Trennung von UrheberIn und RechteinhaberIn beigetragen. Schon vor der Internetrevolution waren die Grenzen der Musikrezeption kaum noch technisch bedingt. Und unter Web-2.0-Bedingungen wird die Chance, dass eine Musik so gehört wird, wie von den Musikschaffenden gedacht, mit jedem Tag geringer. Entscheidende Voraussetzung für das Was und Wie des Musikhörens ist heute nicht das Können, sondern das Wollen.

Was sind nun mögliche Alternativen für die phonographische Industrie in Anbetracht dieses Machtverlustes der alten Gatekeeper, der auf ein allmähliches Ende der Tonträger-Ära verweist? Für einige Jahre schienen Handy-Klingeltöne zu einer wichtigen Einnahmequelle zu werden. Während ein komplettes Musikstück auf *iTunes* nur 99 Cent kostete, waren zur Hochzeit des Hypes viele (vor allem sehr junge) KonsumentInnen bereit, für einen Klingelton drei Euro zu bezahlen. Motiviert wurde das wohl dadurch, dass sich mit einem individuellen Klingelton Aufsehen und Anerkennung von relevanten Bezugspersonen generieren ließen. Bald spielte jedoch dieses Thema keine große Rolle mehr, die Kategorie Klingeltöne verschwand wieder aus den Jahresberichten der *ifpi*, und die Erschließung anderer Einnahmequellen war gefragt. Im Jahr 2002 sorgte dann eine Spezialvereinbarung zwischen dem Sänger Robbie Williams und seiner Plattenfirma *EMI* für Aufsehen, die in der Folge viel Nachahmung erfuhr. Im Zuge dieser „360°-Verträge" bindet sich ein/e KünstlerIn exklusiv an eine/n VertragspartnerIn. Diese/r kümmert sich dann um alle musikalischen Belange und erhält eine prozentuelle Beteiligung an allen Einkünften, also neben Musikverkäufen auch Konzerteinnahmen, Merchandising und so fort. Nachdem nun also die Tonträgerfirmen die Konzentration auf ihre Kernkompetenz aufgaben, erlebten sie bald Konkurrenz von ungewöhnlicher Seite. Im Jahr 2007 ging es Schlag auf Schlag. Paul McCartney ließ seine neue CD exklusiv über die Kaufhauskette *Starbucks* vertreiben, das neue Album von Prince war nur als Beigabe zur Zeitung *The Mail* erhältlich, und Madonna verließ die *Warner Music Group* zugunsten des Konzertveranstalters *Live Nation* mit dem Kommentar „The paradigm in the music business has shifted and as an artist and a businesswoman, I have to move with that shift. For the first time in my career, the way that my music can reach fans is unlimited. Who knows how my albums will be distributed in the future?" (zit. n. Pfleiderer 2008). Viel Aufsehen erregte auch die Aktion der britischen Rockgruppe *Radiohead,* die ihren Plattenvertrag nicht verlängerte und stattdessen ihr neues Album mit dem Hinweis „Pay as you wish" exklusiv über die eigene Website zum Download anbot. Die große Aufmerksamkeit, die das einbrachte, verschaffte der später angebotenen CD mit eben dieser Musik immense Verkaufserlöse. Für MusikkonsumentInnen haben sich durch die digitale Mediamorphose die Möglichkeiten multipliziert. Der gute alte Tonträger ist in Österreich und Deutschland alles andere als tot, 2016 hatte die CD in Österreich 56 % Anteil am Gesamtmarkt, in Deutschland 54 %, die DVD fünf bzw. drei Prozent und Vinyl sieben bzw. vier Prozent (ifpi Austria 2017, S. 9; Bundesverband Musikindustrie 2017, S. 6). Während Vinyl von der Retro-Manie profitiert und vor allem im Rock- und Jazzbereich wieder beliebt ist, bleibt für die CD der Schlager- und Volksmusikbereich immens wichtig. Hier findet sich ein treues Publikum, das oft mit dem Internet nicht besonders vertraut ist und durchaus noch Geld für Tonträger ausgibt. Ähnlich verhält es sich in den Bereichen Alternative-Rock und Hip-Hop, wo Tonträgerproduktionen immer wieder mit Hilfe von Crowdfunding finanziert werden. Das entsprechende Konzept besteht darin, dass sich ausreichend viele Menschen mit einer vorab kommunizierten (musikalischen) Idee anfreunden und (mit realem Geld) zur Verwirklichung beitragen. Je nach Höhe des individuellen Beitrags wird man dann – sofern genug Geld gesammelt wurde – nach Fertigstellung der Produktion mit einfachen bis exklusivsten Varianten für die verbindliche Unterstützung belohnt. In Deutschland und Österreich zeigt sich der Musikmarkt also janusköpfig, mit innovativen Rezeptions- und Interaktionsangeboten bei gleichzeitig bemerkenswertem Beharrungsvermögen der verbliebenen Gatekeeper aus der Tonträgerära. Das Publikum scheint gespalten, mit Präferenzen für die Welt von gestern und die Welt von morgen. Es ist dies eine Spaltung, die die Gesellschaft vor allem in Jung und Alt trennt. Es dies aber auch eine Spaltung, die das Individuum betrifft, das sich je nach Situation und Bedarf für das eine oder das andere Angebot entscheiden kann.

3.3 Von der Knappheit zum Überangebot

Im 20. Jahrhundert waren die Möglichkeiten von MusikkonsumentInnen, sich für individuelles Hören mit aufgenommener Musik zu versorgen, zumeist auf das üblicherweise schmale Angebot des Tonträgerhandels beschränkt. Mit der digitalen Mediamorphose hat sich dieses Verhältnis in eine Überangebotssituation umgekehrt, sodass heute über das Internet beinahe alles frei verfügbar ist, bis hin zu sehr speziellen Ausprägungen kreativen Schaffens, deren Existenz zuvor nur Eingeweihte ahnten. Spezifischer Informationsbedarf lässt sich heute in der Regel mit einer einfachen *Google*-Suche befriedigen. Sehr oft landet man dabei auf der (von *Google* erworbenen) Videoplattform *YouTube,* die sich zu einer virtuellen Universal-Audiothek entwickelt hat. Der individuelle Zugang erfolgt sehr oft über Smartphone, das Musikhören hat sich damit von seiner Orts- und Zeitgebundenheit weitgehend gelöst. Wie sehr diese uneingeschränkte Wahlfreiheit eine Überforderung darstellen kann, zeigt sich in Verhaltensmustern, die von maßlosem Ansammeln unbewältigbarer Musikmengen bis zur völligen Verweigerung gehen. Auch ein Rückzug auf Bekanntes und Bewährtes ist zu beobachten, ebenso wie die Aufarbeitung der jetzt gut dokumentierten Musikgeschichten in Retrobewegungen. Übertragungsmusik hat mit dieser Entwicklung den Charakter des Besonderen weitgehend verloren, in der Generation Web 2.0 hat intensive und exklusive Beschäftigung mit Musik im Alltag den Charakter abweichenden Verhaltens. Während der allergrößte Teil der Hörangebote nicht und wenn dann nur nebenbei und vorübergehend wahrgenommen wird, erfreut sich eine sehr schmale Spitze von Musikschaffenden einer großen Aufmerksamkeit. Das in den 1980er Jahren von der phonographischen Industrie etablierte Star-System ist also nach wie vor wirksam, aber anders als in der Tonträger-Ära ist diese Nachfrage heute in geringem Ausmaß industriegesteuert, sondern entwickelt sich über die Kommunikationsnetzwerke im Web 2.0. Dieser neue Zugang, sich nur mehr mit jenen Angeboten intensiv auseinanderzusetzen, die einem persönlich als relevant erscheinen, kann auch regionale Initiativen begünstigen, denen es gelingt, das Publikum direkt anzusprechen.

Am 9. September 2014 präsentierte der Elektronikkonzern *Apple* seine neue *Smart Watch* und das *iPhone 6.* Dass der dabei stattfindende Auftritt der irischen Rockgruppe *U2* nicht nur Teil des Rahmenprogramms war, bemerkten die über 500 Mio. KundInnen des Download-Services *iTunes,* als sie gratis und ungefragt *Songs of Innocence,* das neue Album der Musikgruppe, auf ihren Account geladen bekamen. „The band won't say how much Apple paid for Songs of Innocence, but a record company insider reveals that the tech giant pledged more than

$ 100 million toward a marketing campaign" (Mayer 2014, S. 35). Offenbar ist selbst ein am Markt so präsenter Hardwareanbieter wie *Apple* zu beträchtlichen Investitionen bereit, um hohe Aufmerksamkeit für neue Produkte zu bekommen. In einer Zeit, wo die Promotionsbemühungen der Plattenfirmen nur mehr beschränkte Wirkung zeigen, konnte der Musikgruppe dieses Angebot nur recht sein. Die mit diesem Coup generierte Aufmerksamkeit war jedoch eine andere als erhofft, denn es war technisch nicht möglich, sich gegen das Geschenk zu wehren. Kaum aus dem Verzeichnis gelöscht, bekam man es automatisch wieder auf das Konto geladen. Wenig überraschend führte diese Entmündigung zu einem Sturm der Entrüstung, nicht nur bei jenen, die zu jung waren, um *U2* eine besondere Bedeutung beizumessen. Nach einigen Tagen sah sich *Apple* gezwungen, ein Programm zu veröffentlichen, mit dessen Hilfe man sich des Werks wieder entledigen konnte. Diese Episode ist ein anschauliches Beispiel dafür, wie sehr sich mit der digitalen Mediamorphose Angebot und Nachfrage am Musikmarkt verschoben haben. Schneller als gedacht sind wir in der von Gerd Leonhard (2008, S. 38 ff.) angekündigten „music like water"-Zukunft angekommen. So wie wir nicht an die Kosten denken, wenn wir den Wasserhahn aufdrehen, so verhält es sich mit Musik aus dem Internet. Wer hätte sich im 20. Jahrhundert nicht gefreut, das neue Album einer der größten Rockbands als Geschenk überreicht zu bekommen? Heute hingegen buhlen täglich tausende von kostenlosen Musikangeboten darum, von uns auch nur wahrgenommen zu werden. Musik ist im Zeitalter Web 2.0 de facto ein öffentliches Gut, die ökonomischen Grundprinzipien Rivalität und Ausschließbarkeit im Konsum gelten nicht mehr. Eine Folge davon ist, dass die Anzahl der MusikkäuferInnen stark gesunken ist, während gleichzeitig das Angebot immer noch größer wird. Geringe Markteintrittsbarrieren führten zu einer Multiplikation der MusikanbieterInnen, allein die Nachfrage ist nicht annähernd in gleichem Maß gestiegen. Die Demokratisierung der Produktionsmittel und der Distributionswege hat dazu geführt, dass heute sehr viel mehr Kreative als im Analogzeitalter Musik produzieren und öffentlich verfügbar machen können. Das hat eine starke Fragmentierung des Musikmarktes nach sich gezogen, ein größeres Angebot nicht nur in der Tiefe, sondern auch in der Breite. Immer mehr Marktsegmente müssen nun mit immer mehr Marketingaufwand bearbeitet werden, um gezielt Aufmerksamkeit zu generieren, was wiederum zu noch mehr Ermüdung und Überforderung bei den KonsumentInnen führt. Mit ihrem vor mehr als dreißig Jahren veröffentlichten vierten Album nahm die britische Rockgruppe *The Police* in der Covergestaltung und inhaltlich in mehrerer Hinsicht auf die zweifelhaften Verheißungen der damals gerade Gestalt annehmenden Digitalisierung

3.3 Von der Knappheit zum Überangebot

Bezug.[23] „Too much information running through my brain/too much information driving me insane", lautet eine visionäre Textzeile, die zu Beginn des CD-Zeitalters noch wie irrationaler Kulturpessimismus anmutete. Heute ist das unbestreitbarer Alltag, ist Musik als Informationsgut für die Menschen der westlichen Welt in einem Ausmaß vorhanden, das überfordern kann. Oft möchte man noch etwas Neues nicht einmal mehr geschenkt, und schon gar nicht wollen wir zwangsbeglückt werden. „In the twenty-first century we live with an economics of abundance in music, television, film, and games. The internet has made it possible to track down almost anything, legally or illegally, with a few clicks of a mouse. [...] We are seeing a profound change in the way we make cultural discoveries. In the digital age everything is available, with each item vying with the millions of others, old and new, that can be found in the unlimited expanse of the internet" (Jennings 2007, S. 1). Während man in Vorinternetzeiten auf das von der Tonträgerindustrie relativ knapp gehaltene Angebot angewiesen war, um neue Musikerfahrungen zu machen, kann heute beinahe jeder gewünschte Klang innerhalb kürzester Zeit ortsunabhängig abgerufen werden. Das populärste Suchportal in dieser Hinsicht ist *YouTube,* und dort ist das Angebot unüberschaubar. „There are conflicting reports about exactly how many people watch online video, but there is a general consensus that the number is significant and growing. *YouTube* claims that 20 hours of video are uploaded to its servers every minute" (Strangelove 2010, S. 10). So lautete der Befund im Jahr 2010, inzwischen ist der Informationsumsatz noch gestiegen. Es ist anzunehmen, dass diese historisch neue Situation einer freien Verfügbarkeit von sowohl aktueller Musik als auch jener der früheren Jahrzehnte viele potenzielle RezipientInnen überfordert. Vor allem jene, die mit den Rahmenbedingungen der Analogära, wie etwa nicht mehr verfügbaren Backkatalogen, aufgewachsen sind, müssen sich erst an diese Ubiquität gewöhnen.

Bereits mit dem Einsetzen der elektronischen Mediamorphose (Smudits 2002, S. 125 ff.) begann Musik den Alltag von sehr viel mehr Menschen als zuvor zu prägen. Plötzlich konnte man zu Hause, bei der Arbeit, zur Freizeitunterhaltung Musik hören. Nach der digitalen Mediamorphose liegt die besondere neue Qualität im Ausmaß des Musikangebots, und zwar jenes Angebots, das durch technische Aufzeichnung und Übertragung geprägt ist. Helmut Rösing unterschied in dieser Hinsicht zwischen „Lautsprechermusik", „Musikalischer Live-Darbietung" und Musikhören „als Ergebnis eigenen Musizierens" (Rösing 1993, S. 114). Letzteres kommt am wenigsten oft vor, hinterlässt jedoch den stärksten Eindruck. „Durch eigenes Musizieren oder durch den Konzertbesuch können einige Stunden des Alltags zu etwas Besonderem, Einmaligen, vom Alltag Abgehobenen werden.

---

[23]The Police – Ghost In The Machine (A&M 1981).

Lautsprechermusik dagegen ist größtenteils in den Alltag integriert, ist Bestandteil des Alltags, zwangsläufig oder auf Abruf jederzeit verfügbar" (a. a. O.). Die durch das Internet geschaffenen neuen Rahmenbedingungen betreffen also ganz massiv die elektronisch übermittelte Musik, von Rösing als „Lautsprechermusik" bezeichnet, hier (nach Niemann 1974) als „Übertragungsmusik" thematisiert. „Umgangsmusik" und „Darbietungsmusik" (Besseler 1959) blieben hingegen von den Auswirkungen der Internetrevolution weitgehend unberührt. Das Konzertleben steht mehr denn je in voller Blüte, es hat sogar noch an Bedeutung gewonnen. Während die Umsätze der phonographischen Industrie seit 1999 beständig sinken, stiegen im gleichen Zeitraum die Lizenzeinnahmen aus öffentlichen Aufführungen beständig an (Abb. 3.4).

Auch die Beliebtheit des selbsttätigen Musizierens ist ungebrochen (Bauer 2015; Hahn 2015). Diese Praxis scheint in einem Paralleluniversum zu existieren, in dem das Internet keine Rolle spielt. Die Bedeutungsveränderung im Bereich der Übertragungsmusik jedoch ist ähnlich stark, wie sie zuvor aus der Möglichkeit von Schallaufzeichnung und Schallübertragung erwachsen war. Eine der auffälligsten neuen Rahmenbedingungen des Musikhörens ist die Einfachheit und Unkompliziertheit des gezielten Zugangs zu jener Musik, die man gerade hören will. Mit jeder Mediamorphose wurden die Anforderungen an die RezipientInnen geringer, während jene auf der Produktionsseite gestiegen sind. Die CD

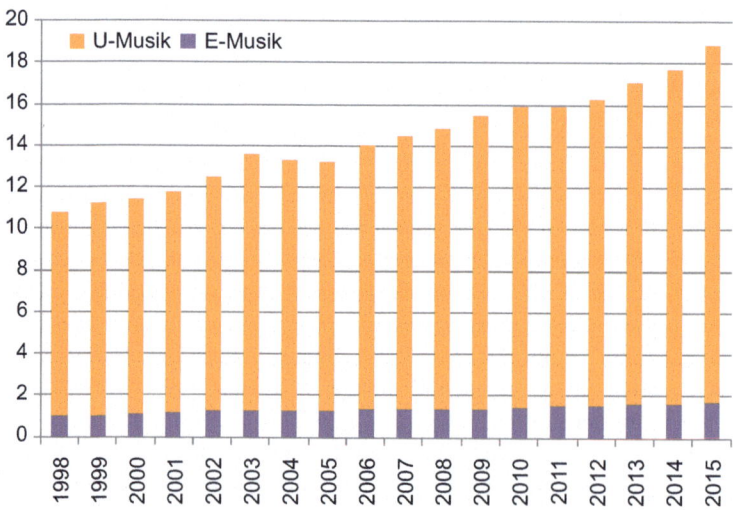

Abb. 3.4 Lizenzerträge (in Mio. €) aus Musikaufführungen im Inland 1998–2015. (Quelle: AKM Jahresberichte)

etwa war sehr einfach und bequem zu handhaben, gleichzeitig jedoch so etwas wie eine stillschweigende Aufforderung an die ProduzentInnen, die nun gegenüber der Vinylplatte höhere Speicherkapazität von 74 min. voll auszufüllen. Die neue Technologie „Internetmusik" trug von Beginn an ein hohes Rationalisierungspotenzial in sich, wurde gesamtgesellschaftlich gesehen aber erst dann zu einer ernsthaften Option, als sie auch für Ungeübte einfach zu bedienen war. Über *Napster* ein Musikstück zu beziehen, das setzte einiges an Geduld, Spezialsoftware und Know-how voraus. Fünfzehn Jahre später ist Musik aus dem Internet sehr einfach zu beziehen und bereits Vorschulkindern leicht zugänglich. Sollte einmal etwas nicht auf *YouTube* auffindbar sein, kommt man meist über eine einfache *Google*-Suche zu einer brauchbaren Quelle. Ob diese dann auch seriös ist, das bleibt für viele KonsumentInnen eine Nebensache. „Der Aufwand illegaler Downloads ist um einiges geringer als der kostenpflichtiger, von CD-Käufen in Geschäften ganz zu schweigen" (Binder 2012, S. 64). Eine Folge dieser Möglichkeit, selbst zu entscheiden, was wir wann und wo hören, ist eine tendenzielle Abwehrhaltung gegenüber Angeboten von nichtrelevanten Bezugspersonen. So erfolgreich früher die Tonträgerindustrie (im Verbund mit Massenmedien) darin war, ihre Produkte auf einem vorsegmentierten Markt zu positionieren, so aussichtslos ist dieses Unterfangen in einer Situation, wo sich Begeisterung für Neues in Desinteresse und Überforderung verwandelt haben. Schon als Folge der elektronischen Mediamorphose hat Kurt Blaukopf mit Bezug auf die Soundscapeforschung von R. Murray Schafer (1971) eine akustische Reizüberflutung festgestellt. „War Musik vordem ein Ereignis, das sich von der akustischen Umwelt zeitlich abhob und räumlich isoliert blieb, so wird Übertragungsmusik (jeder Art) nunmehr zu einem kontinuierlich präsenten Bestandteil der akustischen Umwelt" (Blaukopf 1982, S. 268). Was sich seit diesem Befund gravierend geändert hat, ist der Anteil (unerwünschter) Schalläußerungen durch Telefonate im öffentlichen Raum, die – anders als Musik vom Smartphone – nicht über Kopfhörer kanalisiert werden. Eine heute weit verbreitete Abwehrstrategie gegen unerwünschte Beschallung im öffentlichen Raum ist es, Kopfhörermusik in der eigenen Klangblase zu hören (Bull 2000; Heye und Lamont 2010). Die heutige Schallumwelt ist vor allem in Städten durch hohe Lautstärke und den Umstand gekennzeichnet, dass wir sie lieber nicht wahrnehmen würden und daher ihre Abwesenheit – etwa in „unberührter" Natur – als ungemein erholend empfinden. Ein Indiz für große Empfindlichkeit gegenüber unerwünschten Klängen ist der Antrag im British House of Commons „to prohibit the broadcasting of recorded music in certain public places" (Frith 2003, S. 92), gestützt auf den Befund des

Chartered Institute of Environmental Health, dass nicht Presslufthammer, Autoverkehr oder Flugzeuge, sondern Musik die am weitesten verbreitete Form von störendem Lärm sei. Die Menschen hören zwar nach wie vor gerne Musik, aber nicht, wenn es fremder Leute Musik ist. „There is an important difference between choosing to listen to music in public places and having to listen to it, and given people's apparent need to fill their lives with music, the implication is that the problem is what we have to hear: other people's music, not our own" (Frith 2003, S. 94).

Der US-amerikanische Psychologe Barry Schwartz hat anschaulich beschrieben, wie Überangebote im Konkreten als auch im Gesamteindruck dazu führen, dass wir uns im Endeffekt aus Überforderung abwenden. Mehr Wahlmöglichkeiten führen laut Schwartz keineswegs zu mehr Zufriedenheit. Je mehr Optionen es gibt, desto mehr davon können wir *nicht* wahrnehmen, was wiederum die Freude an den tatsächlich gewählten trübt. Manche helfen sich damit, dass sie mehrere Optionen des täglichen Unterhaltungsangebots gleichzeitig wählen (Kommunizieren, Musikhören, Internetsurfen, …). Andere jedoch sind von der Fülle der Möglichkeiten überfordert und reagieren mit Verweigerung. Wenn es immer öfter neue Optionen gibt, von denen jede für sich partiell attraktiv ist, beinhaltet das die Gefahr, sich für das Falsche zu entscheiden. „Niemand hat die Zeit oder die kognitiven Kapazitäten, jede Entscheidung gründlich und exakt zu bedenken, und je mehr Entscheidungen verlangt werden und je mehr Optionen zur Verfügung stehen, desto schwieriger wird es, den Anforderungen einer angemessenen Entscheidungsfindung gerecht zu werden" (Schwartz 2004, S. 85). Dazu kommt das Gesetz vom abnehmenden Grenznutzen (Tversky und Kahnemann 1979), das besagt, dass Neues zu bekommen umso weniger Befriedigung verschafft, je mehr man bereits hat. Anders gesagt sind fünfzig Radiosender nicht zehnmal so befriedigend wie fünf. „Vielleicht kommt ein Punkt, wo die Optionsvielfalt so groß wird, dass wir uns überwältigt fühlen. Statt des Empfindens, die Dinge im Griff zu haben, stellt sich das Gefühl ein, sie nicht mehr bewältigen zu können. Die Möglichkeit zu wählen ist kein Segen, wenn wir glauben, uns würden die Voraussetzungen für eine kluge Wahl fehlen" (Schwartz 2004, S. 117). Die alten Gatekeeper haben viel von ihrer Macht verloren, Hitparaden und Rezensionen verlieren immer mehr an Aussagekraft. Unterschiedliche Medien veröffentlichen völlig verschiedene Rangreihen ihrer Songs des Jahres, und nichts davon trifft tatsächlich den eigenen Geschmack. Mit den Zeilen „Ich kann mich gar nicht entscheiden, ist alles so schön bunt hier" hat Nina Hagen Ende der 1970er Jahre anschaulich den Eindruck beschrieben, den westliche Fernsehprogramme auf SeherInnen gemacht haben, die in der DDR aufgewachsen waren.[24] Ähnlich dürfte es heute vielen mit dem Internet gehen. Nicht nur bei KonsumentInnen mit einer wertschätzenden Haltung gegenüber Musik tritt der als „Omission Bias" bekannte Effekt ein, dass man in unsicheren Situationen lieber nichts tut, um eine Fehlentscheidung zu vermeiden. Die gesamte Unzufriedenheit wird noch einmal dadurch verstärkt, dass man kurzfristig rückblickend am stärksten die falsch getroffenen Entscheidungen bedauert, langfristig gesehen jedoch vor allem die nicht wahrgenommenen Gelegenheiten, so Schwartz. Eine unbeschwerte Möglichkeit, mit dem Überangebot umzugehen, bestünde darin, instinktiv einfach irgendetwas zu wählen oder sich situationsbezogen von Emotionen leiten zu lassen. Das wäre dann als affektuelles Handeln „an der Grenze und oft jenseits dessen, was bewusst ‚sinnhaft' orientiert ist" (Weber 1980, S. 12). Vielleicht wird diese „Strategie" viel öfter angewandt, als wir vermuten. Das würde die Unberechenbarkeit der Musiknachfrage ein Stück weit erklären. Auch traditionales Handeln nach Max Webers Konzeption wäre denkbar, indem man sich auf das zurückzieht, was Gewohnheit und Brauch überliefern. Im Ergebnis Letzterem wohl ähnlich, wenn auch anders motiviert, zeigt sich das wertrationale Handeln. Es ist vom Standpunkt der Zweckrationalität irrational, sorgt jedoch für Berechenbarkeit und Handlungsfähigkeit in Zeiten großer Unsicherheit. Eine andere Möglichkeit mit dem Überangebot umzugehen besteht darin, jede Option kurz zu testen. Da heute fast jede Musik einfach, rasch und kostengünstig abrufbar ist, gerät man jedoch bei Zeitknappheit in Versuchung, das Angebot im Schnelldurchlauf halbherzig zu sichten. Die Medienforschung kennt dieses Verhalten vom „Zappen" durch Fernsehsender. Die österreichische Musikerin *Clara Luzia* hat in einem Interview die daraus resultierende Unzufriedenheit ausführlich reflektiert.

> Mir tut es weh, wenn ich mitkriege, wie irrelevant Musik geworden ist. Es wurde noch nie so viel Musik gehört, den ganzen Tag hören die Leute irgendwas, aber das ist so junkmäßig. Bei Spotify kannst du um fünf Euro mehrere Millionen Lieder hören. Ich kann ja nicht über etwas schimpfen, das ich nicht kenne, deswegen habe ich Spotify ausprobiert. Aber nach ein paar Wochen habe ich es wieder abdrehen müssen, weil ich völlig überfordert war. So viel Musik, du wirst dauernd querverwiesen wie bei Amazon: Wenn dir dies gefallen hat, gefällt dir jenes auch. Ich bin vom einen zum nächsten gesprungen, hatte ständig Stress, weil ich wusste, das ist jetzt ein Lied von vierhundertsiebzigtausend anderen, die ich auch noch alle hören müsste. Irgendwann nimmst du überhaupt nichts mehr wahr. Ich habe mir keine Nummer mehr ganz angehört. Und als ich nur mehr durchgeklickt habe, drei Sekunden, gefällt mir nicht, fünf Sekunden, fad, weiter, da hat mir gegraust vor mir. [...]

---

[24]Song *TV-Glotzer* auf der LP *Nina Hagen Band* (CBS 1978).

> Es ist grauslich, aber so wachsen halt die Kinder jetzt auf, und die sind nicht grauslich. Soll ich ihnen erzählen: Als ich klein war, haben wir gewartet, wenn wir gehört haben, eine Band bringt eine neue Platte heraus; wir haben die bestellt und gehofft und gezweifelt und nachgefragt, und wenn sie dann nach Monaten endlich da war, haben wir es zelebriert sie auszupacken. Heute wartet kein Mensch mehr. Aber ich will nicht zu denen gehören, die sagen: Früher war alles besser. Es ist halt jetzt nicht mehr so, fertig. Ich weiß nicht, ob man etwas machen kann, damit es ich ändert. Ob man überhaupt etwas machen soll, oder ob es vielleicht eh gut so ist (Luzia 2015, S. 28).

Eine besondere Dynamik erhielt der Übersättigungs-Effekt in der heißen Phase des Peer-to-Peer-Filesharing, als in Goldgräberstimmung bisweilen wahllos Musik auf die Festplatten gespeichert wurde, einfach weil sie gratis verfügbar war. Eine bekannte menschliche Eigenart besteht darin, dass wir einmal Bekommenes nicht mehr hergeben wollen, auch wenn wir es gar nicht brauchen (Knetsch 1989). Musik ist ein Erfahrungsgut; ob sie uns gefällt, wissen wir erst, wenn wir sie gehört haben. Von der Menge an frei Verfügbarem würden nach dem Aussieben wohl nur wenige Nuggets bleiben, aber die will man nicht verpassen. Und so füllten sich die Festplatten mit immer mehr Musikfiles, während gleichzeitig die Wahrscheinlichkeit, diese alle auch anhören zu können, immer kleiner wurde. Auch SchallplattensammlerInnen der alten Schule kennen dieses Phänomen. Sie stoßen in ihren Regalen immer wieder auf weitgehend ungespielte Tonträger, die trotzdem behalten werden, weil man sie nicht leichtfertig verkaufen will. Aber wie kommt es zum Kauf von Musik, die man gar nicht hören will? Man sucht hoffnungsfroh den Plattenladen auf, investiert also Zeit und Energie, um dann dort zu erfahren, dass der gewünschte Tonträger im Moment nicht erhältlich ist. Und so ersteht man eben etwas Anderes, damit der Aufwand nicht umsonst war. Im Download-Zeitalter verlagerten sich die verlorenen Kosten auf Zeit und blockierte Datenträgerkapazität. Denn natürlich schaffte man es nie, den Bestand kritisch zu sichten und Verzichtbares zu löschen. Jede Entscheidung, die ein Kompromiss ist, trübt nach Schwartz das Ergebnis, bringt Opportunitätskosten mit sich, beeinträchtigt die Zufriedenheit. Wer keine Kompromisse eingehen will, kann die Entscheidung nur vermeiden oder aufschieben. Und so hortet man tausende von Megabytes MP3-Musik, in der Illusion, irgendwann einmal zu entscheiden, was davon man behalten will. Zur Überforderung der KonsumentInnen trug auch das Bemühen der Musikschaffenden bei, mit maßgeschneiderten Angeboten für jeden Bedarf bei einem möglichst breiten Publikum Aufmerksamkeit und monetarisierbares Interesse zu finden. Als nur ein Beispiel von vielen sei der

3.3 Von der Knappheit zum Überangebot

US-amerikanische Musiker John Mantraga genannt, der im Jahr 2011 neun verschiedene Bezugsmöglichkeiten[25] seines neuen Werks anbot, je nach Exklusivität im Preis gestaffelt:

- Download (14 US$)
- 2-CD set + Download (16 US$)
- 2-LP Vinyl + Downloads (18 US$)
- T-Shirt + Download (18 US$)
- 2-LP Vinyl + T-Shirt + 2-CD set + Download (41 US$)
- Alle Produkte + „A Unique Recording of any song I've ever sung, or of something you think it'd be fun to hear me singing" (140 US$)
- Alle Produkte + „I'll record a song you've written, or write one with you" (410 US$)
- Alle Produkte + „I'll play a personal show at your house or other location of your choosing, anywhere in the US (int'l folks, add $ 1000 for additional travel costs and such). We'll plan it together" (ab 4100 US$).
- Alle Produkte + „I'll write and record a whole record with you. At least 10 songs. We'll take our time, talk it through. If geography works, we'll do some sessions in person. If not, we'll do it internet-style and send files, have conversations, etc. (I'll arrange the logistics). You'll learn tons about songwriting and making ideas real, and who knows what else. We'll have tons o' fun" (ab 4100 US$).

Wahrscheinlich ist das ein Extrembeispiel, aber auch die immer mehr in Mode kommenden Crowdfunding-Initiativen für Tonträgerproduktion zeigen sehr stark diesen Charakter. Während sich also die Rezeptionsformen vervielfältigen, gibt es auf der inhaltlichen Ebene für musikhistorisch informierte RezipientInnen kaum etwas Neues zu entdecken. Anscheinend übt das neue Überangebot auf das Musikschaffen ebenso eine überwältigende Wirkung aus wie auf der Rezeptionsseite. Während die zweite Hälfte des zwanzigsten Jahrhunderts von der stetigen Neuentwicklung populärer Musikstile und musikbezogener Jugendkulturen geprägt war, scheint mit der digitalen Mediamorphose Innovationsstillstand eingetreten zu sein. Vielleicht wird durch die plötzliche Neuverfügbarkeit des Alten im Internet die Aufmerksamkeit so gebunden, dass einfach noch kein Platz, keine Kraft für die Entwicklung von Neuem ist. Als ästhetische Innovationen der letzten Jahre

---

[25]http://jonahmatranga.com/yard-sale/new-youre-all-those-things-d-cd-v.html. Abgerufen: 17.11.2011.

fallen Hybridisierungen aller Arten auf sowie die Verwendung eines von vornherein und absichtlich verzerrt klingenden Popsounds. Dieser ermöglicht es den Songs, auf minderwertigen Telefonlautsprechern nicht schlechter zu klingen als im Radio. Gleichzeitig erleben wir im neuen Jahrhundert eine Abfolge von Retro-Trends, zum Teil mit stark affirmativem Bezug auf die Werte der „guten alten Zeit" (Roots, Authentizität, Anti-Plastik, Bartwuchs, …). Simon Reynolds (2011) hat als eine neue Qualität der aktuellen Revivals beschrieben, dass man damit (anders als früher) keine Kritik an der Gegenwart verbinde. Im Zuge der Retrotrends früherer Jahrzehnte hatte man gewollt, dass es wieder so sei, wie es einmal gewesen war, wenn auch nur an bestimmten Orten. Heute hingegen lässt man das Alte ganz abgeklärt, mit professioneller Distanz wieder aufleben, einfach weil es möglich ist. Wenn es heute Unzufriedenheit mit der Gegenwart gibt, versuche man nicht sie zu ändern (und damit die Zukunft hereinzuholen). Man öffnet einfach irgendein beliebiges Fenster, um in eine andere Welt zu flüchten, so Reynolds Befund. Das Internet wirkt hier wie eine Speisekarte, auf der man sich nach Belieben jene Musikkultur aussuchen kann, die eine/n gerade anspricht.

Das ständig wachsende Musikangebot im Internet bei (im besten Fall) gleich bleibender Zeit zum Hören hat auch dazu geführt, dass die Verweildauer beim einzelnen Musikstück immer geringer wird. Laut Jennings (2007, S. 12) versuchen innovative Webdesigner nun gar nicht mehr, dies zu verhindern. Stattdessen erleichtern sie das Zurechtfinden auf der Website (das hinterlässt einen guten Eindruck) und die Auffindbarkeit im World Wide Web (das erhöht die Wahrscheinlichkeit des Wiederkommens). *YouTube* hat 2012 sein Empfehlungssystem von reinen Klicks auf „Watch Time" umgestellt und mit Verbesserung der entsprechenden Algorithmen die Abspielzeit von einer Minute auf vier Minuten verlängern können (Gielen 2016). Die Motivation dafür war vor allem, eine höhere Werbekundenzufriedenheit im Wettbewerb mit *Facebook* zu erreichen. „The longer someone watched a video, the more likely *YouTube* could insert an ad during it. […] Facebook's definition of a ‚view' is just any video that a user sees for at least three seconds" (D'Onfro 2015). Die Überforderung mit dem Überangebot schlägt sich aber nicht nur in der kürzeren Aufmerksamkeitsspanne nieder. Es zeigt sich auch darin, dass von den Millionen Musikstücken, die über Streamingplattformen angeboten werden, die meisten gar nicht abgerufen wurden. Die Ergebnisse der norwegischen Studie *Clouds & Concerts* zeichnen hier ein klares Bild: Auf nur ein Prozent der KünstlerInnen entfallen 77 % der Streams, ein Drittel der KünstlerInnen wurden genau einmal gestreamt (Median: 3), 90 % der KünstlerInnen kein einziges Mal (Maaso 2014). Es klingt absurd, aber in den Weiten des Internet gibt es mittlerweile sogar für nicht Nachgefragtes gezielte

3.3 Von der Knappheit zum Überangebot

Angebote. Der Streamingdienst *Forgotify* hat sich jener Musik angenommen, die über *Spotify* angeboten wird, die aber offenbar niemand hören möchte.

Schon vor dem Aufkommen des Internets war bekannt, dass ein Mehr keineswegs zugleich eine Verbesserung des Musikangebots sein muss, dass ein Überangebot zu Distanzierung führen kann. Kurt Blaukopf (1993, S. 20) hat am Wesen der Übertragungsmusik beklagt, dass nur wenig davon der konzentrierten individualisierten Rezeption vorbehalten bleibe. Demnach nehme mit jedem neuen Medium in der musikalischen Vermittlungskette die Distanz zwischen SenderIn und EmpfängerIn zu, wodurch sich der „Entfremdungsprozess vom Ganzheitserlebnis Musik" verstärke. Ähnlich hatte zuvor Alphons Silbermann argumentiert und die Frage aufgeworfen, ob ein Werk durch unangemessene Kommunikation nicht für den Zweck der künstlerischen Bildung ruiniert werde, „ob eine durchs Radio verbreitete und womöglich ad nauseam wiederholte Symphonie überhaupt noch die Symphonie ist, von der die herrschende Vorstellung annimmt, daß sie kommuniziert werde" (Silbermann 1967, S. 93). Silbermann ging vom „Musikerlebnis" als Grundkonzept aus, mit dem sich auch gut beschreiben lässt, was aus Sicht der RezipientInnen mit Musik in der digitalen Mediamorphose passiert. Wie wir Musik erleben, das hängt stark davon ab, in welcher Form sie uns entgegentritt. Auch wenn die Botschaft die gleiche ist, als Einzelsignal in einem überbordenden Grundrauschen wird sie anders aufgenommen als in außeralltäglichen Raum- und Zeitkontexten. Je seltener etwas auftritt, desto stärker ist der Eindruck, den es hinterlässt. Mit dem Überangebot an Rezeptionsmöglichkeiten haben mediale Inhalte insgesamt an Orientierungs- und Referenzwert verloren, wird es zusehends schwierig, sich am Montag mit ArbeitskollegInnen über vergleichbare Wochenenderfahrungen auszutauschen. Einstige Straßenfeger wie *Wetten dass …?* wurden nach schwachen Einschaltquoten abgesetzt, und ähnlich verhält es sich mit dem Musikangebot. In den 1960er Jahren war jedes neue Beatles-Album ein Ereignis, an dem man teilhaben musste. Heute ist diese Vorstellung verschwunden, viele „Popstars" des 21. Jahrhunderts sind den meisten Menschen völlig unbekannt. Der Musiker und Musikjournalist Robert Rotifer hat die Popmusik als Opfer des eigenen Erfolgs bezeichnet, weil sie durch ihre Omnipräsenz den außeralltäglichen Charakter, den Nimbus des Besonderen verloren habe. „Wenn ich mir früher eine Platte gekauft habe, um mir damit eine Botschaft abzuholen, habe ich damit ein Geräusch in die Welt gebracht, das vorher nicht hörbar war. Jetzt variiere ich nur die Geräusche, die überall hörbar sind" (Rotifer 2016, S. 27). Dem Musiker Rotifer bleibt immer noch der Ausweg über Liveauftritte, bei denen vielleicht die in die Welt gebrachten Geräusche auch nicht ganz neu sind, aber aufgrund ihrer Flüchtigkeit nach wie vor wertgeschätzt werden. Sein Werk verliert nur in der Erscheinungsform als Übertragungsmusik an Bedeutung. Musikerlebnisse, die eine gewisse Mühe wie Geld- und Zeitaufwand oder (als Umgangsmusik) jahrelanges Üben eines Instruments voraussetzen, sind von dieser Entwertung unberührt. Das Konzertleben boomt wie nie zuvor, Darbietungsmusik hat mit ihrer außeralltäglichen Qualität von der Entwertung der Übertragungsmusik sogar profitiert. Das Besondere, das Seltene, das schwer zu Erreichende übt offenbar einen Reiz auf die Menschen aus und kann als Antithese zum Inflationären reüssieren. Das gilt übrigens auch für seltene, gut erhaltene Originaltonträger, die mit zunehmendem Alter immer teurer werden. Im Rahmen virtueller und realer Schallplattenbörsen wird heute neben sehr viel Billigem wenig sehr Teures angeboten. Das ehemals dominierende Mittelfeld hingegen schrumpft zusehends.

Möglicherweise ließe sich mit einer guten Kuratierung des Musikangebots verhindern, dass bei großer Unübersichtlichkeit die Nachfrage verweigert oder nur mehr auf Bewährtes und Bekanntes zurückgegriffen wird. Schon 1991 hat Brian Eno den Gatekeepern eine goldene Zukunft als KuratorInnen angekündigt: „Curatorship is arguably the big new job of our times: it is the task of re-evaluating, filtering, digesting, and connecting together. In an age saturated with new artifacts and information, it is perhaps the curator, the connection maker, who is the new storyteller, the meta-author" (zit. n. Reynolds 2011, S. 130). Hier liegt auch das Erfolgsgeheimnis des guten alten Radios, das durch die Internetrevolution kaum an Bedeutung verloren hat (Breunig und Eimeren 2015). Abgesehen von seiner geschätzten Funktion als Tagesbegleiter steht es für Stabilität und Sicherheit der Musikauswahl, liegt doch das primäre Ziel des Formatradios darin, Aus- oder Umschaltimpulse zu vermeiden.[26] Für Neuentdeckungen und Horizonterweiterung ist das Hitradio nur sehr eingeschränkt tauglich, dafür umso besser das Internet mit seiner Vielzahl musikalischer Nischen. Social Tagging, das Kategorisieren von Musik durch RezipientInnen kann die Suche nach dem individuell Interessanten unterstützen, da hier die Assoziationen aus der Hörpraxis kommen und damit treffsicherer sind. So lassen sich einerseits Antworten auf Spezialinteressen finden, und darüber hinaus Möglichkeiten, sich mit einer Gemeinschaft auszutauschen, die diese Vorlieben teilt. Manche MusikerInnen reagieren auf Referenzbedürfnisse der HörerInnen, indem sie auf bekannte Einflüsse oder Vorbilder

---

[26]Aufgrund ihres Erfolges ist diese Praxis inzwischen unbestritten. Bei einem Gastvortrag an der Universität für Musik und darstellende Kunst Wien im Dezember 2010 berichtete ein Redakteur des meistgehörten österreichischen Radiosenders, dass in seinen Sendungen nichts gespielt werden dürfe, das die HörerInnen nicht schon kennen, denn „die überwiegende Mehrheit der Menschen möchte – leider – nichts hören, was für sie neu ist".

verweisen oder diese offen zur Schau stellen. Das kann so weit gehen, dass sich Musikgruppen nach anderen Songs oder Alben benennen, die sie inspiriert haben. TonträgersammlerInnen wiederum haben mehr als einmal retrospektiv Musikstile erfunden, die es ursprünglich so gar nicht gab (Northern Soul, Garage Punk, ...), um Referenzen herzustellen. Auch spezialisierte Labels wie *Soul Jazz, Rhino* oder *Bear Music* spielen eine große Rolle als kuratierende Instanzen themenbezogener Neuauflagen. Für Nachgeborene können diese Angebote ein Antrieb sein, Musik früherer Jahrzehnte oder versteckter Nischen zu entdecken. Entsprechend der Long-tail-Theorie (Anderson 2007) ist das nun auch ökonomisch realisierbar, da VerkäuferInnen ihre Backkataloge dezentral bzw. virtuell lagern sowie über das Internet KonsumentInnen aus verstreuten Gegenden sammeln können. Während im Analogzeitalter immer nur ein sehr eingeschränkter, sehr aktueller Katalog verfügbar war, damit die Werbe- und Bearbeitungskosten gering bleiben, kann im Zeitalter Web 2.0 selbst Vinyl, das auf regionaler Ebene zu wenige AbnehmerInnen fände, ausreichend oft und profitabel verkauft werden. Wenn sich die Promotionskosten niedrig halten lassen, sind nun auch Musikveröffentlichungen profitabel, die sehr spezielle Interessen oder Zeiterscheinungen abbilden, selbst wenn die entsprechenden Zielgruppen weit verstreut sind. Nie zuvor war eine derart breite und tiefe Angebotspalette verfügbar, wie sie sich heute im total globalisieren Internet-Massenmarkt bietet. Im gegenwärtigen Zustand der Marktsättigung erfahren vor allem jene ProduzentInnen eine erhöhte Aufmerksamkeit (und Absatzmöglichkeit), die mit etwas Neuem aufwarten. Kulturpessimistische Prognosen, dass Massenmusik zwangsläufig zur Geschmackseinheit führe, wurden durch das Internet eindrucksvoll widerlegt.

3.4 Von der Rezeption zur Interaktion

Das Musikleben zeichnet sich im Zeitalter Web 2.0 durch einen hohen Aktivitätsgrad der RezipientInnen aus. Anstatt Musikangebote so anzunehmen, wie sie von der phonographischen Industrie an die Zielgruppen verteilt werden, sind HörerInnen nun über das Internet direkt mit „ihren" MusikerInnen in Verbindung, werden von diesen mit Information versorgt und auf diesem Weg zu einem Kommunikationsthema. Vor dem Hintergrund eines kaum zu bewältigenden Musiküberangebotes gewinnen bei der Präferenzentwicklung außermusikalische Aspekte an Bedeutung, was für die Karriereentwicklung von NachwuchsmusikerInnen entscheidend sein kann, wenn es gelingt, ein mögliches Publikum über Social Media direkt anzusprechen. Mit der Digitalisierung des Musikvertriebs entwickelten sich bereits in den 1990er Jahren Kommunikationskanäle im Internet, über die neue Musik kennen gelernt werden konnte und über die virtuelle Verbindungen zwischen den MusikerInnen und ihrem Publikum herstellbar waren. Gegenwärtig nutzt die Videoplattform *YouTube* dieses neue Potenzial am besten, indem sie eine breite Palette von Informations- und Interaktionsmöglichkeiten bietet. Als audiovisuelle Musikdatenbank steht sie für unkomplizierten Musikabruf nach Bedarf. Sie bietet aber auch die Möglichkeit, sich als RezipientIn in den Informationsaustausch einzubringen und so die Geschichte ein Stück weit mitzuschreiben. Für viele (vor allem junge) HörerInnen ist Beschäftigung mit Musik im Internet zur alltäglichen Gewohnheit geworden, nicht exklusiv, sondern als eine von mehreren Aktivitäten, die ihren medienintensiven Alltag prägen.

Mit Web 2.0 haben sich die Kommunikationsmöglichkeiten beträchtlich erweitert, was sich auch auf den Umgang mit Musik auswirkt, die nun eine größere Rolle als Kommunikationsinhalt und Kommunikationsanlass spielt. „In einer relativ kurzen Zeit von 20 Jahren hat sich mit dem Internet eine neue Technik verbreitet, die weite Teile der alltäglichen Gewohnheiten in der modernen westlichen Gesellschaft verändert hat. [...] Mit dem sogenannten Web 2.0 lässt sich ein weiterer Wandel beobachten. Statt passive Medienkonsumenten an das Internet zu binden, wird der Nutzer zum Autor, der sich zu unterschiedlichen Themen in Onlinecommunities mit Gleichgesinnten vernetzt" (Albert 2010, S. 101). Nachdem sich (populäre) Musik in der zweiten Hälfte des 20. Jahrhunderts über ihre Aneignungsweisen zu einem sehr wichtigen Identifikations- und Entwicklungsmedium der Jugend entwickelt hatte (Baake 1998), gewann nun durch die Möglichkeit, den Diskurs im Internet aktiv mitzugestalten, auch Kommunikation über, durch und mit Musik an Bedeutung. Indem in virtuellen Gemeinschaften sehr oft Musik ein Thema oder gar ein Kommunikationsanlass ist, können nun auch weniger Interessierte auf neue Musik aufmerksam werden, einfach weil sie Empfehlungen von „Freunden" bekommen, welche die eigene Musikauswahl wohl stärker beeinflussen als eine Promotion der Musikindustrie. Manche KonsumentInnen ziehen soziales Kapital daraus, Musiktrends zu antizipieren und dieses Wissen (möglichst früh) an ihre KommunikationspartnerInnen weiterzugeben.[27] Dabei ergeben sich Profilierungsmöglichkeiten bereits über die Einsehbarkeit von Playlists, Musikbewertungen und Kommentaren, ohne dass die SpezialistInnen von sich aus etwas posten müssen. Da Web-2.0-Angebote wie *Facebook* und *WhatsApp* speziell auf horizontalen Informationsaustausch zugeschnitten sind und eine Kommunikation in geschlossenen Gruppen ermöglichen, eignet sich diese Ebene perfekt, um Impression Management gegenüber relevanten Bezugspersonen zu betreiben. Dabei werden jene zu MeinungsführerInnen, die

---

[27]Ein beliebter T-Shirt-Spruch, der auf diese Early Adopter anspielt, lautet: „I listen to bands that don't even exist yet".

3.4 Von der Rezeption zur Interaktion

Interessantes, Neues, Sehenswertes als erste verbreiten oder dies besonders originell tun. Auf diesen Bedarf an kommunizierbaren Themen mit Hang zur Sensation haben sich inzwischen auch die alten Medien in der Gestaltung ihrer Inhalte eingestellt. Während im analogen Zeitalter, etwa über das Musikfernsehen, vor allem über die Musik der Popstars berichtet wurde, wird heute oft gerade das zum Hauptthema, was man früher als Zusatzinformation zur Kenntnis genommen hat: die (privaten) Wünsche, Sorgen und Schicksale der Stars. So konnte man sich etwa auf der Website des öffentlich-rechtlichen österreichischen Rundfunks im Bericht zur Verleihung der *MTV Music Video Awards 2011* in aller Breite darüber informieren, wie Lady Gaga als Mann aufgetreten war und Beyoncé ihren Babybauch präsentiert hatte. Hier wurden Aspekte der Musikerinnen behandelt, die sie zu Identifikationsfiguren machten, die auf ihre Botschaften, ihr Privatleben verwiesen. Vom ästhetischen Werk, den prämierten Musikvideos war kaum bis gar nicht die Rede, sie scheinen heute kaum mehr als ein Mittel oder Anlass zu sein, um die gewünschte Aufmerksamkeit zu bekommen. Noch stärker trifft diese Veröffentlichung von Privatem auf den Kurznachrichtendienst *Twitter* zu, über den Botschaften von maximal 140 Zeichen Länge über das Internet veröffentlicht werden können. Wer sich als AbonnentIn anmeldet, wird als „Follower" der jeweiligen Person bezeichnet und bekommt ihre Nachrichten automatisch zugeschickt. Für die Fans eines Musikstars ist dies die beste Methode, um hier auf dem neuesten Stand zu bleiben. Während in den ersten Jahren von *Twitter* vor allem SchauspielerInnen und Nachrichtendienste beliebt waren, wurden im Mai 2011 erstmals zehn Millionen AbonnentInnen für nur eine Person, die Popsängerin Lady Gaga, gezählt. Fünf Jahre später hatte sich ihre Anhängerschaft mehr als versechsfacht. Damit lag sie jedoch nur mehr auf Platz sieben, „*Twitter* Queen" mit knapp 90 Mio. Followern war nun Katy Perry, ebenfalls eine Popsängerin. Auch auf Platz zwei lag ein Popstar, der Mädchenschwarm Justin Bieber (83 Mio. AbonnentInnen), deutlich vor seinem weiblichen Pendant Taylor Swift und US-Präsident Barack Obama mit jeweils mehr als 75 Mio. Menschen, die regelmäßig ihre Kommentare lesen wollten.[28] Während PolitikerInnen und JournalistInnen via *Twitter* hauptsächlich über ihr Arbeitsfeld schreiben, versuchen Popstars gezielt, sich über diesen Kanal als normal, sympathisch und gesprächsrelevant darzustellen. Etwa die Hälfte der Tweets von Taylor Swift & Co. betrifft ihr außermusikalisches Privatleben. Musikstars bleiben im Gespräch, wenn sie ihre Fangemeinschaft mit Geschichten versorgen und wenn diese dann über soziale Netzwerke geteilt und kommentiert werden.

---

[28] https://www.statista.com/statistics/273172/Twitter-accounts-with-the-most-followers-worldwide. Abgerufen: 24.09.2016.

Wie ist es dazu gekommen? Jene Innovation, die die besondere Qualität von Web 2.0 am stärksten und nachhaltigsten wirksam werden lässt, ist die Befreiung aus der einseitigen, passiven RezipientInnenrolle. Mit Beginn des 21. Jahrhunderts befanden wir uns am Höhepunkt des Zeitalters der Übertragungsmusik, und der nächste Schritt ist nun, dass HörerInnen aktiv an der Gestaltung und Bewertung von Musik beteiligt sind. Die von Alvin Toffler (1987) geprägte Idee der „Prosumers" ist hier weitgehend verwirklicht. Oft lassen sich Konsumieren und Produzieren nicht mehr trennen, geschieht beides in einer Aktion, bewusst, aber auch unbewusst und ohne Intention. Das Anhören eines Streams auf *YouTube* etwa ändert die angezeigte Zugriffsrate und somit auch den (Werbe-)Wert der Musik. Während Walter Benjamin Anfang der 1930er Jahre in seinen *Reflexionen zum Rundfunk* bedauernd festgestellt hat, die einzig mögliche Eingriffsmaßnahme der RadiohörerInnen sei „die Sabotage (das Abschalten)" (Benjamin 1972, S. 1506), formulierte etwa zeitgleich Bert Brecht bereits die Vision einer Durchbrechung der Einbahnkommunikation SenderIn-EmpfängerIn (Brecht 1967, S. 134). Achtzig Jahre später ist diese Vision Wirklichkeit geworden. Das Musikleben nach der digitalen Mediamorphose ist von Medien geprägt, die gerade davon abhängig sind, dass die RezipientInnen steuernd und auswählend eingreifen. Begonnen hatte Fanbetreuung im Internet bereits 1998 mit der Plattform mp3.com, über die Musik-Hörproben als Stream gratis angeboten werden konnten. Wirtschaftlich erfolgreich umgesetzt wurde diese Idee dann erstmals über *MySpace,* wo auch das heute allgemein übliche Netzwerkelement etabliert wurde. Über Internetkommunikation mit anderen *MySpace*-Mitgliedern, über Ankündigungen und Empfehlungen mit automatischer Verlinkung entwickelte sich die Seite rasch zu einem hervorragenden Promotionskanal. In den ersten Web 2.0-Jahren zwischen 2003 und 2006 war *MySpace* die wichtigste Social Network Site, auf der es primär um Musik ging. Man bot eine individuell gestaltbare Präsentations- und Kommunikationsplattform, die intensiv von jungen Musikschaffenden genutzt wurde und für KonsumentInnen das damals neue Angebot beinhaltete, Musik gratis zu hören und mit den MusikerInnen direkt in Verbindung zu treten. Von den Stars direkt angesprochen zu werden war natürlich ungleich attraktiver, als eine Werbebotschaft der anonymen Tonträgerindustrie zu bekommen, und so hatte *MySpace* bald hohe NutzerInnenzahlen. Für die MusikerInnen war dieser neue Kommunikationsweg mit Mehraufwand verbunden, der sich jedoch bezahlt machte, wenn dadurch eine treue Anhängerschaft gebunden wurde. Inzwischen wurde *MySpace* von *Facebook* abgelöst, um Fangemeinden bestmöglich anzusprechen, etwa mit persönlich formulierten Konzertankündigungen oder mit Fotos, die man von der Bühne ins Publikum gemacht hat. Auf diesem Weg können Gefühle und Erfahrungen geteilt werden, es entsteht so etwas

3.4 Von der Rezeption zur Interaktion

wie eine persönliche MusikerInnen-Fan-Verbindung. Wer einen Star verehrt, will auch zurückgeliebt werden und sucht nach entsprechenden, Zuwendung signalisierenden Hinweisreizen (Borgstedt 2007). Nicht umsonst wird bei *Facebook* als „Freund" des Stars ausgewiesen, wer mit einem „Like" Sympathie oder Zustimmung bekundet hat. Persönliches als zentraler Kommunikationsinhalt in sozialen Netzwerken hat nun auch im Popmusikleben das Interesse von formalästhetischen und lyrischen Aspekten der Musik zu persönlichen und sozialen Aspekten der MusikerInnen verschoben. Auf diese Weise wurden für die Musikschaffenden Selbstdarstellung und Eigenwerbung kostengünstig und vor allem selbstbestimmt gestaltbar, was von manchen auch offensiv genützt wird. Berüchtigt für ihre eigenwillige Fanmobilisierung via Social Media ist die britische Musikerin Mathangi Arulpragasam, besser bekannt als *M.I.A.* Mit ihren kontroversen Musikvideos und ihren politischen Botschaften sorgt die Tochter eines tamilischen Untergrundkämpfers immer wieder für Gesprächsstoff. Im Mai 2010 berichtete die Website *Pitchfork* über einen *Twitter*-Aufruf nach einem unfreundlichen Bericht in der *New York Times*. M.I.A. forderte ihre Follower auf: „call me if you wanna talk to me about the n y t truth issue, ill b taking calls all day bitches;)". Dabei schickte sie eine Telefonnummer mit, die sich im Nachhinein als jene der NYT-Journalistin herausstellen sollte.[29] Während man früher als MusikerIn in der Imageentwicklung von One-to-many-Vermittlungsinstanzen wie Presse, Rundfunk und Plattenfirma abhängig war, lassen sich heute die Fans direkt ansprechen. Vor Web 2.0 fand direkte Kommunikation zwischen Musikschaffenden und ihren Hörern nur in der seltenen Konzertsituation statt oder wenn Fans das unfassbare Glück hatten, ein von SponsorInnen ausgelobtes „Meet & Greet" zu gewinnen. Jegliche andere Kommunikation war geprägt durch die von Paul M. Hirsch (1973) beschriebenen Filterprozesse der Gatekeeper, die selbst Megastars in die Abhängigkeit von JournalistInnen und Plattenfirmen trieb.[30]

Auch wenn es manchmal hart an der Grenze des Erträglichen sein mag, bei den KonsumentInnen erfreuen sich die direkten Informationskanäle hoher Beliebtheit, da sie mit ihrer Unabhängigkeit von Industriepolitik glaubwürdiger sind.

---

[29]http://pitchfork.com/news/38945-mia-takes-revenge-on-new-york-times-writer-lynn-hirschberg/. Abgerufen: 07.01.2017.
[30]Prince zum Beispiel signalisierte seine Unzufriedenheit mit der Politik seiner Plattenfirma, indem er 1993 seinen Namen durch ein Symbol ersetzte und sich „Slave" ins Gesicht schrieb. Nachdem danach seine Bekanntheit kontinuierlich gesunken war, unterschrieb er 2004 wieder einen Vertrag bei einem Major-Label.

Damit können nun auch jene Musikschaffenden einen Zugang zur potenziellen Fangemeinde finden, die in Vorinternetzeiten von den Gatkeepern der Industrie auspesperrt worden wären. Die besten Beispiele für aufsehenerregende Web-2.0-Erfolge jenseits der alten Strukturen sind die Sängerin Lily Allen und die Rockgruppe *Arctic Monkeys*. Nachdem bekannt geworden war, dass sie ihre Fan-Community über *MySpace* aufgebaut hatten, war es einige Jahre lang für unbekannte MusikerInnen geradezu unumgänglich, auf dieser Plattform präsent zu sein. Für hauptsächlich an musikalischen Neuigkeiten interessierte KonsumentInnen wurden dann später Weblogs wie *The Hype Machine, Consequence of Sound* oder *PopMatters* relevant. Das entsprechende Angebot wurde jedoch bald unübersichtlich, und als Konsequenz daraus entstanden Dienste wie *Next Big Sound*, die alle gängigen Plattformen beobachteten und automatisiert auswerteten, welche MusikerInnen im Internet besonders oft thematisiert wurden. Wie gesagt, rezipiert wurde das von einer besonders engagierten Minderheit.

Für das durchschnittlich interessierte Musikpublikum sind die Web-2.0-Dienste *Facebook, Twitter* und *WhatsApp* wichtig, vor allem jedoch *YouTube*. Der Kurznachrichtendienst *WhatsApp* ist laut Austrian Internet Monitor die beliebteste Smartphone-App in Österreich, knapp eine Million Menschen nutzten das 2015. „Die kostengünstige Übermittlung von Text und Bildern sowie die Verwendung geschlossener Gruppen zum Austausch im Freundeskreis sind unschlagbare Argumente" (Integral 2015). *YouTube,* im Jahr 2004 als Veröffentlichungsportal für selbst gemachte Videos gegründet, war nicht die erste Videoplattform im Internet, aber die erste mit Social-Media-Angeboten. Dem Bedürfnis der NutzerInnen, die eigene Kreativität auszustellen, wird hier in einem Rahmen entsprochen, der viele Möglichkeiten bietet. So gibt es Gelegenheiten zu kommentieren, zu bewerten, zu abonnieren, mit eigenen Videos auf andere Videos zu reagieren. Auch RezipientInnen, die nicht unbedingt ihre Videos veröffentlichen wollen, können sich aus der zweiten Reihe am Geschehen beteiligen. Aus Sicht der meisten MusikhörerInnen liegt jedoch die Kernqualität von *YouTube* einfach darin, dass hier sehr viel Musik jederzeit frei verfügbar ist. „As a video-sharing site, YouTube has become both an accidental repository of billions of videos and, more deliberately, a film and video archive" (Soukup 2014, S. 12). Da man hier de facto die Geschichte populärer Musik in Bild und Ton dokumentiert findet, ist diese Seite für viele Menschen zur Erstanlaufstelle für Musiksuche geworden. Man könnte sagen, *YouTube* ist für die Generation Web 2.0 das, was *MTV* für die musikalische Sozialisation der Generation X war. Der gravierende Fortschritt liegt in der Entwicklung von einem Push-Medium zu einem Pull-Medium. Musste man früher viel Glück oder Geduld haben, um seltene Musikvideos auf

3.4 Von der Rezeption zur Interaktion

VHS-Kassette aufnehmen zu können, ist heute alles beliebig abrufbar.[31] Zudem wird mit jedem Abruf auf eine ganze Reihe ähnlicher Videos verwiesen, sodass man sich unkompliziert und stundenlang einen Weg durch die Popmusikgeschichte klicken kann. Für Kreative wiederum war es nie so einfach, mit eigener Musik an die Öffentlichkeit zu gehen, auch wenn diese dann unter Umständen eine unerwartete Bearbeitung durch die RezipientInnen erfährt. Bedingt durch die Offenheit des Systems ist es relativ einfach, hybride Formen aus offiziellem und inoffiziellem Material in Bild und Ton auf *YouTube* hochzuladen. Häufig wird von Fans eine offizielle Tonspur mit selbst gemachten Bildern oder Texten verbunden, oder sie filmen sich dabei, wie sie ein bekanntes Musikstück singen oder spielen. Sehr beliebt ist es auch, Livekonzerte zumindest ausschnittsweise mit dem Smartphone zu filmen und dann online zu stellen. Mit diesen neuen Möglichkeiten, sich als Fan zu erleben und zu präsentieren, lassen sich persönliche Musikerlebnisse mit (virtuellen) FreundInnen teilen und gleichzeitig Beweise des Dabeigewesenseins erbringen. Durch die Verbindung von professioneller und amateurhafter musikalischer Praxis hat *YouTube* einen bedeutenden Beitrag zur Demokratisierung des Musiklebens geleistet. „It shows that ordinary people have things to communicate. It challenges ideas of mass audience. It cuts across categories – it is not simply a video sharing site; it is more than a social media site; it is more than a communication channel; it is more than a place for creativity; it is more than a place for semi-private sharing; though it is all these things" (Soukup 2014, S. 25). Bedingt durch den niederschwelligen Zugang für Kreative erfreut sich diese Seite einer permanenten Erweiterung ihres Angebots und bleibt dadurch immer interessant. „Nach Angaben der Videoplattform laden die Nutzer heute aus aller Welt sekündlich fünf Stunden Videomaterial auf YouTube hoch, […] kaum ein historisches Videodokument, das man hier nicht findet […]. Welchen Stellenwert Musik wiederum für YouTube hat, zeigt der südkoreanische Rapper Psy, der mit seinem ‚Gangnam Style' das erfolgreichste YouTube-Video aller Zeiten schuf. Die Marke blieb bei 2147 Mrd. [Klicks] stehen. Für mehr war YouTube nicht programmiert" (Narodoslawsky 2015). *Google* erkannte rasch das ökonomische Potenzial der Site, verleibte sich 2006 diese immense Datenquelle um 1,65 Mrd. US$ ein und finanziert den Betrieb über Werbeeinspielungen. Laut *Wall Street Journal* trägt *YouTube* etwa sechs Prozent zum Konzernumsatz von *Google* bei, hat jedoch seit der Übernahme noch nie schwarze Zahlen geschrieben (Winkler 2015). Die Kosten für die Beschaffung der Inhalte sind hoch, profitieren tun hier (neben den KonsumentInnen) nur Verlage und Labels.

---

[31]Besonders gesuchte, weil ungewöhnliche oder explizite Musikvideoclips wurden von MTV zumeist zwischen null und fünf Uhr gesendet.

Die phonographische Industrie ist hinsichtlich ihrer Haltung zu *YouTube* im Zwiespalt. Einerseits sind UrheberInnenanteile an den Erträgen, die sich aus den Werbeeinkünften der Seite ergeben, sehr gering, was etwa die *GEMA* in jahrelangen schwierigen Verhandlungen zu verbessern versucht hat.[32] Andererseits ist *YouTube* als Werbekanal attraktiv, da es nicht nur hohe Klickraten hat, sondern durch den Do-it-yourself-Charakter auch einer gewissen Glaubwürdigkeit hinsichtlich Alltagsrelevanz erfreut. Obwohl der Dienst rein ökonomisch betrachtet Verluste erwirtschaftet, wird er von *Google* offenbar nicht infrage gestellt. Neben der Möglichkeit, Daten zu sammeln, hat man hier eine der stärksten Marken im Zeitalter Web 2.0 erworben. Trotz Entwertung durch Überangebot und vieler konkurrierender Unterhaltungsmöglichkeiten ist Musik auch für Jugendliche der Gegenwart ein wichtiger Bestandteil des Alltagslebens, als Klangerfahrung, als visuelles Erlebnis, als Thema von Kommunikation, als Möglichkeit der Selbstdarstellung. Aber während die Generationen des 20. Jahrhunderts mit bewusstem Hören und aufmerksamer, exklusiver Zuwendung zur Musik aufgewachsen sind, ist dieses Verhalten für heutige Jugendliche eher untypisch. Die Menge der zu verarbeitenden Information ist im Vergleich zur Vorinternetzeit enorm gestiegen, und so ist Musik oft nur einer von mehreren gleichzeitig empfangenen sensorischen Reizen. In größerem Ausmaß als früher erfolgt musikalische Praxis oft nebenbei, während man gleichzeitig kommuniziert, recherchiert oder das Netz nach Neuigkeiten durchsiebt. Der Internetprovider *A1* hat dies gut beobachtet und bewirbt sein Breitband-Angebot mit dem Slogan „Einfach gleichzeitig fernsehen, surfen und streamen". Die Überschwemmung potenzieller KonsumentInnen mit musikalischer und anderer Information führt zu einer völlig anderen Form des Umgangs damit, und viel von dem, was heute relevant ist, kann morgen schon wieder überholt sein. Scott Lash und John Urry (1994) haben bereits vor der Internetrevolution darauf hingewiesen, dass Kommunikation nun wichtiger als Produktion sei und die Menge an frei verfügbaren Informationen ständig steige. Identitätsarbeit bestehe vor dem Hintergrund dieser neuen Rahmenbedingungen darin, die im Übermaß vorhandene Information zu verarbeiten. Ein guter Teil des nun ungleich größeren Ausmaßes an Information und Kommunikation läuft über das Web 2.0, und neue soziale Ungleichheiten zeigen sich vor allem in ungleich verteilten Möglichkeiten, über neue Medien Information zu verbreiten und zu empfangen. Der niederschwellige Zugang führt einerseits zu bedenklichen Zeiterscheinungen wie Shitstorms, Hasspostings und TerroristInnen-Rekrutierungen.

---

[32]Die jahrelang erfolglosen Verhandlungen führten dann dazu, dass urheberrechtlich geschützte Musikvideos von Deutschland aus nicht abrufbar waren, von Österreich jedoch sehr wohl.

Es befördert andererseits die prinzipielle Demokratisierung des Informationszugangs. Regionale Unterschiede verschwinden hier immer mehr, BewohnerInnen strukturschwacher Regionen können Zugriffsbeschränkungen auf Information und Waren über das Internet kompensieren. Gleichzeitig geht die Schere zwischen Jung und Alt immer weiter auf, zwischen Digital Natives und Digital Immigrants (Prensky 2001).

3.5 Vom Besitz zur Nutzung

Eine gravierende Folge der digitalen Mediamorphose ist, dass internetaffine RezipientInnen nun einfacher als je zuvor Musik hören können, wann und wo es ihnen beliebt, ohne dafür Tonträger kaufen zu müssen. Wollen sie dabei nicht auf jene Auswahl festgelegt sein, die sich auf den beschränkten Platz eines Speichermediums deponieren lässt, bietet sich Streaming über das Smartphone als einfachster Zugang an. Nachdem mp3.com und *MySpace* wichtige Pionierarbeit geleistet haben, dominiert nun seit mehreren Jahren der Videokanal *YouTube* die entsprechende Angebotslandschaft. Daneben gewinnt der in Schweden gegründete Audioanbieter *Spotify* immer mehr an Bedeutung. Obwohl die internationale Musiklandschaft noch viele wenig entwickelte Digitalmärkte aufweist, könnte sich Streaming in naher Zukunft zum dominierenden Musikdistributionsweg entwickeln. Seit der Jahrhundertwende hat die Idee des Musikbesitzes zunehmend an Bedeutung verloren, was wiederum den Charakter des Musikhörens insgesamt verändert. Obwohl zeit- und ortsautonomer Musikabruf aus der Luft vor allem aus der Sicht der Musikschaffenden derzeit noch mit Problemen behaftet ist, deutet einiges darauf hin, dass diese Rezeptionsweise mittelfristig die musikalische Praxis dominieren wird. Daneben dürfte allerdings der Musikbesitz als wichtiger Faktor bestehen bleiben, vor allem bei jenen HörerInnen, die mit der Erfahrung von Musik in Warenform sozialisiert wurden.

Obwohl Österreich und Deutschland relativ konservative Musikmärkte sind, geht auch in diesen Ländern die Entwicklung der phonographischen Industrie deutlich in Richtung Ablösung von Musikbesitz durch Musiknutzung. Während der Download als dominierende Form einer musikhistorischen Übergangsphase zu sehen ist – die allerdings von großer Bedeutung war, weist heute vieles auf Musik-Streaming als beständige Technologie der Zukunft hin. „Is Streaming the Answer?" lautete das Konferenzthema der Vienna Music Business Research Days 2011. Sechs Jahre später ist diese Frage nach wie vor nicht entschieden, wiewohl das individuelle Abrufen von Musik aktuell eine dynamische Entwicklung verzeichnet (Bundesverband Musikindustrie 2017; ifpi Austria 2017). Die Haltung der

RezipientInnen zum Musikstreaming ist ähnlich wie jene zum Radio, viele Verhaltensweisen sind also gut eingeübt. „Radio has also been important in developing the skill of switching attention, moving back and forth between hearing music and listening to it, treating it as background or foreground" (Frith 2003, S. 97). Streaming kann durchaus als Radio des Zeitalters Web 2.0 verstanden werden, der entscheidende Qualitätsunterschied liegt jedoch im ungleich höheren Ausmaß an Eingriffsmöglichkeiten durch die HörerInnen. So ist etwa das *zeitautonome* Abrufen von (Bildern und) Tönen über das Internet möglich. Hinsichtlich des Zugangs ist dies ein wesentlicher Unterschied zum Abrufen eigener Musik aus der „Cloud", die nichts anderes als ein virtueller Speicher ist. Die entscheidende Innovation liegt nun darin, dass die MusikhörerInnen nicht mehr zur Passivität verurteilt sind, sondern durch ihre spezifische Nachfrage das Angebot steuern, aber auch selbst via Podcast zu Sendern werden können. Während in den Anfangsjahren des Musikstreamings hohe Onlinegebühren und Kompatibilitätsprobleme beim Empfang die Entwicklung bremsten, waren dann etwa zur Jahrtausendwende die strukturellen Rahmenbedingungen für die Marktdurchdringung mit hohen Datenübertragungsraten und vielfältigen Podcastingangeboten geschaffen. Mit der Verfügbarkeit erschwinglicher internetfähiger Mobiltelefone ist Streaming für viele die erste Option beim mobilen Musikhören geworden. Die reinen MP3-Player, die vor dem Smartphone etwa der Firma *Apple* gigantische Einnahmen beschert haben, kommen heute nur mehr zum Einsatz, wenn ausgewählte Musik gehört werden will, zum Beispiel beim Joggen. Musikrezeption ist nun nicht mehr an örtliche und zeitliche Voraussetzungen gebunden und kann in allen Alltagssituationen praktiziert werden, worauf die Streamingdienste mit entsprechenden Angeboten reagieren, selbst wenn die zu bedienende Zielgruppe noch klein ist. Erste erfolgreiche Streaminganbieterin war *Pandora* in den USA, die ihre Musik mit 400 Parametern vercodet hat, was es ermöglichte, stilistische Nähe zwischen einzelnen Musikstücken zu errechnen. Nun konnte man den HörerInnen auch unbekannte Musik anbieten, die gefallen könnte, weil sie in das Präferenzschema passte (Föllmer 2009). Eine Art Probelauf für diese neue Form des Musikhörens erfolgte auch über die Podcasts, eine Frühform des One-to-many-Streamings, bei der speziell gestaltete Sendungen automatisch und regelmäßig an die AbonnentInnen gesendet werden, die sie dann zeitautonom abrufen können. Die Verbreitung dieser Distributionsform wurde durch Lizensierungsfragen gebremst, da PodcastbetreiberInnen in der Regel nicht ausreichend Zeit und Lust haben, die Übertragungsrechte jedes geschützten Musikstücks zu klären. Obwohl es die technischen Möglichkeiten sowie eine Nachfrage von KonsumentInnenseite schon zu Beginn des Jahrhunderts gegeben hatte, ließen zufriedenstellende Streamingangebote vorerst noch auf sich warten. Die traditionell innovationsfeindliche Tonträgerindustrie war schon dem Download gegenüber

3.5 Vom Besitz zur Nutzung

sehr zurückhaltend gewesen (Tschmuck 2003). Für Streaming musste das noch viel mehr gelten, wird doch damit die Idee von Musik als Ware grundsätzlich infrage gestellt. Noch Jahre nachdem *YouTube* als erfolgreichste Musikplattform etabliert war, stellte der Ökonom Bart Cammaerts (2011, S. 491) fest: „While the industry still clings on to a past when music symbolized at the same time a cultural product and an artifact – a physical material product – music audiences have long moved on and differentiate in the value they attribute to a digital product compared to a physical product, even if the content is the same". Die zuerst sehr reservierte Haltung der phonographischen Industrie hat mittlerweile in Enthusiasmus umgeschlagen. So schrieb Hannes Eder, Präsident des Verbands der Österreichischen Musikwirtschaft, im Bericht zum Geschäftsjahr 2013: „Streaming schlägt bei den Konsumenten ein wie selten ein Musikservice zuvor. Grenzenlos Musik hören, wann und wo ich will, ist offenbar ein Angebot am Puls der Zeit. Streaming entwickelt sich neben den Downloads zum zweiten digitalen Standbein am Musikmarkt und hat das Potenzial, die gesamte Branche wieder in Schwung zu bringen" (ifpi Austria 2014, S 9). Seitdem 2012 in Österreich die technischen Voraussetzungen für einfaches, mobiles und billiges Streaming gegeben sind, steigen die entsprechenden Umsätze kontinuierlich, bei gleichzeitigem Rückgang der Downloadumsätze (Abb. 3.5).

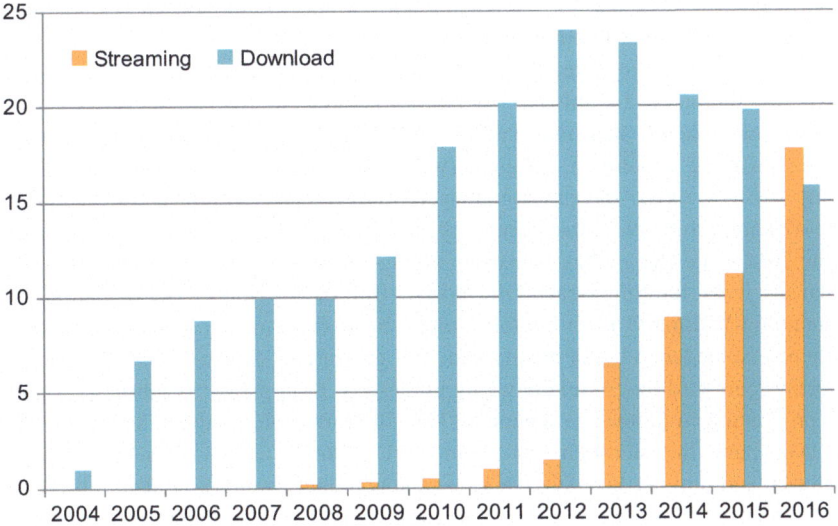

Abb. 3.5 Download- und Streamingumsätze in Österreich (in Mio. €)

Der Gesinnungswechsel der phonographischen Industrie liegt wohl auch darin begründet, dass neben dem Streaming das alte Geschäftsmodell – reduziert, aber doch – bestehen kann. Wieder einmal bestätigt sich das Rieplsche Gesetz, wonach neue Kommunikationsmedien die etablierten wohl ergänzen, aber nicht ganz verdrängen (Riepl 1913). Laut einer von der ifpi in Auftrag gegebenen Internet-Umfrage im Frühjahr 2016 unter je neunhundert 16- bis 64-Jährigen InternetnutzerInnen in den 13 größten Musikmärkten der Welt ist Streaming für die meisten nicht der einzige Zugang zur Musik. „82 % of paid streamers also purchase music in another form in addition to streaming" (Ipsos/ifpi 2016, S. 5). Auf die Frage, was besonders attraktiv an Streaming-Abos sei, wurden dabei genannt (ranggereiht): „ease of use", „wide variety of music available", „ability to discover new music" und die Playlists (a. a. O., S. 7). Ein Mehrwert am Abo-Modell sei außerdem, dass man hier offline Musik hören kann und nicht durch Werbung gestört wird. Der Mehrwert am werbefinanzierten Modell sei hingegen, dass es gratis ist. Die phonographische Industrie setzt nun offenbar ihre Hoffnung in die ganz Jungen (13–15 Jahre), die mehr als die Generation der 16- bis 25-Jährigen bereit zu sein scheinen, für Musik Geld auszugeben. „13-15 year-olds have grown up in a world where licensed music is widely available on-demand and are showing high levels of engagement with music. 82% are accessing licensed music and the majority are willing to pay for music" (a. a. O., S. 17). Zwei Drittel von ihnen (vs. 57 % der 16- bis 24-Jährigen) stimmten zu, dass „It is important that artists are paid when their music is played"; und 64 % (vs. 54 %) stimmten zu, dass „Downloading/streaming music without permission is stealing" (a. a. O., S. 18). Während die Download-Generation für Monetarisierung von Musik verloren zu sein scheint, sieht man mit Geschäftsfähigkeit der Streaming-Generation neue Hoffnung aufkeimen. Möglicherweise hat hier die Aufklärungsarbeit Wirkung gezeigt, zu der die phonographische Industrie übergegangen ist, nachdem die Bekämpfung der „Musikpiraterie" erfolglos blieb (ifpi Austria 2010). Im Jahr 2014 hatte der globale Musikstreaming-Markt erstmals ein größeres Volumen als jener für Singletrack-Downloads (ifpi 2015). Von einem einheitlichen Streaming-Weltmarkt kann allerding nicht die Rede sein, die Unterschiede zwischen verschiedenen Ländern sind zum Teil gravierend. Selbst in den Streaming-Hochburgen wird (noch) relativ wenig umgesetzt. Knapp 14 US$ jährlich (!) sind es pro Person in Schweden, knapp 13 US$ in Norwegen, knapp neun US-Dollar in Dänemark. In Österreich war es nur ein US-Dollar, nicht viel mehr war es in Deutschland und der Schweiz mit jeweils knapp über zwei US-Dollar. Schweden ist auch das Land mit dem höchsten Streaminganteil am phonographischen Markt (67 %), vor Norwegen (60 %), Südkorea (56 %) und China (55 %). In Österreich

3.5 Vom Besitz zur Nutzung

liegt der Anteil bei nur sieben Prozent, in Deutschland bei elf Prozent, in der Schweiz bei 14 % (ifpi 2016). In der von Peter Tschmuck erstellten Typologie des internationalen Musikstreaming-Marktes liegen Österreich, Deutschland und die Schweiz im Koordinatensystem relativ nahe beisammen (Abb. 3.6). Die deutschsprachigen Länder weisen einen wenig entwickelten Streamingmarkt in einem insgesamt schwachen Digitalmarkt auf.

Aber die Entwicklung der letzten Jahre ist hochdynamisch. Schon 2013 sagte der *Napster*-Gründer Shawn Fanning in einem Interview für das *Billboard Magazine:* „The idea of ownership is gone. As long as you can hear what you want when you want, that's all that matters" (Ugwu 2013). Auch wenn sich diese Einstellung im deutschsprachigen Raum noch nicht ganz durchgesetzt hat, der Trend geht auch hier weg vom Musikbesitz auf Tonträgern oder als digitale Files, hin zum spontan motivierten situationsbezogenen Abruf aus dem Internet. Auch wenn einfache, rasche und kostenlose Verfügbarkeit vor allem den jungen MusikkonsumentInnen wichtig ist, mit der neuen Rezeptionsmöglichkeit beginnt Musik insgesamt eine größere Rolle im täglichen Leben vieler Menschen zu spielen. Sie hat viel stärker (wieder) einen flüchtigen Charakter, ist mehr ein Ereignis als ein Produkt, wird nicht als Besitz, sondern als Erlebnis empfunden. Wir haben es hier mit einer dramatischen und nachhaltigen Entwicklung zu tun, einem neuen Paradigma des Musikhörens im Sinne von Thomas Kuhn (1976). Oder, wie es Jutta Emes und Christin Friedemann (2014, S. 159) ausdrückten: „Musik in ihrer digitalen Form ist ein Informationsgut und lässt sich nicht mit den Eigenschaften eines materiellen Gutes beschreiben". Kuhns Konzeption besagt, die Überprüfung einer grundlegenden Theorie – eines Paradigmas – erfolge logisch immer unter den Voraussetzungen eben dieser Theorie, in Bezug auf sie. Wenn nun ein neues Paradigma erscheint – zum Beispiel „Musik ist Information und somit frei" – können Untersuchungen, Begründungen, Erklärungen entsprechender Phänomene immer nur durch die Sprache und im Sinne dieses neuen Paradigmas erfolgen. Die Beobachtungsinstrumente des alten passen einfach nicht, sind für Erklärungen oder gar Bewertungen untauglich. Es gibt also kein Verstehen und Erklären außerhalb eines Paradigmas, daher ist auch eine objektive, neutrale, gleichsam interparadigmatische Einschätzung der Gültigkeit nicht möglich. Wenn wir uns aber nicht mit rationaler Überprüfung und vergleichender Bewertung über die Gültigkeit versichern können, entscheidet letztlich die soziale Umwelt darüber, welchem Paradigma wir folgen. Wir gehen einfach von den Gesetzen aus, die sich in tagtäglicher Erfahrung bewähren, die mit unserem Lebensentwurf am besten vereinbar sind. Gesamtgesellschaftlich gesehen bedeutet das jedoch, dass für verschiedene Gesellschaftsgruppen verschiedene Paradigmen relevant sind.

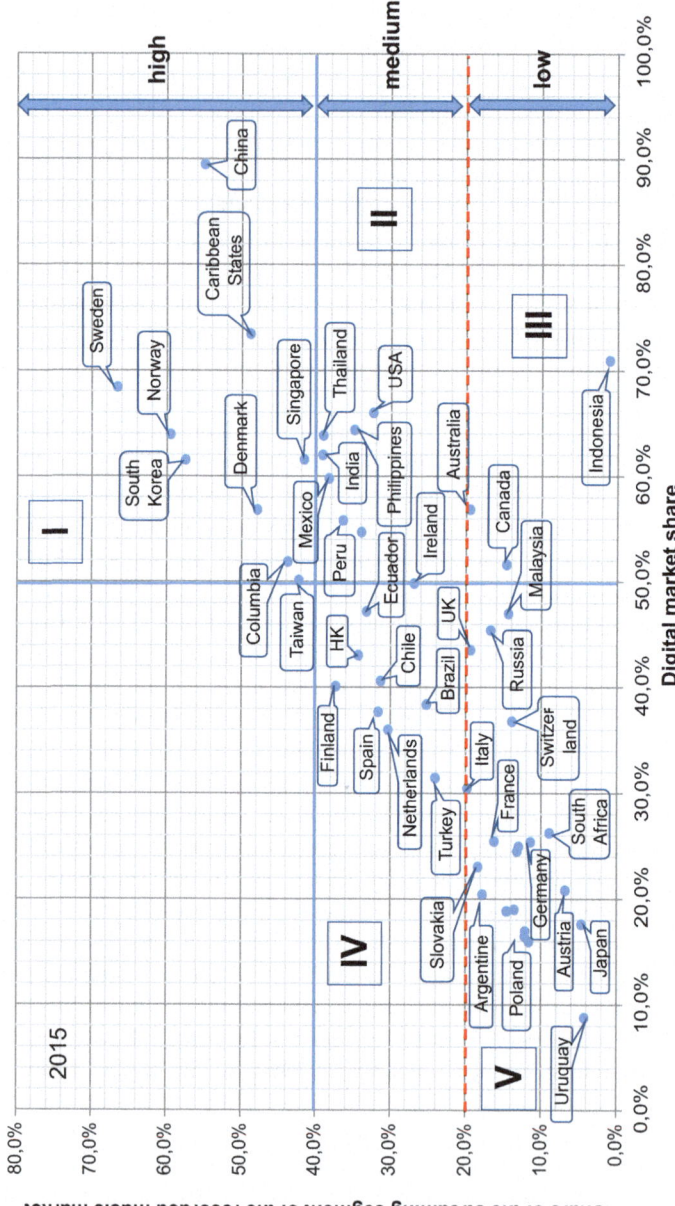

Abb. 3.6 Eine Typologie des internationalen Musikstreaming-Marktes 2015. (Quelle: Tschmuck 2016, Abb. 3)

3.5 Vom Besitz zur Nutzung

Musikhören findet im Zeitalter Web 2.0 in Parallelgesellschaften statt, was sich auch in klar unterscheidbaren Hörtypen widerspiegelt.[33] Welches Paradigma sich letztlich ganz durchsetzen wird, hängt von gesellschaftlichen Kräfteverhältnissen und Dynamiken ab. Was dieser Paradigmenwechsel für das Musik*schaffen* bedeuten könnte, hat Peter Tschmuck (2003) eindrucksvoll dargestellt. Für die Aneignungszusammenhänge kündigt sich eine neue Haltung der Musik gegenüber an, ein selbstbewussterer, autonomerer, zunehmend zweckrationaler Zugang. Alfred Smudits hat in seiner Antrittsvorlesung den Begriff „Verwendungsmusik" vorgeschlagen, um zu beschreiben, dass wir es hier mit etwas qualitativ anderem als der Übertragungsmusik zu tun haben. Er sieht „in der fluiden, mobilen Moderne das Primat einer […] Musik, die *verwendet* wird, und zwar in allen möglichen Lebenszusammenhängen und auf unterschiedlichste Art und Weise, losgelöst von traditionellen Entstehungs-, Verbreitungs- oder Aneignungszusammenhängen" (Smudits 2010). Musik wird vor diesem Hintergrund auch zu einem Kommunikationsanlass, zu einem gut einsetzbaren Mittel der Selbstdarstellung im Web 2.0.

Der Bedarf nach spontanem, anlassbezogenem und kommunikationsorientiertem Zugang zur Musik wird derzeit perfekt von *YouTube* bedient. „YouTube is the most used music service: 82 % of all YouTube visitors use it for music" (Ipsos/ifpi 2016, S. 3). Bei den 16- bis 24-Jährigen sind es sogar 93 %. Aus KonsumentInnensicht ist diese Site de facto das wichtigste Musikstreaming-Portal, wenn es auch nicht zu diesem Zweck gegründet worden ist und den Urhebern kaum Einkünfte beschert. Größter Vorteil an *YouTube* ist aus Sicht der DurchschnittsnutzerInnen, dass es gratis ist. Und hier sieht die phonographische Industrie offenbar großes Potential für Monetarisierung: „If YouTube charged for music access, new ‚payers' for music would be brought into the market. Currently, 13 % of YouTube's music users only access music via free means but say that they would pay for music if YouTube started charging" (a. a. O., S. 13). Trotz der zu jedem Stream angebotenen Verweise auf ähnlich klingendes wird *YouTube* laut Auskunft der InternetnutzerInnen kaum einmal für Neuentdeckungen, sondern vor allem für das Abrufen von bekannter Musik verwendet. Der zweite große Player im europäischen Streamingmarkt ist *Spotify*, in Schweden aktiv seit 2008 und dort auch besonders beliebt. In Österreich ist der Dienst seit November 2011 verfügbar, in Deutschland seit März 2012. Die NutzerInnen können zwischen einer Abovariante und einer Gratisvariante mit Werbeunterbrechungen wählen. Besondere Qualitäten sind Kompabilität mit *Facebook*, umfassende Auswahl- und Filtermöglichkeiten (Neuerscheinungen, generierbare Charts), eine Radiofunktion und die Möglichkeit die eigene MP3-Sammlung zu integrieren. Besonders beliebt

---

[33] Siehe Abschn. 4.8.

sind die teilbaren und abonnierbaren Playlists. Diesbezüglich gibt es eine große Auswahl nach Genre, Epoche, Jahreszeit, Stimmung, aber auch nach Aspekten wie „Cool Female Vocals" oder „Bands inspired by Western Movies". Die vor Jahren von der kleinen österreichischen Plattenfirma *Preiser Records* entwickelte „emotionale Suche"[34], mit der es möglich ist, die Auswahl nach 14 verschiedenen Stimmungen/Empfindungen und neun verschiedenen Anlässen/Inhalten zu filtern, findet hier offenbar seine Erweiterung für den Massenmarkt. Geoff Luck hat (2016) neben der großen Bedeutung der Playlists als Entlastung bei der Musikauswahl auch die höhere Tauglichkeit von Musikstreaming für die Befriedigung nostalgischer oder anderer emotionaler Bedürfnisse betont. Mood management ist im Zeitalter Web 2.0 die am meisten geschätzte Funktion von Musik.[35] Je flexibler und unkomplizierter eine Distributionsform entsprechende Bedürfnisse erfüllt, desto erfolgsträchtiger ist sie. Mit der digitalen Mediamorphose hat sich nun offenbar eine pragmatische Haltung zum Musikhören etabliert, die via Streaming langsam auch in der Mitte der Gesellschaft ankommt.

Hinsichtlich einer nachhaltigen Änderung musikalischer Verhaltensweisen stellt sich nun die Frage, inwiefern die Nutzung von Musikstreaming zum Bedeutungsverlust anderer Musikbezugsquellen führt. Ein (für die Musikschaffenden) optimistisches Szenario sieht Streaming als neues attraktives Angebot für jene KonsumentInnen, die zuvor Musik gar nicht oder aus illegalen Quellen bezogen haben. Kostenlose Streaming-Angebote könnten außerdem mit ihren Gratis-Hörproben zu späteren Kaufentscheidungen motivieren, denn „music is an experience good that consumers typically want to sample before they purchase to reduce the uncertainty that is associated with unobservable product quality" (Wlömert und Papies 2016, S. 315). Ein pessimistisches Szenario sieht eine Reduktion der herkömmlichen Ausgaben für Übertragungsmusik (Tonträger, Downloads), sobald die KonsumentInnen sich dem Streaming zuwenden. Um diese Entwicklung abschätzen zu können, führten die Ökonomen Nils Wlömert und Dominik Papies über 13 Monate hinweg rund um den Markteintritt von *Spotify* in Deutschland wiederholt Befragungen in einem großen Panel[36] deutscher MusikkonsumentInnen durch und registrierten deren Verhaltensänderungen. Sie kamen dabei zu folgenden Ergebnissen: Wer sich Streaming-Services zuwandte, kaufte tatsächlich deutlich weniger Musik als zuvor. Dieser Kannibalisierungseffekt war bei abofinanziertem Streaming mit 24 % wesentlich stärker als bei werbefinanziertem

---

[34]http://www.preiserrecords.at/extendedSearch2.php?resetForm=resetForm. Abgerufen: 07.01.2017.
[35]Siehe Abschn. 4.2.
[36]$N = 2756$.

3.5 Vom Besitz zur Nutzung

Streaming mit elf Prozent. Streaming wurde hier kaum zum Erproben und Entdecken verwendet, es diente hauptsächlich als Ersatz für andere Bezugskanäle. Beim Bezahlstreaming war der Netzwerkeffekt insgesamt klar positiv, beim Werbestreaming jedoch nur für jene, die vorher kaum etwas für Musik ausgegeben hatten. Insgesamt war die Einkommensentwicklung aus Musikstreaming positiv, weil die Effekte des Bezahlstreamings jene des Gratisstreamings überkompensierten. Die Autoren empfehlen Musikschaffenden deshalb ein positives Engagement für Bezahlstreaming. *Spotify* Senior Label Relations Manager Marie-Luise Heimer betonte in einem Interview für die Wiener Stadtzeitung *Falter*, dass der Dienst als beste legale Alternative zu illegalen und halblegalen Musikangeboten im Internet für die Musikschaffenden auf jeden Fall positiv zu sehen sei, dass sich jedoch direkte finanzielle Erträge erst längerfristig ergeben würden. De facto sei es derzeit so, „dass Künstler zwischen 14 und 16 Monate brauchen, um die Einnahmen aus dem Downloadgeschäft durch Streaming erreicht zu haben" (Mayer 2015, S. 24). Um diese Durststrecke zu verkürzen, versuche man nun, möglichst viele NutzerInnen dazu zu bringen, von *Spotify Free* auf *Spotify Premium* zu wechseln, was mit Rundumangeboten für die mobile Entertainmentwelt gelingen soll. „Unsere Analysen haben gezeigt, dass [unsere NutzerInnen] neben Musik gerne auch Inhalte wie News, Comedy oder beliebte Webvideos konsumieren wollen. […] Wir möchten unseren Nutzern das beste Musik- und Entertainment-Erlebnis bieten, das im Einklang mit ihrem Lebensstil steht" (a. a. O.). Der Fokus liegt also stark auf den individuellen Bedürfnissen und auf bedarfsorientierten Angeboten. Wer beim Joggen *Spotify* hört, könnte demnächst erleben, dass automatisch die Laufgeschwindigkeit gemessen und dazu passende Musik angeboten wird.

Nachdem mit zunehmendem Erfolg von *Spotify* erkennbar wurde, dass die Zukunft des Musikhörens möglicherweise doch im Streaming liegt, sind im Jahr 2015 zwei prominente Alternativangebote mit viel Promotionsaufwand in den Markt eingetreten. Der Rapper und Unternehmer *Jay-Z* wollte mit seiner Plattform *Tidal* insofern etwas Besonderes bieten, als die Musik in CD-Qualität abrufbar sein soll. Da an diesem Service die MusikerInnen mehr verdienen als an *Spotify* und zudem einige prominente KollegInnen finanziell beteiligt sind, gab es beim Launch-Event auch Unterstützung der Megastars *Madonna* und *Rihanna*. Aus KonsumentInnensicht ist dieses Angebot dem von *Spotify* sehr ähnlich, wenn auch viel teurer. Die bessere Klangqualität ist für DigitalhörerInnen offenbar kein schlagendes Argument. Eine werbefinanzierte Version gibt es hier nicht, und so hält sich auch die Nachfrage in Grenzen.[37] Ähnlich erging es dem ebenfalls 2015 vorgestellten Dienst *Apple Music*. Auch hier wird nicht viel mehr geboten als bei *Spotify*, nach einer dreimonatigen Probezeit gibt es auch bei *Apple* nur eine kostenpflichtige Aboversion. Eine völlig andere Zielgruppe hingegen versucht die im Sommer 2016 vom Österreichischen Rundfunk eröffnete audiovisuelle Klassik-Streaming-Plattform *Fidelio* anzusprechen. Geboten wird hier in zwei Preisklassen ein 24-Stunden-Tune-in-Kanal, ein Livekanal mit mehreren herausragenden Events monatlich, ein Klassikarchiv mit mehr als fünfhundert Programmstunden und eine „Editorial-Schiene" mit Hintergrundinformationen. Man kommuniziert den Anspruch, das umfangreichste und qualitativ hochwertigste audiovisuelle Klassikarchiv weltweit zu werden. So begrüßenswert dieser Dienst für internetaffine KlassikhörerInnen ist, so wenig hat es mit dem tagesbegleitenden, mobilen Audiostreaming am Massenmarkt zu tun, dessen Bedarf derzeit nach wie vor durch *YouTube* weitgehend gedeckt zu sein scheint.

Ökonomisch gesehen ist Musikstreaming bis heute weder für die PortalbetreiberInnen noch für die Musikschaffenden befriedigend (Tschmuck 2016). Dass wirtschaftlich denkende UnternehmerInnen trotzdem in diesen Markt drängen, kann nur an Zukunftshoffnungen liegen, die sich aus derzeit vorliegenden Informationen nicht nachvollziehen lassen. Warum *Spotify* nach wie vor in Betrieb ist, obwohl es seit der Gründung vor zehn Jahren zunehmend Verluste erwirtschaftet, das lässt sich vermuten, seit 2015 im Internet ein Geheimvertrag zwischen *Spotify* und *Sony Music* aufgetaucht ist (Singleton 2015)[38]. Daraus geht hervor, dass sich *Sony Music* für 2011 bis 2013 insgesamt 42,5 Mio. US$ an Vorschüssen gesichert hat. Darüber hinaus findet sich in dem Vertrag eine „Most Favored Nation"-Klausel. „This clause makes sure Sony Music's yearly advances from Spotify are on par with the best deal negotiated by any other label based on the percentage of market share" (a. a. O.). Die verbliebenen Major Labels sind aufgrund wesentlicher Firmenbeteiligungen in der Lage, Einfluss auf die Unternehmenspolitik auszuüben und haben sich offenbar über diese Vorschüsse ein stetiges

---

[37]„Das Angebot interessiert so wenige, dass es sogar aus den 700 beliebtesten *iTunes*-Apps geflogen ist." http://www.computerbild.de/artikel/cb-News-Internet-Spotify-Konkurrent-Tidal-floppt-11733754.html. Abgerufen: 24.06.2015.

[38]Offenbar versuchten *Sony Music* und *Spotify*, die Verbreitung dieser Information zu unterdrücken, denn innerhalb kürzester Zeit war auf der Veröffentlichungsseite *The Verge* zu lesen: „At the request of the copyright owner, the contract has been removed". Daraufhin veröffentlichte Paul Resnikoff ein ihm zugespieltes Faksimile des umfangreichen und komplexen Vertrags über seinen Blog *Digital Music News* (Resnikoff 2015).

3.5 Vom Besitz zur Nutzung

Einkommen aus *Spotify* gesichert, das sie nicht an UrheberInnen und InterpretInnen weitergeben. Auf KünstlerInnenseite herrschte bei Bekanntwerden dieses Abkommens große Entrüstung, kommt doch von den Streamingeinkünften unverhältnismäßig wenig bei den Musikschaffenden an. Eine Studie von *Ernst & Young* im Auftrag des französischen *Syndicat National de l'Édition Phonographique* (SNEP) hat ergeben, dass fast die Hälfte (46 %) der Einnahmen aus den Premium-Abos bei den Plattenfirmen landet, während die UrheberInnen zehn Prozent und die InterpretInnen sieben Prozent bekommen.[39] Beim Streaming-Dienst bleiben einundzwanzig Prozent, der Rest geht als Steuern an den Staat (Ingham 2015). Schon zuvor war es immer wieder zu Protesten und Einschränkungen im abrufbaren Musikangebot gekommen, aber nun zog auch Taylor Swift, „Global Recording Artist 2014" der *ifpi*, ihre Musik von *Spotify* ab. Auch das lange erwartete Album „25" der britischen Sängerin Adele, das schließlich das phonographische Geschäftsjahr 2015 retten sollte, war nicht über Streamingdienste abrufbar. Aus Sicht der MusikhörerInnen werden solche Ausfälle naturgemäß als Qualitätseinschränkung empfunden. Die größere Problematik, bei offenbar geringerem Unbehagen der NutzerInnen, ergibt sich im Musikstreaming jedoch aus der totalen Überwachung, die mit dem automatisierten Service der AnbieterInnen einhergeht. *Spotify* und *YouTube* sammeln Unmengen von NutzerInnendaten, jeder Stream wird verfolgt, festgehalten, als Information weiterverarbeitet. Damit können die DatensammlerInnen feststellen, wer wann wo welche Musik bei welcher Gelegenheit hört. *Spotify* etwa beschäftigt ExpertInnen mit exzellenter Repertoirekenntnis, die den AbonnentInnen für jede Gelegenheit eine passende Playlist zusammenstellen. Und wer im Internet Information zu Grippesymptomen sucht, bekommt nicht nur ungefragt Angebote von Onlineapotheken geschickt, er findet vielleicht demnächst auf sein *Spotify*-Account „Musik zur raschen Genesung" hochgeladen. Im Hinblick auf die Hörgewohnheiten kann der schleichende Verlust an Eigeninitiative bei der Auswahl von Musikangeboten nicht ohne Folgen bleiben. Philipp Oehmke (2016, S. 112) hat dies als „Ende von der Idee der Popmusik als Identitätsstiftung" bezeichnet. Widerständigkeit, Entdeckergeist und Selbstermächtigung würden durch zentrale Steuerung im Sinne der Musikindustrie ersetzt. Kommt tatsächlich durch die Hintertür scheinbarer Demokratisierung eine schleichende Entmündigung ins Haus, erleben wir hier „Aufklärung als Massenbetrug" (Horkheimer und Adorno 1993, S. 128 ff.)?

---

[39] Ein Premium-Abo kostet bei *Spotify* € 9,90 pro Person und Monat. Im Juli 2016 hatte der Dienst laut eigenen Angaben rund 36 Mio. Premium-AbonnentInnen (Ingham 2016b).

Gleichsam als Gegenbewegung zur herrschenden Streamingphilosophie des „einfach – schnell – gratis" erfährt seit einigen Jahren das Musikhören mit Vinylschallplatte eine Renaissance. Selbst die auf Drogeriewaren, Kosmetik und Spielwaren spezialisierten *Müller*-Märkte verkaufen nun auch Musik auf Vinylschallplatten. Während der Umsatz bei *iTunes* seit 2014 zurückgeht, steigen die Verkaufszahlen von Vinyl stark an (ifpi 2016). Download scheint ein Auslaufmodell zu sein, weil die InternethörerInnen zum Streaming wechseln und die TonträgerhörerInnen sich nie wirklich daran gewöhnt haben. „Was passiert ist eine Transformation vom Download zum Streaming, aber es passiert keine Transformation vom physischen Produkt zum Streaming. Das sind zwei unterschiedliche Welten", so Marie Luise Heimer von *Spotify* (Mayer 2015, S. 24). Diese unterschiedlichen Zugänge können jedoch auch die musikalische Praxis ein und derselben Person variieren. Je nach aktueller Situation und gewünschter Funktion der Musik entscheidet man sich zwischen den Alternativen langsame, umständliche Tonträgermusik oder schneller, praktischer Gratisstream. Hier könnte sich ein ähnlicher Zugang wie bei der Nahrungsaufnahme einstellen: die Tiefkühlpizza aus der Mikrowelle, wenn es schnell gehen muss; das aus bewusst gekauften Zutaten frisch Gekochte, wenn man etwas Besonderes haben möchte. Bestätigt wird eine differenzierte Einstellung zur Musikrezeption durch Dennis Collopy und David Bahanovich (2012), die in ihrer Studie gezeigt haben, dass britische Jugendliche drei Bedürfnisse im Zusammenhang mit Musik haben: Zugang, Teilen und Besitzen. Die österreichische Jugend wurde vom Institut für Jugendforschung in Wien konservativer beschrieben, hier spielt anscheinend das Teilen eine untergeordnete Rolle.

> Musik stellt für [die Jugendlichen] scheinbar einen Bereich des Lebens dar, auf welchen immer wieder und uneingeschränkt Zugriff genommen werden möchte. Das bedeutet, dass Musik, die gefällt, für unbestimmte Zeit verfügbar sein sollte. Dazu, wie und in welcher Form Musik vorhanden sein soll, gibt es unterschiedliche Auffassungen. Auffallend ist jedoch, dass diesen Jugendlichen wichtig ist, Musik in einer physischen, nicht-digitalen Version zu besitzen. Hierbei sollte Musik etwa in Form von CDs oder Schallplatten, in jedem Fall aber „zum Angreifen" vorhanden sein. Insofern ist die temporäre Nutzung von Musik wenig reizvoll und die Idee des Musiksharing wird kaum bis gar nicht angenommen. Auch in digitaler Form sollte Musik für uneingeschränkte Nutzung verfügbar sein (Prohaska 2015, S. 5 f.).

Möglicherweise liegt die Ursache der unterschiedlichen Befunde in einem jeweils anderen Verständnis von „sharing". Interessant ist jedenfalls, dass trotz der immensen Beliebtheit von *YouTube* der Besitz von Musik nach wie vor eine große Bedeutung zu haben scheint. Offenbar liegt der Wert von Musik als Ware nicht nur im potenziellen Hörerlebnis, sondern auch in einer Symbolfunktion, die durch das Streaming nicht gewährleistet wird. Die Möglichkeit des jederzeitigen Zugriffs und des wiederholten Hörens ist über Streaming gegeben. Strebt man jedoch danach, relevanten Bezugspersonen zu signalisieren, wie man es mit der Musik hält, braucht es eine Sichtbarkeit, die mit der körperlosen Übermittlung verloren geht.

3.6 Konsequenzen und Gegenbewegungen

Mit der Entwicklung des Web 2.0 haben sich die Rahmenbedingungen des Musikhörens radikal geändert. Bedingt durch die neue Angebotssituation konnte sich eine selbstbestimmte Hörpraxis etablieren, in der die Musikrezeption je nach Situation und Bedarf organisiert wird. Musik ist nun wieder stärker ein soziales Thema, wird im Web 2.0 kommuniziert und distribuiert, sowie in Internetdatenbanken dokumentiert und weiterentwickelt. Mit der Fülle virtueller Information steigt der Wunsch nach Verlässlichem und Echtem sowie das Bedürfnis, einen auratischen Charakter von Musik zu erleben. Gleichzeitig sind Überforderungssymptome wie Verzicht, Aufwertung von Retro und Vintage oder Abwanderung zu außermusikalischen Konkurrenzangeboten der Freizeitbeschäftigung zu beobachten. Viele Musikschaffende reagieren auf diese neue Situation mit einem hohen Maß an Kreativität, mit mehr Mut und mit neuen Formen der Kommunikation. Die zentrale Herausforderung des gegenwärtigen Musiklebens liegt wohl darin, am weitgehenden Wegfall von Sicherheit nicht zu verzweifeln, sondern die gewonnene Freiheit als neues Potenzial zu erkennen und gewinnbringend mit ihr umzugehen.

Seit der Entwicklung von Tonträgern ist Musikhören nicht mehr zwangsweise ein Gemeinschaftserlebnis, mit der digitalen Mediamorphose ist dieses Individualisierungspotenzial nun auf einem (vorläufigen) Höhepunkt angelangt. Vonseiten der HörerInnen kann und will jedoch dieses Freiheitspotenzial nicht immer verwirklicht werden. Für die MusikerInnen werden die Möglichkeiten der Publikumsvergrößerung durch eine gleichzeitige Konkurrenzvergrößerung konterkariert. Nachdem die phonographische Industrie über Jahre hinweg die Nutzung des ökonomischen Potenzials digitaler Musikverbreitung in legalen Angeboten verabsäumt hat, ist sie nun mit einer Generation konfrontiert, der es geradezu absurd erscheint, für aufgenommene Musik Geld auszugeben. Gleichzeitig hat sich das Rezeptionsverhalten dahin gehend geändert, dass einem Film, einem Musikstück, einem Text oft nur kurz und nicht exklusiv Aufmerksamkeit geschenkt wird. Im beginnenden 21. Jahrhundert sind die interessierten RezipientInnen mit einer Überfülle an Information konfrontiert und stehen vor der Herausforderung, möglichst viel davon (gleichzeitig) aufzunehmen. Musikschaffende, die darauf Rücksicht nehmen wollen, versuchen immer öfter mit überraschenden Effekten einen Eindruck beim Publikum zu hinterlassen und ihre Botschaft einfach kommunizierbar zu halten. Die Wege, auf denen heute Musik entdeckt wird, verlaufen oft zufällig und auf Umwegen wie zum Beispiel einem *YouTube*-Link in einer *WhatsApp*-Nachricht oder einem Hinweis aus dem automatisierten Empfehlungssystem des Onlinehandels. Je aktiver sie im Web 2.0 sind, desto öfter wird potenziellen KonsumentInnen ungefragt etwas zugesandt, und sie sind gezwungen zu ignorieren, zu vergessen, abzulehnen. Diese Abwehrhaltung hinterlässt bleibende Eindrücke im Bewusstsein und verändert die grundsätzliche Einstellung, auch gegenüber jener Musik, die man dann doch gerne hört. „Das analoge Suchen führt zu einer anderen Reflexion als das digitale Finden" hat Friedrich Kittler im Rahmen einer kritischen Auseinandersetzung mit der Digitalisierung des Musikhörens angemerkt (Dax 2008, S. 195). Begegnungen mit Neuem sind nun oft nicht mehr Ergebnis eines Interesses, und manche potenziell bereichernde Errungenschaft wird wegen Überforderung einfach ignoriert. Kulturgüter, deren Entdeckung den Einsatz von ökonomischem, sozialem und kulturellem Kapital erfordert, erfahren ungleich mehr Wertschätzung als jene, die durch besondere Schrillheit aus dem weißen Rauschen des Überangebots herausragen.

Mit den jüngsten Entwicklungen haben sich zwei verschiedene Wege als Zugang zur Musik etabliert, je nachdem, ob diese als Information oder als Erlebnis gefragt ist. Als Information ist sie jederzeit und beliebig oft durch das Internet vermittelbar und frei zugänglich. Als Erlebnis ist sie einmalig, außeralltäglich und nachhaltig wirksam. Ähnlich wie in der bildenden Kunst, deren Meisterwerke nach wie vor im Museum aufgesucht werden, obwohl Reproduktionen bequem und gratis über das Internet abrufbar sind, sucht man für besondere Musikerlebnisse nach wie vor die Aura des Unmittelbaren. Im Rahmen von Darbietungsmusik verlagert sich der Wert der Rezeption vom Was auf das Wie, auf das Wann und auf das Wo. Eine Studie der Universität Hertfordshire für die Verwertungsgesellschaft *British Music Rights* (Collopy und Bahanovic 2012) hat eindrucksvoll gezeigt, wie die Generation Web 2.0 parallel zwei Arten von Beziehungen zur Musik pflegt. Zum einen zeigen die Jugendlichen ein emotionales Verhältnis, das mit hoher Zahlungsbereitschaft einhergeht. Hier liegt der Wert in der Musik selbst bzw. in der Beziehung zu dahinter stehenden Musikschaffenden. Der andere Zugang ist ein experimenteller, der keinerlei Zahlungsbereitschaft mit sich bringt. Hier liegt der Wert in der schnellen, unkomplizierten, weitgehend kostenlosen Verfügbarkeit von (möglicherweise interessanter, neuer) Musik. Für den emotionalen Zugang eignen sich Praktiken, die alle Sinne ansprechen wie Konzertbesuche oder eigenes Musizieren. Auch der Umgang mit guten alten Schellack- oder

3.6 Konsequenzen und Gegenbewegungen

Vinylschallplatten mit all ihren haptischen, olfaktorischen und motorischen Begleiterscheinungen befriedigt Bedürfnisse, die jenseits des rein Musikalischen liegen. Das Hantieren mit Schallplatten erfordert höhere Achtsamkeit und belohnt mit multisensorischen Erlebnissen. Die CD und vor allem der Download geraten im Zuge dieser Entwicklung ins Hintertreffen und werden wohl in den kommenden Jahren immer mehr an Bedeutung verlieren. Häufig ist den Vinylschallplatten als Bonus ein Downloadcode beigelegt, der es den KäuferInnen ermöglicht, die Musik auch unterwegs zu hören. Man bekommt also den digitalen Zugang gratis mitgeliefert. Sollte der Vinylboom doch wieder abflauen, blickt auch die Präsentationsform des Albums einer ungewissen Zukunft entgegen.[40] In einem Interview zu seinem Abschied als Geschäftsführer von *Universal Music Austria* resümierte *ifpi Austria* Präsident Hannes Eder: „Viele junge Menschen haben heute nicht nur keine Beziehung zur Kunstform Album mehr, sondern auch keine Bindung an den Künstler, ja nicht einmal ans Genre. Die meisten Nutzer konsumieren Musik über Playlists. Sie verlieben sich in einzelne Songs" (Köck 2016, S. 25). Mit dieser Verengung des Hörrepertoires der RezipientInnen bewegt sich der Markt immer mehr in eine Winner-takes-it-all-Richtung. Während ein/e im Analogzeitalter sozialisierte/r AlbumhörerIn ein Musikstück vielleicht einmal in der Woche hört, findet sich das Lieblingslied von Web-2.0-HörerInnen auf mehreren Streaming-Playlists und wird somit viel öfter abgerufen. Für all die vielen Alternativen, die im langen Rattenschwanz des Gesamtrepertoirs (Anderson 2007) auf ihre Entdeckung warten, ist da nur mehr wenig Kapazität.

Diese neuen Hörgewohnheiten lassen die Schere zwischen kommerziell Erfolgreichen und Erfolglosen weit aufgehen, und das zuvor schon dünne Mittelfeld schwindet immer mehr. Wenige TopverdienerInnen stehen vielen nur regional bekannten MusikerInnen gegenüber, die von ihrer Kunst alleine nicht leben können. Anders als im Superstarsystem der 1980er Jahre entsteht daraus in einer besonderen Dynamik eine größere musikalische Vielfalt. Denn im Bewusstsein, am Massenmarkt ohnehin nicht reüssieren zu werden, entwickeln viele ihre individuellen Sonderprojekte und lassen dabei dem künstlerischen Eigensinn in einer Weise die Zügel schießen, wie es unter Gatekeeperbedingungen der Vorinternet-Ära undenkbar gewesen wäre. Aus der Perspektive musikinteressierter KonsumentInnen kann das nur positiv sein, denn dadurch entwickelt sich eine

---

[40]Bis heute hält sich für Musikpakete der Begriff „Album", was ein Erbe der Schellackplatten-Ära ist. Deren Speicherkapazität war so gering, dass es mehrere Stück brauchte, um etwa eine ganze Oper hören zu können. Diese einzelnen, schweren, zerbrechlichen Platten wurden in gepolsterten Alben aufbewahrt.

größere Vielfalt im Special-Interest-Segment. Während eine gewöhnliche CD-Veröffentlichung internationaler Superstars bisweilen kaum noch wahrgenommen wird, finden kaum beworbene Vinyl-Sonderanfertigungen in handgemachter Verpackung und limitierter Auflage reißenden Absatz, selbst wenn sie nur im örtlichen Rahmen von Konzerten verkauft werden. Davon wiederum profitieren kleine KonzertveranstalterInnen mit regionaler Anhängerschaft, während sich die großen FestivalveranstalterInnen mit Megastarprogrammierung bei hohen Eintrittspreisen über Wasser halten und auch im Bereich der Darbietungsmusik die Mittelgroßen mit Problemen kämpfen.[41] Auf den großen Bühnen der Welt können nun noch einmal – ein letztes Mal? – die alten Idole früherer Jahrzehnte live bewundert werden, bevor uns die digitale Mediamorphose Livekonzerte via Hologramm-Projektion ins Wohnzimmer überträgt. Für den Massenmarkt ist diese Technologie noch zu kostenintensiv, so tut sich mit der Exklusivität dieser neuen Angebote auch hier eine digitale Kluft auf. Was Helmut Rösing schon vor der Internetrevolution als bedenklichen Umgang mit Übertragungsmusik beobachtet hat, kündigt sich nun in neuem Gewand als Hybrid mit Darbietungsmusik an. Wer es sich leisten kann, bestellt sich virtuelle Liveauftritte nach Hause und zieht sich physisch in einen selbst gewählten Schallraum zurück, um sich „von gängigen Kommunikations- und Interaktionsräumen des Alltags abzusetzen" (Rösing 1993, S. 114).

Vergleichbares geschieht täglich millionenfach ohne elitären Charakter auf rein auditiver Ebene, wenn in öffentlichen Verkehrsmitteln die Kopfhörer aufgesetzt oder eingestöpselt werden, um sich in eine „auditory bubble" (Bull 2000) zurückzuziehen. Mit dem über das Web 2.0 möglichen Pflegen von Sozialkontakten ohne physische Kopräsenz wird man umso mehr zur öffentlichen Person, je weniger man das Haus verlässt. Zudem wird jeder Schritt im Internet protokolliert und steht zur Weiterverarbeitung zur Verfügung. Nur ein Bruchteil dessen wird uns bewusst (gemacht), wenn wir etwa auf unser Account Werbung bekommen, die thematisch zu einem vor Wochen kommentierten Foto passt. Mit jedem Surfen, Klicken und Streamen ändert sich die personalisierte Ansicht des Internets, mit jedem Blick auf das Smartphone das musikalische Angebot. Das ist einerseits ein großer Schritt hin zur individuellen Wunscherfüllung. Was bisher nur Musikbegeisterten mit viel Freizeit vorbehalten war – immer am Stand der Dinge zu sein – wird nun auch für die Uninteressierten problemlos möglich.

---

[41]Ein traditioneller und lange Jahre höchst erfolgreicher Kleinfestivalveranstalter im österreichischen Wiesen musste im Sommer 2016 mehrere geplante Konzerte aus Mangel an Nachfrage absagen.

3.6 Konsequenzen und Gegenbewegungen

Andererseits können gerade selbstbestimmte Musikfreunde das als unnötig, wenn nicht gar unheimlich empfinden. So praktisch es ist, die universelle Datenbank Internet jederzeit befragen zu können, so sehr besteht die Gefahr von Abhängigkeit und einseitiger Orientierung. Wenn jeder Suchvorgang das zukünftige Angebot einschränkt, bewegt man sich bald nur mehr in eingefahrenen Bahnen. Für Musikschaffende könnte eine Zukunft im Netz bedeuten, dass sie nur existieren, wenn sie auch gegoogelt werden können. Schon heute schreiben manche JournalistInnen ihre Überschriften nicht mehr für die LeserInnen von Druckwerken, sondern für die *Google*-Suche. „Da stehen die Experten daneben und sagen ihnen die genauen Schlüsselbegriffe und sogar die Struktur der Sätze, nicht damit sie von Lesern gefunden werden, sondern zunächst vom Algorithmus von *Google*" (Schirrmacher 2010, S. 35). In Zukunft wird es wohl auch möglich sein, in Diskotheken ohne Zutun der Anwesenden aus deren Smartphones die durchschnittliche Lieblingsmusik zu errechnen und die Beschallung entsprechend zu programmieren.[42] Da auch die alte Hitparade offenbar kein verlässlicher Indikator mehr für den Publikumserfolg populärer Musik ist, wirbt *Media Control* neuerdings mit dem *Musikbarometer*. „Es wird so viel Musik konsumiert wie nie zuvor, auf die unterschiedlichsten Arten, die einen streamen; die anderen kaufen CDs; wieder anderen reicht das Radio oder das Fernsehen; die einen schauen Videos auf YouTube; die anderen liken Künstler auf Facebook. All diese Wege der Musiknutzung sind von Bedeutung und fließen in die monatliche Erhebung des Musikbarometers ein" war im Frühjahr 2016 im Branchenblatt zu lesen.[43] Für manche mag das verlockend klingen, viele sehen das jedoch mit gemischten Gefühlen. Gerade Musikbegeisterte haben meist Freude am Suchen und investieren gerne ihr kulturelles Kapital, um dann bei relevanten Bezugspersonen Distinktionsgewinne einzufahren. Für Schüchterne wiederum könnten die technischen Hilfsdienste des Web 2.0 Wegbereiter für reale soziale Kontakte werden, wenn zum Beispiel das Smartphone anzeigt, ob sich in der Nähe gerade jemand aufhält, die/der sich durch übereinstimmende Internetaktivitäten oder Musikplaylisten auszeichnet. Das Potenzial des Web 2.0 bleibt ein zweischneidiges Schwert, personalisierte Information wird um den Preis von Privatsphäre gekauft. Während Proteste und Nutzerinitiativen gegen systematische Übergriffe im Internet wie automatische Gesichtserkennung und ähnliches immer öfter Erfolgserlebnisse

---

[42]Robert Klembas von *Rebeat Media* verdanke ich den Hinweis, dass die Musikerkennungs-App *Track-ID* bereits weitgehend die Funktion des Artist & Repertoire Management der Plattenfirmen übernommen hat. Die weltweiten Suchanfragen werden zentral gebündelt und dienen später als Grundlage von Marketingstrategien.

[43]Film, Sound & Media, März 2016, S. 15.

erfahren, machen gleichzeitig Streamingservices ihre NutzerInnen mehr denn je zu gläsernen KonsumentInnen.[44]

Die digitale Musikzukunft hält also auch Risiken und Unsicherheit bereit, vielleicht ist deshalb seit Beginn des 21. Jahrhunderts eine starke Vergangenheitsorientierung im Popmusikleben zu beobachten. Auf der einen Seite werden von spezialisierten Tonträgerfirmen wie *Bear Family*, *Finders Keepers* oder *Soul Jazz* immer mehr vergessene Nischen und Seitenstränge ausgeleuchtet, gleichzeitig erscheinen im Monatsabstand Sonderausgaben von Musikzeitschriften, die sich eingehend mit Ikonen der Popmusikgeschichte oder essenziellen Werken aus verschiedenen Epochen beschäftigen. „Während Popmusik als All-you-can-eat-Ware immer wertloser wird, steigt ihr Wert als historisch-museales Phänomen" (Oehmke 2015, S. 115). Meisterwerke der 1960er Jahre, wie etwa die LPs der Beatles, werden von original Masterbändern unter Ausreizung heutiger technischer Mittel so reproduziert, wie sie damals gedacht, aber nicht realisierbar waren.[45] Derartige Projekte beschleunigen die Kanonisierung der Rockmusik mit einer nostalgischen Überhöhung ihrer Frühphase. Aus Sicht der phonographischen Industrie ist dies nur zu verständlich, verdankt sich doch der Großteil der Tonträgerverkäufe einer überschaubaren Anzahl etablierter KünstlerInnen oder überhaupt den Beständen der Back-Kataloge.[46] So verkauften im Jahr 2004 im Vereinigten Königreich noch 35 neue KünstlerInnen mehr als 100.000 Stück ihres Debütalbums, während es im Jahr 2015 nur mehr drei neue KünstlerInnen waren.[47] Gleichzeitig wurden 2015 erstmals in der Geschichte der LP in den USA mehr Katalogalben verkauft als Neuerscheinungen (123 Mio. vs. 119 Mio. Stück) noch vor zehn Jahren war es nur etwas mehr als die Hälfte. Hätte nicht das aktuelle Album der britischen Sängerin Adele alleine 7,4 Mio. Stück verkauft, wäre 2015 dieses Missverhältnis noch stärker ausgefallen. Für diese Verhältnisumkehrung sind vor allem physische Verkäufe verantwortlich, die laut *Recording Industry Association of America* bei den Alben immer noch einen größeren Anteil haben als die Downloads. Am Vinyl-Markt lagen zwei Neuerscheinungen vorne: Adele (116.000 Stück) vor Taylor Swift (74.000), dann kamen

---

[44]Als Wirtschaftsstudent lancierte der Österreicher Max Schrems mit rund 25.000 Gleichgesinnten beim Europäischen Gerichtshof eine Schadenersatzklage gegen *Facebook* wegen Datenschutzverletzung, wodurch schließlich im Oktober 2016 das *Safe-Harbour*-Abkommen zwischen der EU und den USA für ungültig erklärt wurde.

[45]The Beatles in Mono (14 LP Box). Capitol 2014.

[46]Im Back-Katalog wird alles gelistet, was vor mehr als 18 Monaten erschienen ist.

[47]Die Zahlen wurden bei der *Future Sounds of Music*-Conference am 16.05.2016 in Preston (UK) präsentiert.

3.6 Konsequenzen und Gegenbewegungen

schon die Klassiker *Dark Side of the Moon* (50.000), *Abbey Road* (49.800) und *Kind of Blue* (49.000) (Ingham 2016a, Nielsen Company 2015). Mittlerweile gehen die Kanonisierungstendenzen so weit, dass Superstars früherer Jahrzehnte ihre Meisterwerke im Livekontext eins zu eins nach den damals veröffentlichten Tonträgern abspielen. So fand im April 2012 im New Yorker *Museum of Modern Art* die Ausstellung *Kraftwerk Retrospective 12345678* statt, in deren Rahmen die Düsseldorfer Pioniere der elektronischen Musik ihre acht Studioalben aufführten. Die Konzertserie war innerhalb von fünf Minuten ausverkauft und wurde später an anderen kulturellen Hot Spots wie dem Wiener Burgtheater fortgesetzt. Der von Kurt Blaukopf (1993, S. 178) identifizierte „Partitur-Gehorsam" im Konzert, der dem Charakter einer lebendigen Darbietung widerspreche, entwickelt sich nun von einer (fehlgeleiteten) Publikumserwartung zum vorauseilenden Gehorsam der InterpretInnen.[48] Bis zur Entwicklung des Magnettonbandes waren ja auf Tonträger lediglich Livedarbietungen festgehalten worden. Erst als es möglich wurde, Toneinspielungen für die Rezeption in einer Weise aufzubereiten, die von einer lebendigen Darbietung beträchtlich abweichen kann, wurde ein artifizieller Studioklang zur vorherrschenden Hörgewohnheit. Simon Reynolds las diese Entwicklung anders, er beschrieb Live-Aufführungen von alten Alben als Rebellion gegen die Unkultur des Shuffle-Modus in digitalen Abspielgeräten, wo Evergreens respektlos neben Zeitgeistigem gelistet werden. „When a band has been around long enough, there is always going to be more demand from the fan base for a career-peak classic than for the latest musical effort" (Reynolds 2011, S. 36 f.). Tatsächlich ist die Nachfrage nach den alten Idolen hoch wie nie, vor allem nach ihren Frühwerken. Nicht nur die *Rolling Stones* touren unermüdlich, um immer wieder ihre Hits von vor fünfzig Jahren zum Besten zu geben. Seit der Jahrhundertwende war eine ganze Reihe von Wiedervereinigungen legendärer Rockgruppen (bzw. deren noch lebender Mitglieder) zu beobachten, die als heillos zerstritten gegolten hatten (*Led Zeppelin, Sex Pistols, The Police* und viele mehr). Oft hielten diese fragilen Gebilde nur für wenige Konzerte, oder eben so lange, bis genug Geld eingespielt war. Bei diesen Heraufbeschwörungen einer glorreichen Vergangenheit stand dann im Publikum die Eltern- und Großelterngeneration, die noch einmal ihre Jugenderinnerungen auffrischen wollte, Schulter an Schulter mit jenen Spätgeborenen, die zu verstehen versuchten, was einmal die Magie dieser HeldInnen ausgemacht hat. Ähnlich wie im Jazz gelten bestimmte Epochen der Rockmusik inzwischen als goldenes Zeitalter. Dass ihre Geschichte heute auch in Museen ausgestellt wird, leistet der

---

[48]Besonders reflektierte MusikerInnen wie die Gruppe *Kraftwerk* gehen in ihren Aufführungen mit diesem Verhältnis spielerisch um.

Kanonisierung noch Vorschub. „Nothing is too trivial, too insignificant, to be discarded; every pop-culture scrap, every trend and fad, every forgotten-by-most performer or TV programme is being annotated and autor-ised" (Reynolds 2011, S. 26 f.).

Als Gegenreaktion könnte das gleichgültige Nebeneinander verschiedener musikalischer Ausprägungen in unüberschaubarer Angebotsbreite und -tiefe wieder stärker den Wunsch nach Besonderem wecken, nach dem Authentischen. Die von Walter Benjamin (1977, S. 13) im Zeitalter der technischen Reproduzierbarkeit des Kunstwerks als verkümmernd beschriebene Aura lässt sich nur in echten, lebendigen Begegnungen erleben, denn sie „ist an ein Hier und Jetzt gebunden. Es gibt kein Abbild von ihr" (a. a. O., S. 25). Je einfacher ein Kunstwerk reproduzierbar ist, desto stärker muss dadurch die Beschädigung der Aura ausfallen. Mit der digitalen Mediamorphose ist diese Entwicklung auf einem Höhepunkt angelangt, und es verwundert nicht, dass Darbietungsmusik gefragt ist wie nie zuvor. Während seit den 1990er Jahren die Geldausgaben des Publikums für Übertragungsmusik kontinuierlich zurückgegangen sind, zeigt sich gleichzeitig eine gestiegene Bereitschaft, in Darbietungsmusik zu investieren. „In the decade to 2010, broadband penetration went mass market in the UK, and recorded music has since lost 0.20 % share of consumer expenditure. During the same period, live music gained 0.10 % share of consumer expenditure. This divergence in wallet share might suggest that half of the savings people made by downloading music, via rapidly spreading broadband links, went on live music and half ended up in people's pockets to spend elsewhere" (Page 2011, S. 4)[49]. Die Tonträgerindustrie mag in einer Krise sein, die KonzertveranstalterInnen machen das Geschäft ihres Lebens. Für das Wiedervereinigungskonzert der Rockgruppe *Led Zeppelin* 2007 in London gab es angeblich zwanzig Millionen Kartenanfragen, und altgediente Industrievertreter erinnern sich noch Jahre später mit Gänsehaut an dieses einmalige Erlebnis.[50] Auch das Publikumsinteresse an Sommerfestivals ist ungebrochen, obwohl die Anreise oft mühsam ist und die Kartenpreise in schwindelerregende Höhen gestiegen sind. Ähnliches gilt für das alle Altersgruppen ansprechende Musical, oft verbunden mit Städtereisen und einem touristischen und gastronomischen Rahmenprogramm. Wichtig ist dabei immer der

---

[49] „Wallet Share" bezeichnet den Anteil der individuellen Ausgaben an der insgesamt verfügbaren Geldmenge. Während 2001 noch 0,29 % des Haushaltseinkommens für Übertragungsmusik ausgegeben wurden, waren es 2010 nur mehr 0,19 %. Im gleichen Zeitraum stieg der Wert bei Darbietungsmusik von 0,10 auf 0,20 %.
[50] Im Rahmen der Music Business Research Days 2016 war dies eindrucksvoll zu erleben.

3.6 Konsequenzen und Gegenbewegungen

außeralltägliche Charakter der Rezeptionssituation. „Es wird Wert auf ein semiklassisches Ambiente gelegt, ohne jedoch auf die Inszenierungsmöglichkeiten von modernen Shows zu verzichten" (Pfleiderer 2008, S. 90). Auch im situativen Rahmen eines Rockkonzerts wird eine persönliche Verbundenheit zwischen MusikerInnen und Publikum inszeniert, durch direkte Ansprache („Guten Abend Wien!"), durch Anekdotenerzählungen zwischen den Musikstücken, durch Animation zum Klatschen oder Mitsingen, durch Ausflüge ins Publikum. Und beim Hinausgehen bietet der Merchandisingstand eine bunte Palette an Erinnerungsstücken, die sich auch als Nachweis des Dabeigewesenseins eignen. Denn auch das ist eine Qualität singulärer Ereignisse, dass sie nicht über das Internet reproduzierbar sind, dass sich daraus noch Jahre später Distinktionsgewinn ableiten lässt. Impression Management über demonstrativen Musikkonsum ist mit der digitalen Mediamorphose schwieriger geworden. Exklusive Information über neue aufregende Musik ist heute eine schwache Währung, wird sie doch über *Google, WhatsApp* oder *Facebook* in kürzester Zeit zum Allgemeingut. Der Wettlauf nach den weißen Flecken auf der Musiklandkarte führt zur Suche nach immer Neuerem, immer Obskurerem. Oder man strebt nach kulturellem Kapital, das nicht unbeschränkt teilbar ist, wie eben Livekonzerte. Fred Hirsch (1980) sprach in diesem Zusammenhang von den sozialen Grenzen des Wachstums. So wie es nicht unbegrenzt viel Platz für Privatstrände, Luxusjachten und Tiefschneepisten gibt, so ist auch die Verfügbarkeit der Tickets für die *Salzburger Festspiele* oder des *Glastonbury Festival* beschränkt. Und so haben dann eben nur wenige Glückliche die Netrebko 2002 als Donna Anna oder Kurt Cobain 1992 bei seinem Auftritt im Rollstuhl wirklich live gesehen. Dass diese Events später auf DVD nachgesehen werden können, ist dann ein Beweis dafür, wie außergewöhnlich dieses Ereignis war. In letzter Zeit gehen die Inszenierungen von exklusiver Verbundenheit zwischen den Stars und ihren treuesten Fans sogar bis zu gemeinsamen Schiffsreisen oder Bergwanderungen.[51] Das Bedürfnis nach ritualisierten musikalischen Gemeinschaftserlebnissen scheint ebenso eine anthropologische Konstante zu sein wie der Wunsch nach dem Echten, dem Authentischen. Die besondere Qualität von lebendigen Musikdarbietungen ergibt sich dann aus diesem Erlebnispotenzial. „Eine Seite einer kapitalistisch geführten Gesellschaft ist auch oberflächlich, und soll auch oberflächlich sein [...] Und es wird auch immer die andere Seite geben, also die Seite, die als Publikum nach Wahrhaftigkeit, nach Authentizität und solchen Dingen sucht. Und ich glaube, dafür sind wir dann da.

---

[51]Mittlerweile werden derartige Ausflüge mit den Fans von so unterschiedlichen Musikern wie der Rockgruppe *Wanda* oder dem Schlagersänger *Hansi Hinterseer* unternommen.

Und das ist schön, dass wir das bedienen können und auch ein Publikum dafür finden" (Quasthoff 2010).

Augenfällig ist auch immer wieder die Rückbesinnung auf das Lokale als Reaktion auf Globalisierungsschübe in der Musikkultur. So lässt sich für Österreich der dialektsprachige Austropop der 1970er Jahre als Antwort auf die Zumutungen der englischsprachigen Rock-Revolution lesen, der Boom der Neuen Volksmusik als Reaktion auf den Fall des Eisernen Vorhangs und den EU-Beitritt (Huber 1998) und die aktuelle Hochblüte österreichischer Singer-SongwriterInnen und Rockgruppen als kreativer Umgang mit der Überforderung durch das Überangebot im Internet. Die mit Globalisierungstendenzen einhergehenden verstärkten Wünsche nach Verortung spiegeln sich im Bestreben wider, der Musik einen regionalen Bezug zu geben, sich der kulturellen Wurzeln zu besinnen. Susanne Binas-Preisendörfer hat Ortslosigkeit und Ortsgebundenheit im Musikbereich als Folge der technologischen und gesellschaftlichen Modernisierung beschrieben. Einerseits schrumpfe die Distanz zwischen SenderIn und EmpfängerIn, werde es für die Rezeption irrelevant, wo etwas produziert wurde. Andererseits komme der lokalen Besonderheit größere Bedeutung zu, wenn durch leichte Verfügbarkeit alles gleich-gültig und gleich-wertig wird.

> Die Images bestimmter geographischer Orte [...], oder Authentizitäts- bzw. Ethnisierungskonstruktionen [...] verweisen auch direkt in bestimmte ‚lokale' oder regionale Erfahrungsräume. [...] Kultur ist eine Praxis des Vergleichens von Lebensweisen und der Artikulation von Unterschieden als soziale Praxis. Dabei spielen lokale Unterschiede dessen, was als kulturell Bedeutsames artikuliert wird, eine wichtige Rolle im Prozess der Produktion von sozialer Identität (Binas-Preisendörfer 2010, S. 19).

Durch Globalisierung und Internet habe Max Webers These von der Entzauberung der Welt noch einmal neuen Drall bekommen. Religion, Gewohnheit, Brauch und natürliche Autorität normierten kaum noch den Alltag, an ihrer Stelle stünden komplexe gesellschaftliche Kontrollsysteme. Je dominanter diese Individualisierung werde, desto stärker etablierten sich ganzheitliche, magische, „natürliche", irrationale Gegenbewegungen, so Binas-Preisendörfer. Wenn es tatsächlich ein gewisses menschliches Grundbedürfnis nach dem Irrationalen, dem Unvorhersehbaren, dem Unbekannten, dem Außeralltäglichen gibt, dann hat Musik ein großes Potenzial, als Mittel dieser (vorübergehenden) Wiederverzauberung der Welt zu dienen.

Auch der Blick in die Vergangenheit in Form von Retro-Kultur und Nostalgie nach der „guten alten Zeit" kann als eine Form des Rückzugs aus der hoch rationalisierten, alles umfassenden Musikgegenwart gesehen werden. Je umfassender

3.6 Konsequenzen und Gegenbewegungen

und leichter verfügbar die Vergangenheit dokumentiert ist (wie eben auf *Discogs, YouTube, Allmusic* oder *Wikipedia*), desto leichter fällt die Beschäftigung mit ihr, desto stärker ist die Verführung, sich in ihr zu verlieren, desto geringer ist der Antrieb, neue Musikerlebnisse aus Innovationen zu gewinnen. Pop/Rockmusik war immer die Sphäre der Jugend, und diese orientiert sich üblicherweise nicht am Gestern, sondern am Heute oder am Morgen. Dieser Innovationsmotor gerät ins Stocken, wenn er nicht mehr vom Blick nach vorne angetrieben wird. Meistens beginnt eine Retro-Orientierung damit, dass nach den Wurzeln einer Musikkultur geforscht wird, oder wie Simon Reynolds (2011, S. 234) feststellte: „all genres reach a midlife crises, when the early days start looking better than the present". Der Begriff „Old School", der ursprünglich aus dem Hip-Hop kommt, hat sich inzwischen für alle Formen der populären Musik etabliert. Er steht für die Vorstellung des Originären und Ursprünglichen. Wenn der alte Sound so sehr geliebt wird, dass die Songs von damals den Bedarf nicht mehr decken, werden mit alten Produktionstechniken wie Magnettonbändern und Röhrenverstärkern neue „alte" Sounds produziert. Als adäquate Rezeptionsform dieser Retrokultur erlebt derzeit das Kaufen und Hören von Vinylschallplatten einen unerwarteten Boom, der bereits zu Produktionsrückstaus bei den wenigen Presswerken geführt hat, die den CD- und Download-Boom überlebt haben. Alte Schallplatten mit ihren ikonischen Verpackungen sind nun auch bei den ganz Jungen wieder beliebt, und sei es nur als Zimmerdekoration, um Originalität zu signalisieren. Ist das *Was* des Musikhörens nicht mehr distinkt genug, lassen sich mit dem *Wie* noch exklusive Erlebnisse generieren. Pierre Bourdieu merkte diesbezüglich an: „Die Seltenheit kann also von der Hörweise herkommen (Platte, Konzert oder eigenes Spiel), vom Interpreten, vom Werk selbst: Ist sie von der einen Seite bedroht, kann man sie von einer anderen wieder einführen" (Bourdieu 1993c, S. 162 f.). In Österreich ist die Wachstumsrate von Vinyl höher als jene von Streaming (30 % bzw. 26 %), eigentlich eine kuriose Situation (ifpi Austria 2016, S. 13). Die digitale Mediamorphose betrifft auch Neuerscheinungen und Stilfelder wie Schlager und Klassik, aber das Kerngeschäft liegt in jenen Bereichen, die in ihrer Hochzeit auf Vinyl erschienen sind, also klassischer Rock und Jazz. Die Umsätze aus Vinylverkäufen sind so stark gestiegen, dass der Dachverband der phonographischen Industrie im Herbst 2014 die Marke *Play Vinyl* geschaffen hat, um die nun florierende Nische gezielt mit Promotion zu bearbeiten. Einst seltene, obskure Werke werden in hochwertiger Verpackung neu aufgelegt und niederschwellig über das Internet vertrieben. Für altgediente VinylsammlerInnen enthält diese Informationsoffensive unter Umständen den Wermutstropfen der Entwertung ihres ExpertInnenwissens. Vor vierzig Jahren hat Pierre Bourdieu die SchallplattenliebhaberInnen als „‚Gefahr' für die Seltenheit des Musikliebhabers"

(Bourdieu 1993c, S. 162) beschrieben, weil sie die Beschränkung der Musikrezeption minimierten. Heute hat sich das um eine Ebene verschoben. Wertvoll ist nur, was schwierig zu erreichen bzw. selten ist, und Popularisierung entwertet. „Die gleiche Logik macht den Kult um alte Schellackplatten oder ‚Live-Aufnahmen' verständlich. In allen Fällen geht es darum, die Seltenheit wieder einzuführen" (a. a. O.). Dabei ist aber auch zu bedenken, dass viele HörerInnen mit einer bestimmten Rezeptionspraxis aufgewachsen sind, die einfach ihren Habitus prägt, auch wenn der technische Fortschritt das noch so überholt erscheinen lässt. So schrieb etwa der damals über 70-jährige Christopher Small gegen Ende der 1990er Jahre: „I still get a feeling in the seat of my pants every four minutes or so when I play my magnificent new CDs of wonderful old warhorses like the Emperor Concerto or the Rachmaninov Second Concerto, when I used to have to get up and turn over the twelve-inch, 78-rpm record. It is my heritage and I cannot escape it" (Small 1998, S. 15). Obwohl viele VinylsammlerInnen davon überzeugt sind, dass die klangliche Wiedergabequalität dieses Mediums unschlagbar ist, geht es beim Rückgriff auf alte Medien nicht immer um den Musikgenuss (allein). Das Marktforschungsinstitut *ICM Research* hat 2016 im Auftrag der *BBC* VinylkäuferInnen nach ihrer Rezeptionspraxis befragt. Etwa die Hälfte von ihnen hatte sich die Musik vor dem Vinylkauf online angehört. Ebenfalls fast die Hälfte (48 %) hatte zwar das Vinyl gekauft, aber noch nicht angehört. Und sieben Prozent der Befragten hatten Vinyl gekauft, obwohl sie gar kein Abspielgerät besaßen. Für sie war das große Format einfach eine repräsentative Zimmerdekoration oder eine verlässliche Möglichkeit, die KünstlerInnen zu unterstützen (Savage 2016). Als Folge dieser Renaissance wird die Distinktionsschraube beständig nach oben gedreht. Wenn sich in jedem Hipster-Wohnzimmer neu aufgelegte Klassiker von *Blue Note Records* finden, verlieren auch einst begehrte Sammelobjekte an Distinktionswert. Wiewohl die KennerInnen einen Blick dafür haben, ob etwas wirklich original oder nur gut nachgemacht ist. Aufgrund von Knappheit und Originalität des physischen Materials wiegt Vintage wesentlich mehr als Retro.[52]

Die wohl stärkste Abwehrhaltung gegen ein Immer und Überall von Musik äußert sich im Verzicht bzw. im Nicht-Wahrnehmen. „Wir haben gelernt, Musik nicht in jedem Fall an uns heranzulassen, weil wir natürlich überfordert wären, wenn wir Musik immer intensiv erleben wollten/müßten, wann immer wir sie hören. Der beliebte Allgemeinplatz, daß wir zwar die Augen, nicht jedoch die

---

[52]Das gilt übrigens für alle Lifestyleprodukte wie Schmuck, Mode, Möbel oder Automobile umso mehr, je besser sie sich für demonstrativen Konsum eignen.

3.6 Konsequenzen und Gegenbewegungen

Ohren verschließen könnten, um ungebetene Reize fernzuhalten, stimmt möglicherweise nicht mehr so ganz" stellte Klaus-Ernst Behne fest (Behne 1999, S. 19). Der Sänger Thomas Quasthoff zum Beispiel hat sich schon vor Jahren in seiner Aktivität zurückgenommen, weil er nicht zur allgemeinen Übersättigung beitragen will (Quasthoff 2010), und Bill Drummond[53] hat den 21. November schlicht zum *No Music Day* erklärt, an dem einmal im Jahr das Gehör Erholung finden soll. Das erinnert an den Digital-Detox-Tourismus, gleichsam eine Informations-Fastenkur für die Hochvernetzten, wo sie eine Auszeit von Smartphone und Internet nehmen können. Dass die unkritische Boom-Zeit des Web 2.0 möglicherweise vorbei ist, zeigt sich daran, dass nun unliebsame Begleiterscheinungen in den Blick kommen und man sich wieder mehr zurücknimmt. Michael Jäckel hat allgemein drei Mediennutzungsphasen beschrieben, an deren Ende oft wieder der Rückgriff auf alte Medien stehe. „Jede Mediengeneration durchlebt eine Phase der Beschleunigung, der Konstanz und der Entschleunigung. Den Tribut an eine ‚Zuvielisation' zahlt jeder – mal früher, mal später. Plötzlich greift man wieder vermehrt zum Buch und zur Zeitung und blickt entspannt auf eine Phase des erhöhten Medientempos zurück" (Jäckel 2010, S. 252). Wer selbst im Rahmen von Darbietungsmusik nicht auf Smartphone und Internet verzichten kann, für die/den gibt es immer öfter eine Hilfestellung vonseiten der KünstlerInnen. Zu Konzerten von *Alicia Keys* etwa bekommt nur mehr Zutritt, wer sein Telefon in verschließbare Täschchen stecken lässt, die nur an speziellen Unlock-Stationen außerhalb des Saals zu öffnen sind (Peitz 2016). Mit dieser Maßnahme reagiert die Sängerin darauf, dass bei ihren Konzerten viele Gäste intensiv damit beschäftigt waren, mit dem Smartphone das Geschehen auf der Bühne und im Publikum zu filmen und/oder zu fotografieren. Diese Praxis hat nun offenbar ein derartiges Ausmaß angenommen, dass sie vonseiten der MusikerInnen immer öfter mit Verärgerung und Unverständnis kommentiert wird. Viele der dabei entstehenden Dokumente werden sogleich in sozialen Netzwerken präsentiert, wodurch die PosterInnen einem großen Personenkreis in Echtzeit zeigen können, dass sie Teil einer außeralltäglichen Situation sind, die ihren Reiz und ihren sozialen Wert daraus beziehen, dass sie nur einem beschränkten Personenkreis zugänglich ist. Abgesehen vom störenden Umstand, dass die Sicht auf die Bühne durch hunderte in die Höhe gehaltene Smartphones beträchtlich gestört wird, hat dieses Verhalten auch Implikationen auf die Qualität der musikalischen Kommunikation. Die individuellen FilmerInnen lenkt es vom Geschehen vor Ort ab, große Teile des

---

[53]Ex-*KLF*-Musiker und Coautor des berühmten „Manual" (Drummond und Kauty 1988).

Publikums sind mit ihrer Aufmerksamkeit woanders. Hinsichtlich des Gruppenerlebnisses wiederum geht die Unmittelbarkeit und Einzigartigkeit der lebendigen Darbietung verloren, wenn man zugleich (ungefragt) an einem globalisierten Medienereignis teilnimmt.

Auch im Entstehungszusammenhang von Musik werden die Möglichkeiten der Digitalisierung nicht mehr nur als Vorteil gesehen. Während in den 1990er Jahren diesbezüglich Aufbruchsstimmung herrschte und mit der Demokratisierung von Produktions- und Distributionsmöglichkeiten auch traditionelle Popmusikprovinzen zu Weltstädten aufsteigen konnten (Huber 2002), kehren viele MusikerInnen zwanzig Jahre später wieder zu analoger Handarbeit zurück. Walter Benjamin hat in seinem berühmten Kunstwerk-Aufsatz thematisiert, wie sich das Verwertungspotenzial einer Kunstform auf ihren Entstehungszusammenhang auswirkt. „Das reproduzierte Kunstwerk wird in immer steigendem Maße die Reproduktion eines auf Reproduzierbarkeit angelegten Kunstwerks" (Benjamin 1977, S. 17). Im Popmusikbereich zeigte sich das in der Analogära in Form von Diversifizierung der Single-Hits nach Albumversion und (kürzerer) Radioversion. Im Hip-Hop mit seiner zum Teil expliziten Raplyrik war oft die rauere Street-Version nur auf extra zu erwerbender Maxisingle erhältlich, wobei dann oft auf getrennten Tonspuren die Vocals und die Instrumental-Version mitgeliefert wurden. In den 1990er Jahren kam dann der Remix als neue eigenständige Erscheinungsform dazu, die via *Kruder & Dorfmeister* auch dem österreichischen Musikschaffen für einige Jahre Weltgeltung verschaffte. In der digitalen Mediamorphose erfährt dieser Aspekt der Orientierung an HörerInnenbedürfnissen noch einmal eine neue Qualität. Ein Musikstück, das als Stream über leistungsschwache Smartphonelautsprecher oder Kopfhörer zu rezipieren ist, wird eine andere Form annehmen als die aufwendig gemasterte Vinyl-Version. Auch zwischen Live-Darbietung und entkörperlichter Erscheinung gibt es gravierende Unterschiede, ganz zu schweigen von der noch einmal höheren Erlebnisqualität, die mit Umgangsmusik einhergeht. So wirkt sich die Rezipierbarkeit auf die Rezeptionsweise aus und ändert die jeweilige Erscheinungsweise. Sina Wahnschaffe, Senior Manager A&R and Creative bei *BMG Rights Management,* erlebt Musikproduktion heute als „Track-by-Track-Business" und beschrieb die Zielgruppe heutiger Popsongs wie folgt: „Die sind nach einer Minute schon gelangweilt, weil sie telefonieren während sie am Laptop ihr Facebook-Profil checken und der Fernseher läuft. Genau so klingen die heutigen Hits" (Szillus 2015, S. 68). Um die Aufmerksamkeit junger HörerInnen zu bekommen, müsse man sehr rasch auf den Punkt kommen. Um sie zu behalten, müsse man überraschende Wendungen einführen. Kurze Aufmerksamkeitsspannen und nicht vorhandene Zeit oder Bereitschaft, sich einer Musik aufmerksam und exklusiv zu widmen, schlagen sich mittlerweile auch auf

3.6 Konsequenzen und Gegenbewegungen

den Aufbau der Musikstücke nieder. Wie zur Tin-Pan-Alley-Zeit werden erfolgreiche Popsongs für internationale StarinterpretInnen heute wieder arbeitsteilig erzeugt. Dazu veranstalten die Major-Plattenfirmen oder die InterpretInnen selbst Songwriting-Camps, in deren Rahmen dann an jeweils einem Song ein/e „Track Guy" (Musik), ein/e „Topliner" (Melodie) und ein/e TexterIn arbeiten. Die InterpretInnen begleiten den Arbeitsprozess, und so entstehen in kürzester Zeit mehrere Hit-Songs. Da diesen Gemeinschaftsprojekten in der Regel die besondere Note einer individuellen Persönlichkeit fehlt, klingen diese Hits, als wollten sie es allen recht machen. Das mag für ältere Ohren unentschlossen und hektisch klingen, es bedient aber sehr gut die aktuellen Hörgewohnheiten der Generation Web 2.0. Simon Reynolds hat diese Musik als „the audio equivalent of fast food" bezeichnet (Reynolds 2011, S. 71). Wer Musik nur als MP3-File hört, über Geräte, die eigentlich nicht zum Musikhören gebaut wurden, gewöhnt sich an die charakteristische Flachheit des Klangbildes, empfindet sie bald als normal. Vor diesem Hintergrund kann schon als absonderlich und unnötig erscheinen, was ältere Generationen an Tonqualität gewohnt waren und sich oft auch heute noch erwarten. Während sich die einen Zeit zur konzentrierten, länger andauernden Auseinandersetzung mit einem bewusst ausgewählten Werk nehmen, wünschen sich die anderen musikalische Unverbindlichkeit. Und wie schon immer gibt es auch gegenwärtig nicht allzu wenige HörerInnen, die beide Zugangsweisen pflegen, je nach Kontext und Laune.

Für viele junge Menschen der Generation Web 2.0 hat Musik nie jene Bedeutung bekommen, die sie zur Hochzeit der musikbezogenen Jugendkulturen hatte, als sie gesellschaftsprägend gewirkt hat. Beat, Punk oder Hip-Hop waren oft der einfachste oder gar einzige Zugang zu einer politischen Alternative oder zu einer Realität jenseits des erwachsenen Wertesystems. Heute kommen diese Möglichkeiten zur Weltflucht oft attraktiver aus dem Internet und mit Computerspielen. In welchem Ausmaß Computerspiele in den letzten Jahren zu einem wichtigen Markt für die Musikindustrie wurden, zeigt sich daran, dass sich der Umsatz aus Synchronisationsrechten in Österreich seit 2010 auf acht Millionen Euro verdoppelt hat. Dabei investieren die SpieleproduzentInnen inzwischen oft schon in eigene Musikproduktionen, um sich die teure und umständliche Lizensierung über Verwertungsgesellschaften zu ersparen. „Durch den kreativen Entfaltungsdrang und den technischen Fortschritt ist eine Industrie entstanden, die den Marktforschern von DFC Intelligence zufolge bis 2018 einen weltweiten Jahresumsatz von 100 Milliarden Dollar übersteigen wird. Schon jetzt spielen Games mehr Geld ein als Kinofilme, Bücher und Musikverkäufe zusammen" (Zsolt 2014). Schon vor Jahren hat die Elektrohandelskette Media/Saturn auf diesen Trend reagiert und zugunsten von Computerspielen seine Musikstellflächen um etwa ein Drittel reduziert. Während man mit Musik heute niemanden mehr vor den Kopf stoßen kann, sind Computerspiele und für Erwachsene unverständliche Angebote im Internet jene Fluchtwelten, in die sich um Abgrenzung bemühte Jugendliche unbehelligt und unverstanden zurückziehen können.

Wie lässt sich vor diesem Hintergrund das Interesse junger Menschen an Musik wecken? Vielleicht indem man etwas Neues, Unerwartetes bietet, das von aktuellen Hörgewohnheiten abweicht. Durch die leichte Verfügbarkeit von Musik im Internet und die Hit-Rotation der Formatradios sind Überraschungen beim Musikhören selten geworden. So wie Party-DJs heute immer wieder von egomanischen Gästen aufgefordert werden, Musik von derem Smartphone abzuspielen, verhält es sich auch in der Streaming-Welt mit den personalisierten Playlisten: Man bleibt im eigenen Präferenzschema hängen. Zwar ist das Internet potenziell eine heterogene Sozialisationsinstanz, wo Rollenpluralismus und vielleicht auch Geschmacksbreite möglich werden. Die automatisierten Empfehlungssysteme verweisen jedoch immer auf etwas, das „ähnlich" ist. Je leistungsfähiger die Datenauswertungssysteme werden, desto mehr Hoffnung setzt die phonographische Industrie in die Machbarkeit von Verkaufserfolgen. Dabei kommen automatisierte Prognosen wie *Hit Predictor, Sound Out* oder *Rate The Music* zur Anwendung, die über Big-Data-Auswertungen herausfinden wollen, wie ein Hit aufgebaut sein muss. Auch die Smartphone-Apps *Shazam* und *Track-ID* spielen hier eine bedeutende Rolle. Ein oft über dieses Suchsystem abgefragtes Musikstück hat offenbar Hitpotenzial und wird dann von der Industrie besonders intensiv promotet. Die phonographische Industrie setzt auch deshalb auf Streaming, weil sie damit viel über die HörerInnen erfährt. Früher konnte man nur mit aufwendiger und teurer Marktforschung herausfinden, wer welche Musik hört. Heute werden viele dieser Informationen über das Smartphone gesammelt und im Hintergrund abgerufen. Neue Produktionen orientieren sich damit an dem, was bereits vorhanden (und erfolgreich) ist. Neuentwicklungen in der Musikgeschichte sind jedoch oft dann erfolgt, wenn etwas Neues, etwas Außergewöhnliches riskiert wurde oder wenn „Fehler" passiert sind. Werden Regelverstöße vermieden, wird die Anpassung zur Norm, und der Innovationsgrad sinkt. Damit verliert die Musik insgesamt an Attraktivität, und die KonsumentInnen suchen ihre Reize woanders. Erweckungserlebnisse, wie sie analog Sozialisierten bei Discobesuchen oder beim Radiohören widerfuhren, sind im Zeitalter Web 2.0 noch am ehesten im Rahmen von Festivalbesuchen möglich. Musikpräferenzen sind situationsabhängig. Für ein Musikerlebnis ist nicht nur das Werk in seiner Formalästhetik von Bedeutung; eine entscheidende Qualität liegt in den Unabwägbarkeiten, im Rezeptionskontext, in der besonderen Beziehung, die zwischen MusikerInnen und Publikum besteht, sei sie über physische Kopräsenz oder virtuell über das Web 2.0 vermittelt. Noch nie war es so bereichernd wie heute,

3.6 Konsequenzen und Gegenbewegungen

MusikhörerIn zu sein, wenn es gelingt, verantwortungsvoll und kompetent mit der Angebotsvielfalt umzugehen.

Warnungen vor Missbrauch und Gesundheitsschäden sind übliche Begleiterscheinungen in der Entwicklung eines neuen Massenmediums, und doch haben nach der Eingewöhnungsphase immer die Vorteile überwogen. Bereits jetzt ist absehbar, dass die mit der digitalen Mediamorphose einhergehende Schwächung des Urheberrechtes nicht zu einer Implosion des Musikangebots führen wird. Wer aus eigenem Antrieb Musik einfach machen muss, die/der lässt sich offenbar auch durch besondere Herausforderungen nicht im kreativen Schaffen beirren. Obwohl aus dem Verkauf von Übertagungsmusik keine nennenswerten Einkünfte mehr zu erwarten sind, ist die Angebotsvielfalt gewachsen. Zumindest für die Urheber scheint ihr Schaffen so essenziell zu sein, dass sie nicht darauf verzichten können, selbst wenn dieser Lebensentwurf auf Selbstausbeutung hinausläuft. Sebastian Dürre von der Gruppe Deichkind hat es so formuliert: „Vielleicht hat die Krise auch etwas Reinigendes. Musik kriegst du nicht weg, auch nicht das Verlangen danach. Vielleicht machen künftig einfach wieder mehr Leute Musik, weil sie Musik machen wollen, und nicht um reich und berühmt zu werden. Ich habe damals auch nicht angefangen um Geld zu verdienen oder ein Star zu werden, das ist alles später gekommen" (Stöger 2015, S. 33). Um mit der Veröffentlichung zumindest einen Überraschungseffekt zu erzielen, sind in jüngster Zeit etablierte MusikerInnen wie die Gruppe *Radiohead* dazu übergegangen, ihr neues Werk ohne Vorankündigung einfach über das Internet zur Verfügung zu stellen. Dabei wird für die Aussendung der Erstinformation ein Zeitpunkt gewählt, zu dem üblicherweise viel Betrieb im Web 2.0 ist. Damit können sie mit einer hohen Kommunikationsdichte und einer starken Thematisierung ihrer Veröffentlichung rechnen. Auch unter dem Aspekt der Qualität bleibt trotz aller möglichen Planung und Transparenz das Musikhören interessant. Denn entscheidend für die Entwicklung des Angebots ist nach wie vor die musikalische Praxis der HörerInnen. Und diese kommen nicht unvorbereitet mit Musik in Kontakt. Je mehr Herausforderungen die Medienentwicklung mit sich bringt, desto entscheidender sind die frühen Weichenstellungen der musikalischen Sozialisation, und desto intensiver sollten MusikpädagogInnen über ihre Möglichkeiten und Ziele nachdenken.

Was bedeutet das alles für eine repräsentative Untersuchung der musikalischen Praxis der ÖsterreicherInnen? Einerseits ist danach zu fragen, wie vor dem Hintergrund dieser neuen Rahmenbedingungen mit Musik umgegangen wird. Welche Rolle spielen Umgangsmusik, Darbietungsmusik und Übertragungsmusik? Welche Rolle spielen mediale Angebote? Wie wird Musik in den Alltag integriert? Und darüber hinaus ist zu erkunden, welchen Einfluss auf diese habituellen und situativen Umgangsweisen die Sozialisationsinstanzen Eltern, Peergroups und Massenmedien haben.

Aktuelle empirische Befunde zum Musikhören in Österreich

4.1 Zur Operationalisierung musikalischer Verhaltensweisen

4.1.1 Rahmenbedingungen und Forschungsinstrumente

Die in den Abschn. 4.2 bis 4.8 präsentierten Ergebnisse wurden unter Einsatz quantitativer Methoden der empirischen Sozialforschung gewonnen. Die am weitesten verbreitete Form quantitativer Untersuchungen zum Musikleben sind die mit repräsentativen Samples oder als Vollerhebung durchgeführten Kulturstatistiken von öffentlichen Behörden.[1] Zumeist sind sie durch ein Interesse am Ausmaß der Kulturteilhabe verschiedener Bevölkerungsgruppen motiviert und sollen als Entscheidungsgrundlage kulturpolitischer Maßnahmen dienen. Wiewohl diese statistischen Erhebungen als wertvolle Datenbasis für Sekundarauswertungen[2] dienen können, enthalten sie oft ein nicht realisiertes Erkenntnispotenzial. Für die meisten gilt, was Jürgen Gerhards zu seiner Erhebung angemerkt hat: „Wie bei allen Sekundäranalysen von Datensätzen gibt es auch in der hier durchgeführten Analyse das Problem, dass die Fragestellung und die theoretischen Konstrukte, die operationalisiert werden, nicht die Leitfragen derer waren, die den Fragebogen entworfen haben" (Gerhards 2008, S. 731). Aus einem Mangel an

---

[1]Zum Beispiel: Keuchel und Wiesand (2008), Donnat (2011), ICPSR (2012), European Commission (2013), Bundesministerium für Unterricht, Kunst und Kultur (2013), Schönherr und Oberhuber (2015).

[2]Zum Beispiel: Peterson (1992), Van Eijck (2001), Gebesmair (2004), Rössel (2006), Gerhards (2008).

theoretischer Fundierung sind in den meisten Kulturstatistiken die Erhebungsinstrumente ohne Rücksicht auf Anschlussfähigkeit an den aktuellen Forschungsstand konzipiert. Das beschränkt sowohl die aktuelle Vergleichbarkeit als auch die Möglichkeiten etwaiger Nachfolgestudien. Herbert Blumer hat überzeugend dargelegt, wie ein gutes Verhältnis von Theorie und Empirie aussehen kann: „The aim of theory in empirical science is to develop analytical schemes of the empirical world with which the given science is concerned. [...] Theory, inquiry and empirical fact are interwoven in a texture of operation with theory guiding inquiry, inquiry seeking and isolating facts, and facts affecting theory" (Blumer 1954, S. 3). Die Wiener Schule der Musiksoziologie zeichnet sich in ihrer empirischen Forschung durch theoretische Fundierung und internationale Orientierung aus sowie durch (von Kurt Blaukopf unermüdlich eingeforderte) Praxisrelevanz musiksoziologischer Forschung. Diese Ansprüche werden auch mit der vorliegenden Studie erfüllt. Aus den verlässlich festgestellten Tatsachen ergeben sich nicht nur Auswirkungen auf die Theoriebildung, diese sind auch als Entscheidungsgrundlagen für Kulturpolitik und Musikpädagogik von höchster Relevanz. Anders als in den großen nationalen Surveys oder in der Medienforschung geht es hier auch darum, auf einer soziologisch-theoretischen Ebene die gesellschaftlichen Wandlungsprozesse und Ungleichheitsstrukturen zu thematisieren, die hinter den nüchternen Zahlen liegen. Die zentralen Fragestellungen dazu lauten: „Welche Rolle spielt Musikrezeption im Leben der Menschen heute (und morgen)?" bzw. „Welche sozialstrukturellen Merkmale sind von entscheidendem Einfluss auf die Musikrezeption?" Aber nicht nur das *Was* und das *Wie* des Musikhörens sind hier von Interesse, sondern auch das *Warum*. Theoretische Positionen dazu, die von musiksoziologischer Relevanz sind, lassen sich in zwei konkurrierenden Sichtweisen darstellen. Im Anschluss an Individualisierungsthese und Lebensstilforschung wurden unter anderem neue, technologisch bedingte Möglichkeiten und Herausforderungen einer musikalischen Selbstsozialisation identifiziert (Müller und Rhein 2006). Dieser Befund steht in direktem Widerspruch zu Bourdieus Homologiethese und seinem Postulat der Bedeutung primärer Sozialisation für die Entwicklung musikalischer Verhaltensmuster (Bourdieu 1993a, b, c). Welcher dieser Befunde nun die tatsächliche musikalische Praxis besser abbildet, das ist allein mit quantitativen Methoden der empirischen Sozialforschung nicht zu klären. Die in dieser Frage so wichtige Kategorie des Habitus[3] lässt sich wahrscheinlich nur mit teilnehmender Beobachtung hinreichend erfassen, und auch zur Beantwortung von Warum-Fragen ist ein tief gehender qualitativer Zugang

---

[3]Siehe Abschn. 2.2.

4.1 Zur Operationalisierung musikalischer Verhaltensweisen

wohl die bessere Wahl. Hingegen ist es nur mittels quantitativer Forschung möglich, ein verlässliches Wissen über das *Was* und *Wie* der Musikrezeption zu bekommen, das über die Gruppe der direkt Befragten hinaus Geltung hat oder gar verlässliche Rückschlüsse auf die musikalische Praxis der Gesamtbevölkerung zulässt. Auf dieser Basis ist dann auch ertragreiche weiterführende Forschung mit qualitativen Methoden möglich. Die aus Beobachtung der tatsächlich stattfindenden Praxis gewonnenen Verallgemeinerungen können zu Theorien führen, aus denen man wiederum auf Einzelfälle schließen mag. Was vermieden werden soll ist eine in der Luft hängende Deduktion, „die es unternimmt, aus einigen wenigen Axiomen ein Weltsystem aufzubauen und mit einer abstrakten Formel die Wirklichkeit zu vergewaltigen" (Friedell 2007, S. 517). Dies wäre völlig konträr zum Selbstverständnis der Wiener Schule der Musiksoziologie, hat doch Kurt Blaukopf schon vor mehr als dreißig Jahren dargestellt, „daß sich das kunst- und musiksoziologische Denken im Verlauf von rund anderthalb Jahrhunderten deutlich in eine Richtung entwickelt hat: von der philosophischen Spekulation zur empirisch gestützten Wissenschaft" (Blaukopf 1982, S. 12).

Wie die Alltagsempirie immer wieder zeigt, hat die mit Internet und Mobiltelefon aufwachsende *Generation Web 2.0* deutlich andere Musikzugänge und Hörgewohnheiten entwickelt, als sie für die KonsumentInnen der Vor-Internet-Zeit typisch waren. Gleichzeitig gibt es wohl gar nicht so wenige Menschen, deren musikalische Verhaltensweisen durch die Digitalisierung kaum beeinflusst wurden. Welchen Einfluss haben nun tatsächlich Familie, Massenmedien oder Freundeskreis auf die Entwicklung der Musikrezeption? Zur Beantwortung dieser Fragen gibt es begründete Annahmen, aufgrund mangelnder Grundlagenforschung jedoch kaum Evidenz. Aktuelle empirische Forschung, die sich eingehend mit der Musikrezeption in Folge der Internetrevolution beschäftigt, bedient sich oft des praktischen, aber problematischen Instruments der Onlinebefragung.[4] Problematisch ist hier die Beschränkung auf jenen Teil der Bevölkerung, der online erreichbar ist, womit das Augenmerk unverhältnismäßig stark auf die RezipientInnen mit neuen Zugängen zur Übertragungsmusik gelegt wird. Neben der musikalischen Praxis der älteren Bevölkerung werden mit diesem Zugang sowohl Umgangsmusik als auch Darbietungsmusik vernachlässigt, wenn nicht gar ignoriert. Bereits in den 1970er Jahren waren neue Verhaltensmuster der Jugendlichen ein Forschungsschwerpunkt der Wiener Musiksoziologie. In internationalen Kooperationen und interdisziplinären Zugängen konnte als Folge des Beat- und Rockmusikbooms eine starke Veränderung der umgangsmusikalischen Praxis

---

[4]Z. B. Collopy und Bahanovich (2012), Ter Bogt et al. (2011), Ipsos/ifpi (2016).

dokumentiert werden (Bontinck 1974). Hier vorliegend werden nun in einer breiter angelegten Perspektive die Folgen der digitalen Mediamorphose (Blaukopf 1989; Smudits 2002) auf die musikalische Praxis der Gesamtbevölkerung eingehend thematisiert. Dafür wurden in einer Pionierstudie 2010 und in einer Nachfolgestudie 2015 jeweils mehr als tausend ÖsterreicherInnen zu ihrer musikalischen Praxis und zu ihren musikalischen Vorlieben und Abneigungen befragt. Bei den Stichproben handelte es sich um repräsentative Quotensamples, was verlässliche Aussagen hinsichtlich des Einflusses von Alter, Geschlecht, Schulbildung, Haushaltseinkommen, regionaler Zugehörigkeit und Migrationshintergrund ermöglichte. Um die Einstellungen und Verhaltensweisen der ÖsterreicherInnen möglichst umfassend zu beleuchten, wurden im Zuge der Befragungen unterschiedliche Aspekte des Musiklebens thematisiert:

- Umgangsmusik, Darbietungsmusik, Übertragungsmusik;
- das Was, Wie, Warum des Musikhörens;
- musikalische und außermusikalische Aspekte des Freizeit- und Konsumverhaltes;
- Gebrauchsweisen von Musik sowie ihre Einbindung in den Alltag;
- Präferenzen, Antiferenzen und Hörhäufigkeit verschiedener Musikstile;
- Einfluss der Eltern auf gegenwärtigen und vergangenen Musikgeschmack;
- mediale und soziale Einflussfaktoren des Musikhörens;
- neue und alte Musikmedien sowie der jeweilige Umgang damit.

Und nicht zuletzt wurden die daraus gewonnenen Erkenntnisse zu einer ganzen Reihe von sozialstrukturellen Merkmalen sowie dem objektivierten und symbolischen kulturellen Kapital der Befragten in Bezug gesetzt. Die ausgewählten Forschungsmethoden und konkret die verwendeten Fragebögen spiegeln den Wunsch nach Überprüfung zentraler Hypothesen wider, die aus theoretischen Grundlagen und aktuellen Ergebnissen internationaler Forschung entwickelt wurden. Da die soziologische Kernfrage nach der sozialen Ungleichheit musikalischer Praxis hier eine zentrale Rolle spielt, war der Zugang über eine quantitative Erhebung mit besonderer Berücksichtigung der sozialstrukturellen Merkmale der Befragten zu wählen. Sowohl bei der ersten Erhebung 2010 (in der Folge: WM10) als auch bei der zweiten Erhebung (WM15) wurde die Auswahl eines repräsentativen Samples der österreichischen Bevölkerung ab 15 Jahren angestrebt. Tatsächlich wurde in beiden Befragungen eine repräsentative Quotenstichprobe erhoben, was mit dem internationalen Trend der letzten Jahre korrespondiert (Baker 2013). Bei diesem Zugang ist die Qualität der Quoten- und Gewichtungsvariablen zentral, um eine hohe Verlässlichkeit und Repräsentativität der Ergebnisse zu erreichen. Deshalb wurden die vorgegebenen Quotenpläne (nach Alter, Geschlecht, Geburtsland,

4.1 Zur Operationalisierung musikalischer Verhaltensweisen

Bildungsabschluss, Erwerbsstatus, Ortsgröße und Bundesland) anhand von aktuellen Verteilungen der *Statistik Austria* (Statistik des Bevölkerungsstandes und Mikrozensus) ausgewählt und im Anschluss an die Erhebung gewichtet. Grundgesamtheit der Befragung war die 16- bis 85-jährige Wohnbevölkerung in Österreich (etwa sieben Millionen EinwohnerInnen). Von einer Befragung der unter 16-Jährigen wurde aus arbeitsökonomischen Gründen abgesehen. Zweifellos sind auch die musikalischen Einstellungen und Verhaltensweisen von jüngeren RezipientInnen interessant und vor allem für die Berufspraxis von MusikerzieherInnen von größter Relevanz. Ihre Erhebung hätte sich jedoch aufwendig gestaltet, da für jedes Interview die Zustimmung der Erziehungsberechtigten erforderlich gewesen wäre. Zudem haben Kinder oft Schwierigkeiten beim Beantworten quantitativer Fragen, die sich schwerpunktmäßig an der Sprachkompetenz und der musikalischen Praxis eines älteren Publikums orientieren müssen. Unterschiedliche Erhebungsinstrumente für Jung und Alt wiederum hätten die Vergleichbarkeit der Ergebnisse beeinträchtigt. Wichtig war auch, die für Österreich charakteristische Stadt-Land-Dichotomie zu berücksichtigen.[5] Nicht zuletzt die österreichischen Bundespräsidentenwahlen 2016 haben gezeigt, dass hier in urbanen und ruralen Lebenswelten unterschiedliche Grundhaltungen vorherrschen (Mayr und Gartner 2016). Natürlich ist von Interesse, ob und inwiefern sich das auch im Musikleben niederschlägt. Empirische Studien mit einem hohen Anspruch an theoretische Fundierung, Validität und Reliabilität sind mit erheblichem Aufwand verbunden, was die weitgehende Alleinstellung der hier vorgestellten Forschungsergebnisse erklärt.[6] Die hohe Datenqualität der Erhebungen WM10 und WM15 machte es möglich, Rückschlüsse auf die generelle musikalische Praxis der österreichischen Bevölkerung (über 15 Jahre) zu ziehen. Ohne ausreichende personelle Ressourcen ist so eine Erhebung naturgemäß nicht zu bewältigen. Mithilfe der Sozialwissenschaftlichen Studiengesellschaft (SWS), die über das nötige methodologische Knowhow und entsprechend geschulte InterviewerInnen in ganz Österreich verfügt, wurden mittels PAPI-Verfahren 1042 (WM10) bzw. 1199 (WM15) Face-to-Face-Interviews auf Basis des

---

[5]Auch bedeutende Rezeptionsstudien haben mitunter den Makel, dass ausschließlich in einer Stadt befragt wurde (Bourdieu 1993b; Schulze 1992; Neuhoff 2004).
[6]Die internationale Datenlage ist einerseits durch Kulturstatistiken zur Beteiligung der Bevölkerung am Kulturleben geprägt und andererseits durch experimentelle Rezeptionsstudien. Erstere finden üblicherweise ohne theoretische Fundierung statt. Letztere fördern oft interessante Ergebnisse zutage (Salganik und Watts 2008; Salimpoor et al. 2013, u. v. m.), haben jedoch letztlich nur Aussagekraft hinsichtlich der geprüften Zielgruppe (zumeist PsychologiestudentInnen) in einer wirklichkeitsfremden Laborsituation.

gleichen Fragebogens geführt. Um höchstmögliche Verlässlichkeit der Ergebnisse zu garantieren, erfolgte die Befragung nicht telefonisch. Die Antwortbereitschaft ist bei Face-to-Face-Befragungen wesentlich höher als bei Telefoninterviews, was wiederum einen größeren Umfang des Fragenkatalogs – und somit eine Betrachtung aus mehreren Perspektiven – ermöglicht (Burzan 2005). Jedes Interview dauerte etwa zwanzig Minuten, von geschultem Personal wurden die Fragen vorgelesen und die Antworten im Fragebogen eingetragen. Die Codierung und Übertragung in eine SPSS-Datenmatrix erfolgte dann zentral. Nach Abschluss der Daten-Erhebung wurden die Stichproben beschrieben und hinsichtlich Wechselwirkungen ausgewertet. Das Antwortverhalten wurde zuerst mittels Häufigkeitsvergleichen anhand sozialer Merkmale untersucht. Bei den Fragebatterien zu verschiedenen Messdimensionen (wie beispielsweise Bewertung verschiedener Musikstile) wurden – so metrisches Datenniveau und eine ausreichende Fallzahl oder annähernde Normalverteilung vorhanden – Dimensionierungen mittels Faktorenanalyse unternommen.[7] Dabei wurde untersucht, ob sich aus den darin einbezogenen Variablen Bündel bilden lassen, welche wechselseitig miteinander zusammenhängen und als eigenständige Messdimension benennbar sind. Falls derartige Bündel messbar und plausibel interpretierbar waren, wurden diese Variablen zu Indizes zusammengefasst. Bei metrischen Variablen wurden Summenindizes gebildet und bei ordinalen Variablen wurden Countindizes gebildet, um eine Mindesthäufigkeit mehrerer Variablen zu zählen.[8] Zusammenhänge zwischen Variablen oder Messdimensionen wurden mittels Spearman- (bei ordinalem Datenniveau) oder Pearson-Korrelationen (bei metrischem Datenniveau) berechnet.[9] Bei nominalem Datenniveau wurde der Korrelations-Koeffizient errechnet. Alle in der Ergebnispräsentation beschriebenen und interpretierten Zusammenhänge sind signifikant.[10]

Die beiden Befragungsdurchgänge WM10 und WM15 wiesen viele Gemeinsamkeiten, aber auch Unterschiede auf. WM10 wurde vor dem Hintergrund konzipiert und durchgeführt, dass umfassende repräsentative Erhebungen zur musikalischen Praxis in Österreich bis dahin schlicht nicht existierten. Hier ging es vor allem einmal darum, ein verlässliches Bild vom tatsächlichen Musikleben jenseits von Klischees und Wunschdenken zu zeichnen und damit wissenschaftlich

---

[7]Faktorenanalyse ist ein Verfahren, mit dem man latente Variablen („Faktoren") findet, die vielen verschiedenen manifesten Variablen zugrunde liegen.

[8]Zum Beispiel: ordinal benannte Häufigkeitsangaben wie „mehrmals pro Woche".

[9]Korrelation (zwischen +1,0 und −1,0) zeigt die Stärke des Zusammenhangs zwischen Variablen an.

[10]Signifikanz bedeutet, dass Unterschiede zwischen zwei Beobachtungen nicht zufällig sind.

4.1 Zur Operationalisierung musikalischer Verhaltensweisen

fundierte Grundlagen für die Auseinandersetzung mit den Herausforderungen der digitalen Mediamorphose zu liefern. Zudem prägten die speziellen Vorgaben des Fördergebers das Projektdesign[11], sodass neben der Darstellung von musikalischen Verhaltensweisen verschiedener Bevölkerungsgruppen ein aktuelles Stimmungsbild zum Musikleben gezeichnet werden sollte und auch Spezialfragen Berücksichtigung fanden.[12] Die hohe Relevanz und der Neuigkeitswert der Erkenntnisse aus diesem ersten Befragungsdurchgang spiegelten sich neben Präsentationen auf hochrangigen Fachkongressen in einer breiten Medienberichterstattung wider.[13] Gleichzeitig wurde im Prozess der Datenauswertung klar, in welchen Bereichen bei einer zu realisierenden Wiederholungsstudie Veränderungen, Ergänzungen oder Streichungen im Projektdesign vorzunehmen wären. Verstärkt wurde die Dringlichkeit, ein zweites Mal mit leicht modifizierter Perspektive ins Feld zu gehen, durch Detailergebnisse der Befragung, die klare Anschlussmöglichkeiten und Konkretisierungsnotwendigkeiten erkennen ließen. Diese lassen sich wie folgt zusammenfassen:

- Eine Musikpräferenzerhebung auf den drei Ebenen Veranstaltungsbesuch, Lieblingsmusik und Stilfeldbewertung ist nur bedingt sinnvoll.
- Die Klärung von Einstellungsfragen ist im Zuge einer quantitativen Erhebung wenig ertragreich. Aussagen und Fragen zu emotional aufgeladenen Themen (wie etwa Urheberrecht im Internet oder heimische Musik in den Massenmedien) lassen sich auf dem begrenzten Platz eines Fragebogens nur verkürzt darstellen. Bei allem berechtigten Interesse an einem repräsentativen Meinungsbild ist zur Darstellung und Auslotung polarisierender Einstellungen zum Musikleben das qualitative fokussierte Interview besser geeignet. Befunde wie „85 Prozent der Befragten stimmen der Aussage zu, dass Musik ein unverzichtbarer Teil ihres Lebens ist" klingen erfreulich und werden von den Massenmedien gerne aufgegriffen. Zurück bleibt jedoch – neben dem Verdacht der Antwortverfälschung aufgrund sozialer Erwünschtheit – das unbestimmte Gefühl, dass man darüber gerne mehr erfahren würde.

---

[11]Das Projekt fand im Zuge der Uni:Vision-Förderschiene der Universität für Musik und darstellende Kunst Wien statt. Eine Förderbedingung war Kooperation verschiedener Universitätsinstitute, was naturgemäß zu einer gewissen Heterogenität der Fragestellungen führte.

[12]Zum Beispiel: wie zeitgenössische Kunstmusik rezipiert wird.

[13]Zum Beispiel: 3rd Austrian Mobile Music Day; Huber (2013).

- Spezialfragen (wie etwa zur Bekanntheit von KomponistInnen zeitgenössischer Kunstmusik oder zur Seltenheit, mit der deren Werke gehört werden) sind von hohem Interesse für jene, die in dieser Nische ihre Bestimmung gefunden haben. Gleichzeitig bindet ihre Thematisierung Kapazitäten und drängt Anliegen von höherer gesamtgesellschaftlicher Relevanz aus der beschränkten Interviewzeit.
- Eine Fundierung der empirischen Forschung in soziologischen Theorien ist auf zwei Ebenen wichtig: einerseits im Anschluss an (zumeist nicht repräsentative) Forschung aus Musiksoziologie und Sozialpsychologie; andererseits zur Gewinnung empirischer Befunde zur Grundhypothese einer sozialen Ungleichheit musikalischer Praxis in Österreich.

Die Pionierstudie WM10 brachte in manchen Bereichen Erkenntnisse, die sich bei wiederholter Erhebung wohl nicht ändern werden. Dies betrifft vor allem Bereiche des täglichen Lebens, die von sozialem Wandel kaum beeinflusst sind, wie etwa die Gründe für Nichtbesuch von Musikveranstaltungen. Neben vielen interessanten Detailergebnissen lag der größte Neuigkeitswert aus WM10 in der Identifikation eines Rezeptionstyps, den es so zuvor nicht gegeben hatte. Dieser aus Faktoren- und Clusteranalysen entwickelte Typ *Generation Web 2.0* ist durch eine ganze Reihe von Merkmalen gekennzeichnet.[14] Eine wesentliche Erkenntnis war, dass es sich hier um junge Menschen mit distinkten Verhaltensmustern handelt, denen bei der Auswertung gesonderte Aufmerksamkeit zu schenken sei. Der Wunsch nach Validität der Ergebnisse verlangte jedoch nach einer größeren Menge an Befragten dieser Altersgruppe.

4.1.2 Mögliche und unmögliche Fragestellungen

Insgesamt war für eine Neuausrichtung des Projektdesigns entscheidend, welche Fragen tatsächlich geklärt werden können bzw. müssen, wenn drei zentrale Aspekte berücksichtigt werden: der musiksoziologische Erkenntniswert, die Rahmenbedingungen der Erkenntnisgewinnung und die besonderen Qualitäten des Erhebungsinstruments. Der verbesserte Fragebogen spiegelte das in vier

---

[14]Cluster-Analyse ist ein Verfahren, das Personen, die ein bestimmtes Objekt gleich oder ähnlich beurteilt haben, zu Gruppen (Clustern) zusammenfasst. Aktive Variablen beeinflussen die Clusterbildung, passive Variablen beschreiben die Cluster zusätzlich.

4.1 Zur Operationalisierung musikalischer Verhaltensweisen

Teilbereichen angesiedelte Forschungsinteresse mit folgenden zentralen Fragestellungen zur musikalischen Praxis wider:

- Welche Musik wird gehört?
- Wie wird mit Musik umgegangen?
- Warum wird Musik gehört?
- Wodurch wurden diese Verhaltensmuster geprägt?

Die Untersuchung des Musikgeschmacks ist eine komplexe Angelegenheit. Im Anschluss an Bourdieus Homologie-Behauptung[15] dominiert dieser Aspekt die sozialwissenschaftliche Musikrezeptionsforschung seit den 1980er Jahren, und auch in den Befragungen WM10 und WM15 nahm er den größten Raum ein. Ein ungelöstes Problem sind dabei die nationalen, zum Teil sogar regionalen Besonderheiten der Musiklandschaft, die einen sinnvollen Vergleich nur bedingt zulassen. Eine Übertragung von Ungleichheitsbefunden auf Basis eines legitimen Geschmacks ist nicht ohne wesentliche Verrenkungen möglich.[16] Auch der im deutschen Sprachraum bedeutende volkstümliche Schlager ist zum Beispiel nicht wirklich mit dem französischen *Chanson* vergleichbar und schon gar nicht mit dem US-amerikanischen *Country & Western*.[17] Die Folge dieses Fehlens eines international verbindlichen Stilkanons sind nationale Alleingänge auf Basis von Versuch und Irrtum. Einen ungewöhnlichen Weg der Präferenzforschung, der dieses Problem umgeht, hat in den 1950er Jahren der amerikanische Soziologe John H. Mueller vorgestellt. Inspiriert durch einen Bericht Robert Schumanns über das Repertoire des Leipziger Gewandhausorchesters in der Saison 1837/1838 hat er dokumentiert, welche Komponisten bei den Aufführungen traditioneller US-amerikanischer Symphonieorchester wie stark berücksichtigt wurden (Mueller 1951). Desmond Mark hat fünf Jahrzehnte später diesen Ansatz wieder aufgenommen, in der Absicht „eine Objektivierung des für Wien charakteristischen ‚musikalischen Geschmacks' [zu] gewinnen, wie er sich in der Struktur des Repertoires niederschlägt" (Mark 1998, S. 12). Der auf diese Art festgestellte Musikgeschmack ist wohl relativ gut international vergleichbar, hat jedoch aufgrund der

---

[15]Siehe Abschn. 2.2.
[16]Siehe Abschn. 2.3.
[17]So ist etwa in der *Country Music* zwischen traditionellen und modernen Spielarten zu unterscheiden, die wiederum unterschiedliche Lebenswelten repräsentieren und unterschiedliche Publikumsschichten ansprechen (Holt 1997).

vielen anderen Probleme, die man sich mit diesem Zugang einhandelt, keine NachahmerInnen gefunden. Zwei verschiedene Zugänge zur Musikgeschmacksprüfung konnten sich hingegen etablieren, beide weisen spezifische Stärken und Schwächen auf. Der klingende Fragebogen arbeitet mit zu bewertenden Klangbeispielen, er erfreute sich vor allem in den 1960er und 1970er Jahren großer Beliebtheit (Niemann 1974; Karbusický 1975; SRG Forschungsdienst 1979). Bereits in diesen frühen Jahren wurde jedoch wiederholt auf Schwierigkeiten hingewiesen, die diese Form der Operationalisierung mit sich bringt (Blaukopf 1974b, S. 232; Karbusický 1975, S. 253). So ist die Auswahl des vorzuspielenden kurzen Ausschnitts eine große Herausforderung, vor allem wenn man auch Kunstmusik berücksichtigen will, die viele Werke mit in sich großer Heterogenität aufweist. Und werden allzu bekannte Klangbeispiele gewählt, erfolgt unter Umständen eher eine positive Bewertung als es bei weniger bekannten Stücken dieses Stilfelds der Fall wäre. Auch in jüngerer Zeit wurde im Zuge eines von Renate Müller geleiteten Forschungsprojekts die Zuordnung von Musikstücken zu Stilrichtungen als schwierig erlebt. Müller bezeichnete es resümierend als „unrealistisches Postulat, klingende Fragebögen so zu konstruieren, dass die Musikbeispiele repräsentativ für Stile seien" (Müller 2000, S. 96). Zum gleichen Befund gelangte Klaus Ernst Behne im Zuge seiner Langzeitstudie zum Musikerleben von SchülerInnen, bei der klingende mit verbalen Präferenzen verglichen wurden (Behne 2009). Dieses Projekt wies Züge der experimentellen Psychologie angloamerikanischer Prägung auf, in deren Tradition häufig Musik vorgespielt wird, um (physiologische) Wirkungen zu testen.[18] Während es in der deutschsprachigen musikpsychologischen Forschung zumeist um das Musikverstehen geht, interessiert man sich in den USA vor allem für Musikhören als Form der Informationsverarbeitung, ungeachtet der Alltagsrelevanz dieser Erkenntnisse. „Es fehlt nicht nur an einer Theorie, sondern auch an empirischen Forschungsansätzen, welche der Komplexität der Musikrezeption gerecht werden und lebensnah sind" (Gembris 1999, S. 35). Selbst wenn man die typische Beschränkung auf Rezeptionssituationen, die in der Wirklichkeit so nicht stattfinden, außer Acht lässt, ist die Verlässlichkeit der Ergebnisse fragwürdig. Schon in den frühesten Untersuchungen hat sich gezeigt, dass ProbandInnen vor allem jene Wirkungen von Musik an sich bemerken, die vermeintlich normal sind (Baker 1937). Ähnlich problematisch ist die Akzeptanzforschung der Formatradios einzuschätzen, die sich weit von den sozialwissenschaftlichen Prinzipien entfernt hat, auf denen Paul F. Lazarsfeld in den 1930er Jahren die moderne Radioforschung aufgebaut

---

[18]Zum Beispiel: Rauscher, Shaw und Ky (1993); Salimpoor et al. (2013).

hat (Mark 1996; Schramm 2009). In einer damit verwandten, oft zitierten Studie wollen Morris Holbrook und Robert Schindler (1989) mithilfe eines klingenden Fragebogens herausgefunden haben, dass man ein Leben lang jene Musik bevorzugt, die die Hitparaden dominierte, als man selbst 23 ½ Jahre alt war. Abgesehen von der willkürlichen Auswahl der Befragten, an der es wohl auch liegt, dass die Ergebnisse nicht reproduzierbar sind (Hemming 2013), zeigte sich auch bei dieser Untersuchung die Auswahl der Musikbeispiele als problematisch. Schon die Grundannahme, dass sich der Musikgeschmack der Befragten allein über Top Hits abbilden ließe, ist fragwürdig. Aber auch die Operationalisierung über dreißig Sekunden lange Musikausschnitte als Repräsentanten eines je zweijährigen Beobachtungszeitraums konnte eigentlich nur Artefakte produzieren. Laboruntersuchungen zum Musikhören lassen zwangsläufig den Aspekt der Rahmenbedingungen außer Acht, den Umstand, dass Musik in verschiedenen Kontexten aus verschiedenen Motivationen heraus gehört wird. Und wenn sich während des Hörens die Umgebungssituation ändert, kann selbst eine Lieblingsmusik plötzlich unbedeutend oder gar störend werden. So passiert es wohl häufig, dass während der Rezeption die Haltung von aufmerksamem Zuhören auf Wahrnehmen eines Hintergrundgeschehens umgestellt wird, wenn sich die äußeren Umstände plötzlich ändern. Noch weiter gedacht ist ja Musik immer eingebettet in eine Lebenswelt, ist Teil der individuellen Biografie und Ausdruck von Identität. Antoine Hennion (2001, S. 17) beschrieb das Musikhören als „a ceremony of pleasure, a series of little habits and ways of doing things in a situation, depending on each person's preferences, sets of routines and of arrangements and surprises". Für viele Menschen ist Musik ein Mittel, den Alltag zu organisieren, dem Leben einen speziellen Sinn zu verleihen (De Nora 2002). Dies alles ist zu bedenken. Und wenn der gewählte Zugang bei der Erfassung dieser Sinnzuschreibungen an seine Grenzen stößt, wie dies bei der quantitativen empirischen Sozialforschung der Fall ist, so sollte zumindest auf diese Beschränkung hingewiesen werden.

Nach intensiver Auseinandersetzung mit methodologischen Problemen der Präferenzerhebung im Anschluss an die Ergebnisse von WM10 konnte nicht nur ein Erwünschtheitskoeffizient entwickelt werden, es bestätigte sich auch die Entscheidung gegen den Einsatz eines klingenden Fragebogens in WM15 (Huber 2010, 2014b). Ein innovativer experimentell-psychologischer Weg zur Untersuchung der Alltagsbedeutungen von Musik, ohne auf Laborsituationen zurückgreifen zu müssen, wurde mit der *Experimental Sampling Method* entwickelt. Dabei protokollieren die ProbandInnen mehrmals pro Tag (nach Aufforderung zu willkürlich gewählten Zeitpunkten), ob sie gerade Musik gehört haben, und wenn ja: welche, aus welcher Quelle, in welcher sozialen Situation und wie das die Stimmung beeinflusst hat. Aufgrund des hohen Aufwands und der Schwierigkeit,

Menschen zu finden, die zu so einer Überwachung über Wochen hinweg bereit sind, konnte in einer ersten Studie nur eine kleine Gruppe von ProbandInnen untersucht werden (Sloboda et al. 2001). Eine Verbesserung der Forschungsbedingungen ergab sich mit der Einsatzmöglichkeit von Smartphones, was auch eine Nachfolgestudie mit 346 TeilnehmerInnen ermöglichte. Das Kernproblem der fehlenden Repräsentativität blieb jedoch auch hier bestehen: „the present sample was predominantly white and middle class, and it contained a large proportion of undergraduates" (North et al. 2004, S. 75). Trotz der dokumentierten Probleme beinhaltet dieser Zugang erhebliches Erkenntnispotenzial zur Rolle des Musikhörens im Alltag der Menschen. Der de facto am häufigsten gewählte Zugang zur Erhebung des Musikgeschmacks besteht darin, die Menschen um verbale Beurteilung vorgegebener Musikstile zu bitten. Oft erfolgt dies durch Vorlage einer Auflistung mit der Bitte um Angabe, wie gut der jeweilige Stil gefalle. Auch dieser Zugang bringt Gefahren mit sich, deren größte die Einteilung von Musik in Stilfelder ist. Wird diese zu kleinteilig vorgenommen, entstehen Differenzierungen, die lediglich für SpezialistInnen relevant sind. Beschränkt man sich hingegen auf wenige, historisch beständige Hauptkategorien, besteht die Gefahr willkürlicher Lesarten und MusikerInnen-Zuordnungen. So hat etwa der *Jazz* im Laufe seiner Geschichte gravierende Bedeutungs- und Wahrnehmungsveränderungen erfahren und so verschieden konnotierte KünstlerInnen wie Glenn Miller, Ornette Coleman oder Schmieds Puls beheimatet. Oder die *Oldies:* Was nützt es, dass dieses in der Schweiz der 1970er Jahre beliebteste Genre dreißig Jahre später auch in Österreich die höchsten Zustimmungsraten erreichen konnte, wenn sich das Verständnis dessen, was Oldies sind, naturgemäß verändert hat?[19] Darüber hinaus findet dieses Stilfeld in den von der Tonträgerindustrie etablierten Einteilungen (Klassik, Jazz, Rock, …) keinen Platz, und so musste es wegen fehlender Vergleichbarkeit für weitere Untersuchungen aufgegeben werden. In eingehenden Analysen hat sich gezeigt, dass sich vor allem die musikalische Praxis innovativer weltoffener RezipientInnen kaum in Kategorien zwingen lässt (Berli 2014). Diese Eigenwilligkeit anspruchsvoller MusikhörerInnen stellte die Rezeptionsforschung bereits vor Schwierigkeiten, als von musikalischem Überangebot im Internet noch keine Rede war: „the classification of music consumed by adolescents shows considerable variance and discrepancies […], the difficulty in deciding on genres is simply due to the complexity and multidimensionality of the musical products to be classified" (Zillmann und Gan 1997, S. 165).

---

[19]SRG Forschungsdienst (1979).

4.1 Zur Operationalisierung musikalischer Verhaltensweisen

Des Weiteren darf die Differenz zwischen Hörenwollen (Präferenz) und Hörenkönnen (Hörhäufigkeit) nicht aus den Augen verloren werden. Die wenigen umfangreichen Rezeptionsstudien, die sich bei der Beschreibung der Hörpraxis nicht auf Präferenzen (und Antiferenzen) beschränken, zeigen, wie aufschlussreich es ist, die Frequenz zu berücksichtigen, mit der einzelne Musiken gehört werden (Bennett 2009). Will man lebensnahe Erkenntnisse gewinnen, ist es wichtig, die Rezeptionssituation umfassend zu betrachten, sich nicht auf den Geschmack zu beschränken. „Individual social practices, and sometimes the majority, are not linked to tastes, but are rather instigated by circumstances, by weak or strong obligations or constraints of all kinds" (Lahire 2008, S. 173). So sehr sich die Rahmenbedingungen im Bereich Übertragungsmusik mit dem Internet zu einer potenziellen Ubiquität entwickelt haben, so wenig gleichverteilt sind die Partizipationsmöglichkeiten in den Bereichen Umgangs- und Darbietungsmusik. Gerade aufgrund seiner relativen Seltenheit wirkt ein Konzerterlebnis nachhaltiger geschmacksbildend als eine Formatradio-Dauerbeschallung, weil der Eindruck, den es hinterlässt, ungleich stärker ist. Und noch einmal intensiver wird Musik beim eigenen Musikmachen rezipiert. Hier verbinden sich die Effekte der Wiederholung mit jenen der intensiven emotionellen Hingabe. Das hinterlässt hervorragende musikalische Eindrücke, die sich nur in Situationen ergeben, die von Kopräsenz, Körpererfahrung und sinnlichen Erlebnissen geprägt sind (Heilgendorff 2008). Alphons Silbermann hat über Jahrzehnte hinweg einen guten Teil seiner Anstrengungen der Bewusstseinsbildung gewidmet, dass Musikerlebnisse sowie ihre Bedingungen und Möglichkeiten im Zentrum musiksoziologischer Betrachtung stehen müssten (Silbermann 1957, 1967). Dabei ging sein Blick bereits über jene Rezeptionssituationen hinaus, in denen Kopräsenz von Musikschaffenden und Publikum gegeben ist. Nur ein Teil der Bevölkerung hat die Gelegenheit und das Bedürfnis, selbst vor Publikum zu musizieren oder so einem Ereignis wiederholt als RezipientIn beizuwohnen.[20] Zweifellos können diese Privilegierten in ihrer musikalischen Praxis nicht als repräsentativ für die Gesamtbevölkerung betrachtet werden, was wiederum Befragungen von Konzertpublika in ihrer Aussagekraft stark beschränkt.[21] Was jedoch diese Exit Polls im Idealfall

---

[20]Ein gutes Viertel der ÖsterreicherInnen besucht nie eine Musikveranstaltung. Mehr dazu in Abschn. 4.2.1.
[21]Die soziale Ungleichheit beginnt schon im Vorschulalter, wenn einem beschränkten Angebot an Musikvermittlungsabonnements oder Plätzen in Kursen musikalischer Früherziehung eine wesentlich größere Nachfrage gegenübersteht.

zutage treten lassen, sind die vielfältigen Gründe jenseits musikalischer Aspekte, die es für einen Konzertbesuch geben kann, sowie die Bedeutung der Rahmenbedingungen, die auf die Qualität der Konzerterlebnisse einwirken (Rösing und Barber-Kersovan 1993; Neuhoff 2004, 2007). Zudem zeigen Erhebungen vor Ort besser als repräsentative Surveys, wer tatsächlich am Konzertleben teilnimmt. Befragungen zur musikalischen Praxis haben den Nachteil der Anfälligkeit für Antwortverzerrungen, da sich die Befragten durch ihre Antwort hinsichtlich ihrer vermeintlichen kulturellen Bildung deklarieren. Da musikalische Stilfelder oft in Zusammenhang mit einem typischen Publikum gesehen werden, erfolgt mit einer positiven Bewertung dieser Musik so etwas wie eine symbolische Eingemeindung und auf diese Weise eine gesellschaftliche Positionierung. In jeder Gesellschaft werden bestimmte Handlungen, Meinungen oder andere Eigenschaften als besonders positiv angesehen, in Wien zum Beispiel ein gelegentlicher Opernbesuch. Oft bewegt man sich abseits dieser sozialen Erwünschtheit und gibt dann auf Nachfragen eine nicht realisierte Praxis an (Reuband 2007). Hennion ging so weit zu behaupten, dass nach Bourdieu eine unbefangene Auskunft über Musikgeschmack nicht mehr zu bekommen sei. „People are now so ‚sociologized', that when you ask them what their musical tastes are, they will begin by apologizing: ‚my family was very middle-class, I was taught by a private tutor, my sister played the violin …'" (Hennion 2001, S. 5). Auch wenn seine Beobachtung hier auf einer Überschätzung der gesellschaftlichen Wirkkraft musiksoziologischer Forschung beruhen dürfte, ist Hennions Plädoyer für eine Abkehr von dieser „negative sociology of taste" (a. a. O.) zugunsten der Auseinandersetzung mit der musikalischen Praxis der Menschen ernst zu nehmen. Von sozialer Erwünschtheit wenig beeinflusste Aussagen über eigene Stilpräferenzen können annäherungsweise über die Erhebung der Lieblingsmusik gewonnen werden. Einerseits werden dabei die Befragten stark auf die eigene Person verwiesen, was ein kurzfristiges Vergessen des sozialen Drucks bewirken bzw. dazu motivieren kann, die individuelle musikalische Identität herauszustreichen. Andererseits ist mit der Bekundung der höchstpersönlichen (einzigen) Präferenz noch keine Bewertung aller dabei *nicht* genannten Stilfelder verbunden. Wer etwa am liebsten Udo Jürgens hört, kann sehr gut auch Klassik mögen. Bedingung für eine möglichst wertfreie Präferenzäußerung ist allerdings der völlige Verzicht auf Stilfeldervorgaben. Je überraschender und weniger determiniert so eine Frage aufgeworfen wird, desto offener und verlässlicher wird die Antwort erfolgen. Nach Rösing (1998, S. 131) lässt sich von der Lieblingsmusik auf „bevorzugte Lebensstile, Gruppenzugehörigkeiten, Affinitäten zu bestimmten Wertvorstellungen, Normen, Konventionen und auf unreflektierte Selbstverständlichkeiten" schließen, was als weiteres Argument für diesen Zugang gesehen werden kann.

4.1 Zur Operationalisierung musikalischer Verhaltensweisen

Als Konsequenz all dieser Überlegungen erfolgte in der Studie WM15 die Erhebung der Musikpräferenz auf Basis einer offenen Frage nach der Lieblingsmusik. Dies brachte zwar einen erheblichen Codierungsaufwand beim Umwandeln in eine auswertbare Datenmatrix mit sich, erwies sich jedoch als jene Variante, mit der die tatsächlichen Präferenzen der Befragten mit dem geringsten Informationsverlust abzubilden sind. In einem zweiten Schritt wurde später im Fragebogen nach der Hörhäufigkeit von neun klar abgegrenzten Stilfeldern gefragt. Dies war auch als Kontrollfrage konzipiert, jedoch vor allem dem Interesse geschuldet, eine mögliche Diskrepanz zwischen Hörenwollen und Hörenkönnen abzubilden. Die Angaben zur offenen Frage nach der Lieblingsmusik wurden in einem ersten Schritt in möglichst vielen Substilen (und Zusatzkategorien) codiert. In einem zweiten Schritt erfolgte dann nach positiver Prüfung der Übereinstimmung eine Konsolidierung auf jene neun als distinkt ermittelten Stilfelder, deren Hörhäufigkeit später abgefragt wurde.

Die Frage nach dem *Warum* und dem *Wie* musikalischer Praxis war schon früh ein Thema anthropologischer Forschung (Merriam 1992; Suppan 1984), jedoch oft aus einem Interesse an fremden Kulturen heraus. Mit dem Aufkommen der Cultural Studies hat sie auch für das Musikhören in modernen Industriestaaten an besonderer Bedeutung gewonnen. Nicht zufällig wird in dieser Forschungstradition zumeist mit qualitativen Methoden der empirischen Sozialforschung gearbeitet, da diese sehr gut geeignet sind, tief greifenden, schwierig zu beantwortenden Fragen auf den Grund zu gehen. Die quantitativen Methoden stoßen bei diesem Aspekt rasch an ihre Grenzen. Warum wir Musik hören, das ist in seiner ganzen Tiefe sicher nicht durch Multiple-Choice-Fragen zu erkunden, nicht zuletzt aufgrund der großen individuellen Besonderheiten und der unbewussten Motive, die etwa narrative Interviews hier zutage bringen können. Was jedoch im Zuge von WM10 und WM15 mit quantitativen Methoden erfolgreich zu erkunden war, das sind die bewussten Wünsche und Erwartungen, mit denen Musik konfrontiert wird. Warum ist Musik wichtig? Welche Funktionen erfüllt sie? Wofür wird sie (bewusst) eingesetzt? Dies schließt bei Tia De Noras Frage nach der Rolle von Musik im Alltag an (De Nora 2002), aber auch bei der Medienforschung und bei der Sozialpsychologie. Die Perspektive der Entstehung musikalischer Verhaltensmuster und deren Beeinflussung führt zu einer weiteren zentralen Forschungsfrage dieser Arbeit: Wie sehr wird unsere musikalische Praxis durch kulturelles Erbe und primäre Sozialisation determiniert? Und welche Einflussfaktoren können hier im späteren Leben noch wirksam werden? Dies lässt sich quantitativ gut klären, unter Berücksichtigung der sozialstrukturellen Merkmale der Befragten, deren Erhebung somit ein zentraler Aspekt der Befragung war. Gemeinsam mit der genauen Betrachtung des Umgangs mit Sekundäreinflüssen wie Massenmedien, Lehrpersonen und Gleichaltrigen konnte diese Frage eingehend behandelt werden. Von großem Wert waren hier die vertiefend gestellten Fragen nach der musikalischen Praxis in der Vergangenheit sowie nach den subjektiv empfundenen Einflussfaktoren der eigenen Geschmacksentwicklung.[22]

Bei der Betrachtung von musikalischer Praxis ist auch eine Reihe von Aspekten zu berücksichtigen, die jenseits der Fragen liegen, was von wem gehört wird und warum. Manches davon wird von der Sozialpsychologie mittels Experience Sampling Method erhoben, eine Face-to-Face-Befragung mit standardisiertem Fragebogen kann hier jedoch eine breitere Palette von Rahmenbedingungen des Musikhörens erfassen. So ist etwa von Interesse, welche Bedeutung das Musikhören im Verhältnis zu anderen Freizeitbeschäftigungen hat, wobei hier eine wesentliche Unterscheidung zwischen aufmerksamem Musikhören und Musik als Nebenerscheinung zu treffen ist. Damit zusammen hängen die sozialen Rahmenbedingungen des Musikhörens, also die Frage nach anwesenden Bezugspersonen während der Hörsituation. Das wiederum steht in Verbindung mit der unterschiedlichen Wertschätzung und Verwendung von Musik im Tagesablauf. Selbst die glühendste Opernfreundin hat vielleicht keine Lust, ihre Lieblingsarien in öffentlichen Verkehrsmitteln zu hören. Andere jedoch schätzen gerade in diesen Stehzeiten die Möglichkeit, über Kopfhörer in eigene musikalische Welten einzutauchen und damit ihre Umgebung anders wahrzunehmen (Bull 2000, 2007). Auch die Erwartungen an Musik, die Effekte und Wirkungen, die man sich vom Musikhören verspricht, dürften situationsbedingt unterschiedlich sein. Bekannt ist, dass hier Stimmungsregulierung eine große Rolle spielt (Schramm 2005). Daneben ist jedoch eine ganze Reihe von anderen Funktionen denkbar, die für zweckrationale Zugänge mehr oder weniger gut geeignet sind. Noch stärker pragmatisch konnotiert ist die Frage nach den technischen, finanziellen und zeitlichen Mitteln des Musikhörens. Wie viel ökonomisches Kapital wird in Eintrittskarten, Abspielgeräte und Trägermedien investiert? Und welche Rolle spielt bei all dem das Internet?

Da es im Rahmen der Studien WM10 und WM15 nicht nur darum gehen sollte, wie und warum Musik gehört wird, beschäftigt sich ein beträchtlicher Teil der Analysen mit der sozialen Ungleichheit des Musikhörens. Zu diesem Wer des Musikhörens haben sich, im Gegensatz zu Lebensstiltypologien, die einfach zu erhebenden Variablen Alter und Schulbildung als besonders aussagekräftig erwiesen.[23] Darüber

---

[22]Siehe Abschn. 4.7.
[23]Siehe Abschn. 2.5.

hinaus hat Pierre Bourdieu die unterschiedlichen Kapitalsorten in den Diskurs eingebracht, von denen hier die Schulbildung, das Haushaltseinkommen, die Berufsposition und verschiedene weitere Indikatoren für kulturelles Kapital berücksichtigt werden.[24] Ein bleibendes Verdienst der Cultural Studies wiederum ist, dass heute die Beobachtungskategorien Geschlecht und ethnische Zugehörigkeit einen fixen Platz in sozialwissenschaftlichen Studien haben. Und nicht zuletzt wurden Familienstruktur und Größe des Wohnortes der Befragten berücksichtigt, da hier mögliche Restriktionen im Zugang zu bestimmten Angeboten des Musiklebens zu vermuten sind. Es wurde also in den Befragungen eine ganze Reihe von Persönlichkeitsmerkmalen erhoben, von denen einige als aktive Variable bei den Clusteranalysen[25] zu berücksichtigen waren, während mithilfe anderer eine anschauliche Beschreibung der Musikhörtypen möglich war.

4.2 Die musikalische Praxis der österreichischen Bevölkerung

Ausgehend von der umfassenden Konzeption musikalischer Praxis, die Kurt Blaukopf (1982) für die Wiener Schule der Musiksoziologie vorgelegt hat, ergeben sich grundsätzliche Forschungsfragen, die mit den Instrumenten quantitativer Sozialforschung zu beantworten sind. Sie umfassen alle drei Aspekte des Musikhörens in Form von Umgangsmusik, Darbietungsmusik und Übertragungsmusik. Zugleich thematisieren sie die grundsätzliche Rolle von Musik im Alltags- und Freizeitverhalten der Menschen sowie die verschiedenen Zugänge und Initiativen, die zum Zwecke des Musikhörens gewählt werden. Darüber hinaus wird ausführlich darauf eingegangen, was gerne, lieber nicht bzw. wie oft gehört wird, also auf den international viel diskutierten Aspekt des Musikgeschmacks. Auch die Frage nach dem Warum des Musikhörens wird behandelt, wiewohl darauf hinzuweisen ist, dass sich diese Thematik mit quantitativer Sozialforschung nur eingeschränkt erfassen lässt.

---

[24]Siehe Abschn. 4.4.4.
[25]Die Beschreibungen der einzelnen Gruppen beziehen sich nicht auf absolute Zahlen, sondern sind immer im Vergleich zu den anderen Gruppen zu lesen. Alle einbezogenen Variablen haben einen hoch signifikanten Einfluss auf die Clusterbildung. Um die Stabilität der Ergebnisse zu überprüfen, wurde versucht, verschieden viele Gruppen zu bilden und das Variablenset zu verändern. Die hier präsentierten Gruppen sind die am besten interpretierbare Lösung.

4.2.1 Wie mit Musik umgegangen wird

Mit den Befunden aus einfachen Häufigkeits- und Faktorenrechnungen ergeben sich ein erster Überblick über Einstellungen und Verhaltensweisen sowie ein guter Einstieg in die Thematik, bevor in weiterer Folge die Erkenntnisse aus Rechnungen mit komplexeren statistischen Verfahren präsentiert werden.

Musikhören ist eine der beliebtesten Freizeitbeschäftigungen in Österreich, mehr als die Hälfte (56 %) der Bevölkerung tut dies (fast) täglich. Nur Fernsehen und Lesen spielen eine noch größere Rolle bei der Freizeitgestaltung. Allerdings ist wichtig zu betonen, dass hier vom Nebenbei-Hören die Rede ist, das naturgemäß öfter stattfindet als aufmerksames Musikhören. Aber auch zur bewussten Hinwendung zur Musik findet man relativ oft Gelegenheit, man tut dies zum Beispiel öfter als sich mit Freunden zu treffen. Mehr als die Hälfte (51 %) der Befragten praktiziert aufmerksames Musikhören mindestens mehrmals pro Woche. Etwas anders zeigt sich die Situation im Bereich der Darbietungsmusik. Der Besuch von Musikveranstaltung, egal welcher Natur, ist eine relativ selten betriebene Praxis. Nur die wenigsten (10 %) gehen mehrmals im Monat in ein Konzert, ein gutes Drittel (35 %) tut dies zumindest mehrmals im Jahr. Ein Viertel der österreichischen Bevölkerung (25 %) geht überhaupt nie in eine Musikveranstaltung (Abb. 4.1).

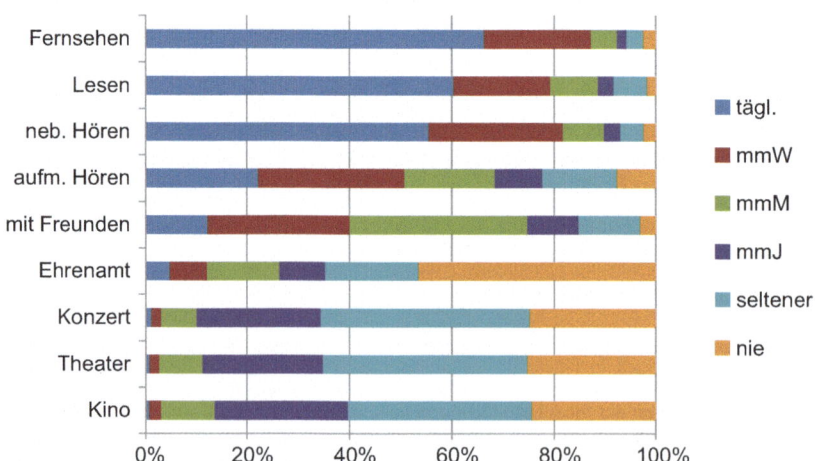

Abb. 4.1 Wie oft welchen Freizeitbeschäftigungen nachgegangen wird

4.2 Die musikalische Praxis der österreichischen Bevölkerung

In der ersten Erhebung (WM10) wurde auch nach der üblichen Musikhördauer gefragt. Musik kann *nebenbei* über Stunden hinweg gehört werden, da das vergleichsweise wenig Aufmerksamkeit und Anstrengung erfordert. Fast jede/r Zweite (46 %) tut das an einem gewöhnlichen Tag mehr als zwei Stunden lang, fast neun von zehn ÖsterreicherInnen (86 %) hören mehr als eine halbe Stunde täglich nebenbei Musik. Die Dauer des *aufmerksamen* Zuhörens ist erwartungsgemäß kürzer. Immerhin jede/r Vierzehnte (7 % der Befragten) hört mehr als zwei Stunden täglich aufmerksam Musik, die meisten (51 %) jedoch weniger als eine halbe Stunde.

Seit der Jahrhundertwende ist zunehmend die Frage nach der Rolle von Musik im Alltagsleben der Menschen thematisiert worden (Bull 2000; Sloboda et al. 2001; DeNora 2002; North et al. 2004; Heye und Lamont 2010; Sloboda 2010; Nowak und Bennett 2014). Das Forschungsprojekt WM15 schließt hier an und hat verlässliche Ergebnisse zur Frage generiert, wie gerne Musik in bestimmten Alltagssituationen gehört wird (Abb. 4.2). Mit Abstand am beliebtesten ist das Musikhören, wenn man (im Auto, im Zug, im Bus etc.) unterwegs ist. Mehr als drei Viertel (78 %) aller Befragten hören hier gerne Musik. Auch beim Frühstück (60 %) und bei der Hausarbeit (54 %) spielt Musik eine große Rolle. Anders verhält es sich mit Musik beim Abendessen, das mag nur ein Drittel (33 %) gerne, jede/r Sechste (17 %) jedoch gar nicht. Stärker abgelehnt wird Musikbeschallung nur beim Sport (31 %) und beim Arbeiten (22 %). Allerdings gibt es hier große Einstellungsunterschiede zwischen Jung und Alt, die an geeigneter Stelle näher ausgeführt werden.[26]

Mithilfe einer Faktorenanalyse hinsichtlich des Einsatzes von Musik im Alltag konnten drei distinkte NutzerInnen-Typen ermittelt werden, die sich wie folgt beschreiben lassen:

a. *Stimmungs-HörerInnen* schätzen Musik (als Hintergrund) beim Frühstück, bei der Hausarbeit, beim Kochen. Nicht gerne haben sie Musik beim Ausgehen am Abend und beim Sport.
b. *Gesellschafts-HörerInnen* schätzen Musik beim Sport, bei der Hausarbeit, wenn sie mit FreundInnen zusammen sind, beim Kochen und beim Ausgehen am Abend. Sie mögen Musik nicht beim Frühstück, beim Arbeiten, in Arbeitspausen und beim Abendessen.
c. *Entspannungs-HörerInnen* schätzen Musik beim Arbeiten, in Arbeitspausen, wenn sie unterwegs sind und zum Entspannen am Abend. Sie mögen Musik nicht beim Kochen und bei der Hausarbeit.

---

[26]Siehe Abschn. 4.5.

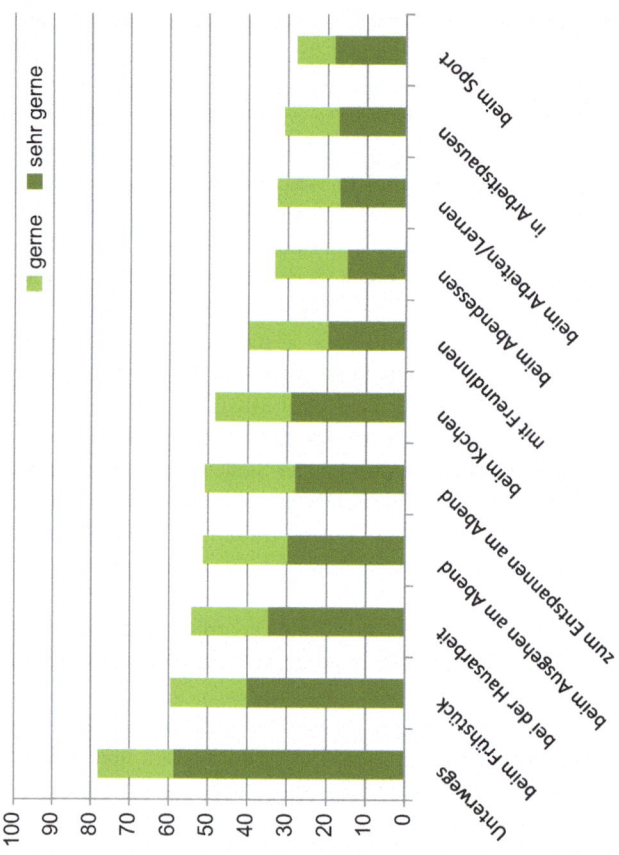

Abb. 4.2 In welchen Alltagssituationen sehr gerne oder gerne Musik gehört wird

4.2 Die musikalische Praxis der österreichischen Bevölkerung

Auf welche Weise gelangt man nun zur Musik, welche Endgeräte werden für das Musikhören verwendet? Das zentrale Medium des Musikhörens ist (nach wie vor) das Radio. Fast neun von zehn ÖsterreicherInnen (87 %) verwenden es zumindest mehrmals pro Woche. Auch Fernsehgeräte (46 %) haben nach wie vor einen hohen Stellenwert. Die in den Nullerjahren sehr wichtig gewordenen Träger der digitalen Mediamorphose, die Geräte MP3-Player (22 %) und Personal Computer (29 %) verlieren im Jahr 2015 bereits wieder an Bedeutung, während nun Mobiltelefone (29 %) immer wichtiger werden.[27] Hinsichtlich der Verwendung verschiedener Musikrezeptionsgeräte konnten (mittels Faktorenanalyse) drei Musikmediennutzungstypen identifiziert werden.

- *Internet-HörerInnen* verwenden oft Smartphone und Personal-Computer, auch MP3-Player, sehr selten jedoch CD-Player und Fernsehgeräte.
- *Tonträger-HörerInnen* verwenden oft CD-Player und Vinylplattenspieler, auch das Fernsehgerät, aber sehr selten Computer oder Smartphone.
- *Rundfunk-HörerInnen* rezipieren Musik sehr oft und fast ausschließlich über das Radio, manchmal auch über das Fernsehgerät.

Im Zuge der ersten Befragung WM10 wurde auch erhoben, über welche/n Radiosender zumeist Musik gehört wird. Dabei lag in Österreich das öffentlich-rechtliche Formatradio unangefochten an der Spitze (Ö3: 35 %, Ö2: 25 %). Daneben hatte sich privates Formatradio mit regionaler Reichweite eine beachtliche Stellung erarbeitet (13 %).[28] Die international hoch angesehenen – aber nur von einer Minderheit in Österreich gehörten – öffentlich-rechtlichen Programmradiosender (Ö1: 11 %, FM4: 5 %) behaupten sich immerhin gegen private Sender mit überregionaler Reichweite. Ausländische Radiosender wurden nur sehr selten gehört, Web-Radio spielte in Österreich als primäres Medium keine Rolle. Etwa jede/r Vierzehnte (7 %) bevorzugte keinen bestimmten Radiosender zum Musikhören.

Im Zuge von WM10 wurde ebenfalls erhoben, wie viel Musik die ÖsterreicherInnen besitzen. Etwa die Hälfte der Befragten (53 %) besaß demnach mindestens fünfzig Original-Tonträger. Jede/r Fünfte (19 %) besaß eine damit vergleichbare Anzahl von mindestens fünfhundert digitalen Musikfiles. Der Besitz von Musik ist jedoch keine Selbstverständlichkeit, jede/r Neunte (11 %) besaß keinen einzigen Original-Tonträger, mehr als die Hälfte (57 %) kein einziges digitales Musikfile. Auf der anderen Seite gab etwa jede/r Zwanzigste (5 %) mehr als fünfhundert

---

[27]Mehr zu dieser Entwicklung im Abschn. 4.3.
[28]Privatradios senden in Österreich (legal) erst seit 1998.

Tonträger bzw. fünftausend Musikfiles an. Während die Anteile der Analog- bzw. Digital-VielbesitzerInnen mit fünf bis sechs Prozent der Befragten etwa gleich hoch sind, geht im „Mittelfeld" die Schere weit auseinander. Einhundert bis fünftausend Musikstücke besitzen auf Original-Tonträgern gut drei Viertel der Befragten (77 %), als Musikfiles ist es lediglich ein Viertel (26 %). Interessanterweise lassen sich vom Umfang der Tonträgersammlung keine Rückschlüsse auf den Digitalbesitz ziehen, allerdings bedeutet „keine Tonträger" in der Regel auch „keine digitalen Musikfiles".

Was sich seit Jahren aus den Berichten der phonographischen Industrie ablesen lässt, bestätigte sich in unseren Befragungen. Die Internetnutzung etabliert sich in Österreich im Umgang mit Musik nur langsam, mehr als ein Drittel der Befragten (37 %) nützt es dafür in keiner Weise. Ein gutes Drittel (36 %) informiert sich zumindest mehrmals im Monat im Internet über Musik, knapp die Hälfte (45 %) hört Musik, elf Prozent kaufen Tonträger, neun Prozent kaufen Musikfiles. Von den Internet-Affinen wurden 2010 „Social Community Sites" als beliebtester Musik-Internet-Service genannt, mehr als zwei Drittel von ihnen (68 %) nutzten diese Netzwerke. Mittels Faktorenanalyse konnten zwei klar abgrenzbare Internetnutzungstypen ermittelt werden.

- Die *InternetkäuferInnen* sehen hier einfach einen guten Weg, Musik zu erwerben, seien es Tonträger oder MP3-Files. Web-2.0-Anwendungen sind für sie kein Thema.
- Ganz anders die *Interaktiven:* Sie verwenden das Internet, um auf Musik hinzuweisen, um sich über Musik auszutauschen, um Musik zu bewerten und zu kommentieren. Für sie wiederum ist Musik im Netz zu kaufen kaum ein Thema, da sie ihren Hörbedarf über Streaming decken.

Eine weitere Fragestellung im Zuge der Erhebung von 2010 behandelte den Einfluss der digitalen Mediamorphose auf das Ausmaß des Musikhörens. Jede/r Fünfte gab hier an, nun *mehr* Musik zu hören, seit es Internet bzw. MP3 gibt. Fast niemand (3 %) hörte weniger als zuvor. Das Überangebot an Musik im Internet war also für den Großteil der Bevölkerung nicht von Einfluss auf die konsumierte Musikmenge. Eine Überforderung, Ermüdung und Abwendung, wie in Abschn. 3.5 beschrieben, lässt sich aufgrund dieser Angaben nicht bestätigen. Für die Gruppe der Musikbegeisterten allerdings, die jede Möglichkeit des Musikhörens gerne wahrnehmen, hat dieser neue Zugang zu einer nochmaligen Intensivierung des Rezeptionsverhaltens geführt.[29]

---

[29]Mehr zu den Musikbegeisterten in Abschn. 4.8.

4.2 Die musikalische Praxis der österreichischen Bevölkerung

Die jüngsten technologischen Entwicklungen haben die Möglichkeiten, Musik unterwegs und für sich alleine zu hören, stark erweitert. Eine Fragestellung im Zuge von WM10 war, inwiefern sich das auf die *bevorzugte* Praxis auswirkt. Deshalb wurde erhoben, in welchem sozialen Umfeld am liebsten Musik gehört wird.[30] Tatsächlich wurde am liebsten „alleine" gehört, mehr als zwei Drittel (68 %) der Befragten bevorzugten das. „Zu zweit" (11 %), „im kleinen Kreis" (10 %) und „als Teil eines Publikums" (10 %) wurden deutlich seltener als bevorzugte soziale Situation genannt.

Eine Wertschätzung für Musik lässt sich auch darin ermessen, wie viel Geld für sie ausgegeben wird. Mehr als ein Drittel der ÖsterreicherInnen (35 %) gibt kein Geld für Musik aus. Wer dies doch tut, investiert eher in Veranstaltungen als in Tonträger, Downloads oder Streaming. Nach wie vor sind kostenpflichtige Musik-Downloads für vier von fünf ÖsterreicherInnen (81 %) kein Thema, hinsichtlich Bezahlstreaming gilt dies für acht von Neun (89 %). Für Musik-Veranstaltungen gibt jede/r Fünfte (21 %) mehr als zwanzig Euro pro Monat aus, für Tonträger tut das etwa jede/r Achtzehnte (5,7 %), für Downloads (1,2 %) und Streaming (0,7 %) fast niemand. Um die Aussagekraft dieser Angaben besser einschätzen zu können, wurde auch nach außermusikalischen Geldausgaben gefragt. Demnach geben für Computerspiele 5,8 % der Befragten mehr als 20 Euro pro Monat aus, für Kino/Theater 18 %, für Sport 23 %, für Bücher, Zeitungen, Zeitschriften 26 %, für Handy/Internet 35 %, und für Kleidung 59 % (Abb. 4.3).

Um hier einen Aspekt herauszugreifen: Computerspiele sind den ÖsterreicherInnen etwa gleich viel wert wie Musiktonträger, auch wenn sie in der Öffentlichkeit wesentlich weniger thematisiert werden. Mittels Faktorenanalyse konnten drei distinkte Typen bzgl. Geldausgaben für Musik identifiziert werden.

- *Die MusikhörerInnen der alten Schule* geben ihr Geld für Musikveranstaltungen, Kino/Theater und Tonträger aus, nicht jedoch für Handy, Internet oder Computerspiele.
- *Die Internet-NutzerInnen* investieren in Musikdownloads, Musikstreaming und Computerspiele, nicht jedoch in Bücher, Zeitungen oder Zeitschiften.
- *Die Außermusikalischen* investieren in Handy, Internet, Sport, Kleidung, Bücher, Zeitungen, Zeitschriften, nicht jedoch in Tonträger, Streaming oder Downloads.

---

[30]Die Frage lautete: „Wie können Sie Musik am besten genießen?"

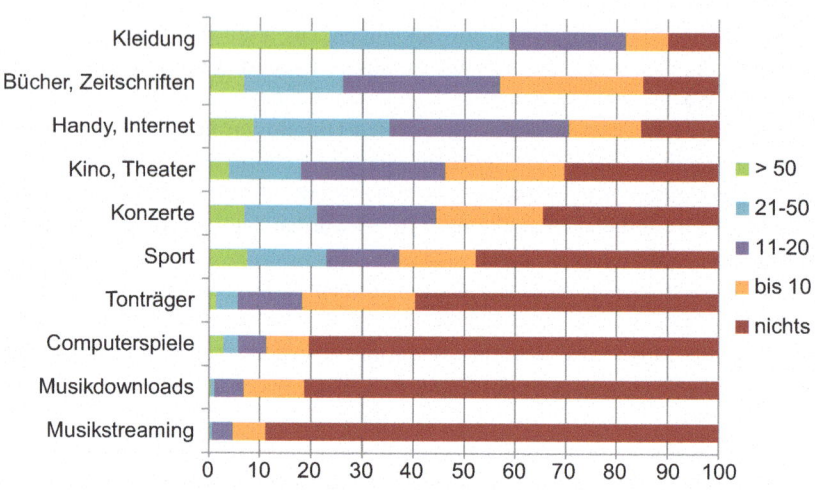

Abb. 4.3 Geldausgaben für Musik und anderes in €/Monat

Wie bei jeder Einteilung in Idealtypen gibt es auch hier Graubereiche und Überschneidungen, aber zur Einschätzung des grundsätzlichen Potenzials des österreichischen Musikmarktes kann eine Unterscheidung dieser Käufer- bzw. Nichtkäufertypen hilfreich sein.

Nicht immer sind (nur) Investitionen finanzieller Natur der beste Weg, um in den Genuss von Musikerlebnissen zu kommen. Mit der Unterscheidung Umgangsmusik – Darbietungsmusik – Übertragungsmusik sind auch unterschiedlich häufig stattfindende und unterschiedlich intensiv erlebte Rezeptionsweisen angesprochen. Das Musikhören als Zusatznutzen des eigenen Musikmachens ist wohl jener Zugang, der die zeitaufwendigste Vorarbeit erfordert. Wie stellt sich nun die Situation hinsichtlich der musikausübenden Selbsttätigkeit im „Musikland Österreich" (Maurer 1968) dar? Deutlich mehr als ein Drittel der Bevölkerung (39 %) singt zumindest mehrmals im Monat alleine für sich, etwa gleich viele (38 %) singen jedoch nie. Fast jede/r Fünfte (18 %) singt gemeinsam mit anderen. Etwa jede/r siebte Österreicher/in (15 %) musiziert alleine, jede/r Zehnte (11 %) mit Anderen (zumindest mehrmals im Monat) (Abb. 4.4).

Diese Rückmeldungen im Zuge von WM15 stützen die Erkenntnisse aus WM10, dass 39 % der ÖsterreicherInnen ein Musikinstrument gelernt haben, dass aber nur weniger als die Hälfte (40 %) von ihnen zumindest manchmal musiziert.

4.2 Die musikalische Praxis der österreichischen Bevölkerung

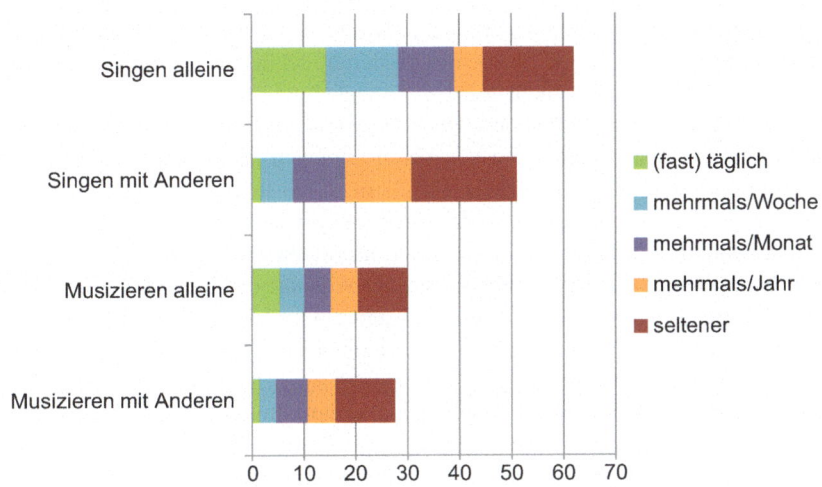

Abb. 4.4 Häufigkeiten, mit denen die ÖsterreicherInnen singen/musizieren

4.2.2 Welche Musik (nicht) gehört wird

Ein zentraler Aspekt der musikalischen Praxis ist die Rezeption von Darbietungsmusik, der Besuch von Musikveranstaltungen. Wahrscheinlich drückt sich auf diese Weise am stärksten die Präferenz für eine bestimmte Musik aus, da der Zugang einen gewissen Aufwand erfordert und gleichzeitig (in der Regel) auf Basis autonomer Entscheidungen erfolgt. In dieser Hinsicht unterscheidet sich die Darbietungsmusik von der Umgangsmusik, deren Repertoire einerseits durch das erlernte Instrument und andererseits stark durch die bisherige Musizierpraxis vorbestimmt ist. Ein Teenager, der bei der örtlichen Blasmusikkapelle Klarinette spielt, muss keineswegs für sich hauptsächlich Blasmusik hören. Selbst Studierende an Musikuniversitäten, die zu ihrem Instrument und der entsprechenden Literatur eine besondere Beziehung haben (müssen), differenzieren zwischen jener Musik, die sie meistens spielen, und jener Musik, die sie am liebsten hören bzw. in Konzerten suchen.[31] Da bei der Bewertung von Musikstilen auch

---

[31]Die Zwischenergebnisse einer (unveröffentlichten) Langzeitstudie zur musikalischen Sozialisation von StudienanfängerInnen der Musikerziehung zeigen neben einer klaren Spiel- und Hörpräferenz für Klassik eine wesentlich größere Beliebtheit von Rockmusik als von Volksmusik, obwohl in Unterricht oder Familie zumeist Klassik und/oder Volksmusik gespielt wurde (www.musiksoziologie.at/forschung/projekte).

deren gesellschaftlicher Stellenwert eine Rolle spielt, lässt sich aus der Gefallensbekundung für einen Musikstil noch nicht darauf schließen, dass auch entsprechende Veranstaltungen besucht werden. Umgekehrt sind seltene Besuche einer Opernaufführung kein verlässlicher Hinweis darauf, dass diese Musik unbeliebt wäre. Dass die Besuchshäufigkeit von Veranstaltungen nur bedingt als Indikator für Stilpräferenzen tauglich ist, liegt vor allem an der ungleichen Verteilung des Angebots je nach Region. Anders als Übertragungsmusik, die im Österreich des 21. Jahrhunderts mit keinen strukturellen Einschränkungen mehr verbunden ist, spielt beim Zugang zur Darbietungsmusik der Wohnort der Befragten eine große Rolle. Während es etwa in Wien über das ganze Jahr hindurch für alle musikalischen Vorlieben ein leicht zugängliches Angebot gibt, müssen BewohnerInnen abgelegener Regionen eine längere Anreise in Kauf nehmen oder sich mit dem zufriedengeben, was den Weg in den lokalen Veranstaltungskalender findet. Dem Besuch einer Musikveranstaltung geht oft eine Reihe von Entscheidungen voraus, die eine oder andere Hürde ist hier zu überwinden. In der Befragung WM10 wurden Einflussfaktoren der Besuchshäufigkeit untersucht, und es zeigte sich, dass die Wahrscheinlichkeit, in ein Chorkonzert oder in ein Blasmusikkonzert zu gehen, umso höher ist, je weniger EinwohnerInnen die Heimatgemeinde hat. Hier lässt sich vermuten, dass diese Veranstaltungen weitgehend konkurrenzlos den lokalen Bedarf nach Darbietungsmusik decken (müssen). Zudem ergab die Befragung, dass es zumeist an einem der folgenden drei Umstände lag, dass eine an sich interessante Musikveranstaltung doch nicht besucht wurde: Der Eintritt ist zu teuer (56 %), man hat keine Zeit (55 %) oder die Veranstaltung findet zu weit entfernt vom Wohnort statt (54 %). Eine zu große Entfernung vom Wohnort ist bei allen Bildungsschichten ein häufig genannter Grund, bei höher Gebildeten spielte zudem Müdigkeit eine auffällig große Rolle. All dies bedenkend zeigt sich nun (2015) folgende Situation: Die von den meisten ÖsterreicherInnen besuchte Art von Musikveranstaltung ist das Musical. Mehr als vier von zehn (43 %) der Befragten konnten sich an einen entsprechenden Besuch in den vorangegangenen zwölf Monaten erinnern. Ähnlich beliebt sind Blasmusik-Konzerte (42 %) und Pop/Rock-Konzerte (40 %). Auch Klassik-Konzerte (38 %) und Chorkonzerte (37 %) erfreuen sich einer gewissen Beliebtheit. Die Aufführung moderner Kunstmusik steht hier am Ende der Beliebtheitsskala (19 %), wird jedoch von fast so vielen ÖsterreicherInnen (mindestens einmal) besucht wie ein Jazz-Konzert (21 %) (Abb. 4.5).

Einer der zentralen Schwerpunkte von Musikrezeptionsforschung liegt üblicherweise in der Frage nach Präferenzunterschieden. Die Bitte um Bewertung angebotener Musikstile hat sich international als Indikator etabliert, der diese besser abbildet als die Teilnahme an verschiedenen Musikveranstaltungen. In WM15

4.2 Die musikalische Praxis der österreichischen Bevölkerung

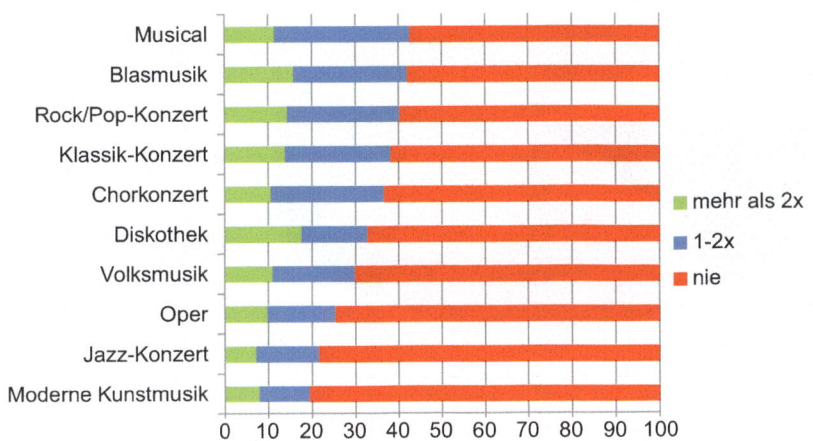

Abb. 4.5 Häufigkeit besuchter Musikveranstaltungen in 12 Monaten

wurden zwei unterschiedliche Zugänge gewählt, um die Musikpräferenzen der ÖsterreicherInnen zu erheben. Zum einen wurden deklarierte Vorlieben und Abneigungen unterschiedlicher Musikstile erhoben. Zusätzlich wurde (etwas später im Interview) gefragt, *wie oft* die einzelnen Musikstile gehört werden. Zuerst wurde also in einer offenen Frage um spontane Angaben zur Lieblingsmusik gebeten.[32] Die meisten Befragten (62 %) haben darauf mit der Angabe von Musikstilen geantwortet, bisweilen in Kombination mit MusikerInnen-Namen und/oder Musikstücken. Angaben ohne Stilfelderbezeichnung kamen von einem knappen Drittel der Befragten (31 %). Jede/r sechste (16 %) hat ausschließlich MusikerInnen-Namen genannt, ausschließlich Musikstücke wurden fast nie angegeben (0,5 %). Andere Angaben wurden (meist ergänzend) von 14 % der Befragten gemacht. Hier gab es vor allem Bezüge auf Eigenschaften der Musik (5,8 %), soziale Kontexte (3,8 %), Instrumentierung/Besetzung (3,6 %), Wirkungen der Musik (3,2 %), mediale Kontexte (2,6 %) und zeitliche Kontexte (2,1 %). Jede/r Fünfzehnte (6,7 %) konnte oder wollte die Frage nach der persönlichen Lieblingsmusik nicht beantworten. Dass bei einer offenen Fragestellung so überwiegend in Genrekategorien geantwortet wird, das ist dann doch überraschend. So problematisch die Unterteilung von

---

[32]Die Frage lautete: „Wenn Sie nach Ihrer Lieblingsmusik gefragt werden, was fällt Ihnen da spontan ein?" Mehrfachantworten waren möglich.

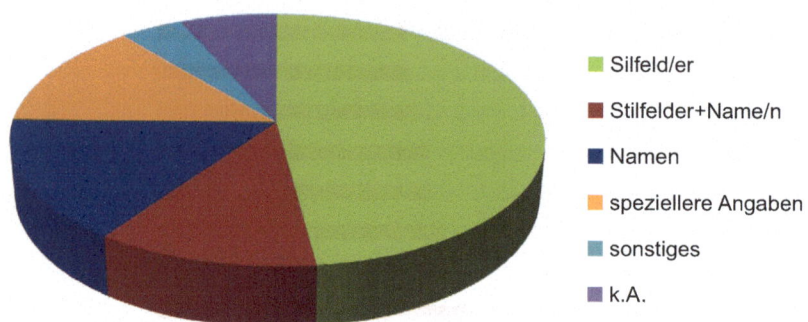

Abb. 4.6 Angaben zur Lieblingsmusik

Musik in Stilfelder zu sehen ist, so sehr hat sie sich offenbar in den Köpfen festgesetzt, auch wenn Begriffe wie *Jazz* oder *Rock* sehr heterogene Felder umfassen (Abb. 4.6).

Aus der sorgfältigen Stilfelder-Zuordnung der personen- und musikstückbezogenen Angaben ergab sich eine Rangreihe der spontan genannten Lieblingsmusik der ÖsterreicherInnen.[33] Um eine Vergleichbarkeit mit der (im Interview später erfolgten) Frage nach der Hörhäufigkeit einzelner Stilfelder zu gewährleisten, wurden in WM15 die Angaben (wenn möglich) folgenden neun Stilfeldern zugeordnet: Jazz, Klassik, Pop/aktuelle Hits, Rockmusik, Volksmusik, Musik aus aller Welt, Schlager, Techno/House, Hip-Hop. Diese Palette ergab sich als Ergebnis der Präferenzerhebungen in WM10.[34] Jede Einteilung von Musik in Stilfeldern ist problematisch. So kann etwa *Jazz* sehr verschiedene Assoziationen hervorrufen, von Glenn Miller über Thelonious Monk bis Norah Jones ist hier vieles

---

[33] Die offene Fragestellung und genaue Zuordnung der individuellen Angaben zu vorgegebenen Kategorien ist ein sehr aufwändiges, aber lohnendes Verfahren, da auf diese Weise die Gefahr von Antwortverzerrungen relativ gering gehalten werden kann.

[34] Hinsichtlich der persönlichen Lieblingsmusik gibt es oft sehr konkrete Vorstellungen, und eine Zuordnung zu einer dieser neun großen Stilfelder mag wie eine Zumutung wirken. Um die Sinnhaftigkeit und Aussagekraft der Ergebnisse zu gewährleisten lag der Anspruch darin, sowohl zu große und nichtssagende Felder wie *Oldies* als auch zu kleine Nischenbereiche wie *Black Metal* zu vermeiden. Sowohl durch die Korrelationsprüfung zwischen Präferenzangaben und Hörhäufigkeit als auch durch die Korrespondenz- und Clusteranalysen zur Identifizierung von Geschmacksgruppen wurde die Sinnhaftigkeit dieser Vorgangsweise bestätigt.

4.2 Die musikalische Praxis der österreichischen Bevölkerung

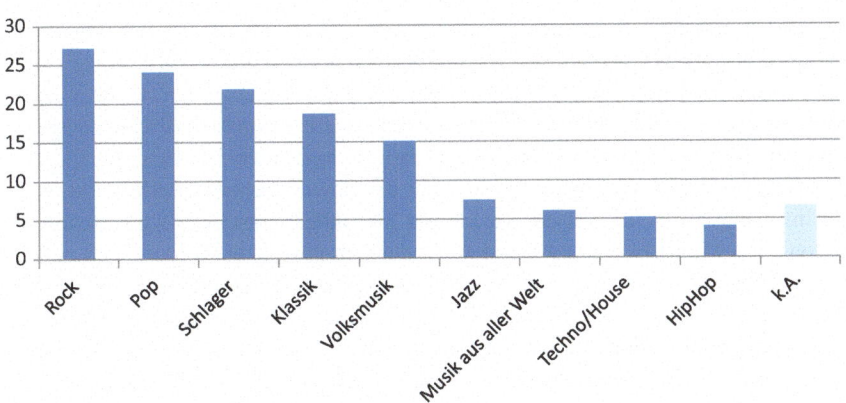

Abb. 4.7 Was als Lieblingsmusik genannt wird

denkbar. Auch ist eine eindeutige Zuordnung von MusikerInnen-Namen zu Stilfeldern nicht immer einfach. Zudem hat sich die in WM10 erfolgte Trennung zwischen *volkstümlicher Musik* und *traditioneller österreichische Volksmusik* als nicht ertragreich erwiesen, sodass in WM15 lediglich ein Stilfeld für den Großbereich Volksmusik verwendet wird.[35] Aus der Häufigkeitsauszählung ergab sich, dass fünf Musikstile die Geschmackslandschaft in Österreich dominieren. Wenn die ÖsterreicherInnen ohne lange zu überlegen ihre Lieblingsmusik nennen, dann ist das meistens etwas aus den Bereichen Rockmusik (27 %), Pop/aktuelle Hits (24 %), Schlager (22 %), Klassik (19 %) oder Volksmusik (15 %). Mit deutlichem Abstand und allesamt im einstelligen Prozentbereich finden sich dann Jazz (8 %), Musik aus aller Welt (6 %), Techno/House (5 %) und Hip-Hop (4 %). Keinerlei Angaben zu ihrer Lieblingsmusik wurde von 7 % der Befragten gemacht (Abb. 4.7).

In der einschlägigen Literatur finden sich wiederholt Hinweise auf die vergleichsweise starke Aussagekraft von Antiferenzen (Behne 1993; Bryson 1996). Tatsächlich scheint die spontane Frage nach jener Musik, die einem gar nicht gefällt, rascher und einfacher beantwortbar zu sein als Fragen nach den Vorlieben. Offenbar ist strikte Ablehnung situationsunabhängig, mit starken Emotionen

---

[35]Zu den Gemeinsamkeiten und Unterschieden der jeweiligen Publika von volkstümlichem Schlager und traditioneller österreichischer Volksmusik siehe Huber (2014c).

verbunden und auch ein besseres Distinktionsmittel als eine Präferenzbekundung. In der Studie WM15 wurden die Ablehnungshaltungen in einem aufwendigen Verfahren mittels offener Fragestellung erhoben und die Angaben den besagten neun Stilfeldern zugeordnet. Hier ist zu betonen, dass die Ergebnisse das widerspiegeln, was den Befragten in der Befragungssituation eingefallen ist. Eine Musik, die vielleicht auch abgelehnt würde, aber unter der Bewusstseinsschwelle bleibt, weil sie im Alltag zu wenig präsent ist, kommt hier unter Umständen „ungeschoren" davon. Umgekehrt kann eine Musik auch deshalb abgelehnt werden, weil außermusikalische Assoziationen wie etwa „die Jugendlichen, die diesen Lärm auf der Straße spielen" eine Aversion hervorrufen. Wie dem auch sei, aus der Häufigkeitsauszählung ergab sich, dass die stärkste bewusste Ablehnung in Österreich elektronische Tanzmusik erfährt (*Techno/House* 21 %). Darauf folgt eine Reihe mit etwa gleich stark abgelehnten Stilen, angeführt von *Klassik* (17 %), *Jazz* (16 %) und *Volksmusik* (15 %). Praktisch keine Erwähnung erfuhren hier *Musik aus aller Welt* (0,4 %) und moderne *Kunstmusik* (1,8 %), was vielleicht daran liegt, dass man einigen persönlichen Aufwand betreiben muss, um sie überhaupt zu Gehör zu bekommen. *Pop/aktuelle Hits* (7 %) geht offenbar nur wenigen auf die Nerven, was auch daran liegen dürfte, dass diese Musik im Formatradio zum Einsatz kommt. Das bringt einerseits einen Gewöhnungseffekt mit sich und prägt andererseits die Wahrnehmung dessen, was diesen Musikstil vermeintlich ausmacht. Die Sendung von Musik hat ja im Formatradio vor allem den Zweck zu erfüllen, Um- oder Ausschaltimpulse der HörerInnen zu vermeiden, wovon vor allem gleichförmige Popsongs profitieren, die nicht stören, wenn sie im Hintergrund laufen (Schramm 2009). Ein erster Hinweis auf das Existieren musikalischer AllesfresserInnen ist jene Gruppe (11 %), die explizit oder durch Nichtnennung signalisiert, keine musikalischen Abneigungen zu haben (Abb. 4.8).[36]

Während in WM10 noch gefragt wurde, welche Musikstile wie gut gefallen, wurde in WM15 nach der Häufigkeit des Hörens bestimmter Musikstile gefragt. Die nach WM10 erfolgte Überprüfung von Antwortverfälschungen aufgrund sozialer Erwünschtheit hat Abweichungen zwischen Angaben zur Lieblingsmusik und Stilpräferenzen ergeben (Huber 2014b). Die Frage der Hörhäufigkeit schien somit eher ein verlässlicher Indikator für den Musikgeschmack zu sein, was sich auch in den Korrelationsprüfungen bestätigt hat.[37] Es wurden wieder die bereits erwähnten

---

[36]Eine ausführliche Behandlung dieser Thematik erfolgt in Abschn. 4.6.
[37]Alle Zusammenhänge zwischen Lieblingsmusiknennung und Hörhäufigkeit sind signifikant, mit zum Teil hohen Kontingenzkoeffizienten (Jazz: 0,36 / Klassik: 0,47 / Pop / Hits: 0,35 / Rock: 0,37 / Volksmusik: 0,43 / Musik aus aller Welt: 0,16 / Schlager: 0,45 / Techno / House: 0,39 / Hip-Hop: 0,39).

4.2 Die musikalische Praxis der österreichischen Bevölkerung

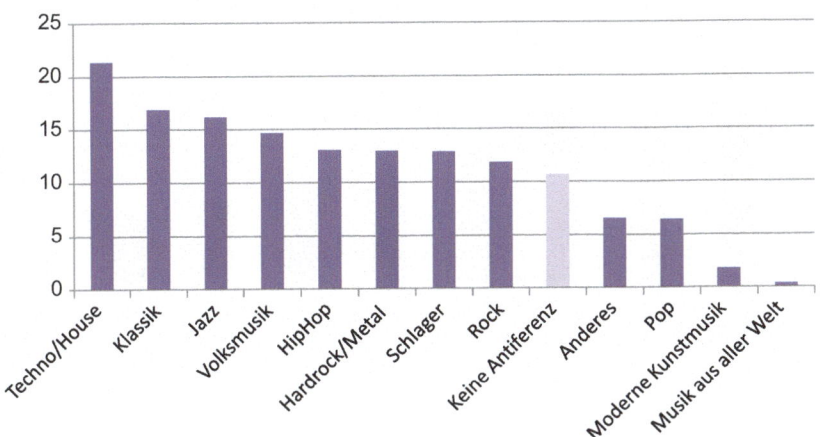

Abb. 4.8 Wie sehr einzelne Musikstile gar nicht gemocht werden

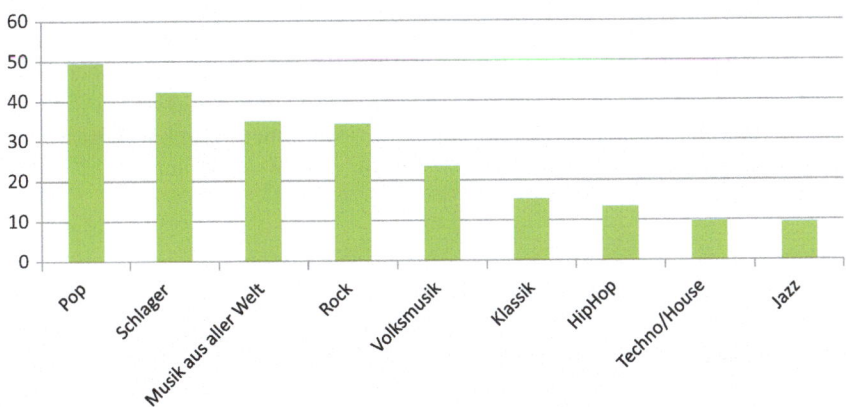

Abb. 4.9 Welche Musik mindestens mehrmals die Woche gehört wird

neun Stilfelder angeboten, die sich nach WM10 als distinkt erwiesen hatten. Demnach ist *Pop/aktuelle Hits* jene Musik, die in Österreich am häufigsten gehört wird. Die Hälfte aller Befragten hört dies mindestens mehrmals pro Woche. Sehr beliebt sind auch *Schlager* (42 %), *Musik aus aller Welt* (35 %) und *Rockmusik* (34 %). Das Mittelfeld bilden *Volksmusik* (24 %), *Klassik* (16 %) und *Hip-Hop* (14 %). Den Abschluss bilden *Techno/House* (10 %) und *Jazz* (10 %) (Abb. 4.9).

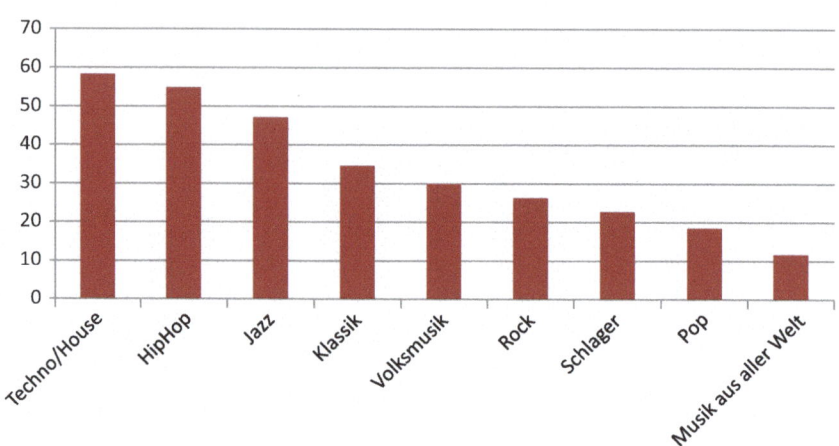

Abb. 4.10 Welche Musik nie gehört wird

Etwas anders stellt sich die Rangreihe dar, wenn man sie von der anderen Seite her betrachtet. Die Musik, die von den meisten Befragten (58 %) überhaupt nicht gehört wird, ist *Techno/House*. Ähnlich sieht es mit *Hip-Hop* aus (55 %). *Jazz* kommt so gesehen immerhin auf 53 % HörerInnen-Anteil in Österreich. Und am wenigsten Ablehnung erfährt *Musik aus aller Welt*, die nur von 12 % der Befragten nie gehört wird (Abb. 4.10).

4.2.3 Warum Musik gehört wird

Musik ist vielseitig einsetzbar und begleitet den Menschen seit Urzeiten in verschiedenen sozialen Kontexten (Merriam 1992). Mit dem technologischen Fortschritt und der digitalen Mediamorphose haben sich die Möglichkeiten, Musik zu hören noch einmal stark erweitert. Welche Musik dabei gehört wird, ist nicht nur durch Zeit und Raum sowie emotionale und geistige Verfasstheit der RezipientInnen beeinflusst. Entscheidend ist vor allem auch die soziale Situation. Bin ich alleine oder muss ich Rücksicht auf Mitmenschen nehmen? Richte ich mit der Musikauswahl (bewusst) eine Botschaft an andere oder agiere ich nur in Bezug auf meine persönliche Befindlichkeit? Aus der breiten Palette an Situationen, in denen man Musik hören kann, wurden in WM15 zwölf soziale bzw. individuelle Rahmenbedingungen ausgewählt und mit der Frage verbunden, wie wichtig dabei/dafür das Musikhören sei. Die Ergebnisse bestätigen frühere Studien in ihrem Befund,

4.2 Die musikalische Praxis der österreichischen Bevölkerung

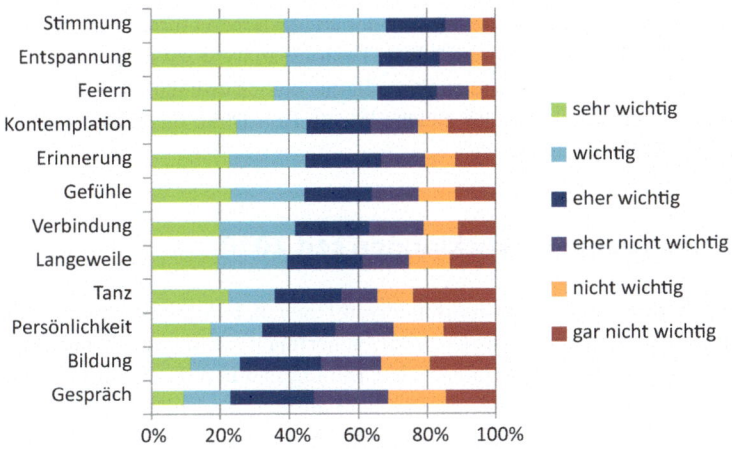

Abb. 4.11 Welche Potenziale von Musik als wie wichtig bewertet werden

dass Stimmungsregulierung und Entspannung die am weitesten verbreiteten Gründe sind, Musik zu hören. Mehr als zwei Drittel (68 %) der Befragten haben bei „Musik ist für mich wichtig, weil sie mich in gute Stimmung bringt" 1 oder 2 auf einer sechsstufigen Likert-Skala[38] gewählt, fast ebenso viele (66 %) bei „… als Möglichkeit zur Entspannung". Aber auch die soziale Komponente spielt eine große Rolle, denn ebenfalls fast zwei Drittel der Befragten schätzen Musik als stimmungsvollen Rahmen für Feste und Feiern. Danach in der Rangreihe kommen die introspektiven Motive „… weil ich mit Musik ganz bei mir sein kann", „… weil sie mich an Erlebnisse oder Personen erinnert" und „… weil ich mit Musik meine Gefühle ausleben kann" (alle um die 45 %). Polarisierend ist Musik „… als Möglichkeit zu tanzen": Für mehr als ein Drittel (36 %) ist dies wichtig, für fast ein Viertel (24 %) jedoch gar nicht. Somit erfährt dieser Aspekt zugleich die stärkste Ablehnung. Als relativ unwichtig werden insgesamt bildungsbürgerliche Ansprüche an das Musikhören bewertet. Als Möglichkeit sich kulturell zu bilden sowie als Gesprächsthema wird Musik von jeweils nur einem Viertel der Befragten geschätzt. Dazwischen liegen noch die Aspekte „… weil sie mich mit Freundinnen und Freunden verbindet" (42 %), „… weil sie Langeweile vertreibt" (40 %) und „… als Ausdruck meiner Persönlichkeit" (32 %) (Abb. 4.11).

---

[38] Von 1 = sehr wichtig bis 6 = gar nicht wichtig.

Insgesamt fällt auf, dass die meisten der angegebenen Gründe eher als wichtig denn unwichtig bewertet werden.[39] Eine Faktorenanalyse hat aufgrund der hohen Korrelationen zwischen den einzelnen Items eine Ein-Faktor-Lösung ergeben. Demnach messen alle Items das gleiche latente Konstrukt, das man als „Relevanz von Musik" bezeichnen könnte.

4.3 Auffällige Entwicklungen seit 2010

Die Forschungsprojekte zur repräsentativen Untersuchung musikalischer Einstellungen und Verhaltensweisen der ÖsterreicherInnen wurden auch mit dem Ziel konzipiert, im Fünfjahresrhythmus Wiederholungsstudien durchzuführen, um den sozialen Wandel der musikalischen Praxis in diesem Land zu dokumentieren. Seit den 1990er Jahren sind große Umwälzungen des Musiklebens zu beobachten, die vor allem den Bereich der Übertragungsmusik betreffen. Während noch zur Jahrtausendwende der phonographische Weltmarkt von den fünf multinationalen Tonträgerkonzernen Universal, Sony, EMI, Warner und BMG beherrscht wurde, bestimmten zehn Jahre später bereits die zuvor in diesem Bereich weitgehend bedeutungslosen Firmen *Apple, Google, Facebook* und *Amazon* das Geschehen.[40] Innerhalb weniger Jahre haben technologische Entwicklungen eine Marktdurchdringung internetfähiger Mobiltelefone sowie hohe Transportkapazitäten der Telekommunikationsnetze vorangetrieben, was die Möglichkeiten und Rahmenbedingungen mobiler Musikrezeption in einer Weise verändert hat, die nicht vorhersehbar war.[41] Im analogen Zeitalter waren fünf Jahre ein kurzer Beobachtungszeitraum, unter den beschleunigten Bedingungen der digitalen Mediamorphose bilden sie den Wandel wie im Zeitraffer ab. Bereits im Vergleich der beiden Erhebungen WM10 und WM15 lassen sich daher auffällige Entwicklungen zeigen, die von hoher Relevanz für eine Abschätzung der weiteren Entwicklung sein können. Trotzdem ist davon auszugehen, dass auch in Zukunft Veränderungen zu dokumentieren sein werden, mit denen heute kaum jemand rechnet.

Bei der Durchführung von WM15 wurde Wert darauf gelegt, weitgehende Vergleichbarkeit mit WM10 zu garantieren. Für den Großteil der interessierenden

---

[39]Der Median liegt dreimal im Feld 2, siebenmal im Feld 3, zweimal im Feld 4.

[40]Global gesehen ist heute auch *Spotify* zu nennen, das bereits in sechzig Ländern verfügbar ist, dessen Bedeutung für das österreichische Musikleben sich aber (noch) in Grenzen hält.

[41]Die Zukunftsvisionen der Vergangenheit wurden von fliegenden Autos und Computern in Menschengestalt dominiert, so etwas wie das Internet hat jedoch niemand vorausgesagt.

4.3 Auffällige Entwicklungen seit 2010

Fragen kann daher eine Entwicklung seriös nachgezeichnet werden. Daneben wurden jedoch aus mehreren Gründen notwendige Änderungen und Adaptierungen des Erhebungsinstruments vorgenommen. Einerseits war das Forschungsinteresse in WM10 heterogener, was vor allem an den Vorgaben des Auftraggebers lag.[42] Andererseits ergab sich aus der dynamischen Entwicklung des Forschungsfeldes die Notwendigkeit, neue Aspekte der Kernfragen nach dem Wie und Warum musikalischer Praxis zu berücksichtigen. Und nicht zuletzt wurden nach den Erfahrungen aus WM10 bestimmte Wege der Herangehensweise an die Klärung von Präferenzfragen als nicht zielführend erkannt.[43] Hier wird nun auf jene Fragen bzw. Aspekte eingegangen, bei denen ein Zeitvergleich zulässig und sinnvoll ist.

Zur Rolle des Musikhörens im Vergleich zu anderen Freizeitbeschäftigungen hat sich insofern etwas geändert, als nun etwas öfter Konzerte besucht werden. Im Jahr 2010 gaben sieben Prozent der Befragten an, mindestens mehrmals im Monat ein Konzert zu besuchen, 2015 waren es zehn Prozent.[44] Praktisch nicht relevante Steigerungen zeigen sich beim Nebenbei-Musikhören (55/56 % täglich) und beim aufmerksamen Musikhören (47/51 % mindestens mehrmals pro Woche). Musikveranstaltungen, die etwas an Beliebtheit gewonnen haben, sind das Musical (37/43 % mindestens ein Besuch pro Jahr) und das Klassik-Konzert (31/38). Bei anderen Arten von Musikveranstaltungen blieben die Steigerungen unter der Signifikanzgrenze (Blasmusik 38/42, Pop/Rock 38/40, Chorkonzert 36/37, Jazz-Konzert 20/21).

Zum Warum des Musikhörens wurden die wesentlichen Ergebnisse aus WM10 bestätigt. Die Stärke der Bedeutungszuschreibungen scheint etwas zu schwanken, je nachdem wie die Frage nach den möglichen Funktionen gestellt wird. Von den Aspekten, die in beiden Befragungen zur Bewertung angeboten wurden, erhielt jeweils die Entspannungsfunktion die größte Bedeutungszuweisung, wenn auch mit unterschiedlicher Stärke.[45] Das gleiche gilt für die folgenden Plätze in der Rangreihe der Bedeutungen, die in beiden Befragungen ident ist: das Ausleben

---

[42]Eine Förderbedingung war Interdisziplinarität und Berücksichtigung der Forschungsinteressen verschiedener Universitätsabteilungen.

[43]Siehe Abschn. 4.1.

[44]Das korrespondiert mit der stetigen Steigerung der AKM-Lizenzeinnahmen aus öffentlichen Aufführungen in Österreich (2010: 16 Mio. €/2015: 19 Mio. €).

[45]In WM10 hieß es: „Bitte geben Sie an, was Ihnen an Musik, die Ihnen gefällt, wichtig ist". In WM15 lautete dann der Versuch, dies einfacher zu formulieren: „Musik ist für mich wichtig …". In WM10 haben 79 % der Befragten mit „1" oder „2" auf einer sechsteiligen Likert-Skala der Begründung „dazu entspannen können" zugestimmt, in WM15 waren es 66 % für „… als Möglichkeit zur Entspannung".

von Gefühlen, die Möglichkeit zu tanzen, die Verbindung mit Freunden sowie der Ausdruck individueller Persönlichkeit.[46]

Bei den durchschnittlichen Geldausgaben für Musik zeigt sich deutlich eine zugenommene Wertschätzung von Darbietungsmusik auf Kosten von Übertragungsmusik. Während 2010 überhaupt nur 61 % der Befragten angaben, Geld in Konzerte zu investieren, waren es 2015 bereits 75 %. Dieser Trend betrifft vor allem die GelegenheitsbesucherInnen, denn am Anteil jener, die mindestens zehn Euro pro Monat für Konzerte ausgeben, hat sich nichts geändert (44 %). Ganz anders verhält es sich beim Kaufen von Tonträgern. Hier fiel der Anteil jener, die mindestens zehn Euro pro Monat investieren, von 32 auf 18 %. Und die Menge jener Befragten, die überhaupt nichts mehr für Tonträger ausgeben, stieg von 39 auf 60 %. Ein kleiner Trost für die phonographische Industrie ist hier die gestiegene Zahl jener, die überhaupt etwas für Musikdownloads bezahlen (16/19), wobei noch weniger als früher (6,7/5,9) mindestens zehn Euro pro Monat in Musikfiles investieren. Noch weniger Kompensationskraft hat bisher das Musikstreaming. In WM10 spielte dieser Aspekt ökonomisch noch keine Rolle und wurde daher auch nicht erhoben, in WM15 war Musikstreaming 89 % der Befragten kein Geld wert, und nur 4,7 % investierten mindestens zehn Euro pro Monat (Abb. 4.12).

Zur Frage der Musikpräferenzen ergaben sich für WM15 aus den Erfahrungen von WM10 einige notwendige Adaptionen des Erhebungsinstruments.[47] Jene Musikstilfelder, die in beiden Erhebungen berücksichtigt sind, finden sich in der exakt gleichen Rangreihe der Präferenznennung wieder, die da lautet:

1. Volksmusik/Schlager
2. Rock
3. Pop/Hits
4. Klassik
5. Jazz
6. Techno/House
7. Hip-Hop.

Anschließend an eine wegweisende Schweizer Studie (SRG Forschungsdienst 1979) wurde in WM10 auch das Stilfeld *Oldies* zur Bewertung angeboten, und es hat auch tatsächlich sehr große Beliebtheitswerte gezeigt. Trotzdem fand es in

---

[46]In WM15 wurden vier Aspekte mehr angeboten als in WM10, entsprechend stellt sich das Gesamtbild dann auch anders dar (Abschn. 4.2).

[47]Siehe Abschn. 4.1.

4.3 Auffällige Entwicklungen seit 2010

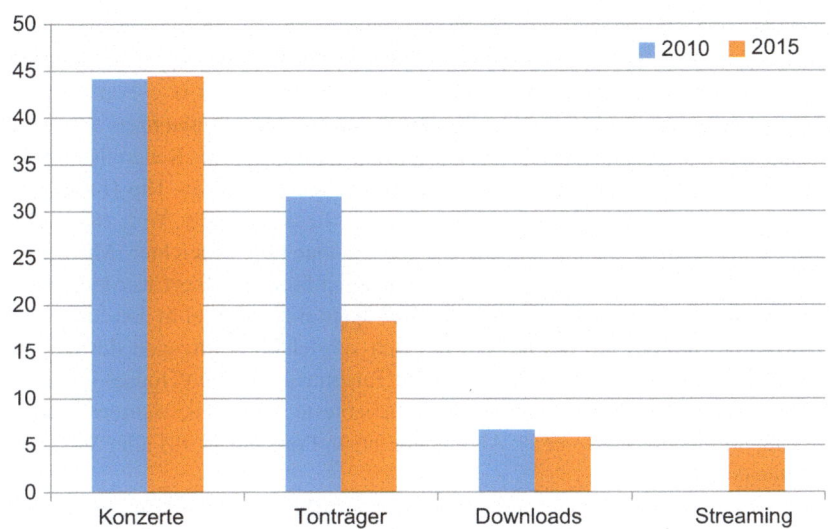

Abb. 4.12 Anteil derer, die mindestens zehn Euro pro Monat ausgeben

WM15 keine Berücksichtigung mehr. *Oldies* wird in der jüngeren Fachliteratur nicht verwendet, wohl auch deshalb, weil es eine andere Art von Kategorisierung darstellt, die quer zu den (von der Tonträgerindustrie etablierten) Stilfeldern liegt.[48] Die Stilfelder Volksmusik und Schlager wurden in WM15 getrennt abgefragt und ausgewertet, werden hier jedoch konsolidiert, um eine Vergleichbarkeit herzustellen.[49] Bei getrennter Auswertung würde 2015 die Rangreihe wie folgt aussehen: Rock – Pop – Schlager – Klassik – Volksmusik – Jazz – Techno/House – Hip-Hop.

In WM10 wurden 13 Musikstile angegeben mit der Frage, wie gut diese gefallen. Die Nennungen auf der extremen Negativseite der sechsteiligen Likert-Skala („gefällt gar nicht") werden hier als Antiferenz gewertet. Die entsprechende

---

[48]In WM10 war diese Kategorie verwendet worden, da dort auch die üblichen Radioformate berücksichtigt waren. Es hat sich jedoch gezeigt, dass die Radioformate mit den Stilfeldern der Tonträgerindustrie nicht kompatibel sind.

[49]Die Zusammenfassung der in vieler Hinsicht verschiedenen Felder Schlager und (traditionelle) Volksmusik ergibt aus Rezeptionsperspektive durchaus Sinn, da die entsprechenden Publika große Ähnlichkeit aufweisen (Huber 2014c).

Rangreihe (jener Stile, die auch in WM15 ausgewiesen werden) sieht wie folgt aus: Techno/House (45 % „gar nicht"), Hip-Hop (32), Volksmusik (30), Schlager (29) – Jazz (27) – Klassik (20) – Rock (18) – Weltmusik (15) – Pop (13). In WM15 wurden die Antiferenzen im Anschluss an die Präferenzen ebenfalls in einer offenen Frage direkt erhoben, woraus sich folgende Rangreihe ergab: Techno/House (21) – Klassik (17) – Jazz (16) – Volksmusik (15) – Hip-Hop (13) – Schlager (13) – Rock (12) – Pop/Hits (6,5) – Musik aus aller Welt (0,4). Die Werte selbst sind nur bedingt vergleichbar. Offenbar fällt es leichter, Musikstile als gar nicht gefallend zu bezeichnen, wenn sie en bloc abgefragt werden. Wenn man jedoch offen fragt, dann kommt den Befragten nicht so viel in den Sinn, was sie gar nicht mögen. Mit Vorsicht, aber doch vergleichbar hingegen dürften die Rangreihen sein. Demnach ist elektronische Tanzmusik (Techno/House) in Österreich insgesamt gesehen beständig der unbeliebteste Musikstil, während umgekehrt nur wenige Menschen eine Abneigung gegen Pop, Musik aus aller Welt und Rockmusik haben.

So sehr es überraschen würde, wenn sich innerhalb von nur fünf Jahren die Präferenzen und Antiferenzen gegenüber Musikstilen geändert hätten, so sehr musste man dies umgekehrt von der Beliebtheit einzelner Musikabspielgeräte erwarten. Das atemberaubende Tempo in der Entwicklung neuer Kommunikationstechnologien hat hier zu tief greifenden Veränderungen geführt, die nicht nur Weltkonzerne in den Ruin getrieben und Internet-Start-ups an die Weltspitze gebracht haben. Es hat auch die Art völlig verändert, wie, wann und wo heute Musik gehört werden kann. Dramatische Entwicklungen zeigen sich nun nicht so sehr hinsichtlich des generellen Gebrauchs verschiedener Endgeräte als vielmehr hinsichtlich der Häufigkeit ihrer Verwendung. Zwar ist diesbezüglich aus den Erhebungen keine absolute Vergleichbarkeit zwischen WM10 und WM15 gegeben, da die ungenaue Antwortkategorie „manchmal" durch „mehrmals/Woche" ersetzt wurde. Im Vergleich der Rangreihen zeigt sich jedoch, dass hier eine Übereinstimmung gegeben ist. Konkurrenzlos an der Spitze als bevorzugtes Musikhörgerät ist und bleibt das Radio (WM10: 90 %/WM15: 87 %). Ebenfalls wichtig ist nach wie vor das Fernsehgerät (49/46). Dramatisch an Bedeutung verloren hat der CD-Player (56/33), ganz klar zugunsten des Mobiltelefons (14/29). Wahrscheinlich wird sich diese Umbruchsituation in Zukunft noch verschärfen, denn auch Computer (32/29) und MP3-Player (29/22) scheinen ihren Zenit überschritten zu haben. Ob die Renaissance der Vinylschallplatte

4.3 Auffällige Entwicklungen seit 2010

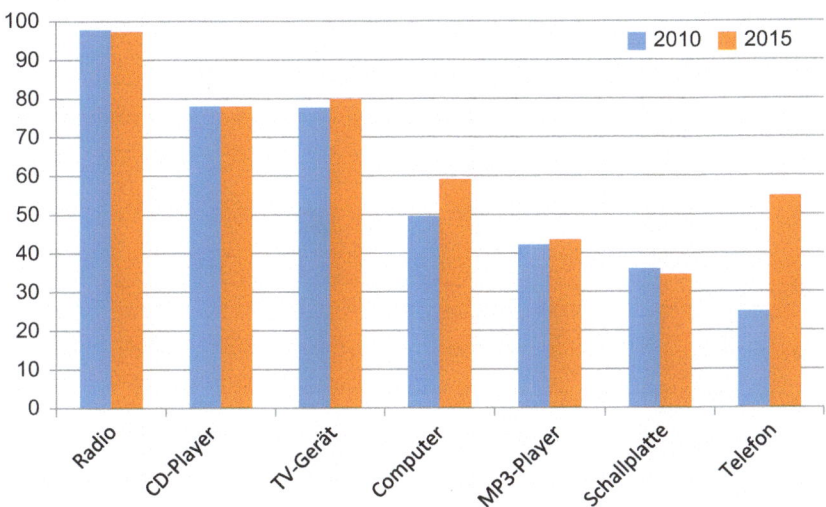

Abb. 4.13 Welche Geräte zum Musikhören verwendet werden/wurden

(16/8) eine vorübergehende Modeerscheinung ist, werden wir vielleicht in fünf Jahren wissen.[50] Hinsichtlich der Frage, welche Geräte *überhaupt* zum Musikhören verwendet werden, lassen sich die Daten aus beiden Befragungen einwandfrei vergleichen. Sie veranschaulichen eindrucksvoll die gewachsene Bedeutung des Mobiltelefons, ohne dass deswegen andere Geräte irrelevant wurden (Abb. 4.13).[51]

Bei der Beurteilung dieser Entwicklung muss beachtet werden, dass dieser erste Blick einer auf die Gesamtbevölkerung ist. Bei den 16- bis 25-Jährigen zeigt sich die Bewegung weg von der CD hin zum Smartphone wesentlich deutlicher.[52]

---

[50]Der Verband der Tonträgerindustrie zeigt sich hier enthusiastisch: „Vinyl-Schallplatten erfreuen sich größter und weiterhin steigender Beliebtheit. Mehr als 300.000 Schallplatten gingen 2016 über die Ladentische, der höchste Wert in Österreich seit 1993. Auch beim Umsatz gab es wieder ein kräftiges Plus von 25 % auf 7,1 Mio. €. Damit hat sich der Vinyl-Markt seit 2012 verdreifacht und erreicht nun einen Marktanteil von 7 % am Gesamtmarkt" (ifpi Austria 2016, S. 12).

[51]Hier bestätigt sich wieder das Rieplsche Gesetz (Riepl 1913).

[52]Siehe Abschn. 4.5.

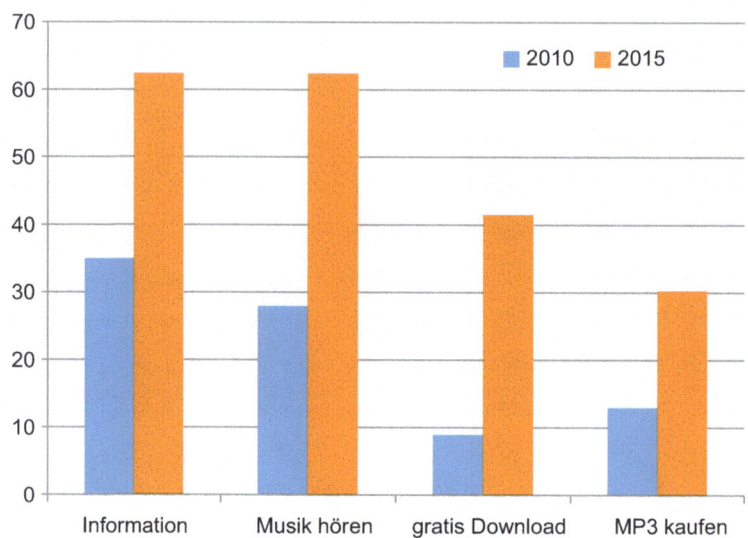

Abb. 4.14 Anteil jener, die das Internet für Musikzwecke verwenden

Auch bei der Frage der Internetnutzung für Musikzwecke ist eine dramatische Entwicklung in nur wenigen Jahren zu beobachten. Während 2010 noch für 52 % der Befragten das Internet keine Rolle in ihrer musikalischen Praxis spielte, waren es 2015 nur mehr 37 %. Am stärksten zeigt sich diese Steigerung beim Musikhören und beim Einholen von Information über Musik. Aber auch das Kaufen von Musik und der Gratisdownload (bzw. dessen Eingeständnis) haben deutlich zugenommen (Abb. 4.14).

Auf der anderen Seite findet sich mit der Umgangsmusik eine musikalische Praxis, die von der Internetrevolution so gut wie gar nicht betroffen ist. Ein knappes Drittel der Befragten (WM10: 32 %/WM15: 31 %) singt („manchmal"/ „zumindest mehrmals im Jahr") mit anderen, und etwa jede/r Sechste (16/16) musiziert ebenso oft mit anderen.

Fazit: Die Auswirkungen der Internetrevolution auf die Musikrezeption zeigen sich bereits in diesem vergleichsweise kurzen Ausschnitt der Jahre 2010 bis 2015 zum Teil ganz deutlich. Während das aktive Musikmachen unverändert blieb und die Wahrnehmung von Angeboten der Darbietungsmusik insgesamt leicht gestiegen ist, hat sich der Umgang mit Übertragungsmusik dramatisch verändert. Das betrifft einerseits das Einbeziehen des Internets in die Rezeptionspraxis und andererseits den kometenhaften Aufstieg des Smartphones als alltagsrelevantes Musikabspielgerät.

4.4 Alter, Schulbildung und andere Einflussfaktoren

In Folge der Individualisierungsthese (Beck 1983) haben VertreterInnen der Lebensstilforschung Erklärungsansätze vorgelegt, nach denen sich musikalische Verhaltensweisen vor allem aus Milieuzugehörigkeit ableiten lassen, die wiederum sich aus geteilten Grundorientierungen des Lebenswandels ergeben. Die musikalische Praxis diente demnach vor allem dazu, das individuelle Bedürfnis nach Harmonie, Selbstverwirklichung usw. auszuleben (Schulze 1992). Die Grundlagen dieser Milieuzuordnungen werden nicht immer offengelegt, und selbst wo dies der Fall ist, bleibt die Lebensstilforschung hinsichtlich Erklärungskraft hinter den Konzepten der Sozialstrukturanalyse zurück. Merkmale wie Alter, Geschlecht und ethnische Zugehörigkeit sind nach wie vor von größerer Bedeutung als Lebensstil oder Milieuzugehörigkeit, sozioökonomische Merkmale wie Schulbildung, Berufsposition oder Einkommen ergänzen das makrosoziologische Gesamtbild mit bislang unerreichter Präzision.[53] Im Zuge der Studien WM10 und WM15 wurden repräsentative Quotenstichproben befragt, was verlässliche Aussagen zum Einfluss von Geschlecht, Alter, Haushaltsstruktur, Schulbildung, Berufsposition, Haushaltseinkommen, Migrationshintergrund und Wohnortgröße auf die musikalische Praxis ermöglicht. Alle folgenden Angaben beziehen sich auf die Erhebung WM15.

4.4.1 Geschlecht

Geschlechtsspezifische Unterschiede spielen in Musikrezeptionsfragen eine vergleichsweise untergeordnete Rolle. Hinsichtlich der musikalischen Praxis ist dieses in anderen Zusammenhängen oft so wichtige sozialstrukturelle Merkmal ein schwacher Einflussfaktor. So zeigen sich etwa bei der Häufigkeit des Musikhörens und der Konzertbesuche insgesamt keine signifikanten Unterschiede, wiewohl Frauen tendenziell öfter als Männer Musicalvorstellungen besuchen. Hinsichtlich der Erträge des Musikhörens schätzen Frauen gewisse Potenziale von Musik stärker als Männer: als Möglichkeit zu tanzen, als stimmungsvollen Rahmen für Feiern und Feste sowie als Anker für Erinnerung an Erlebnisse oder Personen. Beim Arbeiten, Lernen, Aufgaben machen und zum Entspannen am Abend hören Frauen nicht so gerne Musik wie Männer; dafür lieber

---

[53]Siehe Abschn. 2.5.

beim Abendessen und vor allem beim Kochen (KK: 0,35)[54] und bei der Hausarbeit (0,36). Bei den Geldausgaben für Musik waren keine signifikanten Unterschiede feststellbar. Für Computerspiele und für Sport hingegen geben Männer deutlich mehr Geld aus als Frauen. Keine signifikanten geschlechtsspezifischen Unterschiede zeigten sich bei der Lieblingsmusik sowie bei Aversionen gegen einzelne Musikstile. Allerdings hören Männer öfter Jazz, und beim eigenen Musikgeschmack im Teenageralter erinnern sich auch mehr Männer als Frauen an Jazz als Lieblingsmusik. Bei den Einflussfaktoren auf den Musikgeschmack zeigten sich keine signifikanten Unterschiede. Bei der Verwendung von Musikabspielgeräten zeigt sich lediglich bei den nun wieder an Bedeutung gewinnenden Vinylplattenspielern der Unterschied, dass Männer diesen Trend stärker mitmachen als Frauen. Möglicherweise hängt damit auch zusammen, dass Männer öfter Tonträger über das Internet einkaufen, denn vor allem in ruralen Gebieten dürfte es nicht einfach sein, Vinylschallplattenhändler zu finden. Alle anderen Verwendungsweisen des Internets im Zusammenhang mit Musik zeigen keine signifikanten geschlechtsspezifischen Unterschiede. Was hinsichtlich musikalischer Eigenaktivität 2010 aufgefallen ist, trat auch 2015 wieder zutage: Frauen singen öfter als Männer.

4.4.2 Alter

Der wichtigste sozialstrukturelle Einflussfaktor auf musikalische Verhaltensweisen ist in Österreich das Alter. Sozialhistorisch gesehen ist das keine Neuigkeit, hat aber in der digitalen Mediamorphose noch einmal an Bedeutung gewonnen. Eines der zentralen Ergebnisse der Befragung von 2010 war die Identifikation eines neuen Musikrezeptionstyps, der sich in seiner musikalischen Praxis stark von allem bisher Bekannten unterscheidet. Diese Spezies wird hier als *Generation Web 2.0* bezeichnet. In der Konzeption von WM15 wurde diesem Umstand insofern Rechnung getragen, als bei der Auswahl der InterviewpartnerInnen relativ viele 16- bis 25-Jährige zum Zug kamen, sodass diese Altersgruppe in der Gesamtstichprobe überrepräsentiert ist. Eine gesonderte Auseinandersetzung mit dieser *Generation Web 2.0* erfolgt in Abschn. 4.5, hier vorweg sollen generelle altersspezifische Unterschiede aufgezeigt werden. Für die entsprechenden

---

[54]Der Kontingenz-Koeffizient nach Pearson (KK) wird in der Folge ausgewiesen, wenn er zumindest den Wert von 0,35 erreicht. Alle anderen beschriebenen Zusammenhänge sind ebenfalls signifikant, jedoch mit geringerem KK.

4.4 Alter, Schulbildung und andere Einflussfaktoren

Vergleiche der Altersgruppen 16–25/26–35/36–45/46–55/56–65/66–75/76–85 erfolgte eine Gewichtung der Stichprobe im Sinne der die Gesamtbevölkerung repräsentierenden Altersverteilung.

Bei den beliebtesten Freizeitbeschäftigungen zeigt sich, dass die Altersgruppe 46–55 am häufigsten Bücher, Zeitungen oder Zeitschriften liest (KK: 0,36) und fernschaut. Die 56- bis 65-Jährigen sind am häufigsten ehrenamtlich tätig. Die 26- bis 35-Jährigen gehen am öftesten ins Theater oder Kabarett bzw. ins Kino (0,52). Fleißige KonzertgeherInnen sind die 26- bis 35-Jährigen und die 56- bis 65-Jährigen. Zu Hause aufmerksam Musik hört am häufigsten die Altersgruppe 16–25. Und je jünger man ist, desto öfter verbringt man Zeit mit FreundInnen (0,45). Keine altersspezifischen Unterschiede im Freizeitverhalten zeigen sich hinsichtlich „Zu Hause nebenbei Musik hören".

Auch bei der Beliebtheit unterschiedlicher Musikveranstaltungen spielt das Alter der Befragten eine große Rolle. Diskotheken werden vor allem von den unter 36-Jährigen besucht (0,54). In Konzerten mit klassischer Musik findet man hingegen weniger unter 36-Jährige und mehr über 55-Jährige. Blasmusikkonzerte und Volksmusikabende sind vor allem eine Domäne der 56- bis 65-Jährigen. Unter denen, die moderne Kunstmusik hören, ist die Altersgruppe 26–35 am stärksten vertreten. Beim Besuch von Rock- und Pop-Konzerten gibt es einen klaren Schnitt, der etwa im Alter von 45 Jahren zu verorten ist (0,39). Bis dahin geht man oft, danach selten. Beim Musical sind vor allem die Altersgruppen 36–45 und 56–65 stärker vertreten. Keine signifikanten Unterschiede hinsichtlich der Altersgruppen ergaben sich bei Jazzkonzerten und bei Opernbesuchen.

Eine zweckrationale, nutzenorientierte Perspektive auf Musik haben vor allem die jüngeren Generationen. Je jünger die Befragten sind, desto wichtiger ist ihnen Musik als Möglichkeit zu tanzen. Auch Musik als Gesprächsthema, als Möglichkeit die Langeweile zu vertreiben sowie das kontemplative Potenzial und die Entspannungsfunktion werden vor allem von den Jungen geschätzt. Sie sind es auch, die Musik als Ausdruck der Persönlichkeit sehen und sie gerne verwenden, um in gute Stimmung zu kommen. Vor allem bis zum Alter von 35 Jahren wird Musik geschätzt, weil sie mit FreundInnen verbindet. Als stimmungsvoller Rahmen für Feste und Feiern wird Musik von den über 65-Jährigen nicht mehr so geschätzt wie von den Jüngeren. Musik als Möglichkeit sich kulturell zu bilden wird vor allem von den über 75-Jährigen geschätzt. Musik hören, weil sie an Personen oder Ereignisse erinnert, wird interessanterweise mit zunehmendem Alter als weniger wichtig angegeben.

Abgesehen von den über 75-Jährigen hören die Angehörigen aller Altersgruppen gerne Musik, wenn sie unterwegs sind. Dies gilt vor allem für die ganz jungen (0,41). Musik beim Kochen, beim Lernen oder Arbeiten sowie in

Tab. 4.1 Anteile der Altersgruppen in den Lieblingsmusikstilen (in Prozent)[a]

	Jazz	Klassik	Pop/Hits	Rock	VM	Welt	Schlager	Techno/H	Hip-Hop
16–25	11	6	21	20	2	12	5	56	47
26–35	16	11	25	25	5	24	8	39	26
36–45	12	13	18	15	11	15	22	9	24
46–55	27	22	17	18	16	34	21	2	0
56–65	17	18	13	13	26	11	18	3	2
66–75	14	18	5	9	25	5	19	2	2
76–85	4	13	1	1	16	0	8	0	0

[a]Hier und in allen folgenden Tabellen wurden die Prozentzahlen zum Zwecke besserer Lesbarkeit auf Ganze gerundet. Deshalb ergeben bisweilen die Summen der Spalten nicht genau 100 %

Arbeitspausen ist vor allem bei den unter 36-Jährigen beliebt. Das Gleiche gilt für Musik beim Ausgehen am Abend (0,47), was wiederum von den über 65-Jährigen weitgehend abgelehnt wird. Musik zum Abendessen wird bis 35 und dann wieder mit 56 bis 75 Jahren geschätzt.[55] Musikhören bei der Hausarbeit ist bis zum Alter von etwa 55 Jahren weit verbreitet, wobei dies für viele der ganz jungen kein Thema ist, vermutlich da sie keine Hausarbeit leisten. Die stärksten Altersunterschiede zeigten sich bei den Themen Musikhören, wenn man mit FreundInnen zusammen ist (0,49), und Musikhören beim Sport (0,48). Beides wird bis zum Alter von etwa 35 Jahren sehr geschätzt, um danach stark an Bedeutung zu verlieren.

Bei den Geldausgaben für Tonträger zeigen sich je nach Art der Ausgaben große Unterschiede. Die phonographische Industrie hat zwar noch nicht alle Jungen als KundInnen verloren, de facto lebt sie jedoch von jenen, die das Kaufen von Schallplatten bzw. CDs als Kulturtechnik erlernt haben, den 26- bis 55-Jährigen. Musikdownloads und Musikstreaming sind in den Alterskohorten ab 45 Jahren kaum relevant. Geldausgaben für Musikveranstaltungen bleiben offenbar von der Internetrevolution unberührt, hier waren keine signifikanten Unterschiede zwischen den Altersgruppen erkennbar.

Deutliche Altersunterschiede zeigen sich jedoch bei den Angaben zur Lieblingsmusik (Tab. 4.1). Klassische Musik ist in den Alterskohorten ab 46 Jahren als Lieblingsmusik überrepräsentiert, in den unteren Alterskohorten unterrepräsentiert.

---

[55]Hier spielt auch die Haushaltsstruktur eine Rolle, worauf weiter unten noch eingegangen wird.

4.4 Alter, Schulbildung und andere Einflussfaktoren

Genau umgekehrt verhält es sich bei Popmusik/Hits. Vorlieben für Rockmusik sind nur bis zur Kohorte der 26- bis 35-Jährigen zu beobachten. Eine deutliche Volksmusikpräferenz zeigt sich verstärkt bei den über 55-Jährigen. Schlagermusik wird bei den unter 36-Jährigen kaum als Präferenz genannt. Das gleiche gilt für Techno/House bei den über 35-Jährigen sowie für Hip-Hop bei den über 45-Jährigen, der von diesen praktisch nie erwähnt wird.

Auf bewusste Ablehnung stoßen bei den über 55-Jährigen die Bereiche Pop/Hits und Hip-Hop, bei den unter 56-Jährigen Volksmusik und Schlager.

In den Kohorten der unter 46-Jährigen wurde oft die Erinnerung an Pop als Lieblingsmusik der Teenagerzeit genannt. Bei den über 66-Jährigen hingegen war dies völlig irrelevant. Bei Rock als Lieblingsmusik, als man 14 Jahre alt war, ist die stärkste Kohorte jene der 26- bis 35-Jährigen. Diese Präferenz bleibt jedoch bis in höhere Altersstufen bestehen und erreicht immerhin noch neun Prozent bei den über 76-Jährigen. Die Wahrscheinlichkeit, Volksmusik als Lieblingsmusik gehabt zu haben, steigt mit dem Alter linear an. Etwas anders verhält es sich beim Schlager, der generell viel öfter als Lieblingsmusik der Jugendzeit genannt wurde. Hier ist die stärkste Kohorte jene der 66- bis 75-Jährigen (sechzig Prozent Nennungen) und die schwächste jene der 26- bis 35-Jährigen (zehn Prozent). Techno und Hip-Hop als damalige Lieblingsmusik kommen bei den über 55-Jährigen gar nicht mehr vor.[56] Bei den ganz Jungen erzielen sie naturgemäß die höchsten Werte (12 bzw. 16 %) und sinken dann stark ab. Die Entwicklung der Popmusikgeschichte spiegelt sich auch in den Erinnerungen an die Lieblingsmusik der Eltern deutlich wider. Als lebensbegleitender Soundtrack der Eltern, als man selbst ein Teenager war, werden von den unter 46-Jährigen vor allem Pop/Hits und Rockmusik angegeben, von den über 45-Jährigen vor allem Volksmusik und Schlager. Techno/House als Lieblingsmusik der Eltern wird zu 80 % in der jüngsten Alterskohorte genannt, Hip-Hop mit fast zwei Dritteln der Nennungen bei der zweitjüngsten Kohorte, den 26- bis 35-Jährigen. Die Einschätzung, dass der eigene Musikgeschmack vor allem durch Eltern und/oder Großeltern beeinflusst wurde, ist umso weiter verbreitet, je älter die Befragten sind. Besonders deutlich fällt dies bei den über 75-Jährigen ins Auge. Genau umgekehrt verhält es sich mit FreundInnen als Einflussfaktor. Radio und Fernsehen werden hier tendenziell stärker von den über 35-Jährigen genannt. Internet ist in diesem Zusammenhang bei den über 55-Jährigen überhaupt kein Thema, sechzig Prozent der Nennungen entfallen hier auf die unter 26-Jährigen.

---

[56] Alles andere wäre erstaunlich, denn als diese Kohorten 14 Jahre alt waren, gab es besagte Musikkulturen noch nicht.

Tab. 4.2 Verwendung verschiedener Geräte zum Musikhören mindestens mehrmals pro Woche (in Prozent)

	Radio	TV	CD	Vinyl	iPod	PC	Telefon
16–25	29	18	26	31	61	67	74
26–35	35	28	41	54	69	55	55
36–45	38	38	30	33	33	32	32
46–55	36	40	44	18	31	28	27
56–65	28	34	29	19	4	25	9
66–75	19	29	18	13	2	1	2
76–85	15	14	11	32	1	3	2

Die Angaben zur Hör*häufigkeit* bestätigen das Bild der Stilpräferenzen mit relativ starken Zusammenhangswerten. Überdurchschnittlich oft Klassik und Schlager hören die über 45-Jährigen (0,41), Volksmusik die über 35-Jährigen (0,43). Bei Pop/Hits (0,40) und Rockmusik (0,39) sind es die unter 56-Jährigen. Techno/House (0,51) findet nur in den Alterskohorten der unter 36-Jährigen statt, Hip-Hop (0,49) bei den unter 46-Jährigen. Musik aus aller Welt wird von den 36- bis 65-Jährigen öfter gehört als von den Jüngeren und den Älteren.

Auch bei den Musikabspielgeräten zeigen sich alterstypische Präferenzunterschiede. Radio wird von allen Altersgruppen sehr oft gehört, am häufigsten jedoch von den 26- bis 55-Jährigen. Das Fernsehen spielt vor allem bei den 36- bis 65-Jährigen eine große Rolle, der CD-Player bei den 26- bis 55-Jährigen, der Vinyl-Plattenspieler nach wie vor bei den 76- bis 85-Jährigen, jedoch auch bei den 16- bis 45-Jährigen. Die digitalen Abspielgeräte iPod (0,48) und Computer (0,50) sind bei den 16- bis 35-Jährigen sehr stark vertreten, um mit höheren Alterskohorten stark abzufallen. Das Mobiltelefon (0,55) existiert als Musikabspielgerät de facto nur bis zu den 55-Jährigen, hier ist der Alterseffekt am stärksten (Tab. 4.2).

Die Häufigkeit der Internetnutzung für Musikzwecke nimmt erwartungsgemäß mit zunehmendem Alter stark ab, von der Kohorte 56–65 weg findet es in der Regel kaum noch statt. Das gilt besonders stark für die Aspekte Informationsbeschaffung (0,50), Musikhören (0,55), Downloads (0,48), Austausch mit Freunden (0,43), auf Musik hinweisen (0,44) und Kommentieren (0,35). Aber auch beim Tonträgerkauf im Internet und beim Kaufen von Musikfiles zeigen sich deutliche Alterseffekte. Bei den Web-2.0-Anwendungen ist ein Bruch schon nach der ersten Kohorte feststellbar.[57]

---

[57]Mehr dazu im Abschn. 4.5.

Singen und Musizieren sind in der Jugend (bis 35 Jahre) weiter verbreitet als später. Allerdings zeigen sich altersspezifische Unterschiede im Bereich der Umgangsmusik wesentlich schwächer als bei der Übertragungsmusik.

4.4.3 Haushaltsstruktur

Die Struktur des Haushalts, in dem die Befragten leben, interessiert im Zusammenhang mit musikalischen Verhaltensweisen vor allem hinsichtlich der Frage, inwiefern es hier Restriktionen für die Umsetzung einer angestrebten musikalischen Praxis gibt. Dahinter steht die Vermutung, dass etwa kinderlose Singles mehr Zeit und anders gelagerte Motive haben, sich mit Musik zu beschäftigen, als Eltern von Kleinkindern. Es hat sich gezeigt, dass jene relativ selten lesen, die in einem Mehrpersonenhaushalt mit Kindern (unter 14 Jahren) leben. Das Gleiche gilt für Fernsehen und Ausüben eines Ehrenamts. Hinsichtlich Besuch von Theater/Kabarett und Kino wiederum ist nicht so sehr die Kinderlosigkeit ein häufigkeitsfördernder Faktor als vielmehr das Single-Dasein. Obwohl bei den BewohnerInnen von Mehrpersonenhaushalten die Kinder diesbezüglich eine Restriktion darstellen können, gehen die Singles am seltensten ins Konzert. Auf die Häufigkeit des Musikhörens zu Hause hat die Haushaltsstruktur keinen signifikanten Einfluss. Das Musikhören unterwegs ist für Singles vergleichsweise wenig wichtig, dafür mehr in Arbeitspausen. Und wenn Kinder im Haushalt sind, hört man gerne Musik bei der Hausarbeit und beim Sport. Mit Kindern gibt man vergleichsweise viel Geld für Musikdownloads aus. Man hört relativ oft Popmusik/Hits, Techno/House und Hip-Hop, dafür seltener Schlager. Man verwendet zum Musikhören überdurchschnittlich oft CD-Player, iPod, Computer und vor allem Mobiltelefon. Man benützt auch öfter das Internet für Informationsbeschaffung zu Musik, zum Musikhören, zum Tonträgerkauf, zum Kauf von Musikfiles und zum Gratisdownload. Was jedoch junge Eltern nicht praktizieren, sind Web-2.0-Aktivitäten mit Musik. In Mehrpersonenhaushalten wird generell mehr gesungen, vor allem wenn es Kinder gibt. Und auch die Häufigkeit des Musizierens wird durch die Anwesenheit von Kindern befördert. Keine oder sehr schwach signifikante Zusammenhänge zeigten sich zwischen Haushaltsstruktur und der Präferenz für bestimmte Musikveranstaltungen sowie den (abgefragten) Funktionen und Rollen des Musikhörens im Alltagsleben.

Tab. 4.3 Bildungsabschlüsse der Befragten und ihrer Eltern (in Prozent)

Eltern\Befragte	Pflichtschule	Lehre/Fachschule	Matura	Hochschule
Pflichtschule	48	42	6	4
Lehre/Fachschule	11	65	15	9
Matura	11	28	35	26
Hochschule	19	10	25	46

4.4.4 Bildung/kulturelles Kapital

Hinsichtlich des Zusammenhangs von musikalischer Praxis und kulturellem Kapital bieten sich verschiedene Betrachtungsweisen an. Üblicherweise erfolgt die Bezugnahme auf die Bildung unter Berücksichtigung der höchsten abgeschlossenen Schule. Das kann jedoch zu Verzerrungen der Ergebnisse führen, wenn ein Teil der Befragten seine Bildungskarriere noch nicht abgeschlossen hat. Wir berücksichtigen diesen Umstand durch Ausschluss der unter 19-Jährigen bei diesen Berechnungen.[58] Außerdem wird die Schulbildung der Eltern in die Betrachtung mit einbezogen, um das individuelle kulturelle Erbe sichtbar zu machen. Die Zusammenhänge zwischen den Bildungsabschlüssen der Befragten und denen ihrer Eltern sind erwartungsgemäß hoch signifikant (0,52) (Tab. 4.3).

Starke Effekte der Elternbildung auf eigene musikalische Verhaltensweisen zeigen sich in den Bereichen Freizeitgestaltung, Hörhäufigkeit bestimmter Musikstile, Umgang mit dem Internet für Musikzwecke und eigenes Singen/Musizieren. Ein weiterer und besonders verlässlicher Indikator für das Bildungsmilieu, in dem Kinder und Jugendliche aufwachsen, ist die Zahl der Bücher im Haushalt. Auch sehr junge Befragte können angeben, wie viele Laufmeter in etwa der Buchbestand in der elterlichen Wohnung einnimmt, und so wird diese Information sowohl bei den Shell Jugendstudien als auch bei den PISA-Tests der OECD für den ESCS-Index des wirtschaftlichen, sozialen und kulturellen Status verwendet.[59] Für die Auswertung in WM15 wurde dieser Indikator insofern übernommen, als nach dem Buchbestand gefragt wurde, als die Befragten 14 Jahre alt waren. Dahinter steht die Annahme, dass dies bekannt und relativ leicht zu erinnern ist und dass dies den damaligen Haushaltsbestand an kulturellem Kapital

---

[58] $N > 18 = 1086$.
[59] Albert (2010, S. 400); OECD (2014, S. 285 f.); vgl. Elvers et al. (2015).

4.4 Alter, Schulbildung und andere Einflussfaktoren

besser abbildet als die Schulbildung der Eltern.[60] Die Einteilung des Buchbestands erfolgte in sechs Kategorien, in der Annahme, dass sich das auf folgende Bildungsschichten umlegen lässt: untere bzw. obere Bildungsunterschicht, untere bzw. ober Bildungsmittelschicht sowie untere bzw. obere Bildungsoberschicht.[61] Die Ergebnisse der Auswertung zeigen, dass diese Maßeinheit eines objektivierten kulturellen Kapitals gut geeignet ist, bildungsbedingte Unterschiede der musikalischen Praxis darzustellen. Ein Vorteil dieses Indikators ist auch, dass er feinere Binnendifferenzierungen als bei Bezugnahme auf die Schulabschlüsse ermöglicht. Im Sinne einer guten Nachvollziehbarkeit der Ergebnisse wird in der Folge der Einfluss von Bildung/kulturellem Kapital als Synthese aus den drei Berechnungsarten a) eigene Schulbildung, b) Schulbildung der Eltern und c) Haushaltsbuchbestand im Alter von 14 Jahren vorgenommen.

Je höher das kulturelle Kapital der Befragten ist, desto mehr wird in der Freizeit gelesen, desto weniger wird ferngeschaut, desto öfter geht man ins Theater, ins Kabarett, ins Kino oder ins Konzert. Auch die Häufigkeit des aufmerksamen Musikhörens nimmt mit der Höhe der Bildung zu, nicht jedoch die Häufigkeit des Nebenbei-Musikhörens. Ein starker Zusammenhang zeigt sich vor allem zwischen damaligem Buchbesitz und der Zeit, die heute vor dem Fernsehgerät verbracht wird. Je weniger Bücher es gab, desto öfter wird ferngeschaut (0,36). Auffällig viele Befragte, die sehr selten oder nie fernsehen, aber dafür täglich lesen, hatten als Jugendliche sehr viele Bücher zu Hause. Je geringer das kulturelle Erbe ist, desto geringer ist generell auch die Wahrscheinlichkeit, dass man Angebote von Darbietungsmusik wahrnimmt. Die großen Ausnahmen sind hier allerdings Blasmusik-Konzerte und Volksmusik-Veranstaltungen, wo es sich genau umgekehrt verhält. Je höher die Bildung ist, desto öfter geht man in Klassik-Konzerte, ins Jazz-Konzert oder in die Oper, desto seltener wiederum in Blasmusikkonzerte. Auch Chorkonzerte werden überdurchschnittlich oft von AkademikerInnen besucht.

Grundsätzlich lässt sich sagen, dass man die unterschiedlichen Potenziale von Musik umso mehr schätzt, je höher der Bildungsgrad ist. Ein reiches kulturelles Erbe führt also zu einem in vieler Hinsicht bewussteren Umgang mit Musik. Sei es Tanz, Entspannung, festlicher Rahmen, kulturelle Bildung, Gesprächsthema,

---

[60]Gerade in den Kriegs- und Nachkriegsgenerationen mit ihren besonderen ökonomischen und familiären Rahmenbedingungen war es oft nicht möglich, jene Schullaufbahn zu verfolgen, die man sich gewünscht hätte oder für die man befähigt gewesen wäre.
[61]UBU: 10 Bücher oder weniger / OBU: 11 bis 25 Bücher / UBM: 26 bis 100 Bücher / OBM: 101 bis 200 Bücher / UBO: 201 bis 500 Bücher / OBO: mehr als 500 Bücher.

Ausdruck der Persönlichkeit, Katharsis, Nostalgie oder Verbindung mit Freunden, all diese möglichen Erträge sind den Hochgebildeten wichtiger. Aber auch hier gibt es Ausnahmen. Musikhören zur Kontemplation wird unabhängig von der Bildung geschätzt (oder eben nicht). Und Musikhören um Langeweile zu vertreiben ist vor allem für die wenig Gebildeten relevant. Auffällig ist auch, dass Musik umso lieber beim Sport gehört wird, je höher die Bildung ist, und umso lieber beim Arbeiten/Lernen, je niedriger die Bildung ist. Hinsichtlich der Geldausgaben für Musik zeigt sich ein klarer Zusammenhang zwischen Investitionsfreude und Bildung. Wer bereits über höheres kulturelles Kapital verfügt, setzt auch mehr ökonomisches Kapital zum Erwerb von Tonträgern, Zeitungen, Zeitschriften und Büchern ein. Höher Gebildete investieren zudem überdurchschnittlich viel Geld in Musikveranstaltungen, genau umgekehrt ist das Verhältnis bei Ausgaben für Computerspiele oder Mobiltelefon.

Was die Vorlieben für unterschiedliche Musikstile betrifft, werden weitgehend die bekannten Erkenntnisse der Präferenzforschung bestätigt. Je größer das kulturelle Erbe ist, desto öfter wird Klassik als Lieblingsmusik genannt. Genau umgekehrt verhält es sich mit Volksmusik und Schlager. Von jenen, die als Jugendliche sehr viele Bücher zur Verfügung hatten, nannte fast die Hälfte (47 %) Klassik als Lieblingsmusik. In den Bereichen Pop/Hits, Techno/House, Hip-Hop und Musik aus aller Welt als Lieblingsmusik zeigen sich keine signifikanten Zusammenhänge mit der Bildung der Befragten. Während die Zusammenhänge zwischen individuellem kulturellem Kapital und Lieblingsmusik nicht allzu hoch sind, zeigen sich wesentlich stärkere Einflüsse, wenn man die Hörhäufigkeit einzelner Musikstile ins Auge fasst. So lässt sich ganz klar sagen, dass man umso *öfter* Jazz (0,34) und vor allem Klassik (0,41) hört, je mehr kulturelles Kapital man besitzt. Auf der anderen Seite sinkt die Hörhäufigkeit von Schlagermusik (0,36) mit aufsteigendem Bildungsgrad. Das gleiche Verhältnis wie beim Schlager, wenn auch nicht so hoch signifikant, zeigt sich bei der Volksmusik. Pop, Rock, Techno und Hip-Hop sind vor allem im Alltag der Bildungsmittelschicht stark präsent. Die Angaben zu den Antiferenzen einzelner Musikstile ergänzen das Bild um unerwartete Facetten. Zwar zeigen sich nur bei Jazz, Volksmusik und Schlager signifikante Zusammenhänge zwischen Bildung und Ablehnung. Von demonstrativer Toleranz als neuer Distinktionsstrategie der Hochgebildeten kann jedoch keine Rede sein. So wird zwar erwartungsgemäß Jazz vor allem mit niedriger Bildung (und von auffallend wenigen AkademikerInnen) abgelehnt, aber gleichzeitig nimmt die Schlager-Ablehnung mit Höhe des Bildungsabschlusses ganz klar zu. Zudem sind es gerade die PflichtschulabsolventInnen, die dadurch auffallen, dass sie keinerlei Musikstil-Ablehnung bekundet haben. Klassik wird in Österreich von einer breiten Bildungsmittelschicht als wertvoll anerkannt, von

4.4 Alter, Schulbildung und andere Einflussfaktoren

weniger Gebildeten deutlich öfter und von höher Gebildeten deutlich seltener mit „gefällt mir gar nicht" quittiert. Dabei haben auffallend viele AkademikerInnen (eigenen Angaben zufolge) schon als Jugendliche am liebsten Klassik gehört, während hingegen Schlager kein Thema war. Und diese Dichotomie deckt sich auch weitgehend mit dem, was den Befragten als Präferenz der Eltern in Erinnerung ist. Zwar war in Haushalten mit hohem Buchbestand die Lieblingsmusik der Eltern relativ oft Jazz, aber noch öfter war es Klassik. Die Weitergabe des kulturellen Kapitals erfolgt offenbar vor allem in der Bildungsoberschicht und in der Bildungsunterschicht. Über einen elterlichen Einfluss auf den eigenen Musikgeschmack berichten vor allem PflichtschulabsolventInnen, aber tendenziell auch Angehörige der höchsten Bildungsschicht. Ein entsprechender Einfluss von FreundInnen steigt mit der Schulbildung, Radio und Fernsehen als musikgeschmackprägende Instanzen sind vor allem in der Mittelschicht wichtig.[62]

Die Zusammenhänge zwischen der Nutzung bestimmter Abspielgeräte und dem kulturellen Kapital sind schwach signifikant. Die CD hat sich bildungsschichtenübergreifend als wichtiges Musikmedium etabliert. Vinylplattenspieler sind eigentlich nur in der Oberschicht ein Thema, iPods vor allem in der Unterschicht.[63] Je weniger Bücher es in der Jugend gab, desto wichtiger sind heute Radio und Fernsehen als Quelle des Musikhörens. Die Bedeutung von Computer und Handy als Musikabspielgerät steigt kontinuierlich mit dem Ausmaß des kulturellen Erbes, um jedoch in der Bildungsoberschicht wieder zurückzugehen. Auch die Häufigkeit der Internetnutzung für Musikzwecke steigt (schwach, aber doch signifikant) mit der Höhe der Bildung. Für jene, die in der Jugend sehr wenige Bücher zur Verfügung hatten, spielt heute das Internet im Umgang mit Musik eine sehr geringe Rolle. Dies gilt vor allem für Informationsbeschaffung, Musikhören (0,38) und Tonträgerkauf, aber diese Gruppe ist in allen Bereichen der Internetnutzung die am schwächsten vertretene. Mit gleicher Regelmäßigkeit sind hier die Angehörigen der Bildungsoberschicht die Aktivsten.

Auch die Häufigkeit des Singens steigt mit der Schulbildung der Eltern, und auffällig stark vertreten sind Musizierende mit Akademiker-Eltern. Fasst man jene ÖsterreicherInnen ins Auge, die nie singen oder musizieren, sieht man Angehörige

---

[62]Außerdem zeigt sich in der Bildungsunterschicht eine höhere Bedeutung des Internets als musikalische Sozialisationsinstanz. Diese Erkenntnis ist jedoch mit Vorsicht zu genießen, da viele von denen, für die das Internet relevant war, ihre Bildungskarrieren noch nicht abgeschlossen hatten. Zukünftige Forschung kann hier verlässlichere Daten liefern.

[63]Achtung, auch hier ist wieder ein Kohorteneffekt zu vermuten.

der Bildungsunterschicht stark überrepräsentiert. Je reicher das individuelle kulturelle Erbe ist, desto öfter wird heute musiziert, mit einem klaren Sprung zwischen Mittel- und Oberschicht. Die Chance, dass ein Elternteil singt und/oder musiziert, ist in allen Schichten ungefähr gleich groß. Aber die Chance, dass Mutter *und* Vater singen/musizieren, ist in der Oberschicht wesentlich höher.[64]

> **Exkurs: Bildungsmobilität**
> Ein zentraler Einwand gegen Bourdieus Befund, dass mit dem Hineingeborensein in ein Bildungsmilieu die musikalische Praxis quasi vorgezeichnet sei, wurde mit dem Argument der Bildungsmobilität vorgebracht (Gebesmair 2001). Bildungspolitische Anstrengungen in Österreich wie zum Beispiel freier Hochschulzugang verfolgen seit den 1970er Jahren das Ziel, Kindern und Jugendlichen aus bildungsfernen Milieus den Zugang zu höherer Bildung zu erleichtern. Auch wenn die Ergebnisse dieser strukturellen Maßnahmen bescheiden sind, wie die Ergebnisse der PISA-Tests regelmäßig zeigen, ist nicht von der Hand zu weisen, dass ein gewisser Anteil der Bevölkerung einen höheren (oder niedrigeren) Bildungsabschluss als die Eltern erreicht.[65] Diesem Umstand soll hier Rechnung getragen werden, indem die BildungsaufsteigerInnen und die BildungsabsteigerInnen identifiziert und in ihrer musikalischen Praxis beleuchtet werden. Da jedoch – vor allem in WM15 – viele Jugendliche befragt wurden, von denen wohl einige ihre Bildungskarriere noch nicht beendet hatten, wurden alle Personen bis zum Alter von 18 Jahren von Berechnungen mit der Variable *Bildungsmobilität* ausgeschlossen, damit sie nicht zu Unrecht als BildungsabsteigerInnen erscheinen.[66] Die Ergebnisse dieser

---

[64]Dieser landesweit hohe Grad an musikalischer Bildung zumindest eines Elternteils kann als Einfluss des in ruralen Gebieten sehr wichtigen österreichischen Blasmusikwesens gelesen werden.

[65]In allen untersuchten Bereichen der PISA-Studien ist ein linearer Zusammenhang zwischen der erreichten Punktezahl und der Schulbildung des Vaters festzustellen (Bruneforth und Lassnigg 2012, 152 f.; OECD 2014, S. 39).

[66]Wenn man die Auswahl [>18] vornimmt, kommt man auf rund 12,7 % AbsteigerInnen im Datensatz (16,6 % ohne Bereinigung), was relativ gut mit den offiziellen Zahlen z. B. der PIAAC-Erhebung (13,1 %) korrespondiert (OECD 2013). Dieser Aspekt wurde als schwerer wiegend betrachtet als der Umstand, dass es auch über 18-Jährige gibt, die ihre Ausbildung noch nicht beendet haben. Mit dem Ausschluss aller unter 26-Jährigen würde der Datensatz nur 10,5 % BildungsabsteigerInnen enthalten.

4.4 Alter, Schulbildung und andere Einflussfaktoren

> Untersuchung bleiben unter den Erwartungen. Wohl sind mit Ausnahme der Stil-Antiferenzen in allen Bereichen Zusammenhänge nachweisbar, jedoch fallen sie allesamt relativ schwach aus. Am stärksten zeigt sich noch, dass sowohl AufsteigerInnen als auch AbsteigerInnen wesentlich öfter klassische Musik zu hören scheinen als die Befragten mit der gleichen Schulbildung wie ihre Eltern (KK: 0,22). Und auffallend viele BildungsaufsteigerInnen sind in ihrem Musikgeschmack von Radio und Fernsehen beeinflusst und geben an, dass die Eltern vor allem Volksmusik gehört haben, als sie selbst 14 Jahre alt waren.

4.4.5 Berufsposition

Eine ergänzende Perspektive auf die sozioökonomische Position ergibt sich vor allem in der Oberschicht unter Berücksichtigung der Berufsposition der Befragten. Während die Höhe des Bildungsabschlusses über *potenzielle* soziale Positionen Auskunft gibt, zeigen sich mit der Berufsposition die *realisierten* Erfolge, die sich in der Regel auch in entsprechender ökonomischer Kapitalausstattung abbilden. Hochgebildete WenigverdienerInnen werden möglicherweise einen anderen Umgang mit Musik pflegen als einseitig gebildete TopverdienerInnen oder Neureiche. Darüber hinaus ergeben sich aus unterschiedlichen beruflichen Anforderungen individuelle Handlungsspielräume für die musikalische Praxis. Alleine hinsichtlich der zeitlichen Kapazitäten haben etwa Bäuerinnen wesentlich stärkere Einschränkungen zu gewärtigen als FreiberuflerInnen. Feine, aber aufschlussreiche Unterschiede zeigen sich in dieser Hinsicht bei den musikbezogenen Freizeitbeschäftigungen. Sowohl was das aufmerksame Musikhören als auch den Konzertbesuch betrifft, ergibt sich die Rangreihe nach Aktivität wie folgt: leitende Angestellte, Freiberufler/Unternehmer, FacharbeiterInnen, einfache Angestellte, qualifizierte Angestellte, einfache ArbeiterInnen, Bauern/Bäuerinnen. Bei der Besuchshäufigkeit von Klassik-Konzerten, Jazz-Konzerten und den Aufführungen zeitgenössischer Kunstmusik nehmen FreiberuflerInnen und UnternehmerInnen die Spitzenposition ein, auch bei Diskothekenbesuchen und Chorkonzerten sind sie am aktivsten. Blasmusikkonzerte und Volksmusikabende wiederum werden am öftesten von Bauern und Bäuerinnen besucht. Für die Oper gibt es ein moderates, aber gesellschaftlich relativ breites Interesse, und auch an Rock/Pop-Konzerten und an Musicals ist das Interesse sehr ausgeglichen. Musik als Gesprächsthema schätzen vor allem die FreiberuflerInnen und UnternehmerInnen, zum Zeitvertreib vor allem die einfachen ArbeiterInnen. Auffällig wenig Wertschätzung für die verschiedenen Funktionen von Musik (Erinnerung, Verbindung mit FreundInnen, Ausleben von Gefühlen, Kontemplation usw.) gibt es in der Bauernschaft. Musik unterwegs hören ist am wenigsten bei den Selbstständigen beliebt. Bei den Bauern/Bäuerinnen am beliebtesten ist Musik beim Arbeiten, bei ihnen am unbeliebtesten Musik zum Entspannen am Abend und zum Ausgehen am Abend. Die einfachen Angestellten hören sehr gerne Musik, wenn sie mit FreundInnen sind, bei der Hausarbeit und beim Sport. Für musikbezogene Geldausgaben spielt die Berufsposition keine Rolle. Bei den Vorlieben und Abneigungen gegenüber den verschiedenen Musikstilen zeigen sich kaum Zusammenhänge mit der Berufsposition. Größer sind Unterschiede hinsichtlich der Hörhäufigkeit verschiedener Musikstile, vor allem in den Bereichen Volksmusik, Schlager und Klassik. Während Selbstständige, leitende und qualifizierte Angestellte öfter Klassik hören, trifft dies bei Bäuerinnen und Bauern auf Volksmusik und Schlager zu. FreiberuflerInnen und UnternehmerInnen hören auffällig selten Musik im Radio, Bäuerinnen und Bauern auffällig selten über iPod, Computer oder Handy. Während die meisten Bäuerinnen, Bauern und ungelernten ArbeiterInnen beim Umgang mit Musik selten bis nie auf die Möglichkeiten des Internets zurückgreifen, tun dies FreiberuflerInnen und UnternehmerInnen auffallend oft. Und auch was Singen und Musizieren betrifft, fallen Letztere durch besondere Aktivität auf, wohl auch weil fast zwei Drittel von ihnen zumindest einen musizierenden Elternteil haben.

4.4.6 Haushaltseinkommen

Eine relativ konventionelle Unterteilungsmöglichkeit ist jene nach dem verfügbaren ökonomischen Kapital. Diese Perspektive bestätigt und ergänzt erwartungsgemäß unsere Befunde nach Betrachtung der Berufsposition. Für die Auswertung wurden die Befragten entsprechend dieser Variable in vier annähernd gleich große Gruppen zusammengefasst, in denen sich dann jeweils zwischen 230 und 350 Befragte befanden. Sie standen für ein monatliches Nettohaushaltseinkommen bis 1500 € / von 1501 bis 2400 € / von 2401 bis 3300 € / über 3300 €. Die Ergebnisse zeigen deutlich eine sehr geringe aktive Beteiligung der unteren Einkommensschicht am Kulturleben, sei das Theaterbesuch, Konzertbesuch, Kinobesuch, ja sogar Lesen und aufmerksames Musikhören zu Hause. Einzig beim Fernsehen und beim Nebenbei-Musikhören gibt es keine signifikanten Unterschiede. Dieses Fehlen zeigt sich vor allem bei Konzerten klassischer Musik, zu denen 71 % der Befragten aus der unteren Einkommensgruppe nie gehen, sowie bei Chorkonzerten (72 %) und bei Musicalaufführungen (68 %). Dieses Verhältnis zur Musik spiegelt sich auch im unterschiedlichen Bewusstsein um ihre Funktionen und Anwendungsbereiche wider, mit Ausnahme von Stimmungsregulierung, die für alle wichtig ist, sowie von Kontemplation und von kultureller Bildung, die von allen Einkommensklassen gleichermaßen als wenig wichtig erachtet werden. Am Abend zur Entspannung oder beim Ausgehen Musik zu hören, das wird wiederum von WenigverdienerInnen am stärksten befürwortet. Interessanterweise zeigen sich bei den Geldausgaben für Musik keine oder nur sehr gering signifikante Unterschiede zwischen den Einkommensklassen, anders als etwa bei Aufwendungen für Zeitungen, Zeitschriften und Bücher.

Der Musikgeschmack scheint in Österreich weit weniger einkommensabhängig zu sein, als es aufgrund der Befunde hinsichtlich Berufspositionen oder kulturellem Kapital zu erwarten wäre. Für einzelne Stilfelder als Lieblingsmusik sowie bei deren Ablehnung zeigen sich keine oder nur sehr gering signifikante Unterschiede. Das Gleiche gilt hinsichtlich der geschmacksbildenden Bedeutung verschiedener Sozialisationsinstanzen. Bei der Hörhäufigkeit unterschiedlicher Musikstile zeigt sich die generell geringere Aktivität der Einkommensunterschicht. So hören 49 % von ihnen nie Klassik und 56 % nie Jazz, aber nicht viel besser ergeht es Pop (34 %), Rock (36 %), Volksmusik (32 %) oder gar Techno/House (60 %) und Hip-Hop (58 %). Dafür hört man deutlich öfter als in oberen Einkommensgruppen Schlager (32 % täglich). Bei der Verwendung unterschiedlicher Geräte zum Abspielen von Musik zeigen die Einkommensunterschicht und die untere Mittelschicht insofern ähnliche Verhaltensmuster, als deren Angehörige vergleichsweise selten den Computer und vergleichsweise oft das Fernsehgerät verwenden. Das bildet sich auch im Einbeziehen des Internets in die musikalische Praxis ab, jedoch vor allem hinsichtlich konventioneller Anwendungen wie Informationsbeschaffung, Tonträgerkauf oder Kauf von Musikfiles. Bei den Web-2.0-Anwendungen sind die Unterschiede zwischen den Einkommensgruppen kaum oder gar nicht signifikant. Auch hinsichtlich der Umgangsmusik sind die Einkommensunterschiede kaum relevant, und der Anteil von Befragten mit zumindest einem musizierenden Elternteil ist ohne auffällige Unterschiede zwischen den Einkommensgruppen.

4.4.7 Migrationshintergrund

Eine zentrale Lebenserfahrung, die zweifellos auch auf die musikalische Praxis einwirkt, ist Migration.[67] Auch hinsichtlich des Anteils an Befragten mit Migrationshintergrund waren die Stichproben von WM10 und WM15 repräsentativ für

---

[67] Hemetek (2001), Wurm (2006).

die österreichische Gesamtbevölkerung. Allerdings wurden keine Fragen zu den Umständen der Einwanderung und zum Herkunftsland gestellt, was den Informationsgehalt der Ergebnisse naturgemäß einschränkt.[68] Nach der statistischen Auswertung erweist sich die Stärke der Zusammenhänge hier als relativ gering, so überhaupt welche vorhanden sind. Was die Darbietungsmusik betrifft, zeigt sich, dass ImmigrantInnen öfter in die Disco gehen, dafür seltener in Veranstaltungen mit Blasmusik, Volksmusik oder Musicals. Insgesamt geben sie vergleichsweise wenig Geld für Musikveranstaltungen aus. Naturgemäß nennen sie auffällig oft als Lieblingsmusik *Musik aus aller Welt,* dafür selten Schlager, dem gegenüber sie eine signifikant höhere Antiferenz bekunden. Das Gleiche gilt für die Lieblingsmusik ihrer Eltern, die jedoch weder stärker noch schwächer als Einfluss auf den eigenen Musikgeschmack gesehen werden, als dies bei Befragten ohne Migrationshintergrund der Fall ist. Jene Musik, die von MigrantInnen signifikant *öfter* gehört wird, ist Hip-Hop, nicht jedoch Musik aus aller Welt. Österreichische Volksmusik und vor allem Schlager spielen in ihrem Alltag eine auffallend geringe Rolle. Zum Musikhören verwenden sie relativ selten Radio oder Fernsehgerät, dafür öfter iPod, Computer oder Handy. Eine relativ große Rolle spielt das Internet beim Umgang mit Musik. Im Bereich der Umgangsmusik zeigen die Zugewanderten (nicht hoch, aber doch) signifikant mehr Aktivität beim Singen und Musizieren als die im „Musikland Österreich" (Maurer 1968) Geborenen.

4.4.8 Ortsgröße/Urbanität

Österreich ist topografisch ein auf weiten Flächen rurales Land mit wenigen Ballungsräumen, in denen wiederum etwa die Hälfte der Bevölkerung angesiedelt ist. Für das Musikleben ist dies insofern von hoher Relevanz, als das Gros der Angebote aus Darbietungsmusik in urbanen Gebieten zu finden ist. Eine erste Analyse hat gezeigt, dass sich eher kleine von ganz kleinen österreichischen Gemeinden in der musikalischen Praxis ihrer BewohnerInnen genauso wenig unterschieden wie Kleinstädte von großen Städten. Daraus ergibt sich hinsichtlich musikalischer Verhaltensweisen eine Stadt-Land-Dichotomie, in der sich die Urbanitätsgrenze bei

---

[68]Das Herkunftsland der meisten ImmigrantInnen ist Deutschland. Hier sind nur geringe Unterschiede in der musikalischen Praxis zu erwarten. Eine quantitative Querschnittserhebung stößt in dieser Frage an ihre Grenzen, weiterführende Untersuchungen mit qualitativen Methoden wären empfehlenswert (www.statistik.at/web_de/statistiken/menschen_und_gesellschaft/bevoelkerung/bevoelkerungsstruktur/bevoelkerung_nach_staatsangehoerigkeit_geburtsland/index.html).

4.4 Alter, Schulbildung und andere Einflussfaktoren

etwa 20.000 EinwohnerInnen festmachen lässt. Aus dieser Perspektive gibt es in Österreich derzeit 23 urbane und 3048 rurale Gemeinden (Statistik Austria 2016).[69] Am Land wird mehr ferngeschaut als in der Stadt. Dafür trifft man sich seltener mit FreundInnen, man geht seltener ins Theater oder Kabarett, seltener ins Kino. Keinen Einfluss hat die Größe des Wohnortes auf das Musikhören zu Hause. Am Land geht man seltener in die Disco, ins Jazz-Konzert, auf ein Rock/Pop-Konzert, ins Klassik-Konzert oder zu einer Aufführung moderner Kunstmusik. Dafür geht man öfter ins Blasmusikkonzert und zu Volksmusikveranstaltungen. Der Musicalbesuch ist urbanitätsunabhängig, hier befriedigen offenbar städtetouristische Pauschalangebote die Nachfrage in hinreichendem Ausmaß. Die StadtbewohnerInnen zeigen generell eine stärker zweckrationale Einstellung zum Musikhören. Sie schätzen in stärkerem Ausmaß das Tanzen, die kulturelle Bildung, Musik als Gesprächsthema, als Ausdruck der Persönlichkeit, weil sie Langeweile vertreibt, zum Ausleben der Gefühle und zur Kontemplation. In der Stadt hört man auch lieber Musik zum Entspannen am Abend, beim Ausgehen am Abend und zum Sport.

Während sich bei außermusikalischen Geldausgaben (Handy, Kleidung, Sport usw.) keine signifikanten Unterschiede zwischen Stadt und Land zeigen, gibt es diese sehr wohl in allen Bereichen der Musikrezeption. StadtbewohnerInnen investieren mehr Geld in Tonträger, Downloads, Streaming und Musikveranstaltungen (Abb. 4.15).

Volksmusik und Schlager sind die Musiken des Landes, Jazz, Klassik, Hip-Hop und Techno jene der Stadt. Dies zeigt sich hinsichtlich Lieblingsmusik, Abneigungen und vor allem Hörhäufigkeit. Am Land verwendet man zum Musikhören öfter Radio oder Fernsehen, in der Stadt öfter iPod, Computer, Handy oder Vinylplattenspieler. StädterInnen verwenden in jeder Hinsicht öfter als LandbewohnerInnen das Internet, für relativ konventionelle Zwecke, aber auch für Web-2.0-Anwendungen. Das überraschende Ergebnis kommt zum Schluss: In der Stadt wird öfter in Gruppen gesungen und/oder musiziert. Hier war doch ein stärkerer Effekt des in ruralen Gebieten sehr wichtigen Blasmusikwesens zu erwarten.

---

[69]Die Die Einteilung orientierte sich an den Größenklassen der Statistik Austria. Kleinste Gemeinde unter den Großen war zum Erhebungszeitpunkt (01.01.2013) Wolfsberg mit 20.447 Einwohnern, größte Gemeinde unter den Kleinen war Amstetten mit 19.311 Einwohnern. Wahrscheinlich werden zwischen diesen beiden nicht allzu große Unterschiede auffindbar sein, aber irgendwo muss eine Grenze gezogen werden (http://www.statistik.at/web_de/klassifikationen/regionale_gliederungen/siedlungseinheiten/index.html).

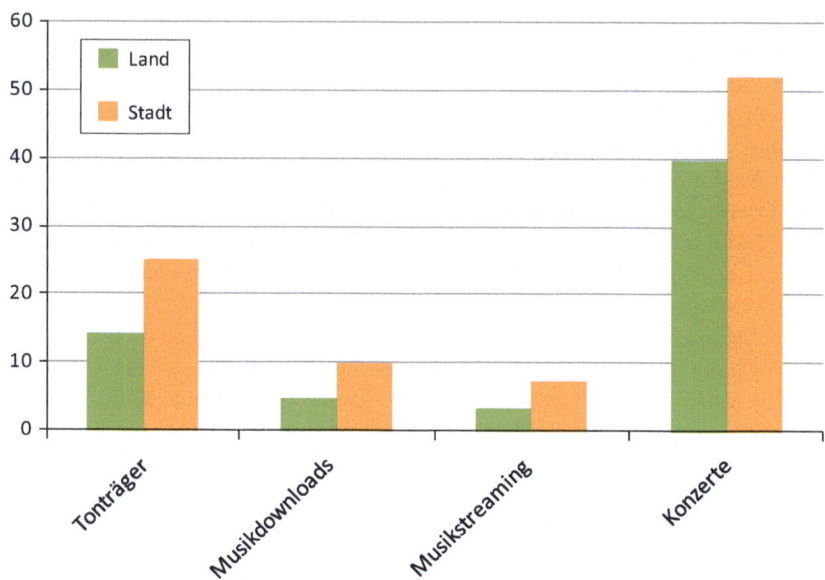

Abb. 4.15 Anteil jener Stadt/Land-BewohnerInnen, die mehr als zehn Euro pro Monat für Musik ausgeben

4.5 Neue musikalische Verhaltensweisen der Generation Web 2.0

Mit der digitalen Mediamorphose sind zentrale Selbstverständlichkeiten musikalischer Praxis verloren gegangen. Während im 20. Jahrhundert Musikkonsum von Kontrolle und künstlicher Verknappung durch Gatekeeper geprägt war, steht heute via Smartphone jederzeit und überall ein großes Musikangebot zur Verfügung. Diese neuen Rahmenbedingungen konnten nicht ohne Auswirkungen auf die musikalischen Verhaltensweisen bleiben. Internet und MP3 haben das Geschäftsmodell der Tonträgerindustrie in Bedrängnis gebracht, und eine Generation von MusikhörerInnen ist herangewachsen, für die zum Beispiel das Kaufen von Tonträgern eher eine Ausnahme als die Regel bedeutet. Wie sich nun die neue musikalische Praxis der Generation Web 2.0 konkret darstellt und was das für die Zukunft des Musiklebens bedeutet, dazu scheint es nach wie vor mehr Fragen als Antworten zu geben. Nachdem der Diskurs zu Musik und Internet jahrelang von Interessenslagen der Musikwirtschaftsforschung und der Jugendforschung geprägt war, traten

4.5 Neue musikalische Verhaltensweisen der Generation Web 2.0

in jüngerer Zeit auch die Sozialwissenschaften mit umfangreichen Diskussionsbeiträgen auf den Plan.[70] Dabei zeigte sich, dass die Frage nach der Zukunft des Musikhörens schwer zu beantworten ist. Vielleicht ist es sogar unmöglich, denn seriöse Wissenschaft zeichnet sich dadurch aus, dass sie Zukunftsprognosen nur unter großen Vorbehalten abgibt. Ein gangbarer Weg besteht darin, den Blick auf die wichtigste Trägergruppe des sozialen Wandels zu lenken, auf diejenigen, die in auffälliger Weise neue musikalische Verhaltensweisen zeigen, die Jugendlichen und jungen Erwachsenen. Entsprechende Erkenntnisse werden nun präsentiert. Ein zentrales Ergebnis der repräsentativen Befragung WM10 war die auffällige Andersartigkeit musikalischer Verhaltensweisen der *Generation Web 2.0,* die mittels Clusteranalyse sogar als eigener MusikhörerInnen-Typ abgrenzbar war.[71]

Als Konsequenz aus dieser Erkenntnis wurden in der Befragung WM15 mehr junge Menschen ausgewählt, um für eine Spezialauswertung der *Generation Web 2.0* ausreichend hohe Fallzahlen zu bekommen. Die unter 30-Jährigen sind also in diesem Sample überrepräsentiert (33 %), was dann für Berechnungen aller Altersgruppen mit entsprechender Gewichtung korrigiert wurde. Damit sind aus WM15 seriöse Rechnungen mit echten *Digital Natives* möglich, also den 16- bis 25-Jährigen.[72]

Hinsichtlich der Häufigkeit des Musikhörens zeigen sich verglichen mit anderen Freizeitbeschäftigungen relativ geringe Unterschiede zwischen den Angehörigen der *Generation Web 2.0* und den über 25-Jährigen. Während die Jungen viel öfter ihre Freizeit mit FreundInnen oder im Kino verbringen, während sie viel seltener lesen oder fernsehen, sind sie beim aufmerksamen Musikhören nur unwesentlich aktiver. Hinsichtlich der Häufigkeit von Konzertbesuchen insgesamt sowie von Nebenbei-Musikhören zeigen sich überhaupt keine signifikanten Unterschiede. Bei spezieller Betrachtung der verschiedenen Musikveranstaltungen zeigen sich allerdings deutliche Unterschiede beim Diskothekenbesuch (KK: 0,40). Während etwa 40 % der jungen Leute mindestens sechsmal im Jahr eine Diskothek besuchen, machen das drei Viertel der über 25-Jährigen überhaupt nie. Auch bei Blasmusikkonzerten und bei Rockkonzerten gibt es Unterschiede, die jedoch nicht so stark ausgeprägt sind. Bei allen anderen Arten von Musikveranstaltungen sind die Unterschiede in der Besuchshäufigkeit nicht signifikant. Hinsichtlich der

---

[70] Colloque international *Musimorphoses – futur(s) de la musique* im November 2015 in Paris; *Future Sounds – Meaning and the Future of Popular Music* im Mai 2016 in Preston.
[71] Siehe Diagramm 4.27, Abschn. 4.8.1.
[72] N = 292; aus arbeitsökonomischen Gründen war es nicht möglich, unter 16-Jährige zu befragen, da hierfür jeweils die Zustimmung der Erziehungsberechtigten einzuholen gewesen wäre.

unterschiedlichen Qualitäten und Einsatzmöglichkeiten von Musik zeichnet sich die *Generation Web 2.0* durch ein deutlich stärker ausgeprägtes Bewusstsein aus. Obwohl auch Ältere es schätzen, wenn Musik gute Stimmung macht, bezeichnen das nur etwas mehr als ein Drittel von ihnen als „sehr wichtig". Bei den Jungen sind es knapp zwei Drittel. Ähnlich stark sind die Unterschiede hinsichtlich Musik als stimmungsvoller Hintergrund für Feste und Feiern, Musik als Gesprächsthema, Musik als Erinnerung an Erlebnisse oder Personen und Musik als Verbindung mit FreundInnen. Von den Angehörigen beider Altersgruppen gleichermaßen als relativ unwichtig wird der Aspekt des Musikhörens zum Zwecke kultureller Bildung gesehen. Musik ist im Alltag am stärksten als Begleiterin von Mobilität präsent. Während schon mehr als die Hälfte der über 25-Jährigen sagt, dass sie unterwegs sehr gerne Musik hört (im Auto, im Zug, im Bus usw.), gilt das sogar für drei Viertel der Jungen. Während des Essens und während des Arbeitens wird von Jung und Alt nicht besonders gerne Musik gehört, in allen anderen Alltagssituationen zeigen die unter 26-Jährigen wesentlich mehr Freude an Musikbegleitung. Besonders stark sind hier die Unterschiede hinsichtlich der Einstellung zu Musik beim Sport (0,36), beim Ausgehen am Abend und wenn man mit FreundInnen zusammen ist. Hinsichtlich der Frage, wie viel Geld in Musik investiert wird, zeigen sich signifikante, aber nicht sehr stark ausgeprägte Unterschiede bei den Ausgaben für Musikdownloads und für Musikstreaming. Keine signifikanten Altersgruppen-Unterschiede zeigen sich hingegen bei Ausgaben für Musikveranstaltungen und beim Tonträgerkauf. Auffällig ist, dass selbst von den jungen Leuten nicht allzu viele bereit sind, für Downloads (32 %) oder Streaming (22 %) Geld auszugeben.

Hinsichtlich dessen, was die Befragten auf die Frage nach ihrer Lieblingsmusik angeben, zeigen sich altersübergreifend Vorlieben für Jazz, Rock und Musik aus aller Welt. Deutliche Häufigkeitsunterschiede gibt es hingegen bei den Nennungen von Pop/Hits, Techno/House und Hip-Hop, die klar als Jugendmusikstile zu identifizieren sind. Auf der anderen Seite finden Klassik, Volksmusik und Schlager signifikant mehr LiebhaberInnen bei den über 25-Jährigen. Aus den Ergebnissen der offenen Frage nach den Antiferenzen spiegeln sich eventuelle Distinktionsbedürfnisse weniger stark wider, als man aufgrund der Präferenzunterschiede vermuten könnte. Lediglich eine dezidierte Ablehnung von Heavy Metal wird von Angehörigen der *Generation Web 2.0* wesentlich öfter geäußert als von den über 25-Jährigen. Dies lässt sich wohl auch damit erklären, dass dieser Musikstil den Älteren im Alltag selten begegnet, wodurch er ihnen bei einer offenen Frage gar nicht in den Sinn kommt. Wie schon zuvor erweist sich auch die Hörhäufigkeit im Generationenvergleich als aussagekräftigeres Unterscheidungsmerkmal, verglichen mit den spontan geäußerten Vorlieben und

4.5 Neue musikalische Verhaltensweisen der Generation Web 2.0

Abneigungen. So werden Techno/House (0,40) und Hip-Hop (0,39) von den Jungen in hoch signifikantem Ausmaß öfter gehört als von den über 25-Jährigen. Bei Volksmusik und Schlager sind die Unterschiede nicht so stark ausgeprägt, aber immer noch relativ hoch im Vergleich zu den ebenfalls signifikant unterschiedlich oft gehörten Stilfeldern Pop/Hits und Rock. Nicht signifikant höher ist bei den über 25-Jährigen die Hörhäufigkeit von Klassik, obwohl es die Präferenznennungen erwarten ließen. Offenbar beschert das tägliche Leben in Österreich auch jenen eine gewisse Hörfrequenz klassischer Musik, die das von sich aus nicht anstreben würden.

Aus der Zusammenführung der zentralen Perspektiven sozialer Wandel und soziale Ungleichheit ergibt sich die Frage, inwiefern die Musikpräferenzen der *Generation Web 2.0* durch andere Sozialisationsinstanzen geprägt wurden, als dies bei den Älteren der Fall war. Dahinter steht die Vermutung, dass es für heutige Jugendliche schwieriger ist, einen eigenständigen Musikgeschmack in Abgrenzung zu den Eltern zu entwickeln, wenn jene mit (einst) rebellischen Jugendkulturen wie Rock, Hip-Hop oder Techno aufgewachsen sind, während heute keine vergleichbaren musikbezogenen Vergemeinschaftungsangebote zur Verfügung stehen. Um dies genauer ins Auge zu fassen, bot sich ein Vergleich des Musikgeschmacks der Befragten mit jenem ihrer Eltern an. Um dabei eine Vergleichsbasis ohne Verfälschung durch den Alterseffekt zu bekommen, wurden die jeweiligen Lieblingsmusiken verglichen, als die Befragten 14 Jahre alt waren. Es wurde also zuerst untersucht, wie viele der Befragten im Teenageralter zum Beispiel Rockmusik am liebsten gehört haben, danach, wie hoch der Anteil der Eltern ist, die damals ebenfalls Rock als Lieblingsmusik hatten. Die Differenz aus beiden Werten ist dann das Ausmaß der musikalischen Emanzipation. Und bezogen auf diese wurden dann die beiden Altersgruppen *Generation Web 2.0* und 26+ verglichen. Die Ergebnisse bestätigen die oben formulierte Vermutung, denn tatsächlich positionieren sich die Angehörigen der *Generation Web 2.0* mit ihrer Teenagermusik in mancher Hinsicht näher am Geschmack der Eltern, als dies bei den über 26-Jährigen zu beobachten ist. Insgesamt die stärksten Emanzipationsgrade zeigen sich hier im Bereich *Musik aus aller Welt* bei den Jungen bzw. im Bereich *Volksmusik* bei den Älteren. Die geringste Emanzipation zeigen beide Altersgruppen, wenn die Eltern JazzliebhaberInnen waren, die Älteren hier noch weniger als die *Generation Web 2.0* (Abb. 4.16).

Die stärkste Emanzipation der Kinder vom Elterngeschmack hat(te) also bei den über 26-Jährigen die Volksmusik zu verkraften. Ein ähnlich starker Emanzipationsschauplatz war die Rockmusik, nur eben in die andere Richtung, nämlich

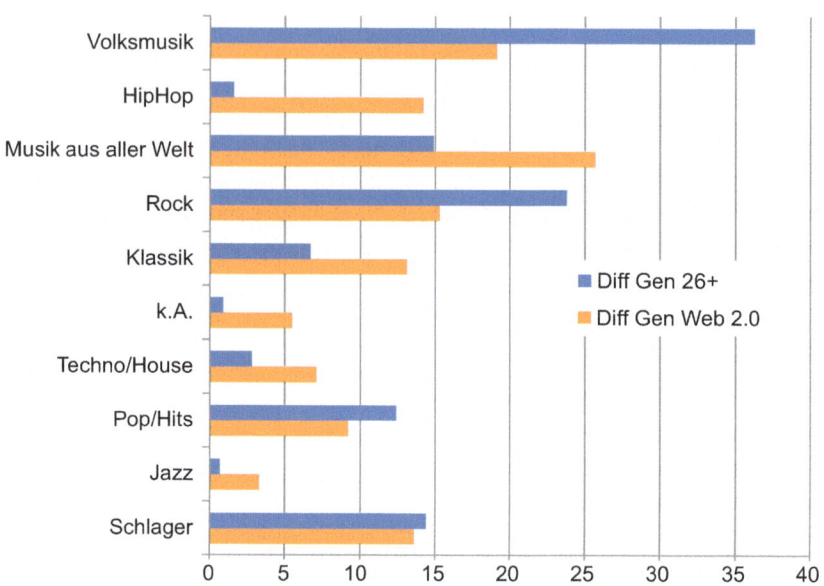

Abb. 4.16 Unterschiede zwischen den Präferenzen der Befragten und denen ihrer Eltern (Das Diagramm zeigt die jeweilige Stärke der Abweichung vom Elterngeschmack an, nicht jedoch die Richtung [stärkere bzw. schwächere Präsenz eines Stils in den Lieblingsmusiknennungen]. Lange Balken bedeuten große Unterschiede zwischen dem eigenen Musikgeschmack mit 14 Jahren und jenem der Eltern damals. Die Reihung von oben nach unten steht für die Stärke des Altersgruppenunterschiedes in der Emanzipation [Volksmusik: 17 %, Hip-Hop: 12 %, usw.])

zu ihr hin.[73] Die Abgrenzungsstrategie der *Generation Web 2.0* wiederum zeigt sich darin, dass ihre Emanzipation nicht mehr so stark weg von der Volksmusik und hin zu Rockmusik geht, sondern eher weg von der Weltmusik und hin zum Hip-Hop. Keinerlei Koborteneffekt weist übrigens das Verhältnis zur Schlagermusikeinstellung der Eltern auf, hier unterscheidet sich die *Generation Web 2.0* nicht signifikant von den über 25-Jährigen.

---

[73]In der Generation Web 2.0 gaben nur 19 % weniger Befragte Volksmusik als Lieblingsmusik an als deren Eltern das als Lieblingsmusik hatten. Bei den Älteren waren es noch 36 % weniger. Rock als Lieblingsmusik hatten von den Jungen 15 % mehr als ihre Eltern, von den Älteren 23 %.

4.5 Neue musikalische Verhaltensweisen der Generation Web 2.0

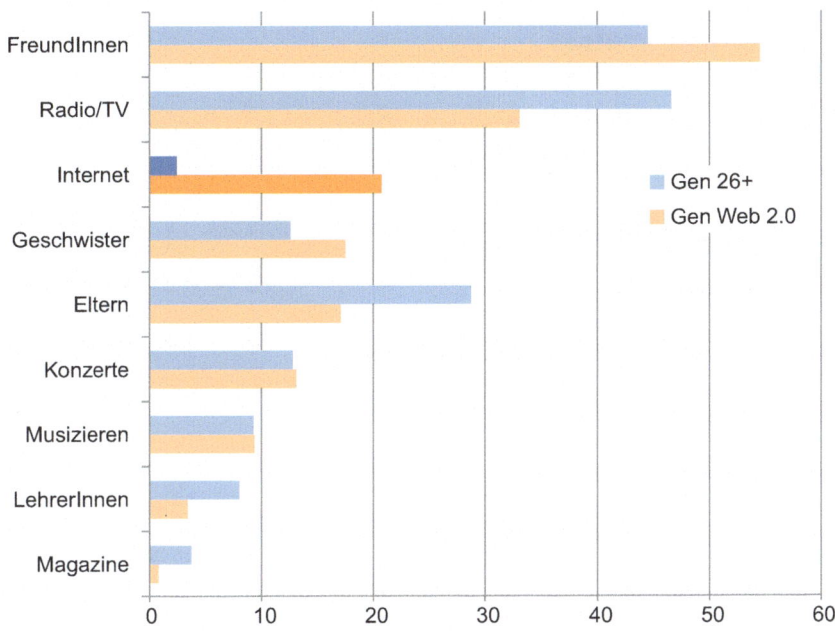

Abb. 4.17 Unterschiede in der Bedeutung von Sozialisationsinstanzen

Bei der zu dieser Thematik passenden Frage, was den eigenen Musikgeschmack am stärksten beeinflusst habe, landeten übrigens die Eltern bei der *Generation Web 2.0* relativ weit hinten, während sie von den über 25-Jährigen als drittstärkster Einfluss genannt wurden. Besonders stark tritt der Generationsunterschied in der Einschätzung des Internets als Sozialisationsinstanz hervor. Es wird von 21 % der Jungen, jedoch nur von 2,4 % der über 25-Jährigen als stärkster Einflussfaktor genannt. Das Internet ist in der Sozialisationsfrage der einzige Einflussfaktor mit signifikant unterschiedlicher Bedeutungseinschätzung, dafür ist dieser Unterschied hier umso höher (Abb. 4.17).

Einigkeit zwischen den Generationen herrschte in der Einschätzung, dass insgesamt am allerwichtigsten für die Ausbildung des Musikgeschmacks die FreundInnen und die (alten) Massenmedien Radio und Fernsehen gewesen waren.

Die sehr unterschiedlichen Bedeutungen des Internets für die musikalische Praxis der verschiedenen Generationen spiegeln sich auch in der Häufigkeit wider, mit der die beiden Altersgruppen unterschiedliche Musikabspielgeräte

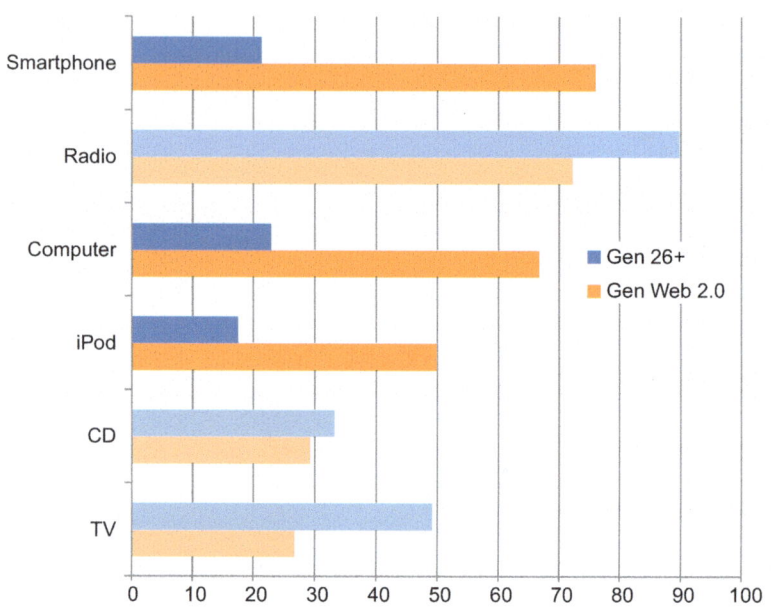

Abb. 4.18 Unterschiede in der Bedeutung von Musikabspielgeräten

verwenden. Während für die über 25-Jährigen das Radio unangefochten an der Spitze bleibt, erfolgte bei den jungen Leuten in den letzten Jahren geradezu eine Massenbewegung hin zum Smartphone. In der gesamten Sonderauswertung zur *Generation Web 2.0* findet sich kein größerer Unterschied zwischen den Generationen als jener zur Nutzungshäufigkeit von Smartphones für Musikzwecke (0,41). Auch mobile MP3-Gräte (iPod u. a.) und Computer haben als Quelle der Musikrezeption bei den Jungen eine wesentlich größere Bedeutung, während sie auf Radio oder Fernsehgerät signifikant seltener zurückgreifen als die Älteren (Abb. 4.18).

Die dramatische Veränderung, die hier innerhalb von nur wenigen Jahren stattgefunden hat, wird im Vergleich der Befragungen 2010 und 2015 deutlich erkennbar. Im Jahr 2010 waren internetfähige Mobiltelefone Luxusartikel und somit auch in den jüngsten Altersgruppen die am wenigsten wichtigen Musikabspielgeräte. Im Jahr 2015 verfügte beinahe jede/r Teenager über einen dieser Taschencomputer mit Internetanbindung, und so wurde das Smartphone innerhalb

4.5 Neue musikalische Verhaltensweisen der Generation Web 2.0

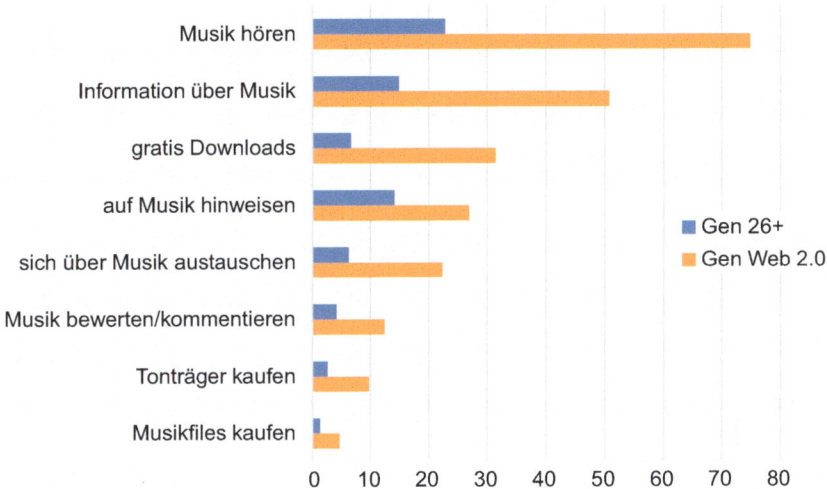

Abb. 4.19 Unterschiede in der Internetnutzung für Musikzwecke

von nur fünf Jahren zur ersten Wahl von Jugendlichen, wenn sie Musik hören wollen. Keine signifikanten Unterschiede zwischen den Generationen zeigen sich dagegen hinsichtlich der Verwendung von Tonträgern. Die (sonst unveränderte) Rangreihe der Nutzungshäufigkeit lautet bei den Jungen nun: Telefon – Radio – PC – iPod – CD – TV.[74] Wie unterscheidet sich nun die *Generation Web 2.0* von den Älteren hinsichtlich der unterschiedlichen Nutzungsarten des Internets für Musikzwecke? Einig sind sich die Generationen in ihrem geringen Interesse, Musik über das Internet zu kaufen, was bei den über 25-Jährigen sogar noch stärker ausgeprägt ist. Hoch signifikante Unterschiede zeigen sich in der Internetnutzungshäufigkeit zum Musikhören, zum Beschaffen von Information über Musik, zum Nutzen von Gratis-Downloadmöglichkeiten, um FreundInnen auf Musik hinzuweisen und als Kommunikationsgrundlage (Abb. 4.19).

---

[74]Die konkreten Zahlen sind nicht direkt vergleichbar, da in WM10 und WM15 nicht dieselben Häufigkeitsabstufungen verwendet wurden. Am besten vergleichbar und Grundlage der abgebildeten Rangreihe sind die Werte auf der Ebene „oft" (WM10) bzw. „mindestens mehrmals/Woche" (WM15).

Käme man nun zur Schussfolgerung, die Jugend von heute sei in ihrer musikalischen Praxis computer- und internetfixiert, wird man eines Besseren belehrt. Die unter 26-Jährigen singen und musizieren signifikant öfter als die Älteren, und das, obwohl sie nicht häufiger musizierende Eltern als Vorbild haben.

Zusammenfassend lässt sich feststellen, dass die Zukunft des Musikhörens, abgebildet in der musikalischen Praxis der *Generation Web 2.0*, untrennbar mit dem Internet verbunden ist. Wer immer sich mit Musikrezeption beschäftigt, sollte darüber informiert sein, wie das Internet zum Zwecke der Musikinformationsbeschaffung, der Kommunikation über Musik und des Hörens von Musik verwendet wird. Das Ausmaß, in dem das die musikalische Praxis der *Generation Web 2.0* bereits prägt, legt den Schluss nahe, dass es sich um mehr als ein vorübergehendes Phänomen handelt. Die jahrhundertelange Mediamorphosengeschichte zeigt jedoch auch, dass etablierte Musikrezeptionskanäle durch neue Technologien ergänzt, aber nicht völlig ersetzt werden. Nicht zuletzt an der Renaissance der Vinylschallplatte lässt sich beobachten, wie sehr der Umgang mit Tonträgern in westlichen Industrieländern eine gut eingeführte Kulturtechnik ist und somit wahrscheinlich noch längere Zeit als Rezeptionspraxis erhalten bleiben wird. Vielleicht überleben ältere, langsamere, unpraktischere und teurere Musikmedien wie eben Schallplatten als auratisches Gegenmodell zu den immer bequemer zu handhabenden neuen körperlosen Technologien.

4.6 Musikalische Omnivores und Univores in Österreich

Nachdem Richard Peterson in Anschluss an Bourdieus *La distinction* (Bourdieu 1993b) die musikalischen Omnivores entdeckt hatte, war die internationale Musikrezeptionsforschung durch Jahrzehnte geprägt von der Suche nach dieser neuen Spezies im je eigenen Land. Im deutschen Sprachraum erbrachten unterschiedliche Forschungsansätze widersprüchliche Ergebnisse, nicht zuletzt da es an verlässlichen Indikatoren für „Allesfresserei" fehlte. Ein entscheidender Schritt vorwärts erfolgte durch den Ansatz von David Binder, der auf repräsentativer Datenbasis der Angaben zur Lieblingsmusik in WM10 ein verlässliches Bild der Musikpräferenzen in Österreich zeichnen konnte. Seine Diagnose lautete zwar: „Es ist weder eine generelle Tendenz zum ‚Omnivore' noch zum ‚Univore' zu identifizieren" (Binder 2012, S. 56). Entscheidend war jedoch sein Hinweis, „dass die Art und Weise der Operationalisierung von ‚Allesfresserei' einen großen Einfluss auf die Ergebnisse hat" (a. a. O.). Dies berücksichtigend wurde das Erhebungsinstrument der Befragung WM15 so konzipiert, dass Berechnungen auf mehreren Wegen möglich wurden. Unter anderem wurde je eine offene Frage sowohl nach der Lieblingsmusik als auch nach überhaupt nicht gemochter Musik gestellt. Aus der Perspektive, dass 89 % der Befragten eine Musik angegeben hatten, die sie nicht mögen, schien das Omnivore-Potential in Österreich tatsächlich nicht allzu hoch zu sein. Gleichzeitig stellte sich jedoch die Frage, ob es auf der Suche nach Omnivores nicht schlüssiger sei, statt der bekundeten Präferenzen und Antiferenzen die tatsächliche Hörhäufigkeit einzelner Musikstile zu berücksichtigen. AllesfresserIn wäre dann jemand, die/der nicht nur behauptet, etwas zu mögen, sondern diese Präferenz auch durch tatsächliche Hörpraxis realisiert. Auch scheint es wenig sinnvoll zu sein, das Feld populärer Musik in verschiedene Substile aufzuteilen und dann jene Befragten als Omnivores zu bezeichnen, die allen diesen Substilen etwas abgewinnen können.[75] Der nach WM15 praktizierte Ansatz bezieht die gesamte Stilfelderpalette ein, fasst sie jedoch zu distinkten Geschmacksgruppen zusammen. Wenn es nun tatsächlich Befragte gibt, die sich durch eine Hörpraxis in allen diesen Hauptstilfeldern auszeichnen, dann lassen sich diese mit gutem Gewissen als Omnivores bezeichnen. Diese Herangehensweise orientiert sich an folgender Definition von Binder (2012, S. 43):

> ‚Omnivorousness' ist zweidimensional und setzt sich aus musikalischer Offenheit und musikalischer Toleranz zusammen, wobei der Grad an Offenheit der Anzahl der positiv bewerteten, klar abgegrenzten Musikgenres und der Grad der Toleranz der Anzahl der negativ bewerteten, klar abgegrenzten Musikgenres entspricht. Unter einem klar abgegrenzten Musikgenre ist in diesem Fall eine Gruppe von Musikrichtungen zu verstehen, in der derselbe kulturelle Code verwendet wird […]. Grenzüberschreitungen sind bei der Analyse von ‚Omnivorousness' nicht streng musikwissenschaftlich, sondern sozial zu betrachten. Wenn zwei Musikrichtungen dasselbe Publikum ansprechen, ist der Unterschied in der Musikstruktur irrelevant.

Für die Auswertung der Studie WM15 wurde davon ausgegangen, dass es keine überzeugendere Realisierung von positiver Bewertung gibt als die tatsächliche wiederholte Rezeption. Gleichzeitig zeige sich das Nichtmögen einer Musik schlicht darin, dass man sie (bewusst) nicht hört.[76] Diese Bedingungen, die eine tatsächliche musikalische Praxis einfordern, sind strenger als die Bekundung

---

[75]Um den Vergleich mit den Essgewohnheiten aufzunehmen: Wer vor allem Gemüse isst, der/dem ist wahrscheinlich beinahe jegliches Gemüse willkommen. Aber ein/e „Allersfresser/in ist er/sie deshalb noch lange nicht.

[76]Streng gesehen wird es im Zeitalter der Ubiquität von Musik immer wieder zu unerwünschten Hörsituationen kommen. Wir gehen davon aus, dass die Befragten diese bei den Angaben zur Hörhäufigkeit ausgeblendet haben.

einer Stilpräferenz und berücksichtigen die höhere Verlässlichkeit der Rezeptionshäufigkeit gegenüber der Rezeptionspräferenz.[77]

Mit dem Vorliegen eines repräsentativen Datensatzes lassen sich nun distinkte Präferenztypen identifizieren, die den oben definierten Ansprüchen genügen. Aus einer Faktorenanalyse der neun Musikstile mit ihren Variablen zur Hörhäufigkeit ergeben sich die vier grundlegenden Stilfeldergruppen *Elektronische Musik* (Techno/House + Hip-Hop), *Regional-traditionell orientierte Musik* (Volksmusik + Schlager + Musik aus aller Welt), *Pop/Rock* (Pop/Hits + Rockmusik) und *Virtuosenmusik* (Jazz + Klassik).[78] Mit einer daran anschließenden Clusteranalyse[79] lässt sich eine Fünf-Cluster-Lösung identifizieren: Regional/traditionell-orientierte Univores (26 %), Pop/Rock-Univores (24 %), Elektronik-Univores (16 %), Virtuosen-Univores (17 %) und Omnivores (17 %). Es sind also eindeutig auch Omnivores zu identifizieren, sie zeigen eine Präferenz für Virtuosenmusik, weisen aber als Einzige positive Werte für alle Hauptstilfelder auf. Die Cluster Regional/traditionell, Pop/Rock und Virtuosen zeigen nur je einen positiven Wert, sind somit eindeutig als musikalische Univores identifizierbar. Elektronik-HörerInnen zeigen neben einer sehr starken singulären Präferenz auch einen knapp über Null liegenden Wert für den Pop/Rock-Cluster. Nach reiflicher Überlegung haben wir uns dazu entschlossen, auch sie als Univores zu sehen. Abb. 4.20 zeigt die relativen Hörhäufigkeiten der verschiedenen Präferenztypen in Bezug auf die vier Musikstile der Faktorenanalyse. Positive Werte bedeuten ein relativ häufiges Hören, negative Werte ein relativ seltenes Hören (Abb. 4.20).

Auffällig sind bei dieser Lösung die vielen signifikanten Zusammenhänge zwischen Zugehörigkeit zu einem der fünf Präferenztypen und verschiedenen habituellen oder sozialstrukturellen Merkmalen. Aus der vielfältigen Palette der erhobenen Persönlichkeitsmerkmale sind lediglich Geschlecht, Einfluss der Geschwister auf den Musikgeschmack sowie Geldausgaben für Sport ohne Relevanz für die Typenbeschreibungen. Damit ist eine sehr differenzierte Charakterisierung anhand umfangreicher Merkmale möglich, resultierend in Idealtypen, die in reiner Form kaum jemals vorkommen werden, jedoch „in sich die konsequente Einheit möglichst vollständiger Sinnadäquanz zeigen" (Weber 1980, S. 10). Auch wenn die Charakterisierungen den tatsächlichen Eigenarten und Verhaltensweisen

---

[77]Siehe Abschn. 4.2.

[78]Die Faktorenanalyse (Principal Components; Rotation Varimax; Kaiser-Guttman-Regel: Eigenwert > 1) erklärt 74 % der Varianz der Variablen.

[79]Durchführung der Clusteranalyse in zwei Schritten: Hierarchische Clusteranalyse (Ward-Methode; quadr. Euklid. Distanz) zur Ermittlung der Clusterzahl; Optimierung der Clusterzuordnung mittels K-Means-Algorithmus.

4.6 Musikalische Omnivores und Univores in Österreich

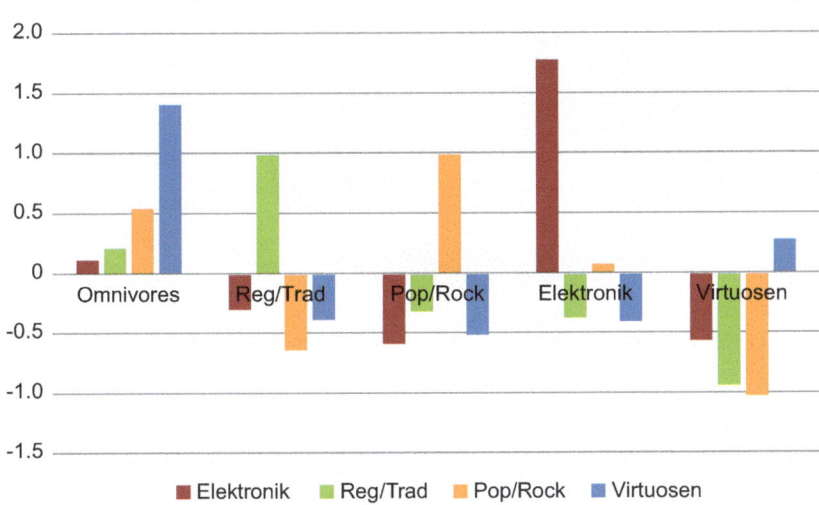

Abb. 4.20 Präferenzgruppen nach Hörhäufigkeit von Musikstilen

der Mitglieder dieser Präferenzcluster nicht völlig gerecht werden, dienen sie dem Gewinn eines verständlichen Überblicks der gegenwärtigen österreichischen Musiklandschaft aus Rezeptionsperspektive (Abb. 4.21).

Im Folgenden werden die einzelnen Präferenztypen in der umfangreichen Palette ihrer signifikanten Persönlichkeitsmerkmale beschrieben.

Die regional/traditionell orientierten Musikunivores

- machen etwa ein Viertel der österreichischen Gesamtbevölkerung aus;
- sind in den oberen Altersklassen überrepräsentiert (Durchschnittsalter: 57 Jahre);
- haben eher niedrigere Bildungsabschlüsse (37 % Pflichtschule / 2,5 % Hochschule) und von allen Gruppen die Eltern mit der niedrigsten Schulbildung (48 % Pflichtschule / 0,6 % Hochschule[80]);
- hatten von allen Präferenztypen in der Jugend die wenigsten Bücher im Haushalt (29 % zehn Bücher oder weniger);
- haben eher wenig Migrationshintergrund (5,6 %);
- haben einen hohen Anteil an PensionistInnen (48 %);

---

[80]Mindestens ein Elternteil mit Hochschulabschluss.

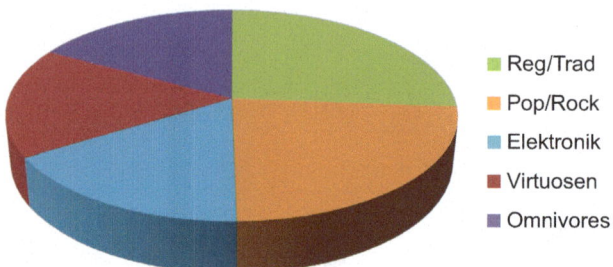

Abb. 4.21 Verteilung österreichischer Musikpräferenztypen, bezogen auf die Hörhäufigkeit

- haben eher geringes Haushaltsnettoeinkommen (37 % bis 1500 €/Monat);
- haben mit 16 % den niedrigsten Urbanitätsgrad[81] aller Präferenztypen (48 % aus Gemeinden mit weniger als 5000 Einwohnern).
- gehen generell selten in Konzerte, 87 % nie in die Disco, 91 % nie zu moderner Kunstmusik, 91 % nie auf ein Jazz-Konzert, 83 % nie auf ein Pop/Rock-Konzert, aber immerhin 63 % in Blasmusikkonzerte und 56 % zu Volksmusikabenden;
- hören selten Musik zur Entspannung, aus nostalgischen Gründen, zum Ausleben von Gefühlen oder zur Kontemplation;
- hören gerne Musik beim Frühstück; nicht jedoch: wenn sie unterwegs sind, zum Entspannen oder beim Sport;
- geben wenig Geld für Übertragungsmusik aus (69 % nichts für Tonträger, 91 % nichts für Downloads, 95 % nichts für Streaming);
- gehen selten ins Kino oder ins Theater (41 % nie);
- verwenden zum Musikhören meistens Radio (88 % täglich) oder Fernsehen (66 % mindestens mehrmals pro Woche), sehr selten jedoch iPod (76 % nie), Computer (66 % nie) oder Smartphone (68 % nie);
- sind ganz klar jene Gruppe, die am wenigsten das Internet für Musikzwecke verwendet, sei es für Information (66 % nie), Musikhören (67 % nie), Tonträgerkauf (77 % nie), MP3-Kauf (86 % nie), Gratisdownload (78 % nie), Kommunikation über Musik (74 % nie) oder Kommentieren von Musik (78 % nie);
- sehen sich am stärksten durch Eltern/Großeltern und durch Radio/TV im Musikgeschmack beeinflusst, am wenigsten durch das Internet.

---

[81]Die Abfrage erfolgte in vier Kategorien, für die Auswertung wurde die Grenze zwischen Stadt und Land bei einer Einwohnerzahl von 20.000 gezogen.

Die Pop/Rock-Univores

- machen etwa ein Viertel (24 %) der österreichischen Gesamtbevölkerung aus;
- sind im mittleren Altersbereich überrepräsentiert (Durchschnittsalter: 43 Jahre);
- haben besonders viele Mitglieder mit Lehre oder Fachschule als höchsten Bildungsabschluss (61 %) und auch vergleichsweise oft Eltern auf diesem Bildungsniveau (58 %/Hochschulabschluss: 4,5 %);
- haben einen relativ geringen Anteil an BildungsabsteigerInnen (6,4 %)[82];
- haben einen hohen Anteil voll Berufstätiger (55 %);
- sind eher GutverdienerInnen (31 % über 3300 € Haushaltsnettoeinkommen/Monat);
- gehen selten in die Oper (83 % nie) oder ins Jazz-Konzert (91 % nie);
- mögen nicht Musikhören zum Abendessen;
- geben eher viel Geld für Tonträger aus, aber eher wenig für Konzerte (44 % gar nichts);
- sehen sich in ihrem Musikgeschmack am stärksten durch FreundInnen beeinflusst, aber auch relativ stark durch Zeitschriften, Zeitungen und Bücher;
- fallen insgesamt vor allem dadurch auf, dass sie im Vergleich zu den anderen Präferenztypen wesentlich weniger auffällige Persönlichkeitsmerkmale und Verhaltensmuster aufweisen.

Die Elektronik-Univores

- machen ein knappes Sechstel der österreichischen Gesamtbevölkerung aus (16 %);
- sind mit einem Durchschnittsalter von 28 Jahren besonders jung. Fast die Hälfte von ihnen (47 %) ist in der jüngsten Altersgruppe (zwischen 16 und 25) angesiedelt;[83]
- sind eher niedrig gebildet;[84]
- haben einen relativ geringen Anteil an BildungsaufsteigerInnen (23 %) und bemerkenswert oft Eltern mit Hochschulabschluss (20 %);
- haben relativ oft Migrationshintergrund (30 %);

---

[82]Für die Berechnung der Bildungsmobilität wurden nur die über 18-Jährigen berücksichtigt.
[83]Zum Vergleich: Den nächsthöheren Anteil an der *Generation Web 2.0* haben die Omnivores mit 12 %.
[84]Wobei beachtet werden muss, dass aufgrund des hohen Anteils Jugendlicher die Bildungskarriere wohl bei vielen in dieser Präferenzgruppe noch nicht abgeschlossen ist.

- sind oft noch in Ausbildung (26 %) oder in Teilzeitanstellungen (18 %);
- haben eher geringes Haushaltsnettoeinkommen (35 % unter 1500 €/Monat);
- haben von allen Präferenztypen den höchsten Urbanitätsgrad (55 % wohnen in Städten);
- hören oft zu Hause Musik, aufmerksam (32 % täglich) und nebenbei (67 % täglich);
- gehen oft in die Disco (29 % mehr als zehnmal pro Jahr), dafür selten in Volksmusikabende (91 % nie), in die Oper (84 % nie) oder ins Musical (66 % nie);
- werden vergleichsweise oft bei Aufführungen moderner Kunstmusik angetroffen (8 % mehr als fünfmal im Jahr);
- schätzen Musik in vielen Aspekten stärker als die anderen Präferenztypen: als Möglichkeit zu tanzen (41 % „sehr wichtig")[85], zur Entspannung (55 %), als stimmungsvollen Rahmen für Feste und Feiern (61 %), als Gesprächsthema (20 %), als Ausdruck der Persönlichkeit (31 %), als Zeitvertreib (36 %), weil sie in gute Stimmung bringt (56 %), weil sie an Erlebnisse oder Personen erinnert (33 %), weil sie mit FreundInnen verbindet (36 %), um Gefühle auszuleben (35 %) und zur Kontemplation (37 %);
- schätzen auch in verschiedenen Alltagssituationen Musik mehr als die anderen Präferenztypen: unterwegs (73 % „sehr gerne"), beim Arbeiten/Lernen (21 %), in Arbeitspausen (27 %), zum Entspannen (43 %), beim Ausgehen (62 %), wenn sie mit FreundInnen zusammen sind (40 %) und beim Sport (46 %);
- geben vergleichsweise viel Geld aus für Musikdownloads (17 % mehr als 10 € im Monat), für Musikstreaming (13 %), für Computerspiele (24 %), für Musikveranstaltungen (25 % mehr als 20 € im Monat) und für Handy/Internet (39 % mehr als 20 € im Monat); dafür investieren sie eher wenig Geld in Zeitschriften, Bücher, Zeitungen (25 % gar nichts);
- hören Musik vergleichsweise selten über Radio (5 % nie), dafür oft über MP3-Player (36 % täglich), Computer (33 %) oder Smartphone (40 %);
- nutzen intensiv das Internet für Musikzwecke: zur Information (52 % mindestens mehrmals pro Woche), zum Musikhören (70 %), für Gratisdownloads (33 %), für Kommunikation über Musik (25 %), für Musikempfehlungen an FreundInnen (29 %), zum Kommentieren und Bewerten (16 %);
- sehen sich im Musikgeschmack praktisch überhaupt nicht von LehrerInnen beeinflusst (0,5 %), dafür relativ stark von FreundInnen (64 %), von Konzertbesuchen (22 %) und durch das Internet (17 %).

---

[85] Stärkste Zustimmung auf der sechsstufigen Likert-Skala.

4.6 Musikalische Omnivores und Univores in Österreich

Die Virtuosenmusik-Univores

- machen ein Sechstel der österreichischen Gesamtbevölkerung aus (17 %);
- sind mit einem Durchschnittsalter von 54 Jahren fast so alt wie die regional/traditionell orientierten Musikunivores;
- sind in den höheren Bildungsschichten überrepräsentiert (24 % mit Hochschulabschluss);
- hatten relativ viele Büchern im Haushalt, als sie 14 Jahre jung waren (9,6 % mehr als 500 Bücher);
- haben einen relativ hohen Anteil an FreiberuflerInnen (10 %);
- haben vergleichsweise oft Migrationshintergrund (24 %);
- sind mit hoher Wahrscheinlichkeit nicht in Karenz oder im Haushalt tätig;
- sind in kleinen Gemeinden unterrepräsentiert;
- gehen oft ins Konzert (15 % mindestens mehrmals im Monat);
- hören selten zu Hause Musik (11 % nie);
- gehen selten in die Disco (81 % nie), in ein Rock- oder Popkonzert (78 % nie) oder ins Blasmusikkonzert (72 % nie), dafür vergleichsweise oft ins Klassik-Konzert (11 % öfter als fünfmal pro Jahr), ins Chorkonzert (8 %), in die Oper (7 %), ins Musical (6 %) oder zu Aufführungen moderner Kunstmusik (6 %);
- zeigen eine relativ starke Ablehnung der Betrachtung von Musik als Mittel zum Zweck, vor allem hinsichtlich der Möglichkeit zu tanzen (43 % „gar nicht")[86], kultureller Bildung (26 %), Gesprächsthema (26 %), Ausdruck der Persönlichkeit (26 %), Zeitvertreib (26 %), Erzeugung guter Stimmung (9 %), Erinnerung (20 %), Verbindung mit FreundInnen (21 %) und Ausleben von Gefühlen (22 %);
- zeigen auch von allen Präferenztypen die stärkste Ablehnung von Musikhören in Alltagssituationen, wie etwa beim Frühstück (25 % „gar nicht"), unterwegs (12 %), beim Arbeiten (38 %), in Arbeitspausen (36 %), am Abend zum Entspannen (11 %) oder beim Ausgehen (22 %), beim Abendessen (33 %), beim Kochen (21 %), bei der Hausarbeit (18 %), beim Sport (44 %), oder wenn man mit FreundInnen zusammen ist (23 %);
- geben relativ wenig Geld für Musikveranstaltungen aus (43 % gar nichts), aber auch für Kino und Theater (34 %) sowie für Handy/Internet (19 %);
- verwenden zum Musikhören relativ selten das Radio (49 % täglich, 6 % nie), aber auch CD-Player (30 % nie), iPod (78 % nie) oder Smartphone (63 % nie);

---

[86]Stärkste Ablehnung auf der sechsstufigen Likert-Skala.

- verwenden relativ selten das Internet für Musikzwecke, sei es für Information (51 % nie), zum Musikhören (51 %), für Gratisdownloads (73 %), um auf Musik hinzuweisen (70 %), für Kommentare zu Musik (79 %);
- singen relativ selten (51 % nie alleine, 62 % nie mit anderen);
- sehen sich in ihrem Musikgeschmack relativ stark von Eltern/Großeltern (36 %) und von eigenem Musizieren (14 %) beeinflusst.

Die Omnivores

- machen etwa ein Sechstel der österreichischen Gesamtbevölkerung aus (17 %);
- bevorzugen Virtuosen-Musik, zeigen daneben jedoch für alle anderen Stilbereiche positive Werte;
- sind in den Altersgruppen über 66 Jahren unterrepräsentiert und unterscheiden sich in dieser Hinsicht stark von den Virtuosen-Univores;
- haben von allen Präferenztypen den höchsten Grad an Hochschulbildung (28 %) und auch den höchsten Anteil an Eltern mit Hochschulbildung (21 %);
- hatten von allen Präferenztypen in der Jugend die meisten Bücher im Haushalt (11 % mehr als 500 Bücher);
- sind sehr selten ungelernte ArbeiterInnen (4 %);
- haben relativ hohes Nettohaushaltseinkommen (30 % über 3300 € im Monat);
- weisen einen hohen Urbanitätsgrad auf (53 % StadtbewohnerInnen, 29 % in Wien);
- besuchen sehr oft Musikveranstaltungen (22 % mehrmals pro Monat) und hören relativ oft zu Hause aufmerksam Musik (60 % mehrmals pro Woche);
- gehen relativ oft ins Klassik-Konzert (10 % mehr als fünfmal pro Jahr), in die Oper (8 %), ins Chorkonzert (6 %), in Kunstmusik-Aufführungen (7 %), ins Jazz-Konzert (7 %) oder ins Pop/Rock-Konzert (8 %);
- fallen durch die breite Palette an Musikveranstaltungen auf, die sie besuchen;
- sind selbst bei Klassik-Konzerten stärker präsent als die Klassik-Univores (71 % vs. 49 %);
- zeigen keine Auffälligkeiten hinsichtlich der Qualitäten, die sie an Musik schätzen, mit Ausnahme der vermeintlich gegensätzlichen Aspekte kulturelle Bildung (20 % „sehr wichtig") und Gefühle ausleben (32 %);
- zeigen auch keine Auffälligkeiten hinsichtlich der Alltagssituationen, in denen sie gerne oder nicht gerne Musik hören;
- geben relativ viel Geld für Tonträger aus (28 % mehr als 10 € pro Monat), auch für Zeitschriften, Zeitungen und Bücher (41 % mehr als 10€ pro Monat) und für Musikveranstaltungen (31 % mehr als 20 € pro Monat);
- hören Musik vergleichsweise oft mit CD-Player (51 % mehrmals die Woche) oder Vinylplattenspieler (19 % mehrmals die Woche);

4.6 Musikalische Omnivores und Univores in Österreich

- verwenden das Internet auffällig oft, aber vor allem zum Zwecke des Tonträgerkaufs (20 % mehrmals pro Monat);
- zeigen sich hinsichtlich Umgangsmusik auffällig aktiv, sowohl was das Singen mit anderen betrifft (30 % mehrmals pro Monat), als auch beim Musizieren (27 % alleine, 21 % mit anderen);
- sehen ihren Musikgeschmack vor allem durch das eigene Musizieren beeinflusst.

Die österreichischen Omnivores zeigen sich also als jüngere Hochgebildete, die eine eventuelle Abgrenzungsstrategie ihrer Elterngeneration zugunsten genereller Offenheit und Geschmacksbreite verlassen haben, ohne dabei eine klare Präferenz für Virtuosenmusik aufzugeben. Aus der umfangreichen Charakterisierung zeigt sich, dass ihr kulturelles Kapital wesentlich vielschichtiger ist als es alleine durch die höchste abgeschlossene Schulbildung abzubilden wäre. Auffällig ist auch ihr hohes Ausmaß an Zeit- und Geldinvestitionen in Musik.

Methodologisch betrachtet hat sich mit der hier gewählten Vorgangsweise die Annahme bestätigt, dass eine richtige Einstellung der Brennweite des Analyseinstruments die Suche nach Omnivores erfolgreich verlaufen lässt. Auf Basis einer offenen Frage nach der Lieblingsmusik ist der Zusammenhang zwischen Schulbildung und Breite des Musikgeschmacks nicht signifikant, sehr wohl jedoch bei Operationalisierung durch die Hörhäufigkeit vorgegebener Musikstile.[87] Auch der Zusammenhang zwischen sozialer Mobilität und Breite des Musikgeschmacks ist schwach signifikant.[88] Die im Haushalt verfügbare Menge an Büchern zur Teenagerzeit erweist sich auch im Vergleich der Präferenztypen als anschaulicher Indikator für kulturelles Kapital (Abb. 4.22).

Die Existenz musikalischer Omnivores in Österreich kann also als bewiesen gelten. Die Angehörigen dieser Präferenzgruppe zeichnen sich nicht nur dadurch aus, dass sie sowohl regional-traditionell orientierte Musik, Pop/Rock, elektronische Musik und Virtuosenmusik hören. Sie leisten mit ihrem starken Rezeptionsengagement in Umgangsmusik, Darbietungsmusik und Übertragungsmusik einen eminent wichtigen Beitrag zum Musikleben, vor allem in urbanen Regionen, wo sie stark vertreten sind.[89]

---

[87]Personen ohne Lieblingsmusik wurden von der Analyse ausgeschlossen.
[88]Berechnet für alle Befragten, die älter als 18 Jahre sind.
[89]Die von Hans Neuhoff (2001, S. 770) geäußerte Vermutung, dass eine Nichtablehnung von Musikstilen eher als Desinteresse denn als Offenheit zu lesen wäre, hat einiges für sich, kann jedoch für die hier identifizierten Omnivores in keiner Weise bestätigt werden.

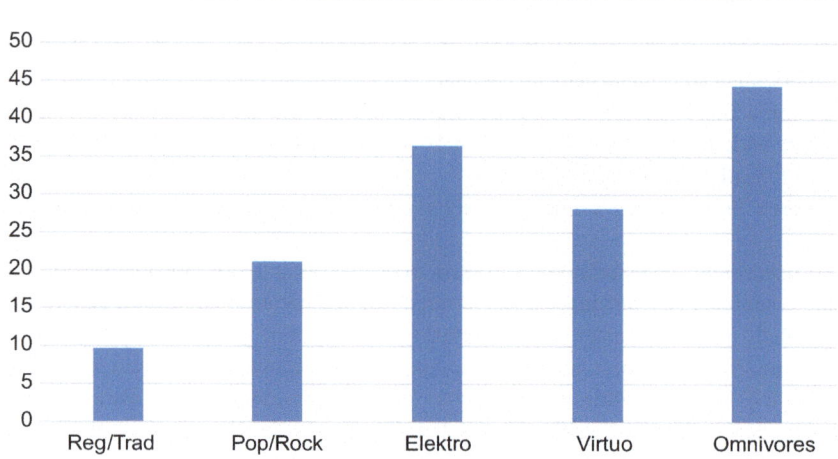

Abb. 4.22 Anteil jener in den Präferenzclustern, die in der Jugend mehr als hundert Bücher vorfanden

4.7 HabitushörerInnen und Selbstsozialisierte

Nachdem die Omnivoresvermutung für das Musikleben in Österreich bestätigt ist, scheint es sinnvoll, sich auch mit einer ihrer Grundlagen auseinanderzusetzen, der Habitustheorie nach Bourdieu. So wenig heute noch jemand die These vertritt, es würden Klassenkämpfe mit den Mitteln der Kulturrezeption ausgefochten, so beständig hält sich der Befund entscheidender Weichenstellungen primärer Sozialisation für die spätere musikalische Praxis. Dem gegenüber steht die Beobachtung musikalischer Selbstsozialisation. Deren VertreterInnen sehen die determinierende Kraft der alten Institutionen wie eben der Familie geschwächt und das Individuum nun aufgefordert, Zugehörigkeiten und Abgrenzungen eigenständig und flexibel mit Hilfe von Musik und Medien zu organisieren. Nicht zuletzt weil ein empirischer Nachweis der Herkunftsunabhängigkeit bei diesen Aktivitäten einer musikalischen Selbstsozialisation fehlt, wurde hier scharfe Kritik vorgebracht (Neuhoff und Weber-Krüger 2007). Es ist jedoch nicht von der Hand zu weisen, dass mit der Entwicklung des Internets als neuem Massenmedium die Rahmenbedingungen musikalischer Sozialisation eine entscheidende Veränderung erfahren haben. Für Heranwachsende des frühen 21. Jahrhunderts spielen sogenannte „Soziale Medien" im Internet ein zentrale Rolle im Rahmen von Kommunikation und Identitätsentwicklung. Die besondere musikalische

4.7 HabitushörerInnen und Selbstsozialisierte

Praxis dieser *Generation Web 2.0* wurde ausführlich dargestellt.[90] Auf Basis des repräsentativ erhobenen Datensatzes aus dem Projekt WM15 soll nun gezielt der Einfluss verschiedener Sozialisationsinstanzen sowie anderer Faktoren auf musikalische Einstellungen und Verhaltensweisen geprüft werden. Anschließend an Bourdieus Habitus-Konzeption lauten die Hypothesen:

- Es gibt einen signifikanten Zusammenhang zwischen dem Musikgeschmack der Befragten und dem ihrer Eltern.
- Es gibt einen signifikanten Zusammenhang zwischen den Befragten und ihren Eltern hinsichtlich des Ausmaßes musikalischer Eigenaktivität.

Die Überprüfung erfolgt auf Basis mehrerer unterschiedlicher Fragestellungen und geht auf die Grundlagen, die Wurzeln, die Einflussbereiche der individuellen musikalischen Praxis ein. Damit wird auch der Beitrag der neuen Medien zur Entwicklung allfälliger sozialer Ungleichheiten des Musikhörens geprüft und gezeigt, inwiefern Elternhaus bzw. Web 2.0 als ungleichheitsreproduzierende bzw. innovationsfördernde Sozialisationsinstanzen der musikalischen Praxis wirksam werden. Zur Erhebung des kulturellen Erbes wurden die InterviewpartnerInnen darum gebeten, sich an die musikalische Praxis zu erinnern, als sie 14 Jahre alt waren. Dieser Zugang hat im Zuge niederländischer Studien überzeugende Ergebnisse gebracht (Nagel et al. 1997; Nagel und Ganzeboom 2002; Nagel 2010). Zusätzlich wurden die Befragten direkt um ihre Einschätzung gebeten, wer oder was ihren Musikgeschmack am stärksten geprägt habe. Dem Charakter dieser Erhebungen entsprechend basieren die Ergebnisse stark auf dem Erinnerungs- und Einschätzungsvermögen der Befragten. In Ergänzung dazu wurde die musikalische Selbsttätigkeit der Befragten mit jener ihrer Eltern, Geschwister und anderen Verwandten verglichen, um ein Korrektiv zu den potenziell irrtumsanfälligen Erinnerungen der Befragten zu bekommen.

Zur Erhebung der eigenen Musikpräferenzen im Teenageralter wurden offene Fragen zur Lieblingsmusik gestellt und die Ergebnisse daraufhin den neun genannten Stilfeldern zugeordnet. Dabei hat sich gezeigt, dass die meisten Befragten im Alter von 14 Jahren Pop/aktuelle Hits (31 %), Schlager (28 %) oder Rockmusik (26 %) gehört haben. Nachfolgend wurde gebeten sich zu erinnern, welche Musik die Eltern damals am liebsten gehört haben. Dabei wurden konkret die genannten neun Musikstile und zusätzlich „Nichts Besonderes/weiß nicht" sowie „Anderes" angeboten. Selbstverständlich waren auch hier wieder Mehrfachantworten

---

[90]Siehe Abschn. 4.5.

möglich. Wenig überraschend zeigt sich in der rückblickenden Wahrnehmung der Befragten der Musikgeschmack der Eltern wesentlich geringer ausdifferenziert als ihr eigener. Volksmusik (42 %) und Schlager (42 %) dominierten demnach alles. Daneben gab es noch Musik aus aller Welt (19 %), Pop/aktuelle Hits (19 %) und Klassik (12 %), seltener auch noch Rockmusik (8 %). Alles andere spielte laut Erinnrung der Befragten praktisch keine Rolle. Nur vier Prozent von ihnen gaben „Anderes" an, und zwölf Prozent erinnerten sich an nichts Besonderes als Lieblingsmusik der Eltern. Es zeigt sich also schon vor der Korrelationsprüfung, dass sich die bevorzugte Musikwelt der Befragten zur Teenagerzeit doch wesentlich anders dargestellt haben dürfte als jene ihrer Eltern. Die größten Unterschiede zeigen sich bei Volksmusik und Rockmusik (Abb. 4.23).

Zwischen der *aktuellen* Lieblingsmusik der Befragten und der *früheren* Lieblingsmusik ihrer Eltern ergab sich lediglich im Stilfeld *Volksmusik* ein signifikanter Zusammenhang. Dieser wäre so zu interpretieren, dass (nur) jene, die heute am liebsten Volksmusik hören, in dieser Präferenz entscheidend von den Eltern beeinflusst sind. Dazu ist zu sagen, dass offenbar sehr viele Eltern damals am liebsten Volksmusik gehört haben und dass damit die Wahrscheinlichkeit eines Zusammenhangs mit einer relativ seltenen Befragtenpräferenz von heute relativ

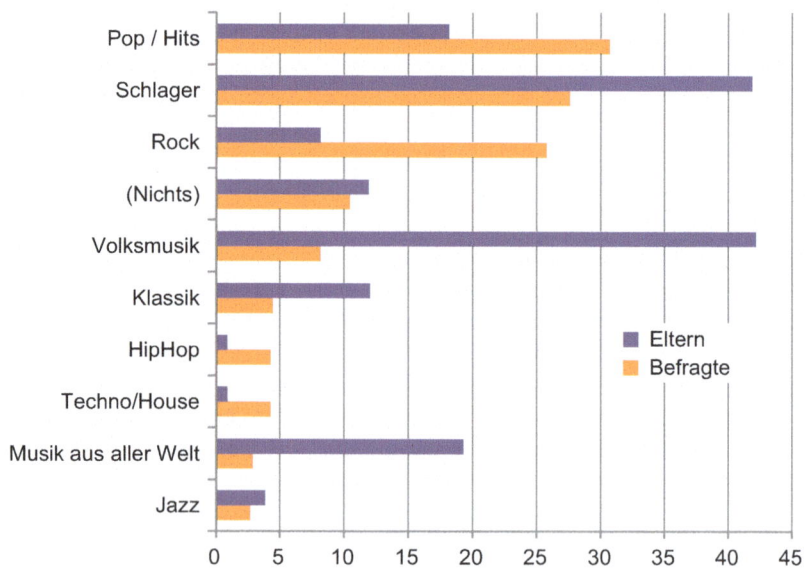

Abb. 4.23 Lieblingsmusik Eltern/Befragte mit 14 Jahren

4.7 HabitushörerInnen und Selbstsozialisierte

hoch ist. Es empfiehlt sich also, genauer hinzusehen. Im Anschluss an die Erfahrungen der Omnivoresuntersuchung[91] lassen sich auch die früheren Lieblingsmusiken der Eltern zu Präferenzgruppen zusammenfassen. Aus einer entsprechenden Clusteranalyse[92] treten dann vier Präferenztypen zutage: Volksmusik und Schlager (46 %), Musik aus aller Welt und Klassik (33 %), Pop, Rock und Schlager (17 %) sowie Jazz und Klassik (4 %). Omnivores sind hier nicht identifizierbar. Zwischen diesen vier Präferenztypen der Eltern und der Häufigkeit, mit der die Befragten unterschiedliche Musikstile hören, zeigen sich nun in der Tat starke Zusammenhänge (KK: 0,36).[93] Wie sich bestimmte Elternpräferenzen auf die nächste Generation fortschreiben, lässt sich nun auf Basis dieser Berechnungen wie folgt zusammenfassen:

- Pop/Rock-Univores haben Eltern mit einer klaren Präferenz für Pop/Rock/Schlager.
- Regional-traditionell orientierte Univores haben Eltern mit einer klaren Präferenz für Volksmusik und Schlager.
- Omnivores haben Eltern mit einer klaren Präferenz für Virtuosenmusik.

Bei den Virtuosen-Univores ist das Bild nicht so klar, wenn auch mehr als viermal so viele ihrer Eltern Weltmusik und Klassik präferieren als Pop, Rock und Schlager. Ähnlich verhält es sich bei den Elektronik-Univores, deren Eltern seltener Volksmusik und Schlager präferieren als andere Stile (Abb. 4.24).

Es zeigt sich also deutlich, dass die Frage nach dem Einfluss der Elternpräferenzen auf die musikalische Praxis nicht pauschal zu beantworten ist. Während die Vorliebe für Pop/Rock oder regional-traditionell orientierte Musik als kulturell geerbt gesehen werden kann, stehen häufiges Hören von Virtuosenmusik oder elektronischer Musik eher für Emanzipation. Auch die Omnivores führen ihr kulturelles Erbe fort, zeigen jedoch durch ihre Offenheit ebenfalls eine Form von Emanzipation.

Wie gering nun bei den Befragten das Bewusstsein um die geschmacksbildende Bedeutung primärer Sozialisation ausgeprägt ist, zeigen die Ergebnisse der Selbsteinschätzung. Die Befragten wurden auf diesen Aspekt direkt angesprochen und gebeten anzugeben, was sie in ihrem Musikgeschmack am stärksten beeinflusst

---

[91] Abschn. 4.6.
[92] Hierarchische Clusteranalyse nach Ward, Optimierung durch k-Means.
[93] Das validiert übrigens auch die Clusteranalyse der Omnivoresuntersuchung (Abschn. 4.6).

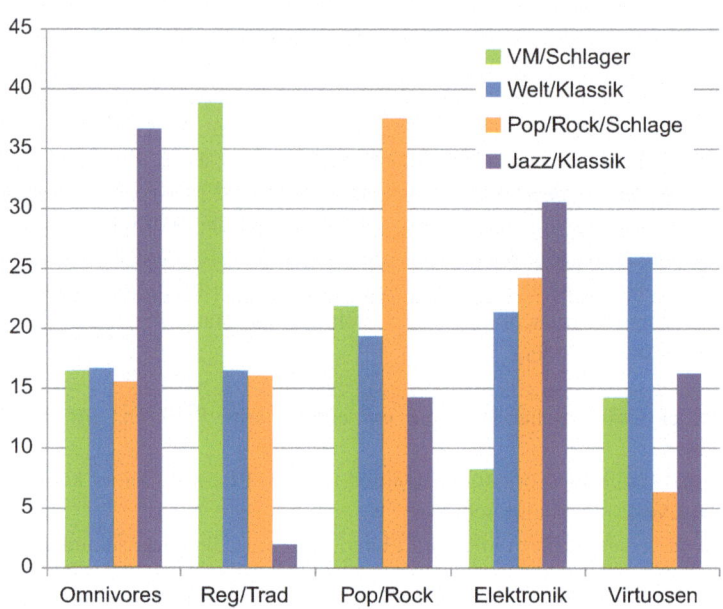

Abb. 4.24 Zusammenhang zwischen Muskstilpräferenzen der Eltern früher (in vier Gruppen) und der Befragten heute (in fünf Gruppen)

habe. Neun verschiedene Einflussfaktoren wurden angeboten (plus „Anderes"), maximal zwei davon sollten gewählt werden. Während je knapp die Hälfte der Befragten (46 %) FreundInnen bzw. die alten Massenmedien (45 %) als wichtigsten Einfluss nennen, geben nur 27 % die Eltern und 13 % die Geschwister an.[94] Dabei sehen sich Frauen etwas häufiger vor allem von Eltern/Großeltern beeinflusst, während sich hinsichtlich der anderen Einflussfaktoren keine nennenswerten geschlechtsspezifischen Unterschiede zeigen (Abb. 4.25).

Nach dieser Einschätzung der Befragten wäre also mehrheitlich die These von musikalischer Selbstsozialisation über Peergroup und Massenmedien zu bestätigen. Aber auch hier zeigt sich bei genauerer Betrachtung ein differenziertes Bild. So unterscheiden sich die verschiedenen Altersgruppen relativ stark in ihren Einschätzungen. Während 46 % der der über 75-Jährigen die Eltern/Großeltern

---

[94]Mehrfachnennungen waren möglich.

4.7 HabitushörerInnen und Selbstsozialisierte

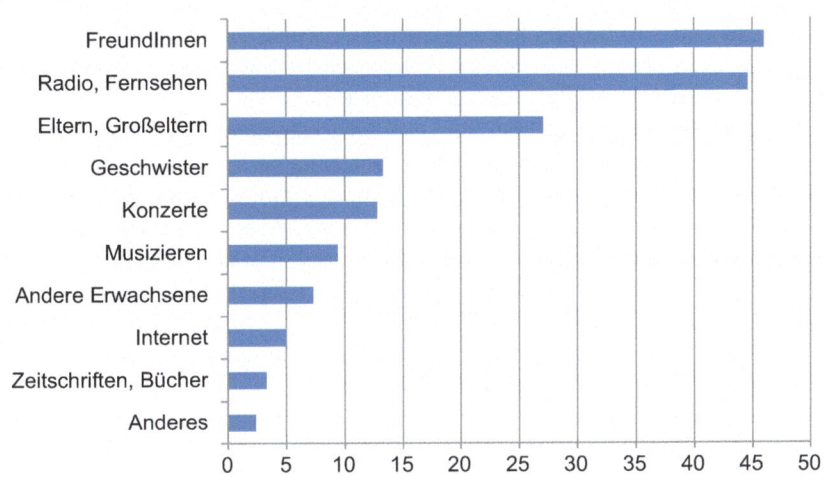

Abb. 4.25 Einschätzung des Einflusses auf den Musikgeschmack

nennen, sind es nur 17 % der unter 26-Jährigen. Andere Erwachsene (wie etwa LehrerInnen) wiederum werden bei den über 55-Jährigen wesentlich wichtiger gesehen als bei den Jüngeren. Radio und Fernsehen werden von den über 35-Jährigen genannt, von den unter 36-Jährigen hingegen FreundInnen. Während das Internet bei über 45-Jährigen überhaupt keine Erwähnung fand, wird es von 21 % der unter 26-Jährigen angegeben. Mit Blick auf die höchste abgeschlossene Schulbildung lassen sich die stärksten Einflüsse der Eltern (37 %) und des Internet (10 %) der Bildungs-Unterschicht zurechnen, von Radio und Fernsehen (52 %) der unteren Mittelschicht. In der Bildungsoberschicht zeigten sich vergleichsweise hohe Werte für Zeitschriften/Zeitungen (7 %) und eigenes Musizieren (16 %). Als sehr aufschlussreich erwies sich hier die Zusammenschau mit der Univores/Omnivores-Typologie auf Basis der Hörhäufigkeit. Der Einfluss der Eltern ist demnach vor allem in der Einschätzung der LiebhaberInnen regional/traditionell orientierter Musik (35 %) und bei den Virtuosenmusik-HörerInnen (36 %) hoch, besonders niedrig hingegen bei den Pop/Rock-Univores (16 %). FreundInnen sind vergleichsweise bedeutend für Pop/Rock-HörerInnen (54 %) und für Elektro-HörerInnen (64 %). Das Internet spielt praktisch nur für Elektronik-HörerInnen eine größere Rolle (17 %), Radio und Fernsehen sind für die regional/traditionell orientierten (54 %) und für die Pop/Rock-HörerInnen (49 %) wichtig. Die Omnivores fallen dadurch auf, dass ihre Selbsteinschätzung weitgehend unauffällig ist, mit Ausnahme des als vergleichsweise wichtig empfundenen Einflusses von eigenem Musizieren (15 %). So wie ihre Präferenzen sind auch ihre Einflüsse vielschichtig, zumindest nach ihrer eigenen Einschätzung.

Ein weiterer Aspekt, der bei der Geschmacksbildung eine Rolle spielen könnte, ist musikalische Eigenaktivität in der näheren Verwandtschaft. Dieser Indikator bezieht zwar nicht den Musikgeschmack ein, der nach Bourdieu als Ausdruck einer Werthaltung gesehen werden kann. Aber er berücksichtigt die hohe Klassifikationswirksamkeit der Umgangsmusik, und er ist unabhängig vom Erinnerungsvermögen der Befragten. Die entsprechenden Hypothesen lauten:

- Musikalische Eigenaktivität enger Verwandter ist ein starker Einflussfaktor auf eigene musikalische Selbsttätigkeit.
- Musikalische Eigenaktivität enger Verwandter ist ein starker Einflussfaktor auf den eigenen Musikgeschmack.

Bei mehr als einem Drittel (37 %) der Befragten war zumindest ein Elternteil musikalisch aktiv, bei einem Viertel ein Geschwister, bei einem Fünftel ein Großelternteil. Interessanterweise zeigt sich die musikalische Aktivität der Mutter als einflussreich für die Häufigkeit des eigenen Singens und Musizierens. Daneben ergeben sich auch signifikante Zusammenhänge mit musikalischen Aktivitäten anderer Verwandter, diese sind jedoch wesentlich schwächer ausgeprägt (Abb. 4.26).

Hinsichtlich des Musikgeschmacks zeigen sich schwach signifikante Zusammenhänge zwischen der Musikalität des Vaters und einer Präferenz für Klassische Musik sowie zwischen Musikalität der Mutter und Präferenz für Musik aus aller Welt. Auch hier wurde wieder versucht, mithilfe höherer statistischer Verfahren den Blick zu schärfen und versteckte Details herauszuarbeiten. Es zeigen sich jedoch nur schwache Korrelationen zwischen musikalischer Eigenaktivität[95] und einer möglichen Vorbildwirkung der Eltern als Praktizierende von Umgangsmusik. Als wesentlich stärkere Einflussfaktoren auf die Musikalität der Befragten erweisen sich die sozialstrukturellen Merkmale Geschlecht und Alter sowie kulturelles Kapital und Zugehörigkeit zu einer Stilpräferenzgruppe. Der Zusammenhang zwischen eigener und elterlicher Musikaktivität ist

---

[95]Dargestellt mit dem Ergebnis einer Faktorenanalyse zu den vier Ausprägungen Singen alleine, Singen mit anderen, Musizieren alleine, Musizieren mit anderen (1-Faktorlösung, Varimax, principal components, 61 % der Varianz wird erklärt).

4.8 Musikbegeisterte, Passive und Andere

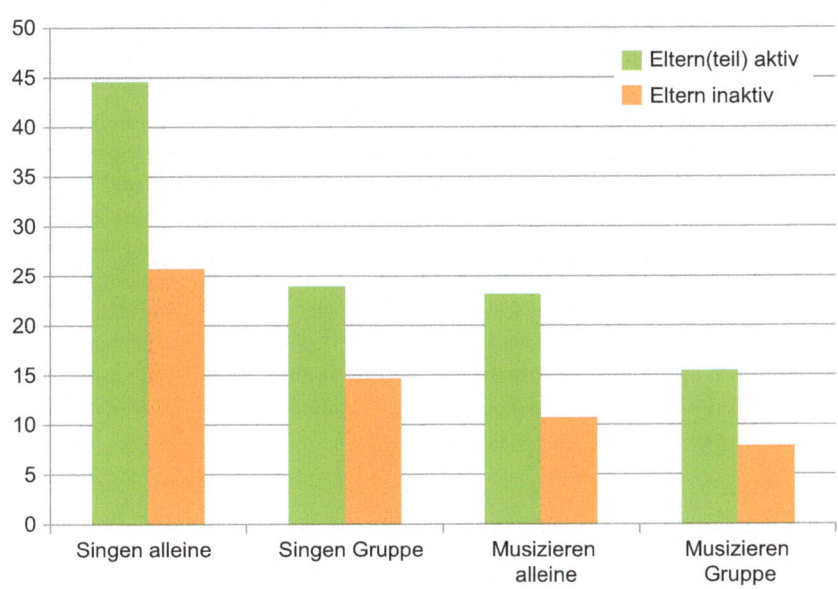

Abb. 4.26 Musikalische Aktivitäten (mindestens mehrmals/Monat)

- etwas höher bei Frauen,
- besonders niedrig bei den 16- bis 25-Jährigen,
- auffallend hoch bei Virtuosen-Univores,
- beim Chorsingen besonders hoch bei Hochgebildeten,
- beim Musizieren relativ hoch bei Niedriggebildeten.

Die Ergebnisse dieser Betrachtung verstärken den Eindruck, dass Bildungsoberschicht und Bildungsunterschicht in ihrer musikalischen Praxis eher konservativ bzw. Habitus-orientiert agieren, während in der Bildungsmittelschicht eher Dynamik und Flexibilität eine Rolle spielen.

4.8 Musikbegeisterte, Passive und Andere

Nachdem nun musiksoziologische Rezeptionstheorien einer Überprüfung der empirischen Praxis unterzogen sind, sollen auch Alltagsbeobachtungen als forschungsgenerierende Faktoren zu ihrem Recht kommen. Angehörige von Musikuniversitäten geraten bisweilen in Gefahr, die täglich gelebten musikalischen Werthaltungen und Praktiken ihres Arbeitsumfeldes als näher an der gesamtgesellschaftlichen Realität zu empfinden als sie es tatsächlich sind. Der Blick über den Tellerrand kann helfen, einen Eindruck von der tatsächlichen musikalischen Praxis jenseits des Berufsfeldes Musik zu bekommen. Wenig aussagekräftig wäre hier die Skizzierung eines Durchschnittsösterreichers. Es geht vielmehr darum, verschiedene Zugänge und Werthaltungen in ihrer je eigenen Qualität zu erfassen. Will man mit quantitativen Methoden die sehr qualitativ geprägte Frage nach der individuellen Wertschätzung von Musik untersuchen, erfordert das gute Überlegung und vorsichtige Interpretation. Im Zuge kulturstatistischer Erhebungen werden die Befragten zumeist hinsichtlich ihrer Wahrnehmung musikalischer Angebote kategorisiert. Hinter konkret beobachtbaren Praktiken wie einem Konzertbesuch steht jedoch oft ein unklares Bild an musikbezogenen Werthaltungen, dessen konkrete Ausprägungen sich zwischen den Extremen Fanatismus und Desinteresse bewegen können.

4.8.1 Einstellungs- und Verhaltenstypen

Um zu eruieren, wie sich die generelle Einstellung, die Haltung zur Musik in Österreich darstellt, wurde in der Erhebung WM10 um Zustimmung bzw. Ablehnung von Statements mit bewusst wertendem Charakter gebeten.[96] Um das Potenzial einer quantitativen Erhebung bestmöglich auszuschöpfen, erfolgte eine Gruppenbildung auf Basis dieser expressiven und evaluativen Komponenten in Kombination mit Variablen zu den Vorlieben bestimmter Musikrichtungen, zur umgangsmusikalischen Aktivität, zu bevorzugten Medien der Musikrezeption, zur Intensität der Auseinandersetzung mit Musik[97] und zu den Wünschen an Musik. Dahinterliegende psychosoziale Dispositionen wie Abenteuerlust, Harmoniebedürfnis oder Toleranz – wie sie etwa in der Lebensstilforschung thematisiert werden – wurden hier nicht erfragt und sollen auch nicht Gegenstand von Spekulation sein. In einer Clusteranalyse konnten die Einstellungstypen Musikbegeisterte, Uninteressierte, BildungshörerInnen, Rurale Häusliche und Generation Web 2.0 distinkt abgebildet werden (Abb. 4.27).

Die hier vorgestellte Unterscheidung von Musikeinstellungen basiert auf der Befragung WM10. Sie beinhaltet somit bei den Musikpräferenzen eine andere als

---

[96]Zum Beispiel: „Musik ist ein unverzichtbarer Teil meines Lebens."
[97]Konzertbesuche, Geldausgaben, Zeit des aufmerksamen Musikhörens und Besitz von Tonträgern.

4.8 Musikbegeisterte, Passive und Andere

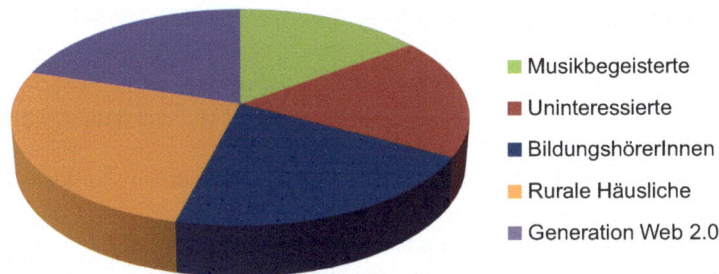

Abb. 4.27 Musikeinstellungstypen

die bisher beschriebene Stilfelderunterteilung. Wie schon die Musikstilpräferenztypen[98] lassen sich auch diese Einstellungstypen auf Basis einer breiten Palette aktiver und passiver Variablen umfassend beschreiben. Das Interesse gilt hier einerseits dem *Was* des Musikhörens, andererseits den musikalischen Einstellungen und Verhaltensweisen.

Die Musikbegeisterten

- machen in diesem Vergleich etwa 15 % der österreichischen Gesamtbevölkerung aus;
- sind mit 39 Jahren im Schnitt relativ jung;
- bewerten alle angebotenen Musikstile überdurchschnittlich positiv, vor allem World Music, Musicals, aktuelle Hits und Rockmusik;
- gehen oft in Konzerte, hören von allen Einstellungstypen am häufigsten aufmerksam Musik und bezeichnen Musik als unverzichtbar;
- singen sehr oft und spielen auch häufig ein Musikinstrument;
- nutzen alle Medien häufiger als die anderen Gruppen, vor allem neue Medien;
- bewerten alle angebotenen Funktionen von Musik wichtiger als der Durchschnitt, vor allem Tanzbarkeit, Verbindung mit Freunden und Persönlichkeitsausdruck;
- hören oft öffentlich-rechtliches Hit-Radio und privates Regionalradio;
- befürworten mehrheitlich die Förderung unpopulärer Musik mit Steuergeldern;
- wünschen sich mehr Fernsehsendungen mit Informationen über aktuelle Musik;
- sitzen oft vor dem PC, betreiben viel Sport, verbringen viel Zeit mit Freunden, gehen oft ins Theater und ins Kino.

---

[98]Siehe Abschn. 4.6.

Die Uninteressierten

- machen etwa 18 % der österreichischen Bevölkerung aus;
- sind im Durchschnitt 49 Jahre alt, jedoch in fast allen Altersgruppen gut vertreten;[99]
- haben relativ niedrige Schulabschlüsse, sind unter Maturaniveau klar überrepräsentiert;
- sind eher männlich, vor allem im mittleren Altersbereich;
- bevorzugen am ehesten Volkstümliche Musik und Oldies, lehnen die anderen Stile eher ab, vor allem World Music und Rockmusik;
- zeigen insgesamt weder besonders starke Zustimmung noch Ablehnung einzelner Musikstile;
- sind auffallend passiv und uninteressiert an allem, was Musik betrifft; hören selten aufmerksam Musik, geben sehr wenig Geld für Musik aus und gehen selten auf Konzerte;
- musizieren oder singen besonders selten;
- bevorzugen das Radio zum Musikhören, alle anderen Medien werden sehr selten genutzt;
- zeigen keine besondere Wertschätzung für bestimmte Funktionen von Musik;
- hören am häufigsten Regionalradio oder öffentlich-rechtliches Hit-Radio;
- empfinden es nicht als wichtig, dass Kinder in der Schule singen, auch nicht dass jedes Kind ein Instrument erlernen kann;
- wollen nicht, dass Musik, mit der sich kein Geld verdienen lässt, durch Steuergelder gefördert wird;
- haben kein Interesse an mehr Fernsehsendungen über aktuelle Musik;
- lesen wenig, sitzen selten vorm Computer, arbeiten selten im Garten, betreiben wenig Sport, sind selten ehrenamtlich tätig, sind selten mit FreundInnen zusammen, gehen selten ins Theater oder ins Kino.

Die klassischen BildungshörerInnen

- machen etwa 21 % der österreichischen Gesamtbevölkerung aus;
- haben bei einem Durchschnittsalter von 48 Jahren alle Altersgruppen vertreten, etwas häufiger die Älteren;
- haben im Schnitt von allen Einstellungstypen die höchste Schulbildung, bei den über 60-Jährigen eine AkademikerInnen-Quote von 75 %;

---

[99]Standardabweichung: 16 Jahre.

4.8 Musikbegeisterte, Passive und Andere

- sind im Alterssegment unter 50 eher weiblich, darüber eher männlich;
- haben öfter als andere den Wohnort gewechselt;
- haben relativ hohes Einkommen;
- bevorzugen Klassik und Jazz, lehnen volkstümliche Musik und Techno/House ab;
- gehen oft in Konzerte, hören von allen am häufigsten aufmerksam Musik und bezeichnen Musik als unverzichtbaren Teil ihres Lebens;
- geben sehr viel Geld für Musikveranstaltungen und Tonträger aus;
- musizieren von allen Einstellungstypen am öftesten;
- nutzen selten neue Medien zum Musikhören, dafür besonders häufig CD oder Vinylschallplatte;
- zeigen keine auffälligen Einstellungen zu den Funktionen von Musik;
- hören am liebsten Musik über öffentlich-rechtliches Kulturradio oder Hitradio;
- befürworten Förderung von Musik, die nicht genug Geld einbringt;
- haben eher den Eindruck, dass man heutzutage vor allem mit schlechter Musik Geld verdienen kann;
- lesen viel, schauen wenig fern, sind oft ehrenamtlich tätig, verbringen viel Zeit mit der Familie, gehen sehr oft ins Theater.

Die ruralen Häuslichen

- sind mit 26 % der Befragten die größte und homogenste Gruppe;
- haben ein Durchschnittsalter von 55 Jahren;
- weisen von allen Typen die niedrigste Schulbildung aus;
- sind relativ sesshaft. Viele von ihnen haben noch nie den Wohnort gewechselt;
- verfügen über relativ wenig Einkommen;
- wohnen auffällig oft am Land;
- hören sehr gerne Schlager und Volksmusik, auch gerne Oldies;
- lehnen elektronische Musik und Rockmusik ab;
- gehen selten in Konzerte und kaufen eher selten Tonträger;
- nutzen besonders oft das Radio zum Musikhören, sehr selten jedoch neue Medien und CDs;
- zeigen große Wertschätzung für besondere Qualitäten von Musik, vor allem für Tanzbarkeit, ansprechende Texte, Verbindung mit Freunden und hervorragende MusikerInnen;
- hören am liebsten öffentlich-rechtliches Regionalradio, aber auch Hit-Radio;
- zeigen von allen Gruppen die größte Zufriedenheit mit der Musikauswahl im Radio, würden jedoch trotzdem mehr österreichische Musik im Radio befürworten;
- haben den Eindruck, dass man Opernmusik nur mit einer gewissen Bildung verstehen kann;
- schauen viel fern, gehen selten ins Theater oder ins Kino.

Die Angehörigen der Generation Web 2.0

- machen etwa 20 % der Befragten aus und sind hinsichtlich musikalischer Verhaltensweisen die inhomogenste Gruppe;
- sind sehr jung mit einem mittleren Alter von 27 Jahren bei relativ geringer Schwankungsbreite;
- haben überdurchschnittlich oft Migrationshintergrund;
- sind sehr urban (über 30 % von ihnen wohnen in Wien);
- hören besonders gerne Techno, Hip-Hop und Rockmusik, lehnen Schlager, Volksmusik und Oldies ab;
- sind unauffällig hinsichtlich musikalischer Aktivitäten und Interessen, auch was die Geldausgaben betrifft;
- zeigen sich besonders offen gegenüber neuen Medien, nutzen auffällig oft Computer, MP3-Player oder Telefon zum Musikhören, aber überdurchschnittlich oft auch CD-Player und Fernsehgerät;
- schätzen an der Musik vor allem die Potenziale Persönlichkeitsausdruck, Verbindung mit Freunden und Ausleben von Gefühlen;
- hören besonders gerne öffentlich-rechtliches Hit-Radio und Jugendradio, aber auch privates Regionalradio;
- hören selten ihre bevorzugte Musik im Radio, wünschen sich jedoch nicht mehr österreichische Musik im Radio;
- lesen wenig, sitzen oft vor dem Computer, betreiben relativ viel Sport, verbringen viel Zeit mit FreundInnen, wenig Zeit mit der Familie, gehen oft ins Kino.

Die zentrale Erkenntnis aus dieser stark durch das Einbeziehen der Musikpräferenzen in die Clusterbildung geprägten Typologie war die Identifikation eines neuen Hörertypus, der sich völlig anders verhält als bisher bekannt war: die *Generation Web 2.0*. Entsprechend der von Blaukopf (1989) aufgestellten Grundsätze der Mediamorphose lässt sich nun der Schluss ziehen, dass die neuen Rahmenbedingungen des Musikhörens eine neue Hörweise und auch schon einen neuen Hörtypus hervorgebracht haben. Eine direkte Konsequenz dieser Erkenntnis aus WM10 war der Entschluss, in der Nachfolgestudie WM15 diesem Rezeptionstypus eine besondere Aufmerksamkeit zu schenken.[100]

---

[100]Siehe Abschn. 4.5.

4.8.2 Medienverwendungstypen

Auch aus den Ergebnissen von WM15 lassen sich mittels Clusteranalyse unterschiedliche Musikverhaltenstypen destillieren, die jedoch etwas anders charakterisiert sind. Hier enthielt das Erhebungsinstrument keine wertenden Einstellungsfragen, dafür die in WM10 nicht berücksichtigten Fragen zur Wichtigkeit von Musik für verschiedene Zwecke (Entspannung, Unterhaltung etc.) sowie eine differenziertere Erhebung des Umgangs mit (alten und neuen) Medien der Musikrezeption. Die daraus gewonnene Typologie bildet vor allem ab, auf welchem Weg der Zugang zur Musik erfolgt, welche Rolle Umgangsmusik, Darbietungsmusik und Übertragungsmusik jeweils spielen und in welchem Ausmaß die neuen technischen Möglichkeiten zum Musikhören genutzt werden. Präferenzen und Antiferenzen von Musikstilen werden für diese Analyse bewusst nicht berücksichtigt. Als aktive Variablen werden jetzt in die Clusteranalyse[101] folgende Aspekte einbezogen: Besuch von Musikveranstaltungen, Bedeutung von Musik für bestimmte Zwecke, Geldausgaben für Musikangebote, Einflussfaktoren des Musikgeschmacks, Nutzung verschiedener Geräte zum Musikhören, Nutzung des Internet für Musikzwecke und Aktivitäten im Bereich Umgangsmusik. Auch hier erweist sich wieder eine Fünf-Cluster-Lösung als am trennschärfsten (Abb. 4.28).

Aus der Verteilung der Faktorladungen lassen sich die einzelnen Typen in ihrem Verhältnis zueinander wie folgt beschreiben.[102]

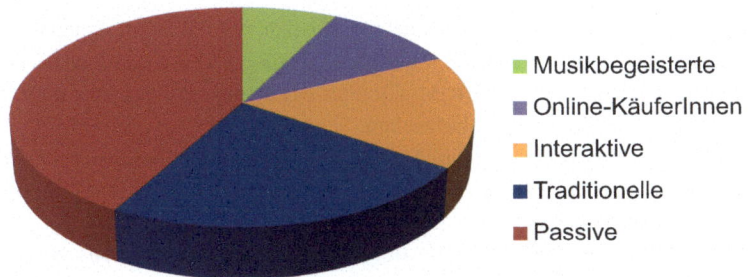

Abb. 4.28 Medienverwendungstypen 2015

---

[101]Ward-Methode; quadrierte euklidische Distanz; Optimierung durch K-Means.

[102]Unauffällige Verhaltensweisen (wie z. B. das Ausmaß, in dem Interaktive in Tonträger investieren) werden in der Folge nicht explizit erwähnt.

Die Musikbegeisterten

- machen etwa acht Prozent der österreichischen Gesamtbevölkerung aus;
- sind in allen Arten von Musikveranstaltungen auffällig stark vertreten, lediglich bei Blasmusik und Volksmusik von den Traditionellen übertroffen;
- schreiben Musik eine sehr hohe Relevanz für ihren Alltag zu;
- geben vergleichsweise sehr viel Geld für Tonträger aus, aber auch viel für Online-Musik, dafür auffällig wenig für Außermusikalisches;
- hören Musik sehr oft von CD oder Schallplatte, auffällig selten über Radio und Fernsehen;
- bewegen sich für Musikzwecke relativ oft im Internet, sowohl für den Online-Kauf als auch für Aktivitäten im Web 2.0;
- sehen sich auffällig stark in ihrem Musikgeschmack durch Eltern und Großeltern geprägt, aber auffällig wenig durch FreundInnen oder Radio und Fernsehen;
- sind sehr aktiv im Bereich Umgangsmusik.

Die Online-KäuferInnen

- machen etwa elf Prozent der österreichischen Gesamtbevölkerung aus;
- gehen insgesamt sehr selten auf Musikveranstaltungen, am ehesten noch in die Disco oder auf Pop/Rock-Konzerte;
- messen den Funktionen von Musik weder besonders hohe noch besonders geringe Bedeutung zu;
- geben vergleichsweise sehr viel Geld für Musikdownload, Musikstreaming und Computerspiele aus; ebenso für Außermusikalisches wie Kleidung oder Handy;
- hören vergleichsweise sehr oft Musik über MP3-Player, Computer oder Telefon; ebenso über Radio oder Fernsehen;
- kaufen vergleichsweise sehr viel Musik über das Internet; benutzen jedoch für andere musikalische Zwecke das Internet weniger intensiv als die Interaktiven oder die Musikbegeisterten;
- sind in ihren Musikpräferenzen vor allem von Radio und Fernsehen sowie durch FreundInnen beeinflusst;
- zeigen vergleichsweise geringe Aktivität im Bereich Umgangsmusik.

Die Interaktiven

- machen etwa 17 % der österreichischen Gesamtbevölkerung aus;
- gehen relativ oft in die Disco oder ins Rock/Pop-Konzert, aber eher selten in andere Musikveranstaltungen;

4.8 Musikbegeisterte, Passive und Andere

- schreiben Musik eine sehr hohe Relevanz für verschiedene Aspekte des Lebens zu;
- zeigen sich trotzdem eher unauffällig hinsichtlich der Geldausgaben für Musik, bei Tonträgern eher unterdurchschnittlich, bei Außermusikalischem eher überdurchschnittlich;
- sind relativ intensive NutzerInnen von MP3-Player, Computer oder Handy zum Musikhören, dafür auffällig uninteressiert an Tonträgern, Radio und Fernsehen.
- sind sehr aktiv in der Nutzung des Internets für Musikzwecke – mit großer Ausnahme des Musikkaufens über Internet, das für sie sehr wenig Relevanz hat;
- sehen sich in ihren Musikpräferenzen sehr stark von FreundInnen beeinflusst, wenig durch Radio und Fernsehen, sehr wenig durch Eltern und Großeltern;
- zeigen relativ viel Aktivität im Bereich Umgangsmusik.

Die Traditionellen

- machen etwa 24 % der österreichischen Gesamtbevölkerung aus;
- gehen vergleichsweise sehr oft auf Blasmusik- oder Volksmusikveranstaltungen und oft in Klassik-Konzerte, Chorkonzerte oder Musicals, dafür sehr selten in die Disco oder auf ein Rock/Pop-Konzert;
- geben eher viel Geld für Tonträger, Bücher oder Kino aus, dafür sehr wenig für Musikdownloads oder Musikstreaming;
- hören Musik relativ oft in Radio oder Fernsehen sowie von Tonträgern, sehr selten jedoch über MP3-Player, Computer oder Telefon;
- verwenden – abgesehen vom Musikkaufen – relativ selten das Internet für Musikzwecke;
- sehen sich in ihren Musikpräferenzen vor allem von Eltern/Großeltern beeinflusst, vergleichsweise wenig von FreundInnen.

Die Passiven

- sind mit 42 % Anteil bei weitem die größte Gruppe dieser Rezeptionstypologie;
- gehen auffällig selten in die Disco oder auf ein Rock/Pop-Konzert;
- sehen wenig Relevanz von Musik für ihren Alltag;
- investieren auffällig wenig Geld in Tonträger, auch wenig in Online-Musik;
- hören zumeist Musik, die aus Radio oder Fernsehen kommt, sehr selten über Tonträger oder neue Medien;
- benutzen sehr selten das Internet für Musikzwecke, noch am ehesten, um Musik zu kaufen;
- sehen sich in ihrem Musikgeschmack sehr stark von Radio und Fernsehen beeinflusst;
- zeigen sehr wenig Aktivität im Bereich Umgangsmusik.

Unter Einbezug der sozialstrukturellen Merkmale der Befragten lassen sich zu den jeweiligen Verhaltenstypen noch einmal aufschlussreiche Erkenntnisse gewinnen. So zeigen sich starke Zusammenhänge mit den unterschiedlichen Altersgruppen (KK: 0,55). Die Online-KäuferInnen sind bei den unter 46-Jährigen überrepräsentiert, genau umgekehrt ist es bei den Traditionellen, die nur drei Prozent unter 26-Jährige in ihren Reihen haben. Mehr als drei Viertel (76 %) der Interaktiven und mehr als die Hälfte (57 %) der Musikbegeisterten sind unter 36 Jahre jung. Die Passiven sind bei den ganz Jungen mit vier Prozent stark unterrepräsentiert und bei den über 65-Jährigen etwas überrepräsentiert. Hinsichtlich der Geschlechtszugehörigkeit zeigen sich keine signifikanten Zusammenhänge. Hinsichtlich Schulbildung[103] findet sich eine auffällig große Zahl an Interaktiven auf Maturaniveau (35 %) und an Musikbegeisterten bei jenen mit Hochschulabschluss (27 %). Hingegen sind nur sieben Prozent der AkademikerInnen bei den Passiven zu finden. Die Eltern der Passiven blieben zu 89 % in ihrer Ausbildung unter Maturaniveau, dagegen hat jeweils mehr als ein Viertel der Interaktiven (26 %) und der Musikbegeisterten (28 %) zumindest ein Elternteil mit Hochschulabschluss. Hinsichtlich Bildungsmobilität fällt auf, dass vergleichsweise wenige (19 %) der BildungsaufsteigerInnen Musikbegeisterte sind. Und obwohl hier die unter 18-Jährigen nicht berücksichtigt sind, werden relativ viele (27 %) der Interaktiven als BildungsabsteigerInnen ausgewiesen. Auffallend viele Musikbegeisterte (15 %) hatten in ihrer Jugend einen sehr großen Buchbestand im Haushalt (mehr als 500 Stück), auffallend viele (29 %) Passive hatten nur zehn Bücher oder weniger. Befragte mit Migrationshintergrund sind bei den Online-KäuferInnen und bei den Interaktiven leicht überrepräsentiert, bei den Traditionellen leicht unterrepräsentiert. Auffällig viele Online-KäuferInnen sind voll berufstätig (59 %), und auffällig viele Interaktive sind noch in Ausbildung (22 %). Die Musikbegeisterten haben einen relativ hohen Anteil an UnternehmerInnen in ihren Reihen (16 %), jedoch keine/n einzige/n LandwirtIn. In der unteren Einkommensgruppe finden sich relativ wenige (15 %) Traditionelle und relativ viele (43 %) Musikbegeisterte, was wohl auch an deren Jugend liegt. Die Musikbegeisterten haben (mit 69 %) einen hohen Urbanitätsgrad, die Passiven (mit 28 %) einen niedrigen. Relativ viele Online-KäuferInnen leben in Mehrpersonenhaushalten mit Kindern, relativ wenige von ihnen in Mehrpersonenhaushalten ohne Kinder. Bei mehr als der Hälfte der Musikbegeisterten ist oder war zumindest ein Elternteil musikalisch aktiv (54 %), bei den Passiven liegt dieser Anteil nur bei 28 %.

---

[103]Für diese Berechnung wurden nur die über 18-Jährigen herangezogen.

4.8 Musikbegeisterte, Passive und Andere

In Zusammenführung dieser Typologie des Zugangs zur Musik mit den Stilpräferenztypen ergeben sich hoch signifikante Zusammenhänge (KK: 0,51). Es zeigt sich nun ein noch komplexeres Bild, das jedoch anschaulich genug bleibt, um die unterschiedlichen Typen musikalischer Einstellungen und Verhaltensweisen in einem guten Überblick darzustellen (Abb. 4.29).

Hier zeigt sich deutlich, dass fast die Hälfte der Elektronik-Univores auch Interaktive sind, dass sich die regional/traditionell orientierten Univores zu fast zwei Drittel aus Passiven rekrutieren, aber auch die Virtuosen-Univores und die Pop/Rock-Univores zu fast fünfzig Prozent. Eine weitere aufschlussreiche Charakterisierung ergibt sich für die Omnivores. Sie weisen einerseits die gleichmäßigste Verteilung der Musikverhaltenstypen auf, unterscheiden sich von den Virtuosen-Univores durch den mehr als doppelt so hohen Anteil an Musikbegeisterten und einem weitaus geringeren Anteil Passiver.

Aus der anderen Perspektive betrachtet fällt auf, dass keine drei Prozent der Traditionellen auch Elektronik-Univores sind, hingegen fast die Hälfte (49 %) der Interaktiven. Beinahe die Hälfte (48 %) der Musikbegeisterten sind Omnivores, während sie bei den Pop/Rock-Univores mit 13 % deutlich und bei den regionaltraditionellen Univores mit zwei Prozent extrem unterrepräsentiert sind. Aus der

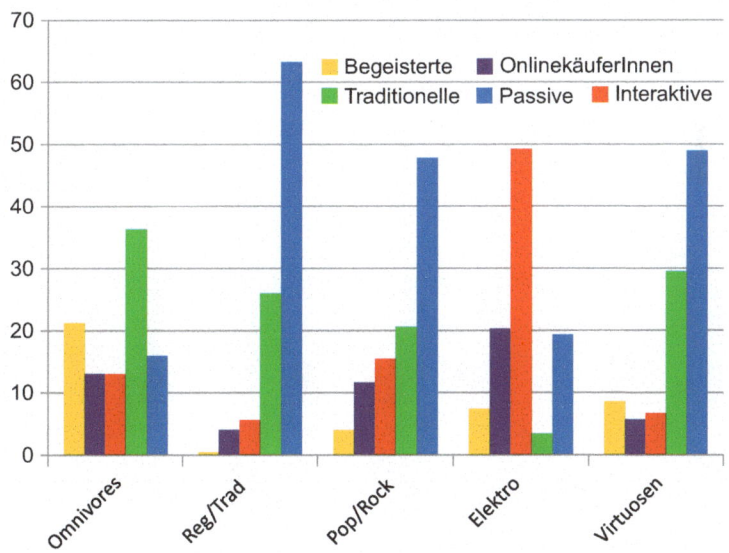

Abb. 4.29 Anteile der Präferenztypen an den Musikverhaltenstypen

Gruppe der Passiven sind 39 % zugleich rural-traditionell orientierte Univores und nur sieben Prozent Univores (Abb. 4.30).

Als Resümee dieser extensiven Zahlenspiele lässt sich feststellen, dass es mithilfe höherer statistischer Verfahren möglich ist, Musikrezeptionstypen anschaulich in großer Breite und Tiefe darzustellen. Eine besonders verlässliche Charakterisierung erfolgt dabei, wenn die aktiven Variablen auch gut zur quantitativen Erfassung musikalischer Einstellungs- und Verhaltensmuster geeignet sind. So gesehen hat sicher die Musikverhaltenstypologie nach WM15 eine stärkere Aussagekraft als jene nach WM10. Sie spiegelt deutlich die gesellschaftliche Spaltung wider, die sich in Folge der digitalen Mediamorphose ergeben hat. Unter diesen Verhältnissen ist der zahlenmäßig am stärksten besetzte Typ durch Passivität charakterisiert. Und nur jede/r Vierzehnte ist als Musikbegeisterte/r jener gesellschaftlichen Randgruppe zuzurechnen, die sich generell sehr für Musik interessiert, in welcher Form auch immer sich dazu eine Gelegenheit ergibt. Ein zentraler Einflussfaktor ist auch hier wieder das kulturelle Kapital. Während in den Gruppen der Interaktiven und der Musikbegeisterten viele Hochgebildete anzutreffen sind, zeigen die Passiven ein eher niedriges Bildungsniveau.

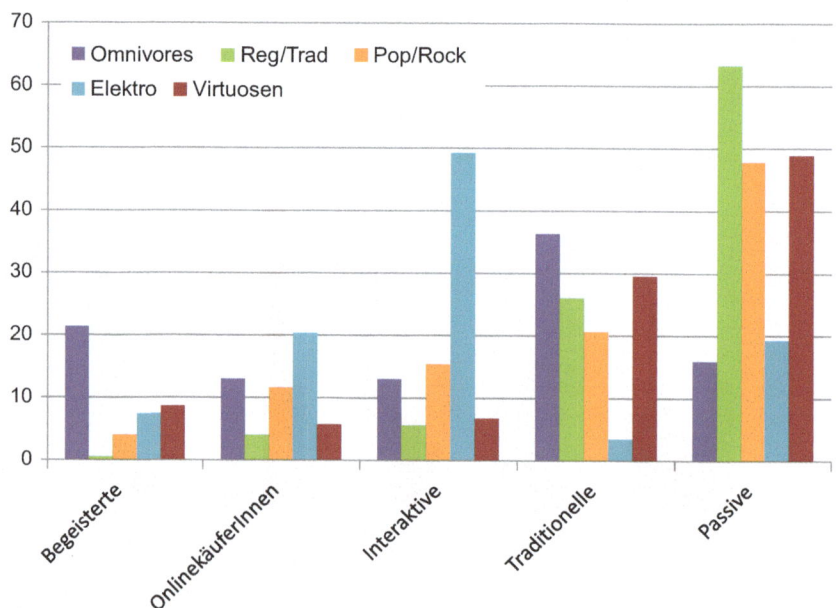

Abb. 4.30 Anteile der Musikverhaltenstypen an den Präferenztypen

5 Wozu Musik? Zentrale Tendenzen und mögliche Konsequenzen

Die grundlegenden, aus theoretischen Entwürfen abgeleiteten Fragen der hier vorgestellten Studie galten der (quantifizierbaren) Bedeutung des Musikhörens in der österreichischen Bevölkerung sowie dem Einfluss von Merkmalen wie Alter, Geschlecht, Bildung oder Migrationshintergrund auf die individuelle musikalische Praxis. Anlass der Forschung war auch die Beobachtung einer durch die digitale Mediamorphose ermöglichten Veränderung musikalischer Verhaltensweisen. Mit einem Fokus auf Musikrezeption sollten diese als soziale Tatsachen erhoben und beschrieben werden, mit dem Ziel der Generierung verlässlicher Befunde zur Frage, wer in seinem Musikrezeptionsverhalten wie von der Entwicklung der Kommunikationsmedien beeinflusst ist und inwiefern sich hier Bevölkerungsgruppen mit typischen Verhaltensmustern unterscheiden lassen. Die Bezugnahme auf Theorien sozialer Ungleichheit des Musikhörens erfolgte in Auseinandersetzung mit der Frage, inwiefern im Zeitalter Web 2.0 die musikalische Sozialisation in der Familie noch von Bedeutung ist. In zwei Durchgängen wurden ausreichend große und repräsentativ ausgesuchte Stichproben der österreichischen Bevölkerung eingehend zu ihren musikalischen Einstellungen und Verhaltensweisen befragt. Dabei wurde Bedacht auf eine hohe Qualität der Daten sowie auf ihre bestmögliche Auswertung mit höheren statistischen Verfahren gelegt.

Gesamt gesehen kann die musikalische Praxis der ÖsterreicherInnen als relativ rege bezeichnet werden. Das Musikhören spielt im Vergleich mit anderen Freizeitbeschäftigungen eine bedeutende Rolle, vor allem Übertragungsmusik wird oft gehört. Jede/r Vierzehnte hört sogar täglich mehr als zwei Stunden lang aufmerksam Musik. Aber es gibt auch eine Bevölkerungsgruppe, für die Musik eine sehr geringe Rolle spielt. So hat ein Viertel der Befragten angegeben, nie in ein Konzert zu gehen. Es zeigt sich also deutlich die Notwendigkeit, zwischen verschiedenen Rezipiententypen zu unterscheiden und Pauschalaussagen zum Musikhörverhalten der ÖsterreicherInnen auf das Notwendigste zu reduzieren. Dies gilt auch für die Alltagssituationen, in denen üblicherweise bzw. gerne Musik gehört wird. Während sich Musikhören zur Ablenkung oder Unterhaltung, wenn man in Verkehrsmitteln unterwegs ist oder wenn man Routinetätigkeiten nachgeht, allgemein relativ großer Beliebtheit erfreut, polarisiert die Haltung hinsichtlich ihres Einsatzes beim Sport oder beim Arbeiten/Lernen. Drei distinkte Rezeptionstypen konnten hinsichtlich des Verwendungszusammenhangs identifiziert werden: jene, die vor allem Entspannung suchen, jene, die mit Musik ihre Stimmung beeinflussen, und jene, die gerne mit Musik die Atmosphäre bei (sozialen) Aktivitäten gestalten. Auch zur Frage der bevorzugten Musikabspielgeräte zeigen sich – bei generell großer Bedeutung des Radios – drei distinkte Rezeptionstypen. Jene, die gerne das Internet und das Smartphone verwenden, unterscheiden sich von den TonträgerhörerInnen. Und beide setzen sich wiederum von jenen ab, die sich vornehmlich mit dem zufriedengeben, was Radio und Fernsehen ins Haus liefern. Auch im Musikbesitz bilden sich diese Interessensunterschiede ab. So besitzt jede/r Neunte keinen Tonträger und gut die Hälfte der Befragten kein Musikfile, aber jede/r Zwanzigste besitzt mehr als fünfhundert Tonträger und mehr als fünftausend Musikfiles. Während es hier ein breites Mittelfeld gibt, trifft das auf die Internetnutzung zu Musikzwecken überhaupt nicht zu. Zwar verwendet mittlerweile beinahe die Hälfte der ÖsterreicherInnen das Internet regelmäßig als Musikquelle, aber für mehr als ein Drittel der Befragten spielt das überhaupt keine Rolle. Auch hinsichtlich der Geldausgaben für Musik zeigt sich eine Dreiteilung der Gesamtbevölkerung. Die MusikhörerInnen der alten Schule geben ihr Geld für Musikveranstaltungen und Tonträger aus, die InternetnutzerInnen investieren in Musikdownloads und Musikstreaming, und die Außermusikalischen investieren ihr Budget in vieles, aber nicht in Musik. Aufgrund der Angaben zur musikalischen Eigenaktivität muss man den Eindruck gewinnen, dass sich Österreichs Ruf eines Musiklandes einer intensiv praktizierenden Minderheit verdankt. Während jede/r zwölfte mehrmals die Woche mit anderen singt, tut dies die Hälfte der befragten nie. Während jede/r zehnte mehrmals pro Woche musiziert, ist das für sieben von zehn über 15-Jährige ÖsterreicherInnen kein Thema. Ein deutlich anderes Bild ließe sich hier wohl unter Berücksichtigung der Kinder und Jugendlichen zeichnen, die im Rahmen der vorliegenden Studie nicht befragt wurden. Allerdings stellt sich die Frage der Nachhaltigkeit, wenn nicht einmal die Hälfte jener, die einmal ein Musikinstrument erlernt haben, heute noch (zumindest manchmal) musiziert.

Fasst man die Rezeption von Darbietungsmusik ins Auge, wird eine weitere strukturelle Trennung evident, jene zwischen urbanen und ruralen Wohngebieten.

5 Wozu Musik? Zentrale Tendenzen und mögliche Konsequenzen 211

Während in größeren Städten eine breite Palette an Musikstilen zur Aufführung gelangt, muss man sich in dünn besiedelten Gegenden mit einem stark eingeschränkten Angebot zufriedengeben. Dass die in Österreich meistbesuchte Form von Darbietungsmusik das Musical ist, verweist auf eine gut funktionierende Kooperation mit VeranstalterInnen von Städtereisen. Denn umgekehrt besucht man in Österreich gesamt gesehen am seltensten jene Events, die vor allem in urbanen Ballungsräumen stattfinden: Aufführungen moderner Kunstmusik, Jazzkonzerte und die Oper. Bei den offen gestellten Fragen nach der persönlichen Lieblingsmusik bzw. jener Musik, die man überhaupt nicht mag, zeigte sich, dass klassische Musik von allen genannten Genres am stärksten polarisiert. Von einem Sechstel der Befragten wurde *Klassik* als Lieblingsmusik genannt, jedoch von fast ebenso vielen als nicht gefallend abgelehnt. Noch öfter als Lieblingsmusik wurden *Rockmusik, Pop* und *Schlager* genannt, und von noch mehr Befragten dezidiert abgelehnt wurde elektronische Tanzmusik *(Techno/House)*. Weitgehend übereinstimmend mit diesem Präferenz- bzw. Antiferenzbild zeigt sich die Hörhäufigkeit einzelner Musikstile. Lediglich *Musik aus aller Welt* fällt hier dadurch auf, dass sie wesentlich öfter gehört wird, als es die Präferenzangaben erwarten ließen. Bei all den genannten Unterschieden in Stilpräferenzfragen zeigt sich in den Angaben zu Motiven und Gelegenheiten des Musikhörens ein weitgehend homogenes Bild. Den meisten Befragten ist Musik wichtig, weil sie gute Stimmung erzeugt, weil man sich mit ihr entspannen kann und weil sie Festen und Feiern einen stimmungsvollen Rahmen verleiht.

Wie stark der Musikbereich derzeit von sozialem Wandel betroffen ist, zeigt sich an Verhaltensänderungen, die sich innerhalb von nur fünf Jahren bemerkbar gemacht haben. Zum einen bildet sich eine gestiegene Bedeutung der Darbietungsmusik in der Vergrößerung jener Gruppe ab, die mindestens mehrmals im Monat ein Konzert besucht (7 % → 10 %). Auch sind nun deutlich mehr Menschen prinzipiell bereit, für Konzerte Geld auszugeben (61 % → 75 %), was vor allem einer Steigerung bei den GelegenheitsbesucherInnen zu verdanken ist. Diese neue Investitionsfreude wird durch einen Rückgang beim Tonträgerkauf konterkariert, wo die prinzipielle Zahlungsbereitschaft dramatisch gesunken ist (60 % → 39 %). Dass zugleich der Pool der DownloadkäuferInnen größer wurde (16 % → 19 %), kann diese Verluste ebenso wenig kompensieren wie die neue Gruppe jener, die für Musikstreaming Geld ausgeben (11 %). Generell haben sich mit der Marktdurchdringung neuer Kommunikationstechnologien innerhalb weniger Jahre die Möglichkeiten völlig verändert, wie, wann und wo Musik gehört werden kann. Bei einer beeindruckenden Beständigkeit des Radios als wichtigster Musikquelle hat die CD im Zuge dieser Entwicklung massiv an Bedeutung verloren. Nur mehr ein Drittel der Befragten verwendet sie mindestens mehrmals die Woche, während es 2010 noch deutlich mehr als die Hälfte war. Im gleichen Zeitraum hat das Mobiltelefon die Gruppe seiner VielnutzerInnen für Musikzwecke verdoppeln können (14 % → 29 %). Und dies ist erst der Blick auf die Gesamtbevölkerung, bei den Jungen ist dieser Effekt noch viel stärker sichtbar. Anders als der MP3-Player der Downloadära dient das Smartphone kaum noch als Speichermedium für Musik, sondern diese wird aus dem Internet gestreamt. Das spiegelt sich in den Angaben zur Internetnutzung für Musikzwecke wider, die in allen Bereichen seit 2010 gestiegen ist. Praktisch unberührt von all dem blieb der Bereich der Umgangsmusik, seit 2010 zeigt sich keinerlei Veränderung in der Intensität des Singens und des Musizierens.

Wie sich die musikalische Praxis der individuellen RezipientInnen darstellt, das steht oft in starkem Zusammenhang mit ihrer Zugehörigkeit zu gesellschaftlichen Teilgruppen. Die Merkmale Geschlecht, Alter, Haushaltsstruktur, Bildung, Haushaltseinkommen, Migrationshintergrund und Größe des Wohnorts sind hier von Bedeutung. Verglichen mit anderen sozialstrukturellen Merkmalen hat die geschlechtsspezifische Zugehörigkeit relativ wenig Einfluss auf die musikalischen Verhaltensweisen. Die Unterschiede sind rasch aufgezählt: Frauen schätzen Musik mehr in Alltagssituationen, die mit Hausarbeit in Zusammenhang stehen, sie hören seltener Jazz, mögen dafür öfter Musicals, sind seltener VinylkäuferInnen, und sie singen öfter als Männer. Der wichtigste Einflussfaktor auf musikalische Verhaltensweisen ist das Alter. Die Besonderheit der unter 26-Jährigen in ihrer Musikrezeptionsweise nach der digitalen Mediamorphose ist herausragend. Bei einer feineren Altersgruppendifferenzierung zeigen sich besonders auffällige Unterschiede hinsichtlich Diskothekenbesuch, Wertschätzung von Musik beim Arbeiten und beim Sport sowie Verwendung neuer Medien für Musikzwecke. Singen und Musizieren ist eine umso häufigere Praxis, je jünger man ist. Und ein weitgehendes Alleinstellungsmerkmal des Pensionsalters ist, dass man Musikhören als Möglichkeit kultureller Bildung betrachtet. Die Struktur des Haushalts, in dem die Befragten wohnen, zeigt sich weniger einflussreich, als man annehmen könnte. Die bei Kindern im Haushalt erwarteten (restriktiven) Einwirkungen auf die Rezeption von Darbietungsmusik sind nicht feststellbar. Am Umstand, dass am seltensten die Singles ins Konzert gehen, zeigt sich, dass das Wahrnehmen von Angeboten der Darbietungsmusik in hohem Grad soziales Handeln ist. Auch wenn man Musik alleine hörend am besten genießen kann, geht man vor allem dann in ein Konzert, wenn jemand mitkommt. Darüber hinaus geht mit Kindern im Haushalt eine intensivere Sing- und Musizierpraxis der Befragten einher. Der zweite zentrale Einflussfaktor auf die musikalische Praxis neben dem Alter ist die Bildung. Bezug nehmend auf die theoretische Fundierung nach Bourdieu wird dieser Aspekt hier im Sinne eines kulturellen Kapitals weiter gefasst und bezieht

5 Wozu Musik? Zentrale Tendenzen und mögliche Konsequenzen

die Schulbildung der Eltern sowie den Buchbestand im Haushalt zur Teenagerzeit ein. Typische Merkmale von Befragten, die über ein hohes Maß an kulturellem Kapital verfügen, ist, dass sie öfter und länger aufmerksam Musik hören, dass sie generell öfter Musikdarbietungen aufsuchen, dass sie konkret öfter in Klassik-Konzerte, in Jazz-Konzerte, in Chor-Konzerte oder in die Oper gehen. Ein reiches kulturelles Erbe führt in vieler Hinsicht zu einer höheren Wertschätzung der alltagspraktischen Qualitäten von Musik und zu einem bewussteren Umgang damit. Die hohe Bedeutung von Musik für die Bildungsoberschicht zeigt sich auch in entsprechend hohen Geldausgaben für Tonträger und Musikveranstaltungen. Je reicher das kulturelle Erbe ist, desto öfter wird gesungen und musiziert, wobei sich hier die Bildungsoberschicht auch deutlich von der Mittelschicht abhebt. Nicht so klar ist das Bild im Umgang mit neuen Medien, allerdings spielt das Internet für die musikalische Praxis bei denen die geringste Rolle, die in der Jugend sehr wenige Bücher zur Verfügung hatten. Diese hören auch auffallend oft *Schlager* oder *Volksmusik* und mögen *Jazz* überhaupt nicht. Was sie jedoch mit der Bildungsoberschicht verbindet, ist die große Bedeutung der Eltern als Einflussfaktor in der musikalischen Sozialisation. In der Bildungsmittelschicht sind hierbei vor allem die sekundären Sozialisationsinstanzen Radio und Fernsehen wichtig.

Eine Segmentierung nach Berufspositionen bleibt in der Aussagekraft weit hinter jener des kulturellen Kapitals zurück. Ertragreich ist hier lediglich ein Blick auf die musikalische Praxis der (extra ausgewiesenen) Bäuerinnen und Bauern. Bei einer Differenzierung über Einkommensgruppen zeigt sich, dass WenigverdienerInnen generell viel weniger Musik hören, mit Ausnahme von Schlagermusik, die sie auffällig oft hören. Interessanterweise zeigen sich bei den Geldausgaben für Musik keine oder nur sehr gering signifikante Unterschiede zwischen den Einkommensgruppen. Zwischen Migrationshintergrund und musikalischer Praxis zeigen sich zwar generell eher schwache Zusammenhänge, einige klare Tendenzen lassen sich jedoch herausstreichen. Die Lieblingsmusik der MigrantInnen ist oft *Musik aus aller Welt,* dafür meiden sie *Blasmusik, Volksmusik* und *Schlager.* Sie verwenden zum Musikhören relativ oft neue Medien, und sie singen und musizieren öfter als die in Österreich geborenen. Ein oft vernachlässigter, in Österreich jedoch zentraler Einflussfaktor ist der Urbanitätsgrad der Befragten. Die BewohnerInnen der 23 Stadtgemeinden zeigen deutlich andere musikalische Verhaltensweisen als ihre Mitbürgerinnen in den ländlichen Regionen. *Blasmusik, Schlager* und *Volksmusik* sind rurale Domänen und werden von StadtbewohnerInnen sehr selten gehört. Genau umgekehrt verhält es sich mit *Jazz, Klassik, Hip-Hop* und *Techno/House.* Am Land wird in jeglicher Hinsicht weniger Geld für Musik ausgegeben, werden neue Medien seltener für Musikzwecke verwendet, und man singt und musiziert seltener.

Die veränderten Rahmenbedingungen des Musikhörens schlagen sich generell in neuen musikalischen Verhaltensmustern nieder. Stärkste TrägerInnen dieses sozialen Wandels sind die Jugendlichen, die im Zuge dieser Studie einer speziellen Analyse unterzogen wurden. Die Besonderheit der *Generation Web 2.0* liegt zumeist in der Intensität, mit der sie Verhaltensweisen pflegen, die auch Ältere aufweisen. So gehen sie wesentlich öfter in Diskotheken, zeigen eine viel größere Wertschätzung für Musik als Stimmungsmacherin, als Gesprächsthema, als Erinnerungsanker und als verbindendes Element. Sie hören viel öfter Musik, wenn sie unterwegs sind, und sie geben eher Geld für Downloads und Streaming aus. Konträre Ansichten zu den Älteren zeigen sie in ihrer Wertschätzung für Musik beim Sport und im Musikgeschmack. Während *Techno/House* und *Hip-Hop* allein ihre Domänen sind, lehnen sie *Volksmusik* und *Schlager* ab. In der Hörhäufigkeit von klassischer Musik hingegen zeigen sich keine signifikanten Unterschiede, genauso wie in der Häufigkeit des Musikhörens generell. Obwohl sich die Angehörigen der *Generation Web 2.0* in ihrem Musikgeschmack weniger stark von den Eltern beeinflusst sehen als die über 25-Jährigen, zeigen sie eine schwächere Emanzipation vom Elterngeschmack. Profilierungsfelder entsprechender Abgrenzungsbemühungen waren bei den Jungen vor allem *Musik aus aller Welt* und *Hip-Hop,* während bei den Älteren die Auseinandersetzungen vor allem über *Volksmusik* und *Rockmusik* erfolgt sind. Den geringsten Einfluss hatte der soziale Wandel auf das Ausmaß der Emanzipation von Schlagermusik hörenden Eltern. Da sich insgesamt das Internet als die Sozialisationsinstanz mit dem stärksten Bedeutungsunterschied zwischen den Jungen und den Älteren zeigt, könnte man der Schlagermusik so etwas wie eine Internetresistenz attestieren. Abgesehen davon ist der besondere Umgang mit Internet und Smartphone jenes Merkmal, das die *Generation Web 2.0* am stärksten auszeichnet. Während bei den Älteren die Rangreihe der Verwendungshäufigkeit von Musikabspielgeräten von Radio, Fernsehen und CDs angeführt wird, ist das Smartphone bei den Jungen innerhalb von nur fünf Jahren vom letzten (!) auf den ersten (!) Platz vorgerückt. Der MP3-Player – das Symbol der Generation Web 1.0, wenn man so will – liegt bei den über 25-Jährigen am letzten Platz, bei den Jungen immer noch vor CD und TV. Hoch signifikant sind auch alle Unterschiede in der Internetnutzung für Musikzwecke, sofern es sich nicht um das Kaufen von Musik handelt. Letzteres ist auch bei den Jungen nur für eine kleine Minderheit interessant, während das Musikhören, die Beschaffung von Information über Musik und die Web-2.0-Anwendungen von hoher Relevanz sind.

5 Wozu Musik? Zentrale Tendenzen und mögliche Konsequenzen

Ein seit den 1990er-Jahren immer wiederkehrendes Thema der Musikrezeptionsforschung sind die musikalischen „Omnivores", also jene, die elitäre *und* populäre Musikstile (gerne) hören. Obwohl in Österreich von Bildungsoberschicht bzw. Bildungsunterschicht klar bevorzugte Musikstile identifizierbar sind und auch schon früh „Universalistisch Kulturinteressierte" (Bretschneider 1992, S. 275) entdeckt wurden, war hier die Omnivores-Suche lange Zeit nicht erfolgreich. In Orientierung an einer klaren Begriffsdefinition und auf Basis eines repräsentativen Datensatzes konnten Omnivores nun klar identifiziert werden. Die österreichische MusikhörerInnen-Landschaft lässt sich demnach auf Basis der Hörhäufigkeit in fünf distinkte Präferenzgruppen unterteilen. Neben singulären Präferenzen für regional-traditionell orientierte Musik, Pop/Rock, elektronische Musik und Virtuosenmusik gibt es eben auch jene umfassend musikalisch interessierten, die alle diese Stile hören – was nicht heißt, dass Omnivores alle Stile gleich oft hörten, als klare Präferenz ist hier Virtuosenmusik erkennbar. Von den singulär Virtuosenmusik hörenden unterscheiden sich die 17 % der Befragten, die als Omnivores identifiziert wurden, sozialstrukturell vor allem dadurch, dass sie deutlich jünger sind. Sie leben oft in der Stadt, sind eindeutig der Bildungsoberschicht zuzuordnen und zeigen sich musikalisch insgesamt hoch aktiv und interessiert. Sie sind bereit, viel Zeit und Geld in Musik zu investieren, und verwenden für ihre musikalische Praxis häufig auch das Internet. Die singulär Virtuosenmusik Hörenden sind ebenfalls hoch gebildet, jedoch wesentlich älter. Sie zeigen sich insgesamt sehr selektiv in ihrer musikalischen Praxis und kultivieren einen sehr konservativen Rezeptionshabitus. Die singulär Elektronik Hörenden sind sehr jung, oft auch mit Migrationshintergrund, zeigen einen sehr pragmatischen Zugang zur Musikrezeption und nutzen intensiv das Internet. Die singulär Pop/Rock hörenden sind sozialstrukturell besonders unauffällig, kaufen relativ oft Tonträger, gehen aber eher selten in Konzerte. Die singulär regional-traditionell Orientierten sind die älteste Gruppe und vergleichsweise niedrig gebildet. Sie leben oft am Land, gehen selten in Konzerte und kaufen sehr selten Tonträger. In ihrer musikalischen Praxis spielt das Internet praktisch keine Rolle, sie hören Musik zumeist über Radio oder Fernsehen.

Die Grenzen und Möglichkeiten musikalischer Sozialisation haben sich mit dem Internet als neuem Massenmedium deutlich verändert. Um zu überprüfen, wie sehr der elterliche Einfluss – auch als ungleichheitsreproduzierender Faktor – noch wirksam ist, wurden die Präferenzlagen in der Jugend verglichen, die Einschätzung der Befragten zu den unterschiedlichen Instanzen ihrer musikalischen Sozialisation analysiert und umgangsmusikalische Aktivitäten der Befragten und ihrer Eltern verglichen. Hinsichtlich der Weitergabe von Stilpräferenzen zeigt sich ein heterogenes Bild. Während eine Präferenz für Pop/Rock oder regional-traditionell orientierte Musik oft von den Eltern übernommen wird, ist häufiges Hören von Virtuosenmusik oder elektronischer Musik eher das Ergebnis eines Ablösungsprozesses vom Elternhaus. Auch die Omnivores pflegen ihr kulturelles Erbe, überschreiten jedoch in ihrer Offenheit die elterlichen Grenzen musikalischer Praxis. Nach Einschätzung der Befragten waren insgesamt die FreundInnen sowie die alten Massenmedien Radio und Fernsehen die zentralen Instanzen musikalischer Sozialisation. Erst an dritter Stelle und mit deutlichem Abstand werden hier die Eltern und Großeltern genannt. Wenn man allerdings nach Musikstilpräferenztypen aufschlüsselt, zeigt sich ein hoher Einfluss der Eltern bei jenen, die regional/traditionell-orientierte Musik oder Virtuosenmusik bevorzugen, sowie ein niedriger bei jenen, die zumeist Pop/Rock-Musik hören. Was hier regional/traditionell orientierte mit den Pop/Rock-RezipientInnen verbindet, ist, dass für sie auch Radio und Fernsehen wichtig war. Das Internet wurde nur von den Elektronik-HörerInnen als wichtigste Instanz genannt, und die Omnivores sind auch in dieser Hinsicht vielschichtig. Die jeweiligen Beeinflussungen sind vor dem Hintergrund der Medienentwicklung zu sehen und somit auch stark einem Kohorteneffekt unterworfen. Mit abnehmendem Alter der Befragten verändern sich die als am wichtigsten wahrgenommenen Sozialisationsinstanzen, von Eltern/Großeltern bei den über 65-Jährigen über andere Erwachsene (LehrerInnen), Radio/Fernsehen, FreundInnen bis zum Internet bei den Jungen. Zu beachten ist in dieser Frage, dass primäre Sozialisation weitgehend selbstverständlich erlebt wird und somit retrospektiv in ihrer Bedeutung leicht unterschätzt werden kann. Auf die umgangsmusikalische Praxis zeigt sich die Vorbildwirkung elterlichen Singens oder Musizierens insgesamt nur in wenigen Aspekten, etwas stärker bei Frauen, besonders niedrig bei der Generation Web 2.0 und auffallend hoch bei jenen, die am liebsten Virtuosenmusik hören. Das kulturelle Kapital spielt hier insofern eine Rolle, als Hochgebildete in ihrer Singpraxis sehr stark von den Eltern beeinflusst sind, Niedriggebildete relativ stark in ihrer Musizierpraxis. Dies bestätigt den Gesamteindruck, dass sich der Einfluss primärer Sozialisation auf die musikalische Praxis vor allem in der Bildungsoberschicht und in der Bildungsunterschicht zeigt, während in der Bildungsmittelschicht vor allem ein flexibler Einbezug sekundärer Sozialisationsinstanzen (Peergroup, Massenmedien) von Bedeutung ist.

Heterogene Gesellschaften wie die österreichische sind durch ein Nebeneinander unterschiedlicher Werthaltungen geprägt, was sich auch in grundlegenden Einstellungen und Zugängen zur Musik abzeichnet. Bei Fokussierung auf Präferenzen und Werturteile lässt sich eine idealtypische Unterscheidung in Musikbegeisterte, Uninteressierte, BildungshörerInnen, rurale Häusliche und Angehörige der *Generation Web 2.0* vornehmen. Diese sind mit einer breiten Palette von

5 Wozu Musik? Zentrale Tendenzen und mögliche Konsequenzen

Persönlichkeits- und Verhaltensmerkmalen beschreibbar und stehen für eine spezielle Rolle, die der Musik in der Lebensgestaltung jeweils beigemessen wird. Es sei hier ausdrücklich davor gewarnt, daraus moralische oder andere Bewertungen abzuleiten, etwa in der Gegenüberstellung von Musikbegeisterten und Uninteressierten. Für jeden Musikzugang gibt es gute Gründe, und wer sich mit der eigenen musikalischen Praxis in einer der Typenbeschreibungen wiedererkennt, sollte sich auch der Bedingtheit dieser Position bewusst sein. Wenn man von Stilpräferenzen und Werthaltungen zur Musik absieht, lässt sich eine Charakterisierung von Rezeptionstypen unter Berücksichtigung der individuellen Wichtigkeit von Musik für bestimmte Alltagszwecke und des Umgangs mit (alten und neuen) Medien zur Musikrezeption vornehmen. Wenn in die Analyse auch einfließt, wie viel Zeit und Geld in Musik zu investieren jemand bereit ist, lassen sich die distinkten Zugangstypen Musikbegeisterte, Online-KäuferInnen, Interaktive, Traditionelle und Passive unterscheiden. Anders als im oben skizzierten Einstellungsmodell zeigt sich hier keine annähernde mengenmäßige Gleichverteilung. Nun finden sich nur mehr halb so viele Musikbegeisterte, denen wiederum fünfmal so viele Passive gegenüberstehen. Auch die Traditionellen nehmen hier viel Raum ein, während jene, die innovative Zugänge zeigen, klar in der Minderheit sind. Bei genauer Betrachtung zeigen sich starke Zusammenhänge zwischen Zugehörigkeit zu einem dieser Zugangstypen und bestimmten Ausprägungen der Persönlichkeitsmerkmale Alter, Bildung und Urbanitätsgrad. Die Geschlechtszugehörigkeit spielt (auch) hier keine Rolle. In Zusammenführung mit der Typologie der Stilpräferenzgruppen zeigen sich große Schnittmengen von Elektronik-HörerInnen mit Interaktiven sowie von HörerInnen regional/traditionell orientierter Musik und Passiven. Die Omnivores unterscheiden sich aus dieser Perspektive von den Virtuosenmusik-HörerInnen durch konträre Anteilsverhältnisse bei Musikbegeisterten und Passiven. Beinahe die Hälfte der Musikbegeisterten, aber nur zwei Prozent der regional/traditionell orientierten HörerInnen sind zugleich Omnivores.

Der Befund ist klar: Die österreichische Bevölkerung zeigt sich hinsichtlich des Musikhörens im Zeitalter Web 2.0 gespalten. Unterschiedliche Einstellungen und Verhaltensmuster zur Musik gab es auch zuvor. Mit der digitalen Mediamorphose wurden diese Differenzen jedoch verstärkt, zeigt sich das Land in seiner musikalische Praxis geteilt, in jung/alt, urban/rural, bildungsnahe/bildungsfern und online/offline. Für Musikpädagogik und Kulturpolitik ergeben sich daraus besondere Herausforderungen. Der Umgang mit neuen Medien und Musikgeräten ist für junge Menschen unhinterfragter Alltag, und dieser Umgang erfolgt oft in Auseinandersetzung mit Musik. Noch nie war es so einfach wie im Zeitalter Web 2.0, Information über Musik zu erhalten und sich mit unterschiedlichen

Musiken vertraut zu machen. Und noch nie war es so wichtig, zu erklären, warum dies auch in der Schule erfolgen muss. Dass MusikerzieherInnen vor dem Hintergrund massenmedialer Konkurrenz einen schweren Stand haben, ist nicht neu. Schon 1976 hat Alphons Silbermann in einer groß angelegten Studie mit SchülerInnen, deren Eltern und deren LehrerInnen festgestellt, dass die Schule von sehr eingeschränkter Bedeutung für die musikalische Sozialisation ist. „Am wenigsten Gefallen fanden die Schüler an jenen ernsten Musiken, nach denen sich schulischer Musikunterricht und Musikerziehung in erster Linie ausrichten" (Silbermann 1976, S. 45). Nun kann man sagen: „Das war vor vierzig Jahren", aber ist es heute wirklich anders? Während sich in didaktischer Hinsicht die Erkenntnis weitgehend durchgesetzt hat, dass der jugendliche Forschertrieb erst zum Tragen kommt, wenn die menschlichen Grundbedürfnisse nach Sicherheit und Achtung erfüllt sind (Maslov 1954), wird inhaltlich bisweilen noch so vorgegangen, wie wir es aus den Paukerfilmen der Nachkriegszeit kennen. Nehmen wir das konkrete Beispiel einer elfjährigen Gymnasiastin in einer Wiener Privatschule. Der familiäre Hintergrund ist akademisch und breit musikalisch geprägt, sie hat im Kindergarten Flöte gespielt, singt im Schulchor und tanzt gerne. Dieser Schülerin blieb von ihrem ersten Gymnasialjahr aus Musikerziehung vor allem das Auswendiglernen von Mozarts und Beethovens Lebensläufen und Hauptwerken in Erinnerung. Sie betrachtet Musik als „das sinnloseste Fach", und man kann es ihr nicht verdenken. Da hier von der Lehrperson nichts anderes getan wurde, als den Lehrplan zu exekutieren, regiert an den übergeordneten Stellen offenbar noch immer die Idee, dass Musik etwas sei, das man vor allem theoretisch lernt und lehrt. Zu Recht wird immer wieder beklagt, dass in unserem Schulbetreib die sieben menschlichen Intelligenzformen sehr ungleich angesprochen werden (Gardner 1999). Eine Aufwertung des Faches Musik wird jedoch nicht gelingen, wenn es praktiziert wird, als ginge es auch hier vor allem um kognitive Aspekte. Jugendliche müssen musikalische Inhalte nicht in der Schule lernen, sie verwenden sie täglich für soziale und individuelle Zwecke, über *YouTube, WhatsApp, Musical.ly* und andere Kanäle. Musik unterstützt ihre Sozialisation und strukturiert ihren Alltag. Das mag für analogmusikalisch sozialisierte zuweilen wie ein respektloser Umgang wirken, aber es hat etwas mit ihrem Leben zu tun, es macht Sinn. Musikinformation, die von vermeintlich Besserwissenden in der Schule vermittelt wird, hat mit ihrem Leben allzu oft nichts zu tun. Ja, das gilt auch für Musikerfahrungen, die man in der Schule machen könnte, nur kann man diese – wenn sie gut durchdacht sind – eben nur dort machen. Musik lässt sich erfolgreich vermitteln, wenn die SchülerInnen in ihren Ansprüchen, Erfahrungen und Kompetenzen ernst genommen werden und gleichzeitig die Möglichkeit bekommen, neue Erfahrungsräume zu erschließen. An der zentralen Aufgabe der Musikerziehung, das Erleben von Musik als sozial erfüllend und persönlich bereichernd erfahrbar zu machen, hat sich auch nach der digitalen Mediamorphose nichts geändert. Aber wir sind heute mit einer Jugend konfrontiert, deren außerschulische Musikpraxis durch Eindrücke geprägt ist, deren Einbezug in das schwerfällige Schulsystem noch in keiner Weise gelungen ist. Ausnahmen bestätigen die Regel (Aigner 2015). Bei SchülerInnen ein Interesse für den Musikunterricht zu wecken, ohne sich deren Hörgewohnheiten anzubiedern, kann nur mit einer Haltung erfolgen, die Offenheit für Unerhörtes vorlebt und Freude an Musik demonstriert. Das Lehren und Abprüfen von Wissen, das rasch wieder vergessen wird, vermittelt eine Form von Musik, deren Relevanz sich nur schwer erschließt. Sollte das Problem eine Kommunikationsinsuffizienz aufgrund mangelnder gemeinsamer Musikerfahrungen sein, dann wäre Musikerziehung der beste Weg, solche Erfahrungen zu ermöglichen. Die zentrale Musikvermittlungsebene ist heute das Pull-Medium Internet, und viel stärker als bei alten Medien hängt hier die Wirkung von der Medienkompetenz ab, von der Sicherheit, mit der eine Auswahl aus dem Überangebot erfolgt. Musik bekommt im Internet sehr oft einen visuellen Charakter, sie dient der Selbstdarstellung, dem Impression Management. „Unauffällig und unsichtbar zu bleiben, scheint eine der größten Befürchtungen zu sein, die in der globalisierten Welt des 21. Jahrhunderts die verschiedensten Akteure zu einem mit allen Mitteln geführten Kampf um Aufmerksamkeit treibt" (Schroer 2010, S. 282). Die Musikauswahl der Kinder und Jugendlichen wird vor dem Hintergrund des Überangebots im Internet stärker zufällig oder durch unverlässliche Quellen beeinflusst. Zum Zug kommt oft das, was Aufmerksamkeit erregt oder auch visuell interessant ist. Der Musikerziehung entsteht daraus die Verantwortung, dem qualitativ Hochwertigen, aber nicht so laut Schreienden zu Aufmerksamkeit zu verhelfen. Vor dem Hintergrund einer drohenden akustischen Reizüberflutung liegt eine weitere zentrale Aufgabe darin, ästhetisch-kritisches Hörvermögen zu schulen, den bewussten, kompetenten Umgang mit Musik. Wann kann ich weghören, wann soll ich zuhören? Zuhören können, das Entscheidende heraushören können, ist kulturelles Kapital, das sich über den Habitus reproduziert. Aber Zuhören als bewusste Handlung ist eine Kompetenz, die vielfach in primärer Sozialisation nicht mehr vermittelt wird. Hier ist Musikerziehung aufgerufen, ein Lernen und Üben zu ermöglichen, die *Generation Web 2.0* für autonomen und selbstbewussten Umgang mit Musik kompetent zu machen. Wenn es gelingt, zu vermitteln, dass nicht alles wahrgenommen werden muss und dass sich über die fundierte Auswahl von Musik soziales Ansehen und persönliche Erfüllung erlangen lassen, ist bereits viel erreicht.

Was kann nun die Kulturpolitik aus den Erkenntnissen der vorliegenden Studie mitnehmen? Global gesehen sollte Kulturpolitik zwei mögliche Stoßrichtungen haben, den Schutz des kulturellen Erbes und die Nivellierung sozialer Ungleichheiten bei Möglichkeit von Kulturteilhabe. Zu beiden Anliegen hat die UNESCO jeweils eine Konvention formuliert, zu denen sich auch die Republik Österreich bekannt hat.[1] Wie ernsthaft an der Umsetzung beider Konventionen gearbeitet wird, das steht auf einem anderen Blatt. Neben dem Wunsch, auch bildungsfernes Publikum an die Kultur heranzubringen, gilt es nach wie vor, die Erfüllung der klassischen kulturpolitischen Zielsetzungen von Kreativitätssteigerung, Kommunikationsanregung, sozialer Integration, Identitäts- und Persönlichkeitsbildung, gesellschaftlicher Aufklärung und politischer Emanzipation zu überprüfen (Fuchs 1995). Kulturpolitik geht davon aus, dass ihre Maßnahmen auch eine Wirkung erzielen. Um das bestätigt zu bekommen, werden kulturstatistische Erhebungen in Auftrag gegeben. Was die dann herausfinden, ist zwar interessant, aber die Hintergründe der identifizierten Rezeptionsweisen bleiben üblicherweise verborgen. Die Praxis der Publikumsforschung wäre auf jeden Fall zu überdenken. Diese hat eine extreme Schlagseite zur Kunstmusik (Glogner und Föhl 2011), da es offenbar einen Rechtfertigungsdruck aufgrund der stark einseitigen Subventionierungspraxis gibt. Mit dem Schreckgespenst der Publikumsüberalterung hat nun auch in zuvor abgehobenen Bereichen ein Interesse daran Einzug gehalten, wer denn das Publikum sei und wie die Zielgruppe erweitert und gebunden werden könne. Schon seit den 1970er Jahren ist klar, „daß sich publikumsfördernde Aktivitäten konzertveranstaltender Organisationen oder Institutionen positiv nur auf diejenigen Schüler auswirken werden, die gegenüber klassischer Musik bereits positiv prädisponiert sind" (Silbermann 1976, S. 66). Und das gilt natürlich nicht nur für SchülerInnen. Aus primärer Sozialisation erworbenes kulturelles Kapital lässt bei gleichmäßiger Ansprache des Publikums jene umso mehr profitieren, die ohnehin schon bevorzugt sind. Im Entstehungszusammenhang kann von Gleichbehandlung ohnehin keine Rede sein. „[N]icht zuletzt die unhinterfragte Vorrangstellung der Förderung von Hochkultur im Bereich der Kulturpolitik unterstützte[...] die Stabilisierung und Reproduktion hochkultureller Geschmacksvorlieben in Teilen der Bevölkerung" (Rössel 2006, S. 271). Wenn man den Promotionaufwand in Rechnung stellt, ist es ein schwacher Erfolg, dass nur jede/r sechste ÖsterreicherIn *Klassik* als Lieblingsmusik nennt. Auf diese gesellschaftliche Minderheit konzentriert sich das kulturpolitische Streben über alle Maße. Will man der sozialen Ungleichheit von Musikrezeption etwas entgegensetzen und sollen die Maßnahmen auch bei der Jugend ankommen, dann gilt

---

[1] www.unesco.at/kultur.

es, die derzeitige Förderpraxis ernsthaft zu überdenken. Eine aktuelle Analyse hat gezeigt, dass vonseiten des Bundes in Österreich zu 95 % klassische Kunstmusik gefördert wird, der Rest verteilt sich etwa zur Hälfte auf zeitgenössische Kunstmusik und alle populären Musikformen (inkl. Jazz) (Huber et al. 2012, S. 97). Wenn hier ein zentrales Argument ist, dass ein tiefes Klassikangebot den Tourismus ankurbelt, dann wären die entsprechenden Mittel wohl eher aus der Wirtschaftsförderung zu beziehen. Dort, wo Kulturpolitik gezielt und nachhaltig das zeitgenössische kreative Musikschaffen unterstützt, zeigen sich beeindruckende Erfolge. Die Stadt Wien geht hier mit gutem Beispiel voran, die relativ jungen Musikfesivals *Popfest Wien* und *Electric Spring* prägen nicht nur das Musikleben der Stadt, sie haben auch in kurzer Zeit zu einer Bewusstseinsänderung beigetragen. Noch vor wenigen Jahren galt in Jugendkreisen beinahe alles, was musikalisch aus Österreich kam und erfolgreich war, tendenziell als peinlich. Das hat sich geändert, die 2017 erstmals wieder erfolgte Unterstützung des österreichischen Musikpreises *Amadeus Award* durch den öffentlich-rechtlichen Rundfunk ist dafür nur ein Symptom. „Um die Effizienz kulturpolitischer Maßnahmen […] zu garantieren, muß sich die Strategie den technisch-industriellen Bedingungen anpassen" (Blaukopf und Rauhe 1994, S. 91). Auf die heutigen Rahmenbedingungen umgelegt heißt das, die öffentliche Hand ist gut beraten, wenn sie bei ihrer Förderpraxis zur Kenntnis nimmt, dass sich mit dem Aufkommen des Internets die Möglichkeiten und Wünsche von Musikproduktion und Musikrezeption verschoben haben. Die derzeit größten österreichischen Popstars, die Gruppe *Bilderbuch*, haben ihren Erfolg ohne Hilfe einer der großen Plattenfirmen erzielt. Das wäre ohne geförderte kleine Strukturen schwer möglich gewesen. Alles, was junge MusikerInnen dabei unterstützt, Risiken einzugehen und einen eigenen Weg zu finden, ist produktiv und trägt dazu bei, den österreichischen Ruf als Musikland von seiner Mozart- und Sängerknaben-Schlagseite zu befreien. Sehr bewährt hat sich offenbar auch die Förderung der Umgangsmusik, was oft in den Agenden von Bundesländern und Gemeinden liegt. Eine zentrale Erkenntnis der Studie ist die weitgehende Einkommensunabhängigkeit umgangsmusikalischer Aktivitäten in Österreich. Dies ist einerseits dem sehr dichten (Musik-)Vereinswesen in ruralen Gebieten zu verdanken, andererseits einem Musikschulsystem, das den Zugang zur Instrumentalpädagogik sozial durchlässig hält. Dass es auch hier noch mancherorts Aufholbedarf gibt, zeigt sich etwa daran, dass Niederösterreich etwa zehnmal so viele Musikschulplätze hat wie Wien, bei etwa gleicher Einwohnerzahl.

Zu oft werden Kulturpolitik und Musikpädagogik noch im Sinne jener RezipientInnengruppe der *Traditionellen* betrieben, deren musikalische Praxis durch die Entwicklung von Internet und Smartphone kaum berührt wird. Soll das zahlungswillige Publikum unserer Musikveranstaltungen nicht allzu bald eine kritische

Masse unterschreiten, wird man wohl oder übel neue Publikumsschichten ansprechen müssen. Um die Enkelkinder der Philharmoniker-AbonnentInnen muss man sich nicht sorgen, aber hilfreich wären eine Förderpraxis und eine Musikpädagogik, die noch stärker auf die Realitäten des 21. Jahrhunderts eingeht.

Literatur

Aigner, Wilfried. 2015. *Komponieren zwischen Klassenzimmer und Social Web. Entwicklungsorientierte Untersuchungen zum Einsatz digitaler Medien bei Kreations- und Kommunikationsprozessen im schulischen Musikunterricht.* Dissertation an der Universität für Musik und darstellende Kunst Wien.

Albert, Mathias (Hrsg.). 2010. *Jugend 2010. Eine pragmatische Generation behauptet sich.* Shell-Jugendstudie 16. Frankfurt/Main: Fischer.

Albert, Mathias (Hrsg.). 2015. *Jugend 2015. Eine pragmatische Generation im Aufbruch.* Frankfurt/Main: Fischer.

Anderson, Chris. 2007. *The Long Tail – Der lange Schwanz. Nischenprodukte statt Massenmarkt.* München: Hanser.

Appen, Ralf von, Doehring, André, Rösing, Helmut. 2008. Pop zwischen Historismus und Geschichtslosigkeit. Kanonbildung in der populären Musik. In *No time for Losers. Charts, Listen und andere Kanonisierungen in der populären Musik,* hrsg. Dietrich Helms, Thomas Phleps, 25–49. Bielefeld: transcript.

Baake, Dieter. 1993. Jugendkulturen und Musik. In *Musikpsychologie. Ein Handbuch,* hrsg. Herbert Bruhn, Rolf Oerter, Helmut Rösing, 228–237. Reinbeck: Rowohlt.

Baake, Dieter (Hrsg.). 1998. *Handbuch Jugend und Musik.* Opladen: Leske & Budrich.

Baker, Kenneth H. 1937. Pre-experimental set in distraction experiments. *Journal of General Psychology* 16 (2): 471–486.

Baker, Reg et al. 2013. Summary Report of the AAPOR task force on non-probability sampling. *Journal of Survey Statistics and Methodology* 1 (2): 90–143.

Bauer, Michael. 2015. Musikschulen pro 10.000 Einwohner. *Der Standard*, 10. Jänner 2015. http://derstandard.at/2000010186650/Musikschulen-pro-10000-Einwohner. Abgerufen: 7.1.2017.

Beck, Ulrich. 1983. Jenseits von Stand und Klasse? Soziale Ungleichheiten, gesellschaftliche Individualisierungsprozesse und die Entstehung neuer sozialer Formen und Identitäten. *Soziale Ungleichheiten*, hrsg. Reinhard Krekel, 35–74. Göttingen: Schwartz.

Beck, Ulrich. 1986. *Risikogesellschaft. Auf dem Weg in eine andere Moderne.* Frankfurt/Main: Suhrkamp.

Behne, Klaus-Ernst. 1993. Musikpräferenzen und Musikgeschmack. In *Musikpsychologie. Ein Handbuch,* hrsg. Herbert Bruhn, Rolf Oerter, Helmut Rösing, 339–353. Reinbeck: Rowohlt.

Behne, Klaus-Ernst. 1999. Zu einer Theorie der Wirkungslosigkeit von. Hintergrundmusik. *Musikpsychologie* 14, hrsg. Klaus-Ernst Behne, Günther Kleinen, Helga de la Motte-Haber, 7–23. Göttingen: Hogrefe.

Behne, Klaus-Ernst. 2007. Aspekte einer Sozialpsychologie des Musikgeschmacks. In *Musiksoziologie. Handbuch der systematischen Musikwissenschaft 4*, hrsg. Helga de la Motte-Haber, Hans Neuhoff, 418–437. Laaber: Laaber.

Behne, Klaus-Ernst. 2009. *Musikerleben im Jugendalter. Eine Längsschnittstudie*. Regensburg: ConBrio.

Benjamin, Walter. 1972. Reflexionen zum Rundfunk. In *Gesammelte Schriften* II (3), 1506. Frankfurt/Main: Suhrkamp.

Benjamin, Walter. 1977. *Das Kunstwerk im Zeitalter seiner technischen Reproduzierbarkeit*. Frankfurt am Main: Suhrkamp.

Bennett, Tony et al. 2009. *Culture, Class, Distinction*. London: Routledge.

Berli, Oliver. 2014. *Grenzenlos guter Geschmack. Die feinen Unterschiede des Musikhörens*. Bielefeld: transcript.

Berlyne, Daniel E. 1974. The New Experimental Aesthetics. In *Studies in the New Experimental Aesthetics. Steps towards an Objecitive Psychology of Aesthetic Appreciation*, hrsg. ders. 1–25. Washington: Hemisphere.

Bernhard, Theresa. 2014. Offenohrigkeit als soziales Phänomen. Kulturelles Kapital und der Sinn für Distinktion. *Jahrbuch für Musikpsychologie* 24: 87–99.

Besseler, Heinrich. 1959. *Das musikalische Hören der Neuzeit*. Berlin: Akademie-Verlag.

Binas-Preisendörfer, Susanne. 2010. *Klänge im Zeitalter ihrer medialen Verfügbarkeit. Popmusik auf globalen Märkten und in lokalen Kontexten*. Bielefeld: transcript.

Binder, David. 2012. *Musikalische Geschmacksvielfalt als kulturelles Kapital? Eine empirische Untersuchung*. Wien: Institut für Musiksoziologie.

Blaukopf, Kurt. 1969. Musiksoziologie. Ein Entwurf zu Gegenstand und Methode. Manuskript. Leicht verändert veröffentlich als „Musikpraxis als Gegenstand der Soziologie". In *Was ist Musiksoziologie? Ausgewählte Texte*, hrsg. Michael Parzer, 89–106. Wien: Peter Lang 2010.

Blaukopf, Kurt. 1974a. New Patterns of Musical Behaviour of the Young Generation in Industrial Societies. In *New Patterns of Musical Behaviour. A Survey of Youth Activities in 18 countries*, hrsg. Irmgard Bontinck, 13–32. Wien: UE.

Blaukopf, Kurt. 1974b. Postscript. Towards a New Type of Research. In *New Patterns of Musical Behaviour. A Survey of Youth Activities in 18 countries*, hrsg. Irmgard Bontinck, 231–234. Wien: UE.

Blaukopf, Kurt. 1982. *Musik im Wandel der Gesellschaft. Grundzüge der Musiksoziologie*. München: Piper.

Blaukopf, Kurt. 1989. *Beethovens Erben in der Mediamorphose. Kultur- und Medienpolitik für die elektronische Ära*. Heiden: Niggli.

Blaukopf, Kurt. 1993. Tonträger. In *Musikpsychologie. Ein Handbuch*, hrsg. Herbert Bruhn, Rolf Oerter, Helmut Rösing, 175–181. Reinbeck: Rowohlt.

Blaukopf, Kurt, Rauhe, Hermann. 1994. Kulturelle Marktwirtschaft als Antwort auf die Mediamorphose. In *Kulturmanagement. Theorie und Praxis einer professionellen Kunst*, hrsg. Hermann Rauhe, Christine Demmer, 91–100. Berlin: Walter de Gruyter.

Blumer, Herbert. 1954. What is wrong with social theory? *American Sociological Review* 19 (1): 3–10.

Bontinck, Irmgard (Hrsg.). 1974. *New Patterns of Musical Behaviour. A Survey of Youth Activities in 18 countries*. Wien: UE 1974.
Borgstedt, Silke. 2007. Stars und Images. In *Musiksoziologie. Handbuch der systematischen Musikwissenschaft 4*, hrsg. Helga de la Motte-Haber, Hans Neuhoff, 327–337. Laaber: Laaber.
Bourdieu, Pierre. 1983. Elemente zu einer soziologischen Theorie der Kunstwahrnehmung. In *Zur Soziologie der symbolischen Formen*, 159–201 (1970).
Bourdieu, Pierre. 1993a. Über Ursprung und Entwicklung der Arten der Musikliebhaber. In *Soziologische Fragen*. Frankfurt/Main: Suhrkamp, 147–152 (1978).
Bourdieu, Pierre. 1993b. *Die feinen Unterschiede. Kritik der gesellschaftlichen Urteilskraft*. Frankfurt/Main: Suhrkamp (1979).
Bourdieu, Pierre. 1993c. Die Metamorphose des Geschmacks. In *Soziologische Fragen*. Frankfurt/Main: Suhrkamp: 153–164 (1980).
Brecht, Bertolt. 1967. Der Rundfunk als Kommunikationsapparat. Rede über die Funktion des Rundfunks. In *Schriften zur Literatur und Kunst I*. Frankfurt/Main: Suhrkamp: 132–140.
Bretschneider, Rudolf. 1992. Kultur im Leben der Österreicher. Entwicklungen und neue Befunde. In. Media Perspektiven 4/92: 268–278.
Breunig, Christian, van Eimeren, Birgit. 2015. 50 Jahre "Massenkommunikation". Trends in der Nutzung und Bewertung der Medien. *Media Perspektiven* 11/2015: 505–525.
Bruneforth, Michael, Lassnigg, Lorenz (Hrsg.). 2012. *Nationaler Bildungsbericht Österreich 2012. Band 1 – Das Schulsystem im Spiegel von Daten und Indikatoren*. Graz: Leykam.
Bryson, Bethany. 1996. "Anything but heavy metal". Symbolic exclusion and musical dislikes. *American Sociological Review* (61): 884–899.
Bull, Michael. 2000. *Sounding out the city. Personal stereos and the management of everyday life*. Oxford: Berg.
Bull, Michael. 2007. *Sound moves. iPod culture and urban experience*. London: Routledge.
Bundesministerium für Unterricht, Kunst und Kultur (Hrsg.). 2013. *Kulturelle und kulturpolitische Trends in Europa*. Wien: Educult.
Bundesverband Musikindustrie (Hrsg.). 2016. *Musikindustrie in Zahlen 2015*. Berlin: Eigenverlag.
Bundesverband Musikindustrie (Hrsg.). 2017. *Musikindustrie in Zahlen 2016*. Berlin: Eigenverlag.
Burzan, Nicole. 2005. *Quantitative Methoden der Kulturwissenschaften*. Eine Einführung. Konstanz: UTB.
Cammaerts, Bart. 2011. The hegemonic copyright regime vs. the sharing copyright users of music? *Media, Culture & Society*, 33 (3): 491–502.
Collopy, Dennis, Bahanovic, David. 2012. *Music Experience and Behaviour in Young People. Main Findings and Conclusions*. University of Hertfordshire, British Music Rights.
D'Onfro, Jillian. 2015. The 'terrifying' moment in 2012 when YouTube changed its entire philosophy. http://www.businessinsider.com/youtube-watch-time-vs-views-2015-7?IR=T. Zugegriffen: 7.1.2017.
Dax, Max. 2008. *Dreißig Gespräche*. Frankfurt/Main: Suhrkamp.
De Boise, Sam. 2016. Post-Bourdieusian Moments and Methods in Music Sociology: Towards a Critical, Practice-Based Approach. *Cultural Sociology* 10 (2): 178–194.
De Nora, Tia. 2002. *Music in Everyday Life*. Cambridge University Press.

DiMaggio, Paul/Useem, Michael. 1978. Social class and arts consumption. The origins and consequences of class differences in exposure to the arts in America. *Theory and Society* 5: 141–161.

Donnat, Olivier. 2011. *Pratiques culturelles, 1973–2008. Dynamiques générationelles et pesanteurs sociales.* Paris: Ministére de la Culture et de la Communication.

Drucker, Peter F. 1969. *Die Zukunft bewältigen. Aufgaben und Chancen im Zeitalter der Ungewißheit.* Düsseldorf: Econ.

Drummond, Bill, Cauty, Jimmy. 1988. *The Manual. Wow to Have a Number One the Easy Way.* London: KLF Publications.

Elvers, Paul et al. 2015. Exploring the musical taste of expert listeners. Musicology students reveal tendency toward omnivorous taste. *Frontiers in Psychology* 6 (1252).

Emes, Jutta, Friedemann, Christin. 2014. Die Rolle des Konsumenten, neue Erlösmodelle und Property-Rights-Ausgestaltung in der digitalen Musikindustrie. In *Musikwirtschaft 2.0.*, hrsg. Steffen Höhne, Wolf-Georg Zaddach, 155–168. Leipzig: Universitätsverlag.

Emmison, Michael. 2003. Social class and cultural mobility. Reconfiguring the cultural omnivore thesis. *The American Journal of Sociology* (39): 211–230.

European Commission (Hrsg.). 2013. Special Eurobarometer 399. Cultural access and participation. TNS Opinion and Social. http://ec.europa.eu/COMMFrontOffice/PublicOpinion/index.cfm/Survey/getSurveyDetail/search/culture/surveyKy/1115. Abgerufen: 7.1.2017.

Feldhaus, Timo. 2011. Valerie Steele. Reading High Heels. *de:bug* 153: 58–60.

Föllmer, Golo. 2009. Musik im Internet. In *Handbuch Musik und Medien*, hrsg. Holger Schramm, 235–275. Konstanz: UVK.

Friedell, Egon. 2007. *Kulturgeschichte der Neuzeit. Die Krisis der Europäischen Seele von der Schwarzen Pest bis zum Ersten Weltkrieg.* München: Beck (1927–31).

Frith, Simon. 1987. The Industrialisation of Popular Music. In *Popular Music and Communication*, hrsg. James Lull, 53–77. Newbury Park: Sage.

Frith, Simon. 2003. Music and Everyday Life. In *The cultural study of music. A critical introduction*, hrsg. Martin Clayton, Trevor Herbert, Richard Middleton, 92–101. New York: Routledge.

Fröhlich, Gerhard. 1994. Kapital, Habitus, Feld, Symbol. Grundbegriffe der Kulturtheorie bei Pierre Bourdieu. *Das symbolische Kapital der Lebensstile. Zur Kultursoziologie der Moderne nach Pierre Bourdieu*, hrsg. Ingo Mörth, Gerhard Fröhlich, 31–54. Frankfurt/Main: Campus.

Fuchs, Irina. 2016. *Die Beeinflussung der musikalischen Entwicklung einzelner Kinder durch die Bildungsinstanz Kindergarten. Eine empirische Untersuchung an ausgewählten Wiener Kindergärten.* Masterarbeit an der Universität für Musik und darstellende Kunst Wien.

Fuchs, Max. 1995. Wirkungen und Funktionen von Kunst und Kulturpolitik. In *Wozu Kulturarbeit? Wirkungen von Kunst und Kulturpolitik und ihre Evaluierung*, hrsg. Max Fuchs, Christiane Liebald, 10–98. Remscheid: BKJ.

Gans, Herbert J. 1966. Popular culture in America. Social problem in a mass society or asset in a pluralistic society. In *Social problems. A modern approach*, hrsg. Howard S. Becker, 549–620. New York: Wiley.

Gardner, Howard. 1999. *Intelligence Reframed. Multiple Intelligences for the 21st Century.* New York: Basic Books.

Gebesmair, Andreas. 2001. *Grundzüge einer Soziologie des Musikgeschmacks.* Wiesbaden: Westdeutscher Verlag.

Gebesmair, Andreas. 2004. Renditen der Grenzüberschreitung. Zur Relevanz der Bourdieuschen Kapitaltheorie für die Analyse sozialer Ungleichheiten. *Soziale Welt* 55: 181–203.

Gembris, Heiner. 1999. 100 Jahre musikalische Rezeptionsforschung. Ein Rückblick in die Zukunft. *Jahrbuch der Deutschen Gesellschaft für Musikpsychologie 14*, hrsg. Klaus-Ernst Behne, Günter Kleinen und Helga de la Motte-Haber, 24–41. Göttingen: Hogrefe.

Gensch, Gerhard, Stöckler, Eva Maria, Tschmuck, Peter (Hrsg.). 2008. *Musikrezeption, Musikdistribution und Musikproduktion. Der Wandel des Wertschöpfungsnetzwerks in der Musikwirtschaft.* Wiesbaden: Gabler.

Gerhards, Jürgen. 2008. Die kulturell dominierende Klasse in Europa. Eine vergleichende Analyse der 27 Mitgliedsländer der europäischen Union im Anschluss an die Theorie von Pierre Bourdieu. *Kölner Zeitschrift für Soziologie und Sozialpsychologie* 60 (4): 723–748.

GfK Consumer Sevices (Hrsg.). 2010. Brenner Studie 2010. Bundesverband Musikindustrie. http://www.musikindustrie.de/fileadmin/bvmi/upload/06_Publikationen/DCN_Brenner/brennerstudie-2010-presseversion.pdf. Zugegriffen: 7.1.2017.

Gielen, Matt. 2016. WTF Is Watch Time?! Or How I Learned To Stop Worrying And Love The YouTube Algorithm. http://www.tubefilter.com/2016/05/12/youtube-watch-time-metric-algorithm-statistics. Zugegriffen: 7.1.2017

Glogner, Patrick, Föhl, Patrick S. 2011. Publikumsforschung im Kulturbereich. Relevanz, Herausforderungen, Perspektiven. In *Das Kulturpublikum. Fragestellungen und Befunde der empirischen Forschung,* hrsg. dies., 9–22. Wiesbaden: VS Verlag.

Hahn, Michaela. 2015. *MusikschulENTWICKLUNG. Entwicklung und Steuerung am Beispiel des dezentralen Musikschulsystems in Niederösterreich.* Beiträge zur Musikschulforschung Band 3. Atzenbrugg: Musikschulmanagement.

Hardy, Phil. 2013. *Download! How the Internet Transformed the Record Business.* London: Omnibus Press.

Hargreaves, David J. 1982. The development of aesthetic reactions to music. *Psychology of Music* 10 (1): 51–54.

Haring, Bruce. 2000. *Beyond the Charts. MP3 and the Digital Music Revolution.* JM Northern Media.

Hartmann, Michael, Kopp, Johannes. 2001. Elitenselektion durch Bildung oder durch Herkunft? Promotion, soziale Herkunft und der Zugang zu Führungspositionen in der deutschen Wirtschaft. *Kölner Zeitschrift für Soziologie und Sozialpsychologie* 53: 436–466.

Hartmann, Peter H. 1999. *Lebensstilforschung. Darstellung, Kritik und Weiterentwicklung.* Opladen: Leske + Budrich.

Heilgendorff, Simone. 2008. Neue Live-Kulturen der westlichen Kunstmusik. Für eine Rezeption musikalischer Interpretationen mit Körper und Ort. In *Musikrezeption, Musikdistribution und Musikproduktion. Der Wandel des Wertschöpfungsnetzwerks in der Musikwirtschaft,* hrsg. Gerhard Gensch, Eva Maria Stöckler, Peter Tschmuck, 109–138. Wiesbaden: Gabler.

Hemetek, Ursula. 2001. *Mosaik der Klänge. Musik der ethnischen und religiösen Minderheiten in Österreich.* Wien: Böhlau.

Hemming, Jan. 2013. Is there a peak in popular music preference at a certain song-specific age? A replication of Holbrook & Schindler's 1989 study. *Musicae Scientiae* 17 (3): 293–304.

Hennion, Antoine. 2001. Music Lovers. Taste as Performance. *Theory, Culture & Society* 18 (5): 1–22.
Hermann, Dieter. 2004. Bilanz der empirischen Lebensstilforschung. *Kölner Zeitschrift für Soziologie und Sozialpsychologie* 56: 153–179.
Heye, Andreas, Lamont, Alexandra. 2010. Mobile listening situations in everyday life. The use of MP3 players while traveling. *Musicae Scientiae* 14 (1): 95–120.
Hirsch, Fred. 1980. *Die sozialen Grenzen des Wachstums. Eine ökonomische Analyse der Wachstumskrise*. Reinbek: Rowohlt.
Hirsch, Paul M. 1972. Processing Fads and Fashions. An Organistional-Set Analysis of Cultural Industry Systems. *American Journal of Sociology* 4: 639–659.
Hirsch, Paul M. 1973. *The structure of the popular music industry. The filtering process by which records are preselected for public consumption*. Ann Arbor: University of Michigan (1969).
Hizler, Ronald, Bucher, Thomas, Niederbacher, Arne. 2001. *Leben in Szenen. Formen jugendlicher Vergemeinschaftung heute*. Opladen: Leske+Budrich.
Holbrook, Morris B., Schindler, Robert M. 1989. Some Exploratory Findings on the Development of Musical Tastes. *Journal of Consumer Research* 16 (1): 119–124.
Holt, Douglas B. 1997. Distinction in America? Recovering Bourdieu's Theory of Taste from its Critics. *Poetics* 25: 93–120.
Horkheimer, Max, Adorno, Theodor W. 1993. *Dialektik der Aufklärung. Philosophische Fragmente*. Frankfurt am Main: Fischer (1944).
Huber, Harald, Leitich, Lisa, Fürnkranz, Magdalena. 2014. *Austrian Report on Musical Diversity. Österreichischer Bericht zur Vielfalt der Musik 2000–2010*. Wien: Universität für Musik und darstellende Kunst Wien.
Huber, Michael. 1998. Das Phänomen „Neue Volksmusik". Wie ein Genre entsteht. *Österreichische Zeitschrift für Soziologie* 23 (2): 67–81.
Huber, Michael. 2002. The Case Study of Vienna Electronica. In *Creative Europe. On Governance and Management of Artistic Creativity in Europe*, hrsg. ERICArts, 269–280. Arcult Media.
Huber, Michael. 2010. Zum Sozialprestige von Musikstilen in Österreich. Diskussion der Problematik von Musikpräferenzerhebungen anhand ausgewählter Ergebnisse der Studie „Wozu Musik?". *SWS-Rundschau* 50 (2): 255–265.
Huber, Michael. 2013. Music Reception in the Digital Age – Empirical Research on New Patterns of Musical Behaviour. *International Journal of Music Business Research* 2 (1): 6–34. https://musicbusinessresearch.files.wordpress.com/2012/04/volume-2-no-1-april-2013-end.pdf. Zugegriffen: 7.1.2017.
Huber, Michael. 2014a. Music Piracy. In *Music in the Social and Behavioral Sciences. An Encyclopedia*, hrsg. William Forde Thompson, 751–753. London: Sage.
Huber, Michael. 2014b. Zum Umgang mit verzerrten Musikpräferenz-Bildern aufgrund des sozialen Erwünschtheitseffekts. In *Vielfalt und Zusammenhalt. Verhandlungen des 36. Kongress der Deutschen Gesellschaft für Soziologie in Bochum und Dortmund 2012*, hrsg. Martina Löw. Frankfurt am Main: Campus.
Huber, Michael. 2014c. „Traditionelle Volksmusik", „Neue Volksmusik" und (neuer) „volkstümlicher Schlager". Theoretische und empirische Befunde zu Gemeinsamkeiten und Unterschieden. In *Das Neue in der Volksmusik der Alpen. Von der „Neuen Volksmusik" und anderen innovativen Entwicklungen*, hrsg. Thomas Nußbaumer, 47–60. Innsbruck: Wagner.

Hurrelmann, Klaus. 1995. *Lebensphase Jugend. Eine Einführung in die sozialwissenschaftliche Jugendforschung*. Weinheim: Juventa.
Hurrelmann, Klaus (Hrsg.). 2006. *Jugend 2006. Eine pragmatische Generation unter Druck*. Frankfurt/Main: Fischer.
ICPSR (Inter-University Consortium for Political and Social Research; Hrsg.). 2012. *Survey of Public Participation in the Arts. SPPA-Report*. Washington: National Endowment for the Arts.
ifpi (Hrsg.). 2015. Digital Music Report 2015. http://www.ifpi.org/downloads/Digital-Music-Report-2015.pdf. Zugegriffen 7.1.2017.
ifpi (Hrsg.). 2016. Global Music Report. Eigenverlag.www.ifpi.org. Zugegriffen: 7.1.2017.
ifpi Austria (Hrsg.). 2010. *Ideen sind etwas wert. Unterrichtsmaterialen zum Thema Geistiges Eigentum für den Einsatz in österreichischen Schulen*. Wien: Eigenverlag.
ifpi Austria (Hrsg.). 2014. *Österreichischer Musikmarkt 2013*. Wien: Eigenverlag.
ifpi Austria (Hrsg.). 2016. *Österreichischer Musikmarkt 2015*. Wien: Eigenverlag.
ifpi Austria (Hrsg.). 2017. *Österreichischer Musikmarkt 2016*. Wien: Eigenverlag.
Ingham, Tim. 2015. Major labels keep 73% of Spotify premium payouts – report. Music Business Wordwide, 3. Februar 2015. https://www.musicbusinessworldwide.com/artists-get-7-of-streaming-cash-labels-take-46. Zugegriffen: 7.1.2017.
Ingham, Tim. 2016a. Even Adele can't stop 'old' albums outselling new artist releases. Music Business Worldwide, 18. Jänner 2016. http://www.musicbusinessworldwide.com/even-adele-cant-stop-old-album-sales-overtaking-new-artists/. Zugegriffen: 7.1.2017.
Ingham, Tim. 2016b. Spotify has surpassed 35m subscribers – and is growing faster than ever. Music Business Worldwide, 7. Juli 2016. https://www.musicbusinessworldwide.com/spotify-surpassed-35m-subscribers-growing-faster-ever/. Zugegriffen: 7.1.2017.
Integral. 2015. Austrian Internet Monitor. http://www.integral.co.at/de/aim. Zugegriffen: 7.1.2017.
Ipsos/ifpi (Hrsg.). 2016. Music Consumer Insight Report 2016. www.ifpi.org/downloads/Music-Consumer-Insight-Report-2016.pdf. Zugegriffen: 7.1.2017.
Jäckel, Michael. 2010. Was unterscheidet Mediengenerationen? *Media Perspektiven* 5/2010: 247–257.
Jennings, David. 2007. Net, Blogs and Rock'n'Roll. How Digital Discovery Works and What It Means for Consumers, Creators and Culture. London: Nicholas Brealey.
Joas, Hans. 2005. Die kulturellen Werte Europas. Eine Einleitung. In *Die kulturellen Werte Europas*, hrsg. Hans Joas, Klaus Wiegandt, 11–39. Frankfurt: Fischer.
Jobs, Steve. 2007. Thoughts on Music. www.apple.com/hotnews/thougtsonmusic. Publiziert: 6.2.2007, zugegriffen: 30.5.2011.
Kahneman, Daniel, Tversky, Amos. 1979. Prospect theory. An analysis of decision under risk. *Econometrica* 47 (2): 263–291.
Kane, Danielle. 2003. Distinction Worldwide? Bourdieu's Theroy of Taste in International Context. *Poetics* 31: 403–421.
Kant, Immanuel. 1995. *Kritik der Urteilskraft*. Köln: Könemann (1786).
Karbusický, Vladimir. 1975. Zur empirisch-soziologischen Musikforschung. In *Texte zur Musiksoziologie*, hrsg. Tibor Kneif, 253–267. Köln: Arno Volk Verlag.
Kawohl, Friedemann. 2007. Urheberrechte. *Musiksoziologie. Handbuch der systematischen Musikwissenschaft, Band 5*, hrsg. Helga de la Motte-Haber, Hans Neuhoff, 276–298. Laaber: Laaber.

Keuchel, Susanne, Wiesand, Andreas J. (Hrsg.). 2008. *Das KulturBarometer 50+. „Zwischen Bach und Blues ..."*. Bonn: ARCult Media.

Knetsch, Jack L. 1989. The Endowment Effect and Evidence of Nonreversible Indifference Curves. *The American Economic Review* 79 (5): 1277–1284.

Köck, Samir H. 2016. Hannes Eder. Abschied eines Musikmanagers. *Die Presse*, 17. März 2016: 25.

Kuhn, Thomas S. 1976. *Die Struktur wissenschaftlicher Revolutionen*. Frankfurt/Main: Suhrkamp. 1962.

Kusek, David, Leonhard, Gerd. 2006. *Die Zukunft der Musik. Warum die digitale Revolution die Musikindustrie retten wird*. München: Musikmarkt-Verlag.

Lahire, Bernard. 2008. The individual and the mixing of genres. Cultural dissonance and self-distinction. *Poetics* 36 (2): 166–188.

Laing, Dave. 2004. Word Record Sales 1992-2002. *Popular Music* 23 (1): 88–89.

Lamont, Alexandra. 2011. University student's strong experiences of music. Pleasure, engagement, and meaning. *Musicae Scientiae* 15 (2): 229–249.

Lamont, Michele. 1992. *Money, morals, and manners. The culture of the French and American upper-middle class*. Chicago: Chicago University Press.

Lash, Scott, Urry, John. 1994. *Economies of signs and space*. London: Sage.

Lehmann, Andreas C. 1994. *Habituelle und situative Rezeptionsweisen beim Musikhören. Eine einstellungstheoretische Untersuchung*. Frankfurt/Main: Peter Lang.

Leven, Ingo, Schneekloth, Ulrich. 2015. Freizeit und Internet. Zwischen klassischem „Offline" und neuem Sozialraum. In *Jugend 2015. Eine pragmatische Generation im Aufbruch*, hrsg. Matthias Albert, 111–154. Frankfurt/Main: Fischer.

Lizardo, Omar. 2006. The Puzzle of Women's „Highbrow" Culture Consumption. Interpreting Gender and Work in Bourdieu's Class Theory of Taste. *Poetics* 34: 1–23.

Luck, Geoff. 2016. The psychology of streaming. Exploring music listeners' motivations to favour access over ownership. *International Journal of Music Business Research*, 5 (1): 46–60. https://musicbusinessresearch.files.wordpress.com/2012/04/volume-5-no-2-october-2016-final2.pdf. Abgerufen: 7.1.2017.

Luzia, Clara. 2015. Reden wir über Arbeit! Interview mit Sibylle Hamann. *datum* 2/2015: 23–28.

Maaso, Arnt. 2014. User-centric settlement for music streaming. A report on the distribution of income from music streaming in Norway, based on streaming data from WiMP Music. https://www.hf.uio.no/imv/forskning/prosjekter/skyogscene/publikasjoner/user-centric-cloudsandconcerts-report.pdf. Abgerufen: 22.09.2016.

Mannheim, Karl. 1928/29. Das Problem der Generationen. *Kölner Vierteljahreshefte für Soziologie* 7: 157–184.

Mark, Desmond. 1996. *Paul Lazarsfelds Wiener RAVAG-Studie 1932. Der Beginn der modernen Rundfunkforschung*. Wien: Guthmann-Peterson.

Mark, Desmond. 1998. *Wem gehört der Konzertsaal? Das Wiener Orchesterrepertoire im internationalen Vergleich. Zur Frage des musikalischen Geschmacks bei John H. Mueller*. Wien: Guthmann & Peterson.

Martin, Peter J. 2007. Die Musikwirtschaft in der kapitalistischen Gesellschaft. *Musiksoziologie. Handbuch der systematischen Musikwissenschaft,* Band 5, hrsg. Helga de la Motte-Haber, Hans Neuhoff, 301–326. Laaber: Laaber,.

Maslov, Abraham H. 1954. *Motivation and Personality*. New York: Harper & Row.

Maurer, Walter. 1968. *Musikland Österreich. Ergebnisse einer Erhebung über österreichische Schüler, die ein Musikinstrument spielen (1965/1967)*. Wien: Jugend und Volk.

Mayer, Bianca Xenia. 2015. Zerstören Sie das Musikgeschäft? Dumpingpreise für Künstler, dafür gratis Songs hören. Spotify-Managerin Marie-Luise Heimer erklärt ihr Geschäftsmodell. *Falter* 22/2015: 23 f.

Mayer, Catherine. 2014. U2's new mission. The four evangelists want to persuade consumers to value music again. *Time Magazine* 184 (12) vom 29.09.2014: 32–37.

Mayr, Peter, Gartner, Gerald. 2016. Bundespräsidentenwahl – Das Stadt-Land-Gefälle. Der Standard, 20. Mai 2016. http://derstandard.at/2000037354187/Das-Stadt-Land-Gefaelle-der-Bundespraesidentenwahl. Abgerufen: 7.1.2017.

Menn, Joseph. 2003. *All the rave. The rise and fall of Shawn Fanning's Napster*. New York: Crown Business.

Merriam, Alan P. 1992. *The anthropology of Music*. Evanston: Northwestern Univ. Press. 1964.

Meyer, Thomas. 2001. Das Konzept der Lebensstile in der Sozialstrukturforschung – eine kritische Bilanz. *Soziale Welt* 52: 255–272.

Moebius, Stephan. 2006. Pierre Bourdieu. Zur Kritik der symbolischen Gewalt. In *Kultur. Theorien der Gegenwart*, hrsg. Stephan Moebisus, Dirk Quadflieg, 51–66. Wiesbaden: VS Verlag.

Moore, Gordon E. 1965. Cramming more components onto integrated circuits. *Electronics* 38 (8): 114–117.

Mueller, John H. 1951. *The American Symphony Orchestra. A Social History of Musical Taste*. Boomington: Indiana University Press.

Müller, Renate. 2000. Die feinen Unterschiede zwischen verbalen und klingenden Musikpräferenzen Jugendlicher. Eine computerunterstützte Befragung mit dem Fragebogen-Autorensystem-MultiMedia. *Jahrbuch der Deutschen Gesellschaft für Musikpsychologie 15*, hrsg. Klaus-Ernst Behne, Günter Kleinen und Helga de la Motte-Haber, 87–98. Göttingen: Hogrefe.

Müller, Renate, Rhein, Stefanie. 2006. Musical self-socialization of adolescents: theoretical perspectives and empirical findings. In *Youth – Music – Socialization*, hrsg. Noraldine Bailer, Michael Huber, 11–28. Wien: Institut für Musiksoziologie.

Müller, Renate, Glogner, Patrick, Rhein, Stefanie. 2007. Die Theorie der musikalischen Selbstsozialisation. Elf Jahre … und ein bisschen weiser? In: *Jahrbuch der Deutschen Gesellschaft für Musikpsychologie* 19: 11–30.

Nagel, Ineke. 2010. Cultural Participation Between the Ages of 14 and 24. Intergenerational Transmission or Cultural Mobility? *European Sociological Review* 26 (5): 541–556.

Nagel, Ineke et al. 1997. *Effects of Art Education in Secondary Schools on Cultural Participation in Later Life*. Journal of Art & Design Education 16 (3): 325–331.

Nagel, Ineke, Ganzeboom, Harry B.G. 2002. Participation in Legitimate Culture: Family and School Effects from Adolescene to Adulthood. *The Netherlands' Journal of Social Sciences* 38 (2): 102–120.

Narodoslawsky, Benedikt. 2015. Die Revolution des Fernsehens. *Falter* 8/15: 21 f.

Negus, Keith. 1992. *Producing Pop. Culture and conflict in the popular music industry*. London: Arnold.

Neuhoff, Hans. 2001. Wandlungsprozesse elitärer und populärer Geschmackskultur? Die „Allesfresser-Hypothese" im Ländervergleich USA/Deutschland. *Kölner Zeitschrift für Soziologie und Sozialpsychologie* 53: 751–772.

Neuhoff, Hans. 2004. Konzertbesuch und Sozialstruktur. *Die Musikpublika der Gegenwartskultur aus kultursoziologischer Perspektive*. Habilitationsschrift an der Technischen Universität Berlin.
Neuhoff, Hans. 2007. Die Konzertpublika der deutschen Gegenwartskultur. Empirische Publikumsforschung in der Musiksoziologie. In *Musiksoziologie. Handbuch der systematischen Musikwissenschaft 4*, hrsg. Helga de la Motte-Haber, Hans Neuhoff, 473–509. Laaber: Laaber.
Neuhoff, Hans, Weber-Krüger, Anne. 2007. Musikalische Selbstsozialisation. Strukturwandel musikalischer Identitätsbildung oder modischer Diskurs? *Jahrbuch der Deutschen Gesellschaft für Musikpsychologie* 19: 31–53.
Nielsen Company (Hrsg.). 2015. 2015 Nielsen Music U.S. Report. http://www.nielsen.com/us/en/insights/reports/2016/2015-music-us-year-end-report.html. Abgerufen: 7.1.2017.
Niemann, Konrad. 1974. Mass Media. New Ways of Approach to Music and New Patterns of Musical Behaviour. In *New Patterns of Musical Behaviour. A Survey of Youth Activities in 18 countries*, hrsg. Irmgard Bontinck, 44–53. Wien: UE.
Nisbett, Richard, Wilson, Timothy. 1977. Telling more than we can know. Verbal reports on mental processes. *Psychological Review* 84: 231–259.
North, Adrian C., Hargreaves, David J. 1997. Music and consumer behaviour. In *The Social Psychology of Music*, hrsg. David J. Hargreaves, Adrian C. North, 268–287. Oxford University Press.
North, Adrian C., Hargreaves, David J., Hargreaves, Jon J. 2004. Uses of music in everyday life. *Music Perception* 22 (1): 41–77.
Nowak, Raphaël, Bennett, Andy. 2014. Analysing Everyday Sound Environments. The Space, Time and Corporality of Music Listening. *Cultural Sociology* 8 (4): 426–442.
O'Reilly, Tim. 2007. What Is Web 2.0. Design Patterns and Business Models for the Next Generation of Software. *Communications & Strategies* 65: 17–37.
OECD. 2013. *The Survey of Adult Skills. Reader's Companion*. OECD Publishing.
OECD. 2014. *PISA 2012 Ergebnisse. Was Schülerinnen und Schüler wissen und können. Band 1: Schülerleistungen in Lesekompetenz, Mathematik und Naturwissenschaften*. Bielefeld: Bertelsmann.
Oehmke, Philipp. 2016. 30 Millionen Lieder. *Der Spiegel* 1/2016: 108–116.
Ogburn, William F. 1957. Cultural Lag as Theory. *Sociology and Social Research* 41: 167–173.
Otte, Gunnar. 2005. Hat die Lebensstilforschung eine Zukunft? Eine Auseinandersetzung mit aktuellen Bilanzierungsversuchen. *Kölner Zeitschrift für Soziologie und Sozialpsychologie* 57: 1–31.
Otte, Gunnar. 2006. Jugendkulturen in Clubs und Diskotheken. Empirische Publikumsanalysen aus Leipzig. In *Das 1. Jugendkultur Barometer. „Zwischen Eminem und Picasso"*, hrsg. Susanne Keuchel, Andreas J. Wiesand, 222–229. Bonn: ARCult Media.
Otte, Gunnar. 2008. Lebensstil und Musikgeschmack. In *Musikrezeption, Musikdistribution und Musikproduktion. Der Wandel des Wertschöpfungsnetzwerks in der Musikwirtschaft*, hrsg. Gerhard Gensch, Eva Maria Stöckler, Peter Tschmuck, 25–56. Wiesbaden: Gabler. In: Gensch, Stöckler, Tschmuck.
Page, Will. 2011. Wallet Share. *Economic Insight* 22 (18.04.11). London: PRS for Music.
Pape, Simone, Rössel, Jörg, Solga, Heike. 2008. Die visuelle Wahrnehmbarkeit sozialer Ungleichheit. Eine alternative Methode zur Untersuchung der Entkoppelungsthese. *Zeitschrift für Soziologie* 37 (1): 25–41.

Parzer, Michael. 2011. *Der gute Musikgeschmack. Zur sozialen Praxis ästhetischer Bewertungen in der Popularkultur.* Wien: Peter Lang.

Peitz, Dirk. 2016. Jetzt werden die Handys weggepackt. *ZEIT ONLINE* 24.06.2016. http://www.zeit.de/kultur/musik/2016-06/popkonzerte-smartphone-filmen-fotos-social-media-erlebnis-selbstdarstellung. Abgerufen: 7.1.2017.

Peterson, Richard A. 1992. Understanding audience segmentation. From elite and mass to omnivore and univore. *Poetics* 21: 243–258.

Peterson, Richard A., Simkus, Albert. 1992. How musical tastes mark occupational status groups. In *Cultivating differences. Symbolic boundaries and the making of inequality*, hrsg. Michele Lamont, Marcel Fournier, 152–186. Chicago: University of Chicago Press: 152–186.

Peterson, Richard A., Kern, Roger M. 1996. Changing highbrow taste. From snob to omnivore. *American Sociological Review* 61: 900–907.

Peterson, Richard A., Bennett, Andy. 2004. Introducing Music Scenes. In *Music Scenes. Local, Translocal, and Virtual*, hrsg. Andy Bennett, Richard Peterson. Nashville: Vanderbilt: 1–15.

Pfleiderer, Martin. 2008. Live-Veranstaltungen von populärer Musik und ihre Rezeption. In *Musikrezeption, Musikdistribution und Musikproduktion. Der Wandel des Wertschöpfungsnetzwerks in der Musikwirtschaft,* hrsg. Gerhard Gensch, Eva Maria Stöckler, Peter Tschmuck, 83–108. Wiesbaden: Gabler.

Prensky, Marc. 2001a. Digital Natives, Digital Immigrants, Part 1. *On the Horizon* 9 (5): 1–6.

Prensky, Marc. 2001b. Digital Natives, Digital Immigrants, Part 2 : Do They Really Think Differently? *On the Horizon* 9 (6): 1–6.

Prior, Nick. 2011. Critique and Renewal in the Sociology of Music. Bourdieu and Beyond. *Cultural Sociology* 5: 121–138.

Prior, Nick. 2013. Bourdieu and the sociology of music consumption. A critical assessment of recent developments. *Sociology Compass* 7 (3): 181–193.

Prohaska, Katharina. 2015. *Sharing in jugendlichen Lebenswelten.* Wien: Institut für Jugendkulturforschung.

Quasthoff, Thomas. 2010. Im Gespräch mit Barbara Rett. *TW1 KulturWerk* 1.11.2010.

Rastl, Peter. 2010. 20 Jahre Internet in Österreich. Die Zukunft. *orf futurezone* 18.5.2010. http://www.fuzo-archiv.at/artikel/1646102v2. Abgerufen: 7.1.2017.

Rauscher, Frances, Shaw, Gordon, Ky, Katherine. 1993. Music and spatial task performance. *Nature* 365: 827–828.

Renner, Tim. 2004. *Kinder, der Tod ist gar nicht so schlimm! Über die Zukunft der Musik- und Medienindustrie.* Frankfurt/Main: Campus.

Resnikoff, Paul. 2015. F*&K It: Here's the Entire Spotify/Sony Music Contract. *Digital Music News*, 22. Mai 2015. http://www.digitalmusicnews.com/2015/05/22/fk-it-heres-the-entire-spotifysony-music-contract/. Abgerufen: 23.5.2015.

Reuband, Karl-Heinz. 2007. Partizipation an der Hochkultur und die Überschätzung kultureller Kompetenz. *Österreichische Zeitschrift für Soziologie* 32 (3): 46–70.

Reynolds, Simon. 2011. *Retromania. Pop Culture's Addiction to Its Own Past.* London: faber&faber.

Riepl, Wolfgang. 1913. *Das Nachrichtenwesen des Altertums mit besonderer Rücksicht auf die Römer.* Leipzig: Teubner.

Rotifer, Robert. 2016. Pop ist ein Opfer seines eigenen Erfolgs. *Falter* 28/2016: 26–28.

Rösing, Helmut. 1987. Finanzielle und soziale Aspekte des Musikmachens. Musiker und Manager im Gespräch. In *Rock/Pop/Jazz. Vom Amateur zum Profi. Beiträge zur Popularmusikforschung Nr. 3/4*, hrsg. Helmut Rösing, 13–30. Hamburg: ASPM.

Rösing, Helmut. 1993. Musik im Alltag. In *Musikpsychologie. Ein Handbuch*, hrsg. Herbert Bruhn, Rolf Oerter, Helmut Rösing, 113–130. Reinbeck: Rowohlt.

Rösing, Helmut. 1998. Musikalische Lebenswelten. In *Musikwissenschaft. Ein Grundkurs*, hrsg. Herbert Bruhn, Helmut Rösing, 130–152. Reinbek: Rowohlt.

Rösing, Helmut, Barber-Kersovan, Alenka. 1993. Konzertbezogene Verhaltensrituale. In *Musikpsychologie. Ein Handbuch*, hrsg. Herbert Bruhn, Rolf Oerter, Helmut Rösing, 136–147. Reinbeck: Rowohlt.

Rössel, Jörg. 2006. Allesfresser im Kinosaal? Distinktion durch kulturelle Vielfalt in Deutschland. *Soziale Welt* 57: 259–272.

Rössel, Jörg. 2009a. Kulturelles Kapital und Musikrezeption. Eine empirische Überprüfung von Bourdieus Theorie der Kunstwahrnehmung. *Soziale Welt* 60: 239–257.

Rössel, Jörg. 2009b. Strukturiert kulturelles Kapital auch den Konsum von Populärkultur? *Zeitschrift für Soziologie* 38 (6): 494–512.

Rössler, Patrick, Scharfenberg, Nadeschda. 2004. Wer spielt die Musik? Kommunikationsnetzwerke und Meinungsführerschaft unter Jugendlichen. Eine Pilotstudie. *Kölner Zeitschrift für Soziologie und Sozialpsychologie* 56: 490–519.

Röttgers, Janko. 2003. *Mix, Burn & R.I.P. Das Ende der Musikindustrie.* Hannover: Heise.

Salgnik, Matthew J., Dodds, Peter S., Watts, Duncan J. 2006. Experimental Study of Inequality and Unpredactibility in an Artificial Cultural Market. *Science* 311: 854–856.

Salganik, Matthew J., Watts, Duncan J. 2008. Leading the herd astray. An experimental study of self-fulfilling prophecies in an artificial cultural market. *Social Psychology Quarterly* 71: 338–355.

Salimpoor, Valorie N. et al. 2013. Interactions Between the Nucleus Accumbens and Auditory Cortices Predict Music Reward Value. *Science* 340: 216–219.

Savage, Mark. 2016. Music streaming boosts sales of vinyl. http://www.bbc.com/news/entertainment-arts-36027867. Abgerufen: 7.6.2016.

Schafer, R. Murray. 1971. *Die Schallwelt, in der wir leben. The New Soundscape.* Wien: UE. 1968).

Schäfers, Bernhard (Hrsg.). 1986. *Grundbegriffe der Soziologie.* Opladen: Leske + Budrich.

Schirrmacher, Frank. 2010. Wir schweifen ab. *de:bug* 139: 34–37.

Schmidt, Axel, Neumann-Braun, Klaus. 2003. Keine Musik ohne Szene? Ethnografie der Musikrezeption Jugendlicher. In *Popvisionen. Links in die Zukunft*, hrsg. Klaus Neumann-Braun, Axel Schmidt, Manfred Mai, 247–272. Frankfurt am Main: Suhrkamp.

Schönherr, Daniel, Oberhuber, Florian. 2015. *Kulturelle Beteiligung in Wien.* Wien: SORA.

Schramm, Holger. 2005. *Mood Management durch Musik. Die alltägliche Nutzung von Musik zur Regulierung von Stimmungen.* Köln: Halem.

Schramm, Holger. 2009. Musik im Radio. In *Handbuch Musik und Medien*, hrsg. Ders., 89–116. Konstanz: UVK.

Schroer, Markus. 2010. Individualisierung als Zumutung. Von der Notwendigkeit zur Selbstinszenierung in der visuellen Kultur. In *Individualisierungen. Ein Vierteljahrhundert „jenseits von Stand und Klasse"*, hrsg. Peter A. Berger, Ronald Hitzler, 275–289. Wiesbaden: Springer VS.

Schulze, Gerhard. 1990. Die Transformation sozialer Milieus in der Bundesrepublik Deutschland. In *Lebenslagen, Lebensläufe, Lebensstile. Soziale Welt, Sonderband 7*, hrsg. Peter A. Berger, Stefan Hradil, 409–432. Göttingen: Otto Schwarz & Co.

Schulze, Gerhard. 1992. *Die Erlebnisgesellschaft. Kultursoziologie der Gegenwart*. Frankfurt am Main: Suhrkamp.

Schurian, Andrea. 2012. „Die einzigen Piraten sind die Musikfirmen". *Der Standard* 22. April 2012. http://derstandard.at/1334795883954/Diskussion-Die-einzigen-Piraten-sind-die-Musikfirmen. Abgerufen: 7.1.2017.

Schwartz, Barry. 2004. *The Paradox of Choice. Why more is less*. Harper Perennial.

Shuter-Dyson, Rosamund. 1993. Musikalische Sozialisation. Einfluß von Elternhaus, Peers, Schule und Medien. In *Musikpsychologie. Ein Handbuch*, hrsg. Herbert Bruhn, Rolf Oerter, Helmut Rösing, 305–316. Reinbeck: Rowohlt.

Silbermann, Alphons. 1957. *Wovon lebt die Musik*. Regensburg: Bosse.

Silbermann, Alphons. 1967. Anmerkungen zur Musiksoziologie. Eine Antwort auf Theodor W. Adornos „Thesen zur Kunstsoziologie". *Kölner Zeitschrift für Soziologie und Sozialpsychologie* 19: 538–545.

Silbermann, Alphons. 1976. *Der musikalische Sozialisierungsprozeß. Eine soziologische Untersuchung bei Schülern – Eltern – Musiklehrern*. Köln: Greven

Silbermann, Alphons. 1991. *Neues vom Wohnen der Deutschen (West)*. Köln: Wissenschaft und Politik.

Singleton, Micah. 2015. This was Sony Music's contract with Spotify. The details the major labels don't want you to see. *The Verge*, 19. Mai 2015. https://www.theverge.com/2015/5/19/8621581/sony-music-spotify-contract. Abgerufen: 23.5.2015.

Sloboda, John A. 2010. Music in everyday life. The role of emotions. *Music and emotion. Theory, research, applications*, hrsg. Patrik N. Juslin, John A. Sloboda, 493–514. Oxford University Press.

Sloboda, John A., O'Neill, Susan, Ivaldi, Antonia. 2001. Functions of music in everyday life. An exploratory study using the Experience Sampling Method. *Musicae Scientiae* 2: 9–32.

Small, Christopher. 1998. *Musicking. The meanings of performing and listening*. Middletown: Wesleyan University Press.

Smudits, Alfred. 2002. *Mediamorphosen des Kulturschaffens. Kunst und Kommunikationstechnologien im Wandel*. Wien: Braumüller.

Smudits, Alfred. 2010. *Musiksoziologie nach der Massenmoderne*. Unveröffentliches Manuskript.

Soukup, Paul A. 2014. Looking at, with, and through YouTube. *Communication Research Trends* 33 (3): 3–34.

Spectra Marktforschung (Hrsg.). 2016. Spectra Internet-Monitor. Mehr Internet, mehr Smartphone! www.spectra.at. Abgerufen: 7.1.2017.

SRG Forschungsdienst (Hrsg.). 1979. *Musik und Publikum*. Bern: Schweizerische Radio- und Fernsehgesellschaft.

SRG Forschungsdienst (Hrsg.). 1989. *Musik und Publikum*. Bern: Schweizerische Radio- und Fernsehgesellschaft.

Stöger, Gerhard. 2015. Like mich am Arsch! Unter der grell-krawalligen Oberfläche ist Deichkind eine der schlauesten Popbands Deutschlands. *Falter* 06/2015: 32–33.

Statistik Austria (Hrsg.). 2016. *Bildung in Zahlen. Tabellenband*. Wien: Eigenverlag.

Strangelove, Michael. 2010. *Watching YouTube. Extraordinary videos by ordinary people*. Toronto: University of Toronto Press.
Suppan, Wolfgang. 1984. *Der musizierende Mensch. Eine Anthropologie der Musik*. Mainz: Schott.
Szillus, Stephan. 2015. Das Track-by-Track-Business. *Fleisch* 33/2015: 63–68.
Ter Bogt, Tom F.M. et al. 2011. Moved by music. A typology of music listeners. *Psychology of Music* 39: 147–163.
Thornton, Sarah. 1996. *Club Cultures. Music, Media and Subcultural Capital*. Hanover: Wesleyan University Press.
Thornton, Sarah. 1997. The Social Logic of Subcultural Capital. In *The Subcultures Reader*, hrsg. Sarah Thornton, Ken Gelder, 200–209. London: Routledge.
Toffler, Alvin. 1987. *Die dritte Welle – Zukunftschance. Perspektiven für die Gesellschaft des 21. Jahrhunderts*. München: Goldmann (1980).
Troué, Nicole, Bruhn, Herbert. 2000. Musikpräferenzen in der Vorpubertät. Wandel von der Elternorientierung zur Peergruppenorientierung. In *Jahrbuch der deutschen Gesellschaft für Musikpsychologie* 15, hrsg. Klaus-Ernst Behne, Günther Kleinen, Helga de la Motte-Haber, 77–86. Göttingen: Hogrefe.
Tschmuck, Peter. 2003. *Kreativität und Innovation in der Musikindustrie*. Innsbruck: Studienverlag.
Tschmuck, Peter. 2008. Vom Tonträger zur Musikdienstleistung. Der Paradigmenwechsel in der Musikindustrie. In *Musikrezeption, Musikdistribution und Musikproduktion. Der Wandel des Wertschöpfungsnetzwerks in der Musikwirtschaft*, hrsg. Gerhard Gensch, Eva Maria Stöckler, Peter Tschmuck, 141–162. Wiesbaden: Gabler.
Tschmuck, Peter. 2015. Die US-Musikindustrie vs. die Filesharerinnen – Teil 1: Die RIAA vs. John Doe. https://musikwirtschaftsforschung.wordpress.com/2015/02/18/die-us-musikindustrie-vs-die-filesharerinnen-teil-1-die-riaa-vs-john-doe/. Abgerufen: 7.1.2017.
Tschmuck, Peter. 2016. Der Boom des internationalen Musikstreaming-Marktes, 2011–2015. https://musikwirtschaftsforschung.wordpress.com/2016/07/25/der-boom-des-internationalen-musikstreaming-marktes-2011-2015/. Abgerufen: 7.1.2017.
Tversky, Amos, Kahnemann, Daniel. 1974. Judgement Under Uncertainity. Heuristics and Biases. *Science* 185: 1124–1131.
Ugwu, Reggie. 2013. Q&A: Sean Parker and Shawn Fanning on "Downloaded, The Napster Revolution". *Billboard* March 19, 2013. http://www.billboard.com/biz/articles/news/digital-and-mobile/1552508/qa-sean-parker-and-shawn-fanning-on-downloaded-the. Abgerufen: 7.1.2017.
Van Eijck, Koen. 1997. The impact of family background and educational attainment on cultural consumption. A sibling analysis. *Poetics* 25: 195–224.
Van Eijck, Koen. 1999. Socialization, Education and Lifestyle. How Social Mobility Increases the Cultural Heterogeneity of Status Groups. *Poetics* 26: 309–328.
Van Eijck, Koen. 2001. Social Differentiation in Musical Taste Patterns. *Social Forces* 79: 1163–1184.
Vinken, Barbara. 2013. Mode ist gefährlicher, als man denkt. *Falter* 49/13: 28 ff.
Wagner, Manfred. 2006. Was bewirkt die Globalisierung für die Musik? In *WISSEN! Antworten auf unsere großen Fragen*, hrsg. Isabella Ackerl, Johann Lehner, Johannes Sachslehner, 262. Wien: Styria.

Weber, Max. 1972. *Die rationalen und soziologischen Grundlagen der Musik*. Tübingen: Mohr (1921).
Weber, Max. 1980. *Wirtschaft und Gesellschaft. Grundriss der verstehenden Soziologie.* Tübingen: Mohr (1922).
Weiss, Stefan. 2015. Mit kleinem Budget gegen große Plattenfirmen. *Der Standard*, 21.2.2015.
Winkler, Rolfe. 2015. YouTube: 1 Billion Viewers, No Profit. Wall Street Journal vom 25. Februar 2015. http://www.wsj.com/articles/viewers-dont-add-up-to-profit-for-youtube-1424897967. Abgerufen: 7.1.2017.
Wippel, Christina. 2014. *Wie Jugendliche das Smartphone nutzen. Eine empirische Untersuchung neuer musikalischer Verhaltensweisen*. Wien: Institut für Musiksoziologie.
Wlömert, Nils, Papies, Dominik. 2016. On-Demand Streaming Services and Music Industry Revenues. Insights from Spotify's Market Entry. *International Journal of Research in Marketing* 33 (2): 314–327.
Wright, David. 2010. Cultural capital and tastes. The persistence of Distiction. In *Handbook of Cultural Sociology*, hrsg. John R. Hall, Laura Grindstaff, Ming-Cheng Lo, 275–284. London: Routledge.
Wurm, Maria. 2006. *Musik in der Migration. Beobachtungen zur kulturellen Artikulation türkischer Jugendlicher in Deutschland*. Bielefeld: transkript.
Zembylas, Tasos. 2007. Kunst ist Kunst und vieles mehr. *SWS-Rundschau* 47: 260–283.
Zillmann, Dolf, Gan, Su-Lin. 1997. Musical taste in adolescence. In *The Social Psychology of Music*, hrsg. David J. Hargreaves, Adrian C. North, 164–187. Oxford University Press.
Zimmermann, Peter, Iwanski, Alexandra. 2014. Bindung und Autonomie im Jugendalter. In *Bindung und Jugend. Individualität, Gruppen und Autonomie*, hrsg. Karl Heinz Brisch, 12–35. Stuttgart: Klett-Cotta.
Zsolt, Wilhelm. 2014. Wir sind Games. Videospiele sind aus den Kinderschuhen herausgewachsen. *Der Standard* 4. Oktober 2014: G1.

The manufacturer's authorised representative in the EU is Springer Nature Customer Service Centre GmbH, Europaplatz 3, 69115 Heidelberg, Germany. If you have any concerns regarding our products, please contact ProductSafety@springernature.com

Printed and bound by CPI Group (UK) Ltd, Croydon, CR0 4YY
23/03/2026
02076743-0001